한중연사 요녕성

랴오닝은 서울로,

서울은 랴오닝으로

한국
(사)한중문화우호협회

박용만(한국학중앙연구원)
이계형(국민대학교)
임영길(성균관대학교)
장일규(동국대학교)
최용철(고려대학교)

중국
요녕성 중한우호협회

무빈(요녕성문화예술계연합회)
이택면(철령시이성량연구회)
장걸(요녕대학교)
장사존(안산사범대학교)
필보괴(요녕대학교)

부민문화사

中韩缘史 辽宁

从辽宁到首尔,

从首尔到辽宁

中国
辽宁省中韩友好协会

武斌(中国中外关系史学会)
李泽绵(铁岭市李成梁研究会)
张杰(辽宁大学)
张士尊(鞍山师范大学)
毕宝魁(辽宁大学)

韩国
(社)韩中文化友好协会

朴用万(韩国学中央研究院)
李桂炯(国民大学)
林映吉(成均馆大学)
张日圭(东国大学)
崔溶澈(高丽大学)

富民文化社

发刊词

翰墨情缘重，弥深竹柏真。

梅花铜坑雪，杯酒玉山春。

明月千金夜，青眸万里人。

篆烟曾结就，槎屐不迷津。

与清朝大儒阮元先生结下深厚师生情谊，在韩中友好交流历史上留下光辉一页的“海东第一通儒”阮堂金正喜先生，用一首《春日》抒发了他对与中国文人朋友间缘份和友情的珍视。

念念不忘，必有回响。在数千年的历史长河中，韩中两国密切往来不断，友谊风帆乘风破浪，山川大海不曾阻断。书写了两国深厚历史渊源，引领了两国千年友好交流的古人以不凡智慧和拼搏精神开辟了韩中历史上的“陆海丝路”，承载着交流互鉴与传承友好的历史重任，留下了久久回响的友好故事，让我们能够去传讲，并从中“温故知新”。

记录和传播是最好的传承。正是带着这种认识，2017年(社)韩中文化友好协会出版了韩中双语成册的《中韩缘史》，选取了在两国友好交流历史上留下过闪光足迹的人物，向读者介绍他们的故事，传承两国的友好。该书一经推出后，有幸得到了韩中两国相关部门、地方政府和社会各界的一致好评，也更加坚定了我们前行不辍，做好《中韩缘史》地方篇的信心与决心。

回首历史，密切的使臣往来曾在韩中友好交流中留下浓墨重彩的篇章。特别是在明清两代，使臣往来尤其频繁，而他们“漫漫友好路”的陆路行程多是在辽宁境内经过，并由此留下了无数阮堂先生笔下的那种“翰墨情缘”和“竹柏真情”。讲好这些历史佳话，对于进一步增进今天韩中两国民众之间的相互理解和信任具有重要现实意义。

也正因如此，韩中文化友好协会与辽宁省外事办公室一拍即合，决定共同出版《中韩缘史(辽宁篇)》，并随即组织两国专家学者，组成韩中编纂团队，密切沟通，精诚合作，以精雕细琢的治学精神，历时近一年筹备，满怀期待地推出了这本《中韩缘史》地方篇系列的“开篇之作”。

为了本书的顺利出版，韩中数十位相关人士倾注了巨大的心血与智慧、热情的关心与支持。首先，感谢中国驻韩国大使馆对《中韩缘史》给予的支持与肯定；向辽宁省外事办公室用智、用心、用情、用力不断加强中韩人文交流，不断创新交流形式的务实实践精神表示由衷敬佩！感谢应中元主任、高爱华副主任、杜兴军处长、李志强科长及整个外办团队给予的伙伴信任和携手努力；感谢为本书贡献卓越智慧的两国十位专家学者；感谢辽宁省中韩友好协会曲金洋会长、傅淞岩记者等相关人士以敬业和专业精神予以韩方团队的积极配合；感谢协会《中韩缘史》编纂委员会的核心--张日圭教授和王大为顾问从第一套《中韩缘史》问世，到如今地方篇“开篇之作”顺利推出所倾注的满腔热忱与辛苦付出；感谢韩国富民出版社郑敏泳社长为《中韩缘史》系列图书出版给予的大力帮助。

《中韩缘史(辽宁篇)》是韩中两国文化交流的宝贵结晶，也自然凝结着两国友好人士的支持力量。在此，谨向长期以来为推动韩中友好不懈努力的韩国一带一路研究院崔载千理事长表示诚挚感谢。崔载千理事长作为韩中友好交流“第一人”--崔致远的后裔、韩国前国会议员，一直以来为了推动韩国与中国的友好交往不遗余力。希望本书能够不负期待，为拉近两国民众的心灵距离发挥应有的积极作用。同时，还要向与我一同出任一带一路研究院共同院长的卢载宪先生以及研究院的诸位教授表示诚挚谢意！此外，还要特别感谢韩国“辽宁之友”联谊会名誉会长崔元植前国会议员以及联谊会首批50位会员为推动韩国与辽宁省各领域交流合作所倾注的努力。也要感谢我的“战友”--韩中文化友好协会“缘家军”团队为本书出版所做的大量幕后工作。由于篇幅有限，感激无法一一道尽，谨向所有支持和帮助韩中文化友好协会发展，热爱韩中友好事业的两国各界所有相关人士一并致以最由衷的敬意与感谢！

可以说，这本书是在“一带一路”倡议五周年这一值得纪念的年份里播种下的一棵友好幼苗，期盼着能够在两国读者的共同关注与呵护下，长成传播韩中友谊的参天大树，枝繁叶茂，花香四溢，浸润韩中“民心相通”，传递两国世代友好。

(社)韩中文化友好协会会长 曲欢

2018年11月

발간사

필묵으로 쌓은 인연 두터우니 죽백의 참된 마음 더욱 깊구나.

매화는 동갱의 눈이요, 한 잔 술은 옥산의 봄이라.

밝은 달 천금 같은 밤, 청안의 그대는 만 리 밖 사람이네.

선인의 글로 인연을 맺었으니 사극은 나루 건너기 어렵지 않으리.

청나라 대학자 완원(阮元) 선생님과 두터운 사제 간의 정을 쌓으시며 한중 우호 역사의 빛나는 한 페이지를 장식하신 '해동제일통유(海東第一通儒)' 완당(阮堂) 김정희(金正喜) 선생님은 '춘일(春日)'이란 시를 지어 중국 문인 벗들과 쌓은 깊은 우정과 인연을 읊으셨습니다.

그 뜻을 되새기다 보면 깨닫게 되는 바가 있습니다. 수천 년에 이르는 유구한 역사 속에서 한중 양국은 밀접한 교류를 이어왔으며 우정이란 돛단배를 타고 그 어떤 역경도 함께 넘어왔습니다. 책에서는 양국의 두터운 역사적 인연 속에서 비범한 지혜와 불굴의 정신으로 한중 역사의 '육상 · 해상 실크로드'를 개척해 나갔던 양국 선인들의 고사(故事)를 기술하고 있습니다. 상호교류와 우호의 역사를 이어나간다는 역사적 사명을 바탕으로 후대에 길이 회자될 만한 고사들을 담았습니다. 고사에서 '온고지신(溫故知新)'의 지혜를 터득할 수 있을 것입니다.

기록과 유포야말로 가장 훌륭한 문화 전승입니다. 이러한 사명을 가지고 2017년 (사)한중문화우호협회(韓中文化友好協會)는 양국의 언어로 『한중연사(中韓緣史)』를 출판하였습니다. 양국 교류 역사에서 눈부신 발자취를 남기신 인물들을 선별해 독자 여러분께 관련 고사를 소개하여 양국 우호 계승에 일조하고자 했습니다. 『한중연사』가 출간되자마자 양국 관련 부문, 지방정부 및 사회 각 계층에서 호평을 받았으며 이는 『한중연사』 지방편을 출간하고자 하는 믿음과 의지를 더욱 공고히 하는 계기가 되었습니다.

역사를 살펴보면 수많은 명문이 양국 간 빈번한 사신 왕래 중에 탄생한 것을 알 수 있습니다. 사신 왕래가 가장 빈번했던 명청시대에 '천천히 쌓아가는 우호의 길'이라 할 수 있는 육로 여정에서 요녕(遼寧)을 지나야 했기에 완당 선생님이 쓰신 '필묵으로 쌓은 인연'이나 '죽백의 참된 마음' 같은 문장들이 무수히 탄생할 수 있었습니다. 이처럼 역사상 미담을 기록하여 전승해 나간다면 오늘날 양국 국민들이 서로를 깊게 이해하고 신뢰를 쌓아갈 수 있으리라 생각합니다.

이를 위해 (사)한중문화우호협회와 요녕성외사판공실(遼寧省外事辦公室)은 『한중연사(요녕성편)』을 공동출간하기로 뜻을 모으는 동시에 양국 전문가를 초청하여 한중 편찬팀을 구성하고 함께 소통하며 협력하였습니다. 1년간 연구하며 심혈을 기울인 끝에 『한중연사』 지방편 시리즈 중 첫 번째 책을 출간하게 되었습니다.

책 출간을 위해 한중 양국의 여러 관계자 분들께서 관심과 성원을 보내주셨고 큰 도움을 주셨습니다. 먼저 『한중연사』에 지지와 성원을 보내주신 주한중국대사관에 감사를 드립니다. 지혜와 마음, 애정, 노력을 다해 한중인문교류를 강화하고, 창의적인 교류형식으로 실천정신을 보여주신 요녕성외사판공실에 경의를 표합니다. 잉중위엔(應中元) 주임님, 가오아이화(高愛華) 부주임님, 두싱쥔(杜興軍) 처장님, 리즈치앙(李志强) 과장님을 비롯하여 외사판공실 모든 분들이 보내주신 파트너로서의 신뢰와 함께 노력해주신 것에 깊은 감사를 드립니다. 이번 책을 위해 탁월한 지혜로 공헌해주신 양국 열 분의 학자분들께도 진심으로 감사드립니다. 요녕성중한우호협회 취진양(曲金洋) 회장님, 푸송옌(傅松巖) 기자님을 비롯한 관계자 분들께서도 전문가로서 한국측에 많은 도움을 주셨습니다. 협회 『한중연사』 편찬위원회의 핵심으로 『한중연사』 첫 편부터 이번 지방편 출간까지 열의와 노고를 아끼지 않으신 장일규(張日圭) 교수님과 왕다

웨이(王大為) 고문님께 감사의 말씀을 전합니다. 『한중연사』 시리즈 출판을 위해 애써주신 부민문화사 정민영(鄭敏泳) 사장님께도 감사 드립니다.

『한중연사(요녕성편)』은 한중 양국 문화교류의 소중한 결실이자 많은 분들의 지지와 성원 속에 탄생한 결과물입니다. 오랜 기간 한중 양국의 우호적 교류를 위해 힘써주신 한국 일대일로연구원 최재천(崔載千) 이사장님께 깊은 감사의 말씀을 전합니다. 최재천 이사장님은 최초로 한중 교류의 문을 연 최치원 선생의 후손으로 국회의원을 지내시고 줄곧 양국 간 우호증진에 힘쓰셨습니다. 본서의 발간으로 양국 국민의 정서적 유대감이 한층 더 돈독해지길 바랍니다. 또한 저와 함께 일대일로연구원 공동원장을 맡고 계시는 노재헌(盧載憲) 원장님과 연구원의 여러 교수님들께도 감사를 표합니다. 특히 한국과 요녕성이 다방면에서 교류와 협력을 이어나갈 수 있도록 힘써주신 한국 '요녕지우 연합회' 명예회장이신 최원식(崔元植) 전 국회의원님과 초대회원 50분께 감사를 드립니다. 또한 보이지 않는 곳에서 큰 힘이 되어준 저의 전우(戰友) 한중문화우호협회 '연가군(緣家軍)' 식구들에게도 감사를 드립니다. 지면 관계상 감사의 마음을 다 전하지 못합니다. (사)한중문화우호협회의 발전을 위해 아낌없는 지지와 사랑을 보내주시고, 한중우호사업에 열정을 쏟아주시는 양국 각계 인사 분들께 마음 깊이 경의와 감사를 전합니다.

이 책은 '일대일로' 구상 제기 5주년를 기념하는 해에 심어진 우호의 묘목이라 할 수 있습니다. 양국 독자의 관심과 보호 속에 한중의 우정을 널리 알리는 거목이 되고, 무성한 가지와 만발하는 꽃 향기 속에 한중의 민심이 이어져 양국이 대대로 화목해지길 기대합니다.

2018년 11월
사단법인 한중문화우호협회 회장
취환(曲歡) 올림

以史为鉴
加深友谊

千百年来，连通北京与首尔之间的道路，是凝结着东亚人甘苦与探索精神的道路。在这条路上，传送过阿富汗的天青石，传播过斯泰基人的草原文明、波斯的玻璃器皿、印度的佛教……这条长达3000余公里的路，便是名扬世界历史的“丝绸之路”东线。

当朝鲜半岛的历史进入朝鲜王朝，与中国保持着频繁的使节往来，仅朝鲜王朝初期的59年间，就向大明朝(以下简称“明朝”)派出了399次使节，此后，朝鲜派往明朝的使团每年都维持在四五次左右。至大清朝(以下简称“清朝”)期间，从崇德二年(朝鲜仁祖十五年，1637)至光绪二十年(朝鲜高宗三十一年，1894)的258年间，朝鲜向清朝派出的使团达499次，两国之间的交流非常密切。

中朝“使节团”文化源远流长，从1392年到1910年期间，明朝、清朝赴朝鲜半岛的使节团和朝鲜派往中国的使节团往返于北京和首尔(1394年至2005年间称汉城)之间，在两国间传递重要讯息、进行双边贸易，形成了中朝“丝绸之路”长达600年的盛况。这一交流互动创造了令世界瞩目的睦邻友好佳话，双方使节团记录沿途见闻所形成的《皇华录》、《燕行录》等作品，如今已成为研究当时历史及外交、经济、文化、民风民俗的重要史料，是东亚乃至世界文化的重要遗产。

中朝使节团的行程之中，三分之二的陆路部分是在辽宁境内经过，经历了壬辰倭乱、明清交替等重大事件，回望数百年来明清两朝与朝鲜的友好交往，两国使者们看到了一路上的风霜雪雨，看到鸭绿江、大凌河的涨落与盈枯；欣赏过凤凰山、医巫闾山的四季风光变换；经历着明朝与清朝的兴衰交替，见证了东北亚秩序中的战争与和平……在明清赴朝鲜使者与燕行使行走六百年的背后，是更深更广的东北亚文化史，是嚼咀不尽的遗产，是仍具活力的文化，包含着不断深刻的大义，不断深厚的友谊。

观今需鉴古，无古不成今。新时期以来，随着1992年中国与韩国正式建交，两国关系不断升温发展，如今两国全年人员往来已迎来1000万人次的时代，随着中韩自贸协定正式签署，两国关系已迈入全新的发展时期，但同时也面临着全新的课题，就是要深化两国人民的友好感情。

特别是2017年，在中韩两国建交25周年之际，中国国家主席习近平向韩国总统文在寅重申了“一带一路”的倡议，希望牢记两国建交的初心，以两国人民福祉为念，秉持尊重彼此核心利益和重大关切的基本原则，坚持以诚相待的为邻之道，把握互利共赢的合作宗旨，推动中韩战略合作伙伴关系始终健康稳定地走在正确发展轨道上。

当前，辽宁省正在稳定实施沿海经济带、沈阳经济区、突破辽西北、沈抚新区和县域经济“五大区域发展战略”，建设大连东北亚国际航运中心、创建辽宁“一带一路”综合试验区和中国－中东欧“16＋1”经贸合作示范区，作为东北老工业基地唯一既沿边又沿海的省份，扩大开放已成为辽宁省做优传统动能、谋划全面振兴的重要抓手，辽宁省立足“一带一路”倡议、新时代东北振兴等重要机遇，形成了与韩国进一步深入交流合作的基础。

辽宁与韩国之间的合作交流，文化是纽带、是重点，发挥着非凡的作用。其中，中韩“丝绸之路”及当年两国的使节交往，是个大课题、是生机勃勃的领域，值得双方通力合作，殚精竭智。我们希望以中韩两国历史的交往为桥梁，站在历史的维度，以新时代的视角，加强理解和信任，共同面对人类未来。

正是在此基础上，在辽宁省政府外事办公室的支持与协助下韩国富民文化社、韩中文化友好协会与辽宁省中韩友好协会共同出版了《中韩缘史(辽宁篇)》一书，集中反映中韩数百年来的深度文化互动，演绎中韩使节团所经历的精彩故事，追忆中韩历史人物们的深厚友谊，呈现使节团所经行的燕行古道的今日风采。

漫漫燕行路，是智慧的老师，是友谊的老师，是未来的老师。我们有责任、有义务瞩目中韩“丝绸之路”，深入发掘使节团文化，为中韩关系的持续健康发展注入新能量。希望这本书的出版，能够发挥承上启下的精神力量，鼓舞两国热爱友好的人们再现“丝绸之路”荣光，带着政治、经济、文化的交流主题，沿着这条永不褪色的友谊之路走下去，谱写出更加辉煌灿烂的新篇章。

在这里，我要特别感谢韩中文化友好协会会长曲欢女士。还记得访问韩国时，我第一次与曲欢会长见面，就被她热心于中韩友好的热情和激情所打动。后来又读到她主编的《中韩缘史》，进一步了解到这些年她为推进中韩友好，足迹遍及大半个中国，交流内容更是涉及文化、旅游、宗教、音乐、经贸等众多领域，她的认真、她的执着、她的奉献精神，让她赢得了中韩社会各界的广泛认可、广泛好评、广泛赞誉。受她的启发，我萌生了要编写《中韩缘史》“辽宁篇”的想法，竟和她一拍即合。之后，她亲自组织韩国国内著名学者，组成编辑团队，到辽宁实地考察。期间又多次过问编辑进展情况，并亲自审定相关内容。如果要为编辑此书的相关人士记功的话，应给曲欢会长记首功！

同时，还要感谢曲金洋先生，他是从我们辽宁省政府外事办公室退休的老同志，现任辽宁中韩协会会长。他精通韩语，又是韩国问题的专家。当我提出请他组织国内和省内专家共同参与编辑此书时，他不讲条件，不提代价，马上应承下来。正是由于他的高度重视，认真负责，行动迅速，才使得本书能这么快地与读者见面。这位曲金洋会长同样功不可没！

还要感谢所有推动辽宁和韩国友好并为此书做出贡献的朋友们！

是为序。

辽宁省政府外事办公室主任 应中元

2018年 11月

역사는 거울로,
우의는 돈독하게

수천 년 동안 북경과 서울을 잇는 길은 동아시아 사람의 즐거움과 괴로움, 그리고 탐구의 정신이 응집된 길이었다. 이 길에서 아프카니스탄의 천청석(天靑石)과 페르시아의 유리 그릇이 운송되었고, 스키타이(Scythai)인의 초원 문명과 인도의 불교가 전파되었다. 3천 km에 달하는 이 길은 세계사에 널리 알려진 '비단길(SilkRoad)'이었다.

한국의 조신은 건국 이래 중국과 빈번히 사절 왕래를 유지하였다. 초기의 59년 동안에 조선은 399차례나 명나라에 사절을 파견하였고, 그 뒤에도 해마다 4~5차 정도 명나라에 사행단을 보냈다. 청나라가 들어선 뒤에도 1637년(숭덕 崇德 2년, 조선 인조 15년)~1894년(광서 光緖 20년, 조선 고종 31년)의 258년 동안 조선은 청나라에 499차례 사행단을 파견하였다. 이처럼 양국 간의 교류는 매우 밀접하였다.

명 · 청과 조선의 '사행단' 문화는 오랜 역사를 가지고 있다. 1392년~1910년에 명 · 청 사절단과 조선 사행단은 북경과 서울을 왕복하면서 양국 간의 중요한 정보를 전하고 무역을 진행하였다. 명 · 청과 조선의 '비단길'은 무려 600년 동안 성황을 이루었다. 이와 같은 상호 교류는 세계가 주목하는 선린 우호의 미담으로 알려졌는데, 두 나라 사절단은 사행 도중의 견문을 기록하여 『황화집(皇華集)』, 『연행록(燕行錄)』 등을 남겼다. 이 작품은 현재 당시의 역사 · 외교 · 경제 · 문화 · 민간풍속 등을 연구하는 중요한 사료로 이해되고 있고, 나아가 동아시아는 물론 세계 역사문화의 중요한 유산으로 자리잡고 있다.

명 · 청과 조선의 사행단 여정에서 2/3 정도를 차지하는 육로는 대체로 요녕성을 지났다. 이 길로 임진왜란과 명 · 청 교체 등 중대한 사건들이 흔적을 남겼다. 수백 년 동안 진행된 명 · 청과 조선의 우호 왕래를 돌이켜보면, 두 나라 사절은 사행길에서 풍상고초를 겪으면서, 압록강과 대릉하(大凌河)에서는 간만(干滿)의 차이를 목격하였고 봉황산(鳳凰山)과 의무려산(醫巫閭山)에서는 사계절의 변화를 감상하였다. 또한 명나라와 청나라의 교체로 나타난 동북아의 전쟁과 평화를 목격하기도 하였다. 명 · 청과 조선의 사행단이 오가던 600년 세월의 배후에는 보다 더 깊고 넓은 동북아 문화사가 녹아 있다. 그것은 '맛보고 끊을 수 없는' 두 나라의 유산이고, 아직도 활력이 넘치는 문화이며, 끊임없이 새겨야 할 큰 뜻이고, 갈수록 더욱 돈독해질 우의이다.

지금은 옛 일을 거울로 삼아야 한다. 옛 일이 없다면 오늘도 있을 수 없기 때문이다. 1992년 중한 수교 이후 두 나라 관계 발전의 온도는 계속 올라가고 있다. 현재 양국 간 연간 인적 왕래는 이미 1천만 명을 넘어섰고, 중한자유무역협정의 정식 조인에 따라 양국 관계는 이미 완전히 새로운 발전을 진행하는 때에 들어섰다. 이와 동시에 완전히 새로운 과제가 제시되었는데, 그것은 바로 두 나라 국민의 우호적 감정을 심화시키는 것이다.

특히 중한 수교 25주년인 2017년에 중국의 시진핑 주석은 한국의 문재인 대통령에게 '일대일로'의 발의를 재천명하면서 양국 수교의 초심(初心)을 강조하였다. 또한 두 나라 국민의 복지를 염두에 두면서, 피차간의 핵심적 이익과 중대 관심사를 존중하는 기본 원칙을 지키고, 이웃을 성심성의로 상대하는 의리를 고수하며, 호혜호리(互惠互利)의 협력 취지를 파악하여, 중한 전략 협력 파트너 관계가 시종일관 건강하고 안정되게 올바른 발전 궤도를 따라 추진되기를 희망하였다.

이와 관련하여 현재 요녕성은 연해경제대(沿海經濟帶), 심양경제구(沈陽經濟區), 요서북돌파(遼西北突破), 심무신구(瀋撫新區)와 현역(縣域)경제 등 5대 구역 발전 전략을 흔들림없이 실시하고 있다. 아울러 대련(大連) 동북아국제항운센터를 건설하면서 요녕 '일대일로' 종합시험구와 '중국—동유럽16+1' 경제협력시범구를 새로 마련하였다. 요녕성은 동북 노공업기지(老工業基地)에서 유일한 연변(沿邊) · 연해(沿海)의 성이다. 이처럼 요녕성은 개방을 확대하고 있는데, 그것은 요녕성이 지니고 있는 기존의 전통적 에너지와 능력을 더욱 발전시키고 전면적 진흥을 도모하는 중요한 시작점이 되고 있다. 요녕성의 '일대일로' 발의, 새로운 시대 동북 진흥 등의 중요한 기회는 한국과 더불어 깊이 있는 협력과 교류를 진행하는 토대가 될 것이다.

요녕성과 한국의 교류 협력에서 문화는 유대이자 중점이며, 비범한 역할을 하고 있다. 그 가운데 중한 '비단길', 명 · 청과 조선의 사절 왕래는 하나의 큰 과제이며, 매우 흥미로운 분야이다. 요녕성과 한국이 힘을 합쳐 협력할 만한 주제이고, 정력과 지략을 다할 만한 숙제이다. 우리는 중한 양국 간 역사문화 왕래를 징검다리로 삼아, 역사적 차원에서 새로운 시대의 시각으로 이해와 신임을 강화하고 인류의 미래를 공동으로 맞이하기를 희망한다.

바로 이것을 바탕으로 한국의 (사)한중문화우호협회와 중국의 요녕성 인민정부외사판공실은 『중한연사(中韓緣史)』 요녕편을 공동으로 출판하려고 하였다. 이를 통하여 중한 수백 년 동안의 깊이 있는 문화적 상호 교류를 정리하고, 중한 사절단이 겪었던 다채로운 이야기를 소개하며, 중한 역사 인물들 사이에 맺은 돈독한 우정을 추억하면서 사행단이 지나간 연행길의 현재 모습을 내보이고자 하였다.

길고 긴 연행길은 지혜의 스승이고 우의의 스승이며 미래의 스승이다. 우리는 중한 '비단길'을 주목해야 할 책임과 의무를 갖고서 사행단 문화를 꾸준히 발굴하여, 중한 관계의 지속적이면서 건강한 발전에 새 에너지를 주입하려고 한다. 이 책의 출판을 계기로 삼아, 과거를 이어받고 미래를 개척하는 정신력을 발휘하여 우호를 사랑하는 중한 양국 인사들이 '비단길'의 영광을 재현하면서, 정치 · 경제 · 문화 교류의 주제를 가지고 영원히 색이 바래지 않을 친선의 길을 더욱 휘황찬란하게 새로운 장으로 펼쳐 나갈 것을 희망한다.

이러한 의미에서 (사)한중문화우호협회 취환(曲歡) 회장님께 특별히 사의를 드리고자 한다. 한국을 방문하였을 때 회장님을 처음 만났지만, 중한 우호에 열중하는 정열과 격정에 큰 감동을 받았다. 그 뒤 회장님이 책임편집을 담당한 『중한연사』를 읽고서는, 회장님이 최근 몇 해 동안에 중한 우호를 추진하기 위해서 중국 절반 이상의 지역을 왕래하였고, 그 교류 내용도 문화 · 관광 · 종교 · 음악 · 경제무역을 비롯한 여러 분야에 이르고 있음을 알게 되었다. 회장님이 보여준 진지하고 꾸준하며 희생하는 정신은 중한 각계각층 여러 인사들에게 광범위한 인정과 호평, 찬사를 받고 있음도 알게 되었다. 나는『중한연사』요녕편 발간을 고려하였는데, 마침 회장님의 제의도 받았기에 서로의 생각이 딱 들어 맞았다고 느꼈다. 그 뒤 회장님은 한국 학자를 중심으로 편집위원회를 구성하고는 몸소 심양에 와서 요녕성 현지의 여러 곳을 살폈고, 책 발간의 진행 과정에 관심을 갖고 여러 차례 문의도 하면서 관련 내용을 논의하기도 하였다. 이 책의 발간과 관련한 인사의 공적을 기록한다면 취환 회장님의 공적을 첫 번째로 정해야 할 것이다.

또한 취진양(曲金洋) 선생에게도 사의를 표하고자 한다. 선생은 요녕성 외사판공실을 퇴직한 뒤 현재 요녕성중한우호협회 회장을 맡고 있다. 선생은 한국어에 정통한 한국 문제의 전문가이다. 내가 중국과 요녕성의 전문가들을 통해『중한연사』요녕성편의 공동 출판을 부탁하였을 때, 선생은 아무런 조건이나 대가 없이 곧바로 승낙하였다. 선생이 책 발간을 중시하면서 책임을 가지고 신속히 진행한 덕분에 이 책을 비로소 짧은 시일 내에 독자들 앞에 내놓을 수 있었다. 취진양 회장님이 세운 큰 공적도 잊어서는 안된다.

아울러 요녕성과 한국 간의 우호 증진과 이 책의 출판에 기여한 모두 벗 여러분들에게도 사의를 표한다.

이것으로 서문을 삼는다.

2018년 11월

심양에서 요녕성 인민정부 외사판공실 주임

잉중위엔(應中元)

目录

中韩缘史 辽宁篇

备注

- (社)韩中文化友好协会与辽宁省外事办公室就中韩两国之间的一些见解上的差异进行了沟通与交流，为了充分反映笔者的立场，最后决定保留各笔者在原稿中使用的历史事件和历史用语，但对一些难以达成一致或有可能让读者引起不适的用语，在不改变笔者原意的前提下，尽量采用了中性的描述和措辞。
- 近代以前的中国的人名、地名和固有名词用韩语读音标注，近代以后则是用中文发音进行了标注。
- 引用的照片或图片注明了持有人或收藏处。

차례

한중연사 요녕성편

일러두기

- (사)한중문화우호협회와 요녕성외사판공실은 한중 두 나라에서 견해의 차이를 보이는 여러 표현에 대해서 꾸준히 협의하였습니다. 그 결과 각 원고에서 표기한 역사적 사건, 역사적 용어 등은 필자의 입장을 충분히 반영하고자 필자의 표현 그대로 제시하기로 하였습니다. 다만 한중 두 나라 사이에 미묘한 견해 차이가 있거나 그리 좋아하지 않는 용어 표현 등은 원래의 뜻을 해치지 않는 범위에서 가급적 부드럽게 표현하였습니다.
- 중국의 인물명, 지명, 고유명사 등은 근대 이전의 경우 한자 독음으로 표기하고, 근대 이후의 경우 중국어 발음으로 표기하였습니다.
- 사진과 그림은 설명 뒤에 소장자나 소장처, 저작권자를 밝혀 두었습니다.

第一章

从辽宁到首尔，

从人物角度看韩国与辽宁的因缘

从首尔到辽宁

韩国篇	辽宁篇
许筠 1569~1618	李成梁 1526~1615
金昌业 1658~1721	刘鸿训 1565~1634
朴趾源 1737~1805	张又龄 不明
梁世奉 1896~1934	文氏家族 1644(?)~现在

中韩缘史 辽宁篇

将朝鲜文学传播到中原的中韩交流之象征

崔溶澈
高丽大学

许筠

许筠

将朝鲜文学传播到中原的中韩交流之象征

1569~1618

许氏五文人

朝鲜中期的天才诗人许筠(1569～1618)于1618年以谋反罪名被处死。今年是许筠逝世四百周年，但我们在哪里都找不到他谋反的证据，甚至当时朝廷连自白都没得到情况下，草草结案，留下诸多疑惑。而这也是一代弄潮儿退出历史舞台的最具戏剧性的一幕。当时，许筠才不过五十岁，他不太长的一生充满了戏剧性。

许筠生于名门望族。他曾在盛名一时的父亲和兄长们的呵护下，被寄予厚望，但最终却成为加速家族没落之人。然而，今天他却成为文学史上最受瞩目的人物，为朝鲜中期中韩文化交流史树立了重要里程碑。本文关注朝鲜王朝时期，在与明朝交流的过程中途径远东地区的许筠为中心，了解中韩交流的一个侧面。

许筠是杨川许氏门中许晔之子(字草堂)，生于江陵外祖家，字端甫，号蛟山、惺所，根据最近发掘的《乙丙朝天录》，发现许筠还曾用烛斋主人做号。

其父许晔(1517～1580)为文科甲科及第，历任大司成，庆尚道观察使。当时他是深受朝廷器重的文官，还被推选为由金孝元牵头的东人集团的领袖，著有《草堂集》。他与正室夫人生下儿子许筬和两个女儿，与侧室夫人生下许篈、许楚姬、许筠，膝下共有6名子女。许晔和儿子许筬、许篈，许筠以及女儿许楚姬都以诗文见长，遂被称为‘许氏五文人’。

1 许筠生家，江陵爱日堂 ©文化财厅
2 许筠诗碑 ©江原道厅

仲兄许筬(1548～1612)于1583年文科及第，晚于兄弟许篈入世，而仕途却比较平坦。尤其是当父亲和许篈相继去世后，他不止一次为几度被弹劾的兄弟许筠奔走。他历任大司成和大司谏，又做过礼曹判书、兵曹判书、吏曹判书，后来成为宣祖王的顾命大臣，深受士林爱戴。虽然，宣祖看中许筠的才干，重用他，但每次许筠奉命上任没过多久就会得罪很多人，最后都会遭到司宪府弹劾被免职，幸亏每次得到时任判书的仲兄帮助，起死回生。但是，待许筬去世后，许筠再也没有为其挡风遮雨的仲兄庇护，终究以谋反罪被处以极刑。许筬著有《岳麓集》。

伯兄许篈(1551～1588)22岁文科及第，历任赐暇读书和书状官，还出使过大明。但是任弘文馆校理时，因参与弹劾宰相李珥，被发配到咸镜道钟城，此后开始浪迹天涯，38岁卒于金刚山。流浪时期，将朝鲜前期野史编纂成《东海野言》。许篈也是许筠实际上的老师，对弟弟潜心做学问产生极大影响。许筠后来将许篈的诗文编纂成《荷谷集》。

长姐许楚姬(1563～1589)是朝鲜最著名的女诗人。也是当时作为女性拥有姓名、字(景樊)、号(兰雪轩)的很特别的人物。虽然，婚后生活并不美满，27岁就早早离世，但是在许筠的努力下，她的诗被编汇成《兰雪轩集》。尤其是这本书传到中国文人手中后被广为流传，

3

4

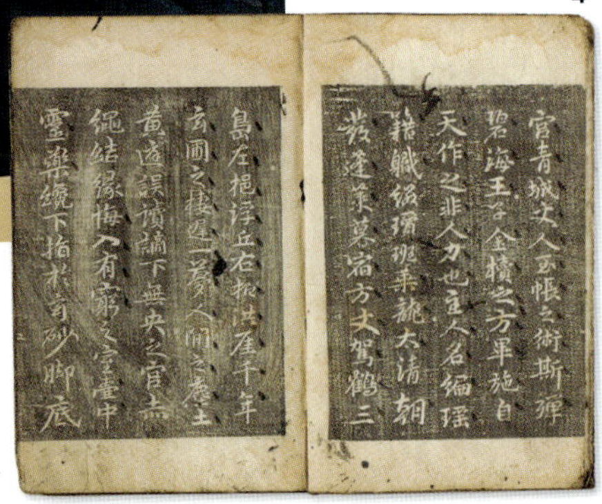

宮青城丈人玉帳之術斯殫
碧海王子金精之方畢施自
天作之非人力也主人名編瑤
籍職綴瓊班乘飆太淸朝
發蓬萊暮宿方丈駕鶴三
島左挹浮丘右拍洪崖千年
玄圃之樓遽入人間之塵土
黃庭誤讀謫下無央之宮赤
繩結緣悔入有窮之室壺中
靈藥纔下指於前砂腳底

由此也受到朝鲜关注。她的作品中歌咏神界的《游仙词》较多，儿时写下的《广寒殿白玉楼上梁文》更出名。

3 许兰雪轩画像 ©孙連七
4 许兰雪轩,《广寒殿白玉楼上梁文》 ©乌竹轩/市立博物馆

许筠的坎坷人生

许筠一生崎岖坎坷。12岁丧父，17岁参加汉城府初试及第，次年与内弟一同前往白云山师从伯兄许篈，还曾拜柳成龙(字西厓，1542~1607)和荪谷李达(1539~1612)为师，学习古文和唐诗。20岁时，伯兄许篈去世，次年长姐许兰雪轩去世后，将长姐诗作编成《兰雪轩集》，邀柳成龙做序。24岁时，爆发壬辰倭乱，在战乱中生下长子，但是其夫人和儿子都在这场战乱中不幸丧命。此后，许筠从咸镜道坐船前往江陵，在外祖家爱日堂住下，并把后山蛟山当做自己的名号；还访问洛山寺，与高僧谈古论今，写下诗文批评集《鹤山樵谈》。他年少失去骨肉，却没有一蹶不振，而是全身心投入到写诗撰书上，把大部分的时间用在著述方面，尤其是兄长和长姐去世后，许筠把他们留下的作品编成诗集作为自己的使命。

1594年，许筠26岁文科及第，相比伯兄许葑入仕算是比较晚了。当时还以承文院史官身份第一次前往远东。但在丧母又被罢官之后，文科重试状元及第，任礼曹佐郎。当时丁酉再乱爆发，他以使臣随行人员身份访问大明。尤其在30岁接待大明使臣时，与从军文人吴明济相识，并赠与朝鲜的诗文以及许兰雪轩的诗集，并嘱托其在大明刊印。

此后，他还陆续接待过使节。1601年许筠时任海运判官，大明使节一到，就升职为刑曹正郎负责来使接待工作。1606年38岁时以远接使从事官身份接待大明使臣朱之蕃，还将当时写的诗文汇编成《丙午西行录》。1609年再度被推荐为远接使从事官，将与使节交换的书信和诗文编成《己酉西行记》。次年，被任命为千秋使，本应踏上出使之行，因健康问题不得不辞官疗养。

许筠在接待大明使臣的同时，也编纂了多部书籍。1602年在来往平壤和义州的使行路上编纂了《壬寅西行录》；次年游览金刚山后编写《枫岳纪行》；1604年任遂安郡守时将许葑的诗汇编成《荷谷集》；1607年赴任公州牧使后，将历代诗集编成10卷《国朝诗删》，写就《兰雪轩集》；1611年发配到全罗道咸悦时，将历代汉诗评论集编成《惺叟诗话》，还完成了本人的文集《惺所覆瓿藁》。他为自己和兄长和长姐整理诗稿，此举意义重大，如果当时没有编纂这些文集，我们就只能看到他们零散的诗文。

发配归来后，许筠继续出使大明。1612年和1613年曾两次被任命为出使大明的成员，却因行程被取消未能成行。1614年夏天被任命为千秋使前往大明。次年，在文臣庭试获第一名，任同副承旨后以冬至兼陈奏使的副使再次前往大明。1616年春从大明回来后，便编纂了《乙丙朝天录》。一直以来这本书只闻其名，直到最近在国立中央图书馆被发现，其中包括了许葑的《朝天录》上卷和许筠的《乙丙朝天录》下卷。

1617年奇俊格参奏许筠谋反，次年许筠编纂师傅李达诗集《荪谷集》，并重新修订了八年前编汇的《闲情录》。这是他生前最后的著述。同年8月许筠入狱前，将《惺所覆瓿藁》草稿和其他原稿寄到女儿家保管。由于光海君爱惜许筠的才能，不相信他谋反。但李尔瞻在未获许筠认罪的口供情况下，草草下令杀许筠。当时，他才五十岁。

5

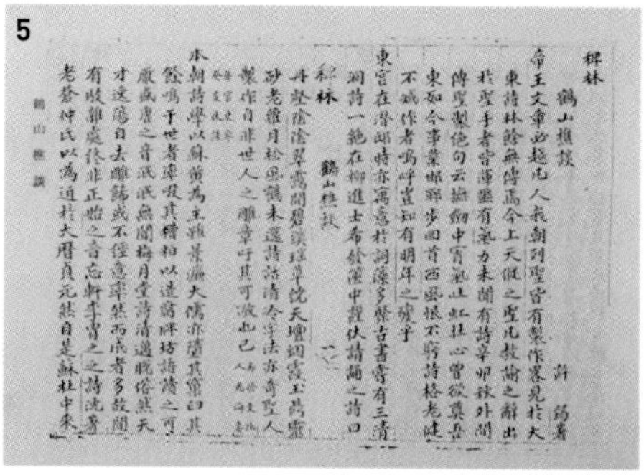

稗林

鶴山樵談　許筠 著

帝王文章必超凡人我朝列聖皆有製作寡見於大
東詩林餘無傳焉今上天縱之聖凡教諭之辭出
於聖手者皆蓮墨有氣力未聞有詩辛卯秋外間
傳聖製絶句云掬翻中宵氣吐虹壯心曾欲奠吾
東知今事業渾虛步回首西風恨不窮詩格老健
不減作者嗚呼豈知有明年之變乎
東宮在潛邸時亦寓意於詞藻多發古書嘗有三清
詞詩一絶在柳進士希發家中護伏請誦之詩曰

稗林　鶴山樵談　一二

壬辰倭乱战乱中，侥幸活下来的许筠大女儿，嫁给领议政李山海之孙李士星。李士星夫妇生有三子。自许筠因谋反罪入狱，一直秘密保管书稿文集，直到1670年他们的大儿子李必进附跋文将《惺所覆瓿藁》公布于世。而此前许筠因谋反被斩，不管是史书还是文集都无法正面提及他，他的著述自然也渐渐被埋没。但是苍天有眼，许筠留下的著述经其外孙之手终能重见天日。

许筠既是天才文人，也是风云人物。他自科考及第到被处极刑的25年里，经历宦海沉浮，一生波澜万丈。宣祖和光海君一直都很看重他的才情，而他自由奔放、大胆破格的行为总是被人诟病，常常成为弹劾对象。没有哪次能够在一个官职做上几年，常被罢官、发配，但一考试就能考上状元或第一，又能重新上位。因此他一生历任堂上官、判书、正使、副使等职位，数次出使大明。即使被罢免，朝廷每每都需要他，尤其是能够接待大明使臣，还能与其互赠诗赋的人非他莫属。当时，他与大明文人吴明济和朱之蕃交流，并向他们介绍《朝鲜诗选》，借机赠送许家的诗作，使之成为中韩文学交流史上的一段佳话。

5 许筠,《鹤山樵谈》
©国立中央图书馆

6 许筠,《惺所覆瓿藁》
©延世大学校学术情报院

7 许筠,《乙丙朝天录》诗
©国立中央图书馆

8 许筠,《乙丙朝天录》序
©国立中央图书馆

与中国文人的诗文交流

许筠14岁时拜兄长的朋友李达为师，学习唐音，学写唐诗。18岁

6

7

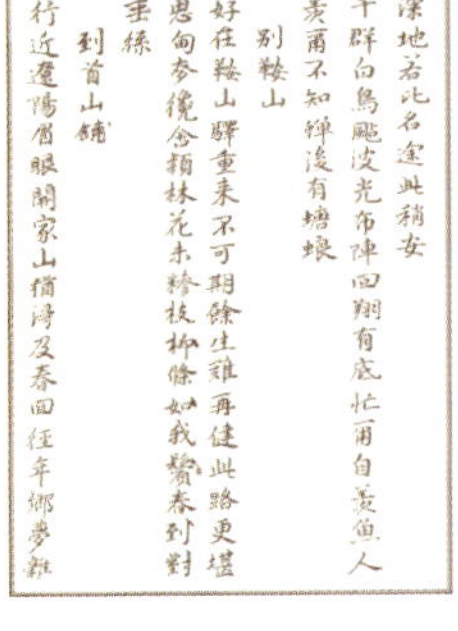

深地若比名塗此稍安
千群白鳥颭波光布陣回翔有底忙爾自羨魚人
羨爾不知蟬後有螗蜋
別鞍山
好在鞍山驛重來不可期餘生雖再健此路更堪
思向奈僥念稍林花未梣枝柳條如我鬢春到對
垂綠
到首山舖
行近遼陽眉眼開家山猶隔及春回往年鄉夢難

8

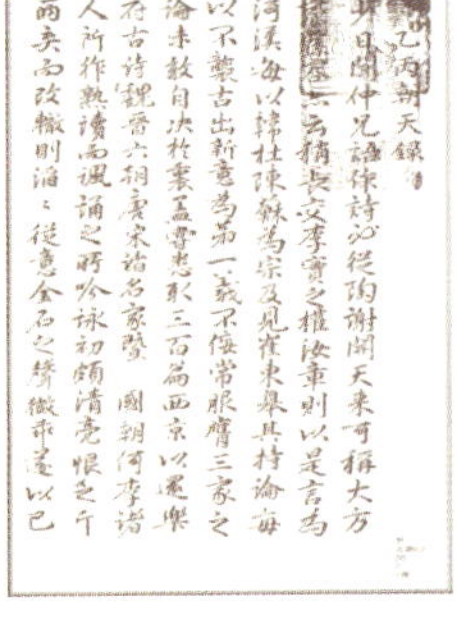

乙丙朝天錄序
昔日聞仲兄論作詩必從陶謝闌天衆可稱大方
云精長文李實之權汝章則以是言為
河漢每以韓杜陳蘇為宗及見崔東皐其持論每
以不襲古出新意為第一義不傍常服膺三家之
論未敢自決於裏孟晉忠取三百篇西京以還樂
府古詩魏晉六朝唐宋諸名家暨 國朝何李諸
人所作熟讀而諷誦之時吟詠初頗清亮恨乏斤
兩矣而改轍則涵涵從意金石之積微亦蓋以已

时，前往流放回来后居住在白云山的伯兄处，学习苏东坡的古文，师从柳成龙学做文章，在诗文方面崭露头角。他从小努力学习，深谙中国古典，常与中国文人交流，一直渴望亲自前往中国。

文科及第后，26岁被派往远东负责外交业务开启了与中国的交流。29岁时，作为随行人员前往大明写下《丁酉朝天录》。次年，负责接待来自大明的将军与使臣的工作，还为从军文人吴明济编纂《朝鲜诗选》。当时还将《兰雪轩集》的草稿赠与他，嘱咐吴将其带到大明广为传播。

壬辰倭乱时，因受大明军事支持，很多明朝人来到朝鲜。对朝鲜历史和文学感兴趣的文人都喜收集汉诗。其中包括吴明济和游击将军蓝芳威。蓝芳威来朝鲜之前就已听说许兰雪轩，知道状元及第的许葑和许筠是谁，并积极收集他们的资料。其中还包括由朝鲜的李盘誊撰写的许兰雪轩《广寒殿白玉楼上梁文》。该文还传到潘之恒那里，被收录到《亘史》中。吴明济和蓝芳威分别都在收集朝鲜的汉诗，大多是通过接待使臣的远接使等人收集。其中许筠是记忆力最好的，他背下数百首韩国历代的汉诗，吟诵给他们。吴明济亲自寄居在许筠或李德馨(1561～1613)家中收集有关资料。回国后，蓝芳威和吴明济分别写下《朝鲜诗选全集》、《朝鲜诗选》。两本书虽然相似，却也有不同之处。前文说道许筠将长姐许兰雪轩的诗介绍给大明文人，并且向他们介绍朝鲜的汉诗。因此《朝鲜诗选》中收录最多的是许兰雪轩的诗，也有许筠的诗。

38岁时，许筠以远接使从事官身份接待大明使臣翰林院修撰朱之蕃，回答对许兰雪轩诗文的问题，并当场赠与誊写的诗集。朱之蕃请他介绍朝鲜最有代表性的诗文，许筠将自崔志远到宣祖王时期124名诗人的830篇诗文分成4卷赠与朱之蕃。当时大明的正使和副使等给许筠带来各种礼物和《太平广记》、《世说删补》等书籍。朱之蕃还为许氏家门的《阳川世稿》写序，为《兰雪轩集》写引言。许筠则将大明使臣留下来的诗文编成6卷《皇华集》。

接待大明使臣过程中，与高官兼文人们互赠诗文，让许筠开阔了眼界。此外，许筠也通过他们将朝鲜历代汉诗传播到中原。之所以能够使包括许葑和许兰雪轩及许筠在内的许家的诗文流传至大明，都是许筠不懈努力的结果。

中国行与《朝天录》的诗

当时，许家已是具备相当的国际视野的名门望族。许筠出生前一年暨1568年，其父许晔便以进贺使身份前往大明北京。1574年许筠5岁时，仲兄许篈以圣节使书状官身份前往北京，回来后写下《朝天记》。1590年许筠21岁时，伯兄许筬以通信使书状官身份随黄允吉、金诚一访问日本，调查丰臣秀吉是否有侵略朝鲜的可能性，回国后报朝廷日本有侵略可能性。

许筠则是在26岁科考及第后前往远东，29岁以使臣随行身份去过北京。46岁时，以千秋使正使身份前往大明。47岁时，以冬至兼陈奏使副使身份再次访问大明。次年回到义州后写下《乙丙朝天录》，这是他最后一次的中国行。该书不同于18世纪《燕行录》，全书都是诗文，而非散文，几乎在所有地点都留下诗作，可以通过该书回顾燕行路线，大胆推测当时燕行过程中发生的事情。

他的燕行之路自9月6日跨过鸭绿江开始，途径闾阳、十三山、大凌河、松山、杏山、塔山、曹庄、八里站、山海关。

当时，盘踞在满洲地区的努尔哈赤女真族势力正要建立后金王朝。数年后的1619年，爆发萨尔浒之战，国际局势发生急剧变化。许筠的燕行并没有途径沈阳，而是直接从辽阳西行，经广宁卫，跨过大凌河，进入山海关。

他在途中还就观看戏剧《西厢记》表演写成诗文，这种做法在200年后的《燕行录》中是非常普遍的现象。在北京读李卓吾(李贽)的《焚书》后，就袁中郎(袁宏道)的文章写下诗句。还读了唐代传记

《无双传》和王世贞的《剑侠传》及后汉书《逸民传》，王安石的诗，还有《王昭君出塞图》，每每他都会诗兴大发，写下自己的感受。许筠天马行空的行为和各种好奇心在北京同样展露无遗。他不仅画下艺妓的美丽姿态，还在《元日有感》中写道“寻思二十年前事，却叹三千里外身”；正月十五在北京观灯后，写下“归来不顾万户侯，五湖仙舟载西子”；在回国路上途径辽阳附近的鞍山时，写下“好在鞍山驿，重来不可期。余生难再健，此路更堪思”，当时他自己也预感这将是最后一次出使。此外在《到首山铺》中写道“行近辽阳眉眼开，家山犹得及春回”，以此思念故乡。他在连山关附近写下《宿冷井》，文中写道他奉命出使“四衔君命入辽阳，八御征轮宿此庄”。由此可以看出许筠和辽东渊源很深。

许筠的作品与著述

许筠分别师从柳成龙和李达，学习写文章和写诗文。柳成龙是一代名臣，李达则因庶出无法参加科举考试。因此，许筠对庶出怀着特别的怜悯之情，交了很多庶出朋友，和他们讨论世间的不忿。他之所以写下《荪谷先生传》和《南宫先生传》等人物传记，以及《洪吉童传》等小说也是因为深受上述影响。许筠虽不是庶出，却通过塑造像洪吉童这样的庶出天才英雄人物，向世人控诉世间的冤屈，对不合理的世事进行抗争，展现要改变世界想法。

许筠不仅擅长中国古典诗文，还深谙古典小说。他读完《世说新语补》后，编撰《世说删补注解》，其序文尚保存完好。尤其《西遊录跋》中还对不同类型的大明长篇小说进行了评论。

“我读了数十部小说，除《三国志演义》和《隋唐志传》外，《两汉志》前后不符，《齐魏志》稚拙，《残唐五代史演义》粗率，《北宋三遂平妖传》疏略，《水浒传》充斥奸诈，这些全然不足以给

读者教训，想到全书出自罗贯中一人之手，难怪有人说他的子孙三代又聋又哑。”

许筠对中国小说的广泛阅读对日后创作《洪吉童传》起了很大作用。他与明朝革新思想家李卓吾有很多相似之处，还特别拜读过李卓吾的《焚书》，当然非常清楚李卓吾对《水浒传》的批评。《洪吉童传》受《水浒传》和《西游记》的影响非常深。洪吉童同样也并没有展开正面积极的革命，而是与一心要除掉朝中奸臣、创造新世界的宋江，想法极为相似，等到知道无法实现自己的理想后，洪吉童希望在海外建立栗岛国，打造一个世外桃源。事实上，《水浒传》中没有横渡大海在海岛上建立一个乌托邦的情节，但是陈忱的《水浒后传》中却有李俊在暹罗国建立海上王国的情节。陈忱比许筠晚出生，《水浒后传》也是到了康熙年间才写成，可见这个情节是许筠的《洪吉童传》原创的情节。

许筠一生写了很多文章，不管是到地方赴任，出使中国在燕行途中，前往黄海道和平安道接待使臣，还是罢职后游历金刚山等地，回

9

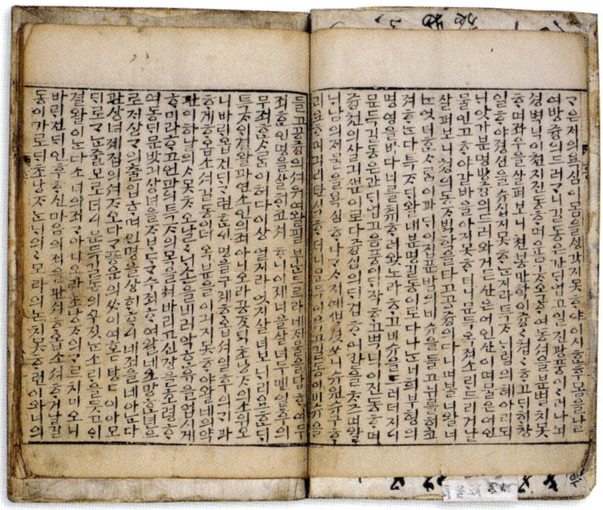

9 许筠,《洪吉童传》
©国立中央博物馆

到故乡江陵，发配到咸悦时，他都不停地写诗，然后花时间将其编成书。晚年出的《惺所覆瓿藁》由诗部、赋部、文部、说部等组成。诗文收录在《朝天录》、《西行录》、《纪行》等中，还评论了自新罗以来到朝鲜时期的诗文，《惺叟诗话》还提及了在扶安遇到癸娘(梅窓)的事。辞赋中在陶渊明的《归去来辞》基础上采用和韵作诗，还模仿王世贞写下《续静姬赋》。此外，许筠还留下序、记、传、书、论、说、辨、解、题跋等不同文体的作品。还有以介绍水果和海鲜，蔬菜等全国各种食材为素材的《屠门大嚼》，从中可以看出许筠广泛的爱好与出众的才情。

许筠出使北京时，还购置了数千册书籍，而且涉猎各种文献。尤其还选录出自己喜欢的章节，重新编纂新书，比如被处死的那年，编纂的就是出《闲情录》，是他读完大明使臣朱之蕃赠送的《世说删补》、《玉壶冰》、《卧游录》等和在中国购置的书籍后，按不同主题进行概括，增补后编的书。其中，陈继儒的文章不少，还包括袁宏道《觞政》提及的“作为逸典的《水浒传》和《金瓶梅》”。这也是朝鲜最早有关《金瓶梅》的记录。

在世俗中写诗的时候，许筠总是梦想隐退后要远离世俗安静的过日子，而这种想法似乎是在《闲情录》中终得实现。他不满社会的不公，就正面对决，但最终失败，被冠以谋反罪处以极刑。然而他的梦想始终是做一个回到故乡江陵爱日堂，在蛟山下眺望东海，悠然隐居的读书人。

参考文献

李家源著，徐庆镇译，《儒教叛徒许筠》，延世大学出版社，2000
许庆镇，《许筠平传》，石枕，2002
崔康铉译，《乙丙朝天录》，国立中央图书馆，2005
许庆镇，《许筠年谱》，宝库社，2013

留下《燕行日记》

金昌业

朴用万
韩国学中央研究院

金昌业

1658~1721

留下《燕行日记》

踏上艰难燕行之旅的金昌业

金昌业(1658～1721)祖籍为安东，字大有，号稼斋或老稼斋。作为金寿恒的四子，上有金昌集、金昌协、金昌翕三个哥哥，下有金昌缉一个弟弟。1681年虽进士及第，但并没有走仕途之路，而是隐居在汉阳的东郊松溪和抱川的永平山。金昌业一直遗憾没有机会直接接触中国风土人情。就在1712年金昌业得到随时任正使的大哥金昌集前往燕京的机会，回国后写下了《燕行日记》。《燕行日记》被誉为历代燕行录之最，详细记录了中国的山川和风俗、文化制度以及与在旅途中结交的中国儒生、道士之间的交谈内容。金昌业不仅擅长诗歌，而且对书画也有建树，他的这些才能成为与中国文人交往沟通的重要基础。

1850年以陈奏使身份到访过燕京的金景善，在《燕辕直指》序文中这样评价金昌业的《燕行日记》的。

去过燕京的朝鲜文人一般都会记录使行经过，其中最著名的有三人，分别是老稼斋金昌业、湛轩洪大容、燕岩朴趾源。如果把三人的使行日记喻为历史书籍，那么老稼斋的行文接近于平铺直叙、条例分明的编年体，洪湛轩则接近于典雅严谨的纪事体，朴燕岩的日记则犹如辞藻华丽、内容丰富的传记体。可以是三人自成一体，各有千秋，让他人望尘莫及。

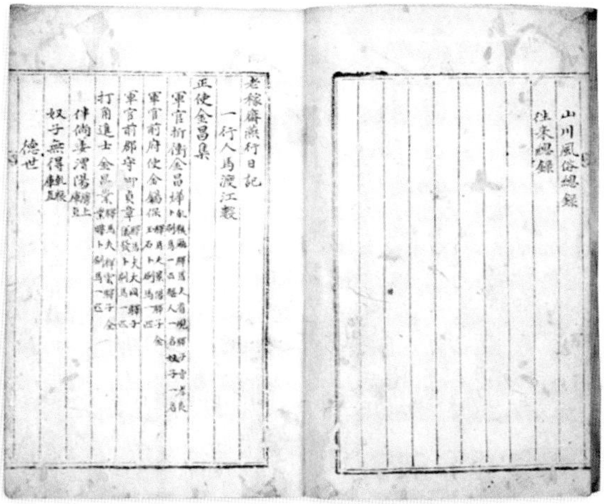

1 金昌业,《老稼斋燕行日记》
©韩国学中央研究院

朝鲜使臣访问中国回来后，都会把使行原委、路程、见闻等记录下来。金景善把金昌业的《燕行日记》、洪大容的《湛轩燕记》、朴趾源《热河日记》评价为最具代表性的三部燕行录。三人当中，金昌业是最早到访燕京的，因此他的《燕行日记》被评为燕京纪行文典范。《燕行日记》按照编年体方式，即日系月、月系年写成，具有文风平实严谨、条理分明的优点。

1712年，55岁的金昌业成为冬至兼谢恩使的一员前往燕京。金昌业不是以正使、副使、书状官等使行团重要身份前往，而是大哥金昌集选为正使后，作为子弟军官随行的。当时，金昌集大病初愈，因此需要有专人侍奉他的起居。当时，朝鲜文人都十分憧憬前往中国，接触中国的风土人情。由于子弟军官是一个比较自由的职务，无需担任使行重大任务，因此正好满足了金昌业提升文化修养和开阔眼界的需求。当时，金昌集的其他兄弟也都十分希望一同前往。正如金昌业的《燕行日记》《往來总录》中所提到的，“一时间各种嘲笑和责难接踵而至，大部分朋友也都予以挽留”，但金昌业还是毅然决然踏上使行之路。

之所以反对金昌业随行，除了年纪大以及正值冬季，最大的理由是金昌业的家族对清朝并不友好。丙子胡乱斥和派代表性人物金尚宪是他的曾祖父，江华岛沦陷后，点燃火药库爆死的金尚容则是他的从曾祖父。由此可知，金昌业家族对清朝的敌对意识极强。作为正使派往清朝的事情是朝廷定下来的，金氏家族无法违抗，然而是否以子弟军官身份随行，则是完全由金昌业自行决定的。金昌业之所以参加使行，并不是盲目的敌忾之心使然，而极有可能是心中充满了亲眼目睹中华文化的渴望，或者想亲自到访大清国用自己的双眼确认一下心中的敌忾之心。在《燕行日记》中，金昌业对中国的立场是相对客观中立的，他的这种心态并非源自一个因素，而是对先进文化的渴望和反清敌忾之心相互作用下形成的复杂心情。

与年轻的清朝文人频繁交往

金昌业参加的冬至兼谢恩使一行于1712年11月3日从汉阳出发，于第二年1713年3月30日返回汉阳，结束了赴燕使行。从汉阳出发，抵达并在燕京逗留后，重返汉阳用了5个月，总时长长达146天，而往返距离加在一起约为6,028里。仅在燕京交友探访也有675里，期间友人赠诗达到402篇。

下方列表为金昌业在燕行路上结识的清朝文人。

时间	结交的友人	身份	地点
1712年 12月 13日	王俊公	自称 秀才	大凌河
12月 15日	王宁潘	儒生	宁远卫
12月 18日	郭如栢	庠生	山海关
12月 19日	荣琮	汉人，寓所主人	榆关
12月 20日	吴廷玑	秀才	永平府
12月 24日	康田	秀才	苏州
1713年 1月 3日	李廷宰，李廷基	䰟递知县	燕京
1月 3日	潘德兴	序班	燕京

时间	结交的友人	身份	地点
1月 10~12日、18日、22日、23日、27日、30日、2月 2日、3日、10日	李元英	一统志 编修官	燕京 李元英的家
1月 22日、2月 8日、13日	马维屏	儒生	燕京 马维屏的家
2月 8日、13日	王之启	丙寅生，浙江 绍兴府山阴人，王羲之24代孙	燕京 马维屏的家
2月 8日、12日~15日 1720年 11月 7日	赵华	文官，满人	燕京
2月 13日， 1718年	杨澄	赵华的老师	赵华的家
2月 19日	王化	秀才	沙流河
2月 21日	李永绍， 杨大有	胡人，自称秀才	永平府
2月 23日	程洪	青年秀才	角山一寺庙
2月 26日	王眉祝	王宁潘侄子	宁远卫 王宁潘的家
3月 4日	郭垣	吴三桂的将领 郭朝瑞的儿子	郭民屯

正如金昌业在《山川风俗总录》中所记录的内容，不管是满族还是中国的南方人、北方人，他都一视同仁、以诚相待。与金昌业交往的人大部分都是年轻的文人或秀才。在与这些人交往的过程中，金昌业并没有感受到他们有过人的文学才华或深厚的文化造诣。因为交往的大部分都是年轻文人或秀才，因此金昌业结识的大部分清朝文人对学术及文化的理解浅薄，几乎没有机会与他们深入探讨文化及学术问题。这其实和金昌业的身份有着密切的关系。不同于正使、副使、书状官这使行三使，子弟军官主要以增长见闻为主要目的，因此人际交往范围自然受限。在燕京，只有三使才能参加正式仪礼和宴会，子弟军官则无法出席使行正式日程。基于这一原因，金昌业未能结识在文

2 金允谦，〈胡兵图〉
ⓒ国立中央博物馆

化、学术方面造诣深厚的杰出人物，只能结识年轻秀才，进行交流。反过来，这也使金昌业有机会接触到当时清朝年轻文人的心态以及看待社会的观点。

唱和可怜女性季文兰的诗歌

1712年12月22日清晨，金昌业从沙河驿出发，来到一家名为榛子店的客栈吃早点。这还是使行团离开汉阳前往燕京的途中。金昌业在客栈墙上看到一首诗，陷入了深深的感慨。

推髻空怜昔日粧
征裙换尽越罗裳
爷嚷生死知何处
痛杀春风上渖阳

戊午年，一位出身江西省、名为季文兰的女子强行被胡人带到沈阳，途经此处便写下上述诗文，贴在客栈墙上。据悉，这首诗是金锡胄(1634~1684)在使行途中，经过这里看到后记录下来的。这首诗下方有季文兰写的小序，主要表达了自己的冤屈。季文兰原本是江西省秀才虞尚卿的妻子，丈夫被杀害后，自己被捕卖给了叫做王章京的人。年芳21岁的季文兰写下家人的姓名，在最下方留下了自己的署名。金锡胄看到这首诗，便向客栈老板详细了解女子冤情后，将其原委记录下来。据传，5~6年前以白银70两贩卖的季文兰在前往沈阳的途中，经过此地留下了诗文。季文兰虽然身世悲痛凄惨，但因其姿态容貌姣好，博得众人好感和同情。据说，季文兰是速写高手，性温如水，她先是用右手写，右手写累了，就换左手写。金锡胄是在1683年以谢恩使身份去燕京的。结合客栈老板所说的年份，季文兰所说的戊午年应该是1679年。丈夫死后，只身一人被卖到胡人手中，其身世实属可怜。金昌业在离开汉阳之前，通过拜读金锡胄的书籍，早已知晓季文兰悲惨的故事。但到当地亲眼看到季文兰写下的诗句，同情之心油然而生，于是写下下面的诗句，贴在墙上。

江南女子洗红粧
远向燕云泪满裳
一落殊方何日返
定怜征雁每随阳

汉诗的唱和，一般是生活在同一时代且相互熟悉的友人之间较为常见的对诗方式。但有时也像上述内容，遵循古人踪迹，假托自己的情感，表达对古人的感慨。被卖到陌生地方的季文兰回首望向曾经居住过的燕京，因无法知道归期，留下酸楚的眼泪，并把羡慕之情寄托在飞翔的候鸟大雁身上。

金昌业在第二年返回朝鲜的途中，2月20日正午再次来到榛子店。他发现在自己写下的诗句下面又有人以次韵方式写下如下诗文。

面扑风埃未解装
逢人泣泪满衣裳
道傍阅到比离色
那禁敲诗下夕阳

另外，在次韵诗旁边注有“在客栈看到朝鲜客人写在墙壁上的诗，便留下此诗。滦州刺史”字样。对此，金昌业以“笔如诗拙”，对滦州刺史的诗与字给予贬评。金昌业向客栈老板打听，了解到滦州刺史在十几天前，也就是2月初经过此处留下了上面的诗句。金昌业认为对诗歌和字画毫无建树的滦州刺史之所以留下诗句，是为了借助众所周知的季文兰诗文，在朝鲜文人面前显示自己的才华。

此后，1720年李宜显(1669～1745)再次访问时，这首诗已经消失不见了。据李宜显《庚子燕行杂识》记载，5～6年前因客栈重新粉刷墙面，原墙壁上的诗文被盖住了。

综上所述，季文兰的诗文应写于戊午年1678年，金昌业留下唱和诗文的年份为1712年，而因粉刷墙面造成诗文消失的年份，则是李宜显到访5～6年前的1715年左右。由此，大体可以推测季文兰的诗在榛子店客栈留存近40年。虽然无法再看到季文兰的诗，但此后的朝鲜使行文人经过榛子店还是能想起季文兰，于是留下了很多诗文。

源于求知欲，与李元英交往

金昌业在大凌河、山海关、永平府等地也结识了一些文人，但大多数文人都是在燕京结识的。尤其与李元英相识，为金昌业了解中国知识阶层动向、出版、学问等提供了良好机会。金昌业与李元英的交往最为频繁，而且两人探讨的学术和文学问题也非常有深度。

李元英号诵芬斋，高阳人，与金昌业相识时年龄25～26岁左右，当时任一统志编修官。他的曾祖父为明朝人，祖父为清顺治帝的驸马，曾任礼部侍郎，其父亲则被封为一等伯爵，是清朝朝廷位居高位的显赫家族。对于很难有机会与清朝高官或有名人士结识的金昌业来说，李元英是其结交的为数不多的名门望族成员。1713年1月10日，金昌业在探寻忠烈祠的途中，进入了一条被鸳鸯瓦所覆盖的高耸建筑胡同。这时，恰好遇上大宅府主人李元英，李元英盛情邀请金昌业进府交谈。金昌业对李元英的第一印象这样写道："脸部虽带有麻点，但眉目中却泛着一股清流"。当时，李元英手拿一个木瓜，给金昌业看了一首七言绝句。

嘉品从教不耐春
旧时香气尚清新
怜他投赠非容易
莫把琼据别报人

另外，还给金昌业看了数十首律诗和绝句，其中有两张是用纸张印刷的，另有两张是当时名人赠与的跋文。金昌业看完这些诗文后，以精巧二字评价记录在日记中。为表谢意，金昌业用带去的烧酒和美食款待了李元英。金昌业在李元英的住所还看到《佩文斋广群芳谱》，于是向李元英请求借阅。"佩文斋"是清朝康熙帝的别号，这本书完成于1708年。康熙帝不仅平定内政，而且奖励游学，留下很多著作和书籍，把清朝文学发展推向了鼎盛。从老稼斋这一号中就可知，金昌业喜欢隐遁生活，对花草十分感兴趣。因此，看到《佩文斋广群芳谱》这本书，便爱不释手。李元英应金昌业的请求，先借给金昌业部分捆札的书卷，并承诺归还时，再把剩下的书卷借给金昌业。

此后，金昌业和李元英跨越年龄差距，密切交往。李元英因身居官位，两人无法经常相见，两人主要以书信方式致以问候或互送礼物。金昌业赠送的礼物主要是壮纸、笔墨、烟草、粳米、糯米等，李元英则赠与金昌业红纸、笔、扇子等礼物。对于文人来说，文房四宝

3 李宜显,《陶谷集》
©国立中央图书馆
4《佩文斋广群芳谱》

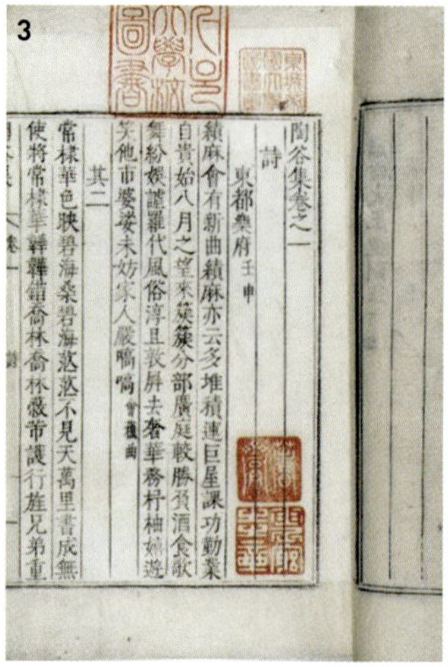
陶谷集卷之一
詩
東都樂府 壬申
其二

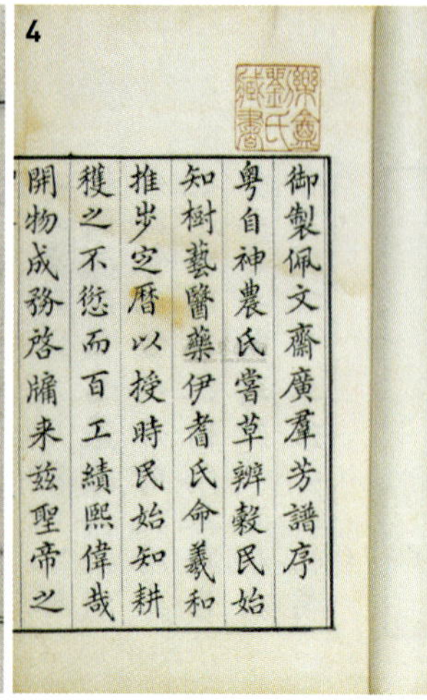
御製佩文齋廣羣芳譜序
粤自神農氏嘗草辨穀民始
知樹藝醫藥伊耆氏命羲和
推步定曆以授時民始知耕
穫之不愆而百工績熙偉哉
開物成務啓牖來茲聖帝之

是必不可少的东西，因此赠送其他国家的文具便成为当时文人之间的一种时尚。在互赠礼物的过程中，两人少不了附上自己写的汉诗。这些诗文是展现自己以及本国文化水平的重要媒介，也是文人相交必不可少的过程。

1月22日，李元英第一次访问了金昌业的宿舍。金昌业用松子糕、药果、煎药、栗子、茶点等接待了李元英，两人主要探讨的问题是朝鲜美食。金昌业给李元英看了自己写的3首七言绝句，主要是歌颂海棠花、梅花、纸菊的诗文。李元英看后，表示可与唐朝作品相媲美。众所周知，唐朝汉诗在以杜甫和李白为首的文人推动下，逐步完善了近体诗，是中国诗歌创作最为繁荣鼎盛的时期。由此可见，李元英对金昌业给予极高的赞赏。李元英还拜见了正使金昌集。金昌业和李元英约定一同观赏药王庙、观象台、太学、府学等燕京名胜，但因李元英公务繁忙，这一约定没能实现。李元英答应同游燕京，对于金昌业来说是莫大的荣幸。

2月3日，金昌业再次访问李元英的家。这一次，李元英以打横礼节接待了金昌业。打横是年幼者与年长者同席时，为表礼貌和恭敬，不与长者面对面对坐，而是侧身相座。金昌业虽为没有官职的寒士，但通过交往，李元英十分赞赏金昌业的学识和人品，因此以礼相待。

餐前，李元英请求金昌业穿上官服，但听闻金昌业没有官职，于是拜托其穿上道袍。这可能是李元英想了解朝鲜的服饰款式。在用餐席间，金昌业谨慎地询问了清朝文坛动态。李元英回答，当代清朝有13才子，其中首屈一指的当属状元及第的扬州人王端，并表示自己也是王端的弟子。这是金昌业在使行中听到的最有趣的故事。

2月10日，两人互通书信和交换礼物后就没有继续联系。当时，金昌业送的是1匹丝绸，李元英赠送的是1盒徽州墨。金昌业一行是在2月15日离开燕京的。距离离开燕京虽然还剩下5天时间，但两人为何没有联系，金昌业并没有在日记上交代。2月10日交换的丝绸和徽州墨不同于以往两人所互赠的礼物，可能两人在这一天以书信的方式互道了离别。

结识赵华和杨澄，为其诗集写下序文

对于金昌业来说，虽然没有像李元英那样来往甚密，但能结识赵华和他的老师杨澄，同样具有重要的意义。1713年2月8日，赵华派人请求相见，金昌业先询问了赵华的来历。赵华当时34岁，是一名满洲文官，从13岁开始就侍奉皇帝，可以说是皇帝的心腹。

2月13日，金昌业访问赵华府邸的时候，他家门前看到的神奇魔术。金昌业把这一魔术表演详细地记录在日记中。他看到的魔术有两种，一种是把一条系着铜钱的长线伸到两个袖子里再拿出来，发现长线上的钱不知去向的魔术，还有一个是破碎的小碗恢复原状的魔术。由于金昌业深深被魔术所吸引，差点忘了拜访赵华一事，惹得旁边的随从一再催促。

赵华给金昌业留下的的第一印象可以用大失所望来形容。金昌业是这样描述赵华相貌的，黝黑的皮肤、消瘦的体格，一个眼睛有点歪斜，单从外貌来看根本看不出是一个文人。赵华把自己写的文章拿

给金昌业看，让其帮忙修改，但金昌业一一婉拒。金昌业在日记中写到，满族人一般忌讳‘逆’和‘虏’，因此在文章中尽量不用上述二字，但赵华却毫无顾忌地使用了上述二字，这给金昌业留下深刻的印象。当时杨澄也在场。赵华的老师杨澄字泳水，号二橙，是浙江绍兴府余姚人，金昌业觉得杨澄是一位不同凡响的人。果不其然，杨澄一直到50多岁都没有考中科举，于是放弃为官之道，开始以作诗饮酒为乐，过着悠然自得的生活。

由于不久便要离开燕京，因此金昌业和两人的交往并没有持续下去。金昌业在离开之前，把1卷纸、2把僧头扇、1包香烟、在三忠祠写下的几首五言古诗和律诗送给了两人。赵华也把3张字画和绣囊作为礼物赠予金昌业。15日离开燕京的当天，金昌业又给赵华送上2张韩国宣纸。

金昌业和杨澄之间的交往内容，并未在《燕行日记》中单独记录下来，但在李德懋的《青庄馆全书》卷35《青脾录》《弄岩三渊募中国》中有这样一段有趣的内容。

其弟稼斋先生随伯氏梦窝先生前往中国，游览险峻的大清山川、拜会著名人物、观看城池·楼台·风俗·仪文等，将其记录下来。回国后，收录其兄弟的诗歌，编制《金氏联芳集》，浙江儒士杨澄宁水为这一诗集写下序文。此后，金氏文章在中国也得到广泛流传。杨澄对笼岩先生的诗大加赞赏，其中尤其对关侯庙这首诗给予了高度评价。

如果李德懋所说的内容属实，那么金昌业给杨澄看了收录兄弟诗文编成的《金氏联芳集》后，获赠杨澄为世纪写下的序文。金昌业和杨澄最早相识于2月13日，不到3天的时间里，杨澄就读完诗文集，并对诗集进行了评价。杨澄对金昌燮的诗大加赞赏，尤其对《关侯庙》给予了极高的评价。一般文人之间都会拜读一方诗集后，为其写下序

5

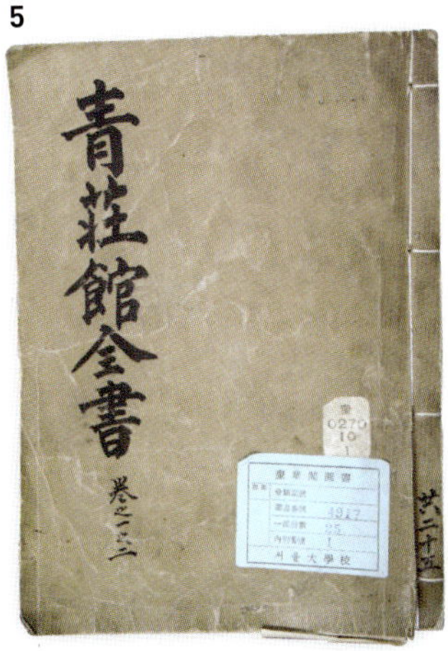

5 李德懋,《青庄馆全书》
©首尔大学校图书馆

文加以评价。金昌业和杨澄二人也遵循了文人之间惯例，为朝鲜和清朝文人以诗交流树立了典范。

始于对书画的关心，与马维屏、王之启分享书画

金昌业不仅对诗文有造诣，对花草和书画也有独到的见解。清朝文人马维屏和王之启极大满足了金昌业对文学的饥渴。金昌业与二人主要是在自己的宿舍相会的。

1月22日，马维屏来到金昌业的宿舍。金昌业听说马维屏有着和自己一样的爱好，就是喜欢种植花草，而且在家中养了很多花草。为了款待受邀来访的马维屏，金昌业备置了烧酒、药果、松子糕、煎药等美食。两人第一次相见，主要聊的话题是能否求得腊梅花和朝鲜的饮食。两人虽然约好2月4日和5日再相见，但不知何故未能相见，而是在8日马维屏携王之启访问了金昌业。

马维屏把亲笔作画赠给了金昌业，金昌业则以美酒与美食款待了两位。王之启字学山，是马维屏的好友，时年28岁。当时，王之启给金昌业写下了一首五言律诗。

贵国交情薄

惟君逈异人

话言从肺腑

举动尽天真

皎月同君度

高山企我心

何须金石谱

友道本彝伦

王之启此前虽然也有接触过朝鲜人，但对金昌业的评价极高，称其为奇人，评价金昌业言行之中充满天真，并表示虽离别无法相见，还是会时常想念。王之启自称王羲之24代孙，答应日后愿与金昌业一起欣赏其珍藏的王羲之兰亭序摹本。金昌业抵达燕京之后，一直想寻得一本兰亭序摹本，但在《燕行日记》中再未提及相关内容，因此无法确定金昌业是否真的目睹兰亭序真本。

马维屏也表示，“两人来自东西两国，像浮萍草一样偶然相逢，如此珍惜友谊，真是千古难寻之事”，还把两人的相识称为千古奇缘。

金昌业则给马维屏看了郑敾、赵荣祏、李稚的山水画以及尹斗绪的人物画。这些画作都是金昌业在朝鲜出发之前，为了给清朝文人观赏而特意准备的。为表心意，金昌业把郑敾的画送给了马维屏。2月13日，金昌业访问马维屏府邸做客。当时，马维屏给金昌业看了很多画册，还让金昌业尽管拿走喜欢的作品，但都被金昌业婉言谢绝了。

超越形式，与以心相通交往的韩中文人

金昌业在燕行期间与清朝文人频繁交往。相比与燕京文人的交往，对在辽宁省交往的文人情况写得比较简单。金昌业和清朝文人的

6 王羲之,〈兰亭帖〉
7 郑敾,〈庐山草堂图〉©文化财厅
8 尹斗緖, 尹斗緖自画像 ©文化财厅
9 宋时烈画像
©国立中央博物馆

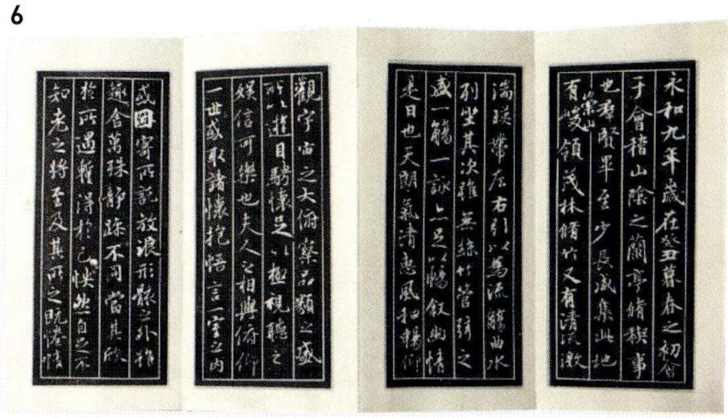

交往，因语言不通，主要以笔谈的形式进行。大部分清朝文人想与金昌业交流，但想谋取利益的成分居多。相较之下，李元英、 赵华、杨澄、马维屏、王之启等人与金昌业不仅有着相同的喜好，都对诗文、书画、花草等十分感兴趣，因此可以说是以心相交的友人。

金昌业交往的大部分清朝文人都是未入仕途的年轻人。这样的交往局限性原因，与其说是金昌业喜欢年轻人才，倒不如说是子弟军官所处的身份限制。虽然这些清朝文人并非官居高位或学识过人，但对于金昌业来说都是在大清逗留期间结识的难得的挚友。

参考文献

金昌业,《燕行日記》

金昌业,《稼斋集》

金景善,《燕辕直指》

李德懋,《青庄馆全书》

李宜显,《陶谷集》

金泰俊,〈燕行录教科书《老稼斋燕行日记》〉《国际韩国学研究》1,明知大学国际韩国学研究所, 2003

金相助,〈金昌业的《老稼斋燕行日记》研究〉《瀛洲语文》10, 2005

徐毅,〈对金昌业和清朝文人郊游的考察〉《渊民学志》13, 2010

申翼澈,〈从18世纪燕行录看中韩文化交流〉,《韩中人文科学论坛发表论文集》,韩中人文科学论坛, 2015

朴趾源

燕行日记的精髓，
热河日记

林映吉
成均馆大学

朴趾源

1737~1805

燕行日记的精髓，热河日记

朝鲜人对热河的最早记录

朴趾源(1737～1805)，朝鲜后期学者、北学代表人物。他曾于1780年(正祖四年)为庆祝乾隆帝七十大寿，以使节团成员身份前往大清，留下不朽著作《热河日记》。朴趾源作为三从兄锦城尉朴明源远房亲戚，参加了燕京之行。由正使朴明源、副使郑元始、书状官赵鼎镇、首译洪命福等人组成的进贺兼谢恩使一行于1780年5月25日从汉阳出发，6月24日跨过鸭绿江，途径栅门、辽阳、盛京(今沈阳)、山海关、通州等地，8月1日抵达燕京(今北京)。但是原定要参加在京望贺礼的朝鲜使节团，8月4日突然接到仪式定在热河(今承德)的圣旨，即刻启程前往热河。为此，另外74人从8月9日开始在热河逗留 7 天，去行宫避暑山庄谒见乾隆皇帝，还拜访了班禅喇嘛，当然这里也包括朴趾源。他虽然怕影响燕京游览有些犹豫，但是也没有放弃畅游热河的千载难逢的好机会。8月20日从热河回到燕京的朴趾源在京逗留一月有余，9月17日从燕京出发10月27日回到汉阳。回国以后，朴趾源将自己在大清的所见所感写成他一生的游记《热河日记》。二十五卷《热河日记》出版后，以誊写形式广泛流传，极大地影响了当代乃至其后的文坛。

很多人眼中的《热河日记》是一部收录《虎叱》和《许生传》等被分类为汉文小说的作品，但它基本上属于对清使行记录的燕行录。它不仅内容新颖奇特，还采用不同于一般燕行录的文体与构思，在朝鲜开辟了前无古人的热河游最早记录，因此，在燕行记中占据独

1 朴周寿, 朴趾源肖像
2 避暑山庄全景

3《热河日记》©星湖紀念館
4《燕岩集》©国立中央博物馆

一无二的地位。之前的燕行记大多采用日记、杂录或者记事形式，而《热河日记》将旅游的经纬忠实地按日期做了叙述，而对于重要的内容则单独拿出来以记或说等方式独立成篇，采用集日记体和记事体优点于一身的独特的形式。按照旅程，全书日记共有七篇，具体为《渡江录》、《盛京杂识》、《驲汛随笔》、《关内程史》、《漠北行程录》、《太学留馆录》、《还燕道中录》等；另外还将记录与清朝人交游和与其交换的笔谈编成《倾盖录》、《黄教问答》、《忘羊录》、《鹄汀笔谈》等；按不同主题，将各种名所的见闻和所知统编成《行在杂录》、《避暑录》、《口外异文》、《黄图记略》、《谒圣退述》、《盎叶记》、《铜兰涉笔》等诗话和杂录。在这些篇章中，有关朴趾源的辽宁游记详细记录在自渡过鸭绿江到7月23日抵达山海关期间的日记《渡江录》、《盛京杂识》、《驲汛随笔》中。

热情地与中国人交游

朝鲜使臣的燕行旅程自现在的辽宁省境内栅门(今凤城市)到山海关东部宁远(今兴城市)。位于两地之间的广宁、大凌河、锦州、松山、杏山等地都是明清交替时期的激战地。在数次的战斗中大明曾多次败给后金，丢掉集中在辽宁多处防御基地，被打退后大明虽仍坚持

3

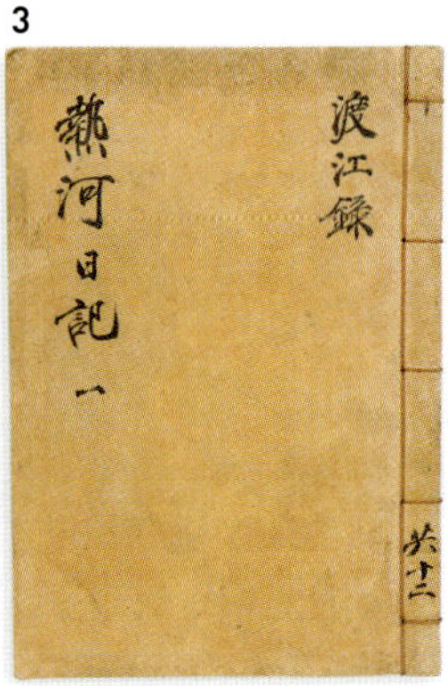

4

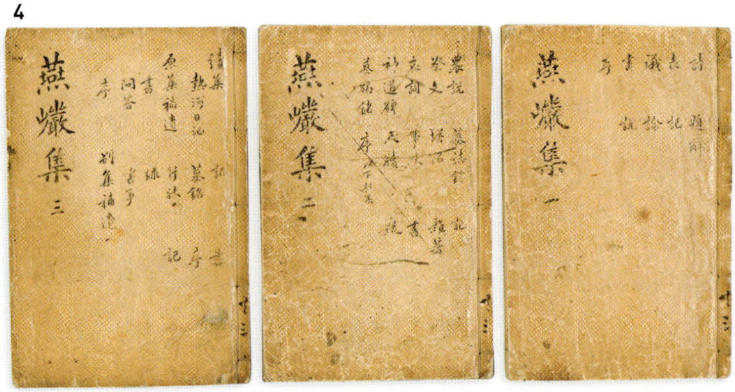

作战，最终于1644年京城沦陷被灭国。

辽宁是清太祖努尔哈赤的出生地，也是清王朝的发祥地。从朝鲜的立场来看，这既曾是先祖们生活过的土地，也是让人想起丙子之役和丁卯战争这样充满伤痕的地方。随着1621年后金掌控辽东一带，朝鲜使节团不得不临时途径其他城市或选择海路，但到了17世纪后期大清控制中原地区后，一直是按照同样的路线往来于燕京。其中1625年满族在沈阳建都邑，命名为盛京后影响力越来越大，1679年开始沈阳成为燕行路上正式指定城市。大清皇帝东巡沈阳时，朝鲜还会特别派出沈阳问安使。尤其，沈阳也是昭显世子和凤林大君入清为质的地方，朝鲜使臣对这里有着悲愤慷慨之情和强烈的反清意识。

朴趾源也将辽东和沈阳看做军事要地，认为天下安危与这两个地方有密切联系。他在《渡江录》7月9日写的《旧辽东记》,《盛京杂识》以及《驲汛随笔》等多处回顾大明和后金的战斗，切实感受大明的灭亡，但是在辽宁一带朴趾源强调了对大清的开放姿态。6月27日～28日，他途径栅门时想起洪大容说过的“大规模细心法”，即中国不仅规模大，且技术细致。朴趾源对此写道：“周视铺置，皆整饬端方，无一事苟且弥缝之法，无一物委顿杂乱之形。虽牛栏豕栅，莫不疏直有度，柴堆粪庤亦精丽如画”，感叹“不意中国之若是其盛也”。

正如上文所述，朴趾源仔细观察到辽宁四处市集繁荣，店铺大而华丽，还积极接受大清新鲜事物和实用主义精神，主张利用厚生。6月28日在凤凰城，他还详细描写了民居结构和盖房技术、砖瓦使用法、筑城制度等。7月1日～5日因暴雨河川涨水，在通远堡滞留期间，他还记述了中国的轿子文化和铺火炕方法比朝鲜更具优点。生活在朝鲜这样一个弹丸之国的他，来到幅员辽阔的辽东感受到一种身心得到解放的喜悦和无法一展远大抱负的残酷现实带来的悲哀、以及两种感情达到极限可以通过一场痛哭释放出来的《渡江录》7月8日写的‘好哭场论’；描写中国之壮观要在瓦砾或粪便中探寻，而非山川河流、雄伟

5 沈阳的老店铺(1912)

的建筑和繁华集市的《驲汛随笔》7月15日的‘天下第一壮观论’；论述板车的效用性和必要性的7月5日‘车制说’等。

《热河日记》中多部名篇都是在辽宁写的。辽宁对朴趾源来说已经从中国游的起点，成为走向更广阔世界文明中心的第一个旅程，也是引发对现实的认识和思维方式转变的特殊地方。整部《热河日记》在19世纪燕行录中被引用最多的是记叙辽宁部分的日记，这也佐证了它的重要性。朴趾源在燕行期间始终大胆而积极地对待观光与交游。尤其，他对沈阳有着很大期待，在《渡江录》7月6日日记中就写到在连山关做的梦，这也暗示了前往沈阳前无比神往的心境，充满了趣味。具体内容如下：

夜小醉微睡，身忽在沈阳城中，宫阙城池闾阎市井，繁华壮丽。余自谓：‘壮观不意其若此，吾当归詑家中。’遂翩翩而行，万山千水，皆在履底，迅若飞鸢。顷刻至治谷旧宅，坐内房南窗下，家兄问：‘沈阳如何？’余恭对：‘所见胜于所闻’，夸美亹娓。望见南墙外，邻家槐树阴，阴上有大星一颗，炫烂摇光，余奉禀伯氏曰：‘识此星乎？’伯氏曰：‘不识其名’。余曰：‘此老人星’，遂起拜伯氏，曰：‘吾暂回家中，备说沈阳，今复追程耳。’

朴趾源将自己亲身体验的“沈阳故事”单独写成《盛京杂识》。

事实上，《盛京杂识》包括7月10日至12日三天两夜在沈阳逗留的日子以及14日探访小黑山的见闻。其中在13日和14日记录的“欺霜赛雪”逸话是利用伏笔的构思和白话体的表达方式，以诙谐的手法描写自己失败的故事。朴趾源在新民屯一典当铺被邀题字，便将一路看到的多家店铺门楣上‘欺霜賽雪’四个字写出来。不知何故，店家面若秋霜。次日，他在小黑山的首饰铺又写下‘欺雪赛霜’四个字，店家的反应和前一天典当铺老板如出一辙，此时朴趾源才知道这四个字是面店的招牌。朴趾源将以为“欺霜赛雪”是天朝商贾自夸心地皎洁，生意童叟无欺的意思，不想竟闹出如此的大笑话，这一段就记录在《盛京杂识》中。

朴趾源对沈阳的第一印象就是“郭内民物之繁华，市肆之侈盛，十倍辽阳矣”。在途中，他还和在沈阳任兵部郎中的满洲人富宁短暂对话。后随正使裨将朴来源、御医卞观海前往行宫，还偷偷潜入限制出入的宫殿，参观殿堂楼阁。然后他去了酒家，在顺便路过的古董店艺粟斋和绸缎行歌商楼结交当地商贾，为了和他们交游，朴趾源不顾宵禁连续偷偷从住处出来彻夜与他们进行笔谈。他将艺粟斋和歌商楼的笔谈别分写成《粟斋笔谈》和《商楼笔谈》。说《盛京杂识》最经

6

6 沈阳故宫内部和凤凰楼
(山崎鋆一郎编著，《(最新)满洲写真帖》，大正写真工艺所，1933年第6次印刷)

典的部分就是这两篇也不为过。

下面介绍一下《粟斋笔谈》和《商楼笔谈》中的主要人物：

田仕可	字代耕、辅廷，号抱闭，河北无终人，29岁，是山西太原人杨登的合伙人，对古董博经史，通内纬。
李龜蒙	字东野，号麟斋，四川绵竹人，39岁。
穆 春	字绣寰，号韶亭，四川人，24岁。
温伯高	字鶩轩，四川成都人，31岁。
吴 复	字天根，号一斋，浙江杭州人，40岁。
费 稚	字下榻，号抱月楼、芝洲、稼斋，河南大梁人，35岁。书画和篆刻造诣深，善于谈论经典。
裴 宽	字褐夫，河北卢龙人，47岁，著有《薖亭集》2卷和《青海诗话》2册
马 镕	字耀如，山海关人，23岁。

上述八位商人中田仕可、李龜蒙、吴复、费稚、裴宽等表明了秀才身份，可以判断是有一定学识的人。朴趾源与他们就中国江南的情况、古董鉴赏、商人的生活等话题进行问答。其中，田仕可详细介绍了真伪古董的鉴别方法，将清代和宋代宫廷收藏的古董图画和根据《西清古鉴》和《博古图》等书籍加入个人意见的鉴赏评语赠送给朴趾源。他将田仕可赠送的古董目录编成《古董录》，写在7月12日的日记中。

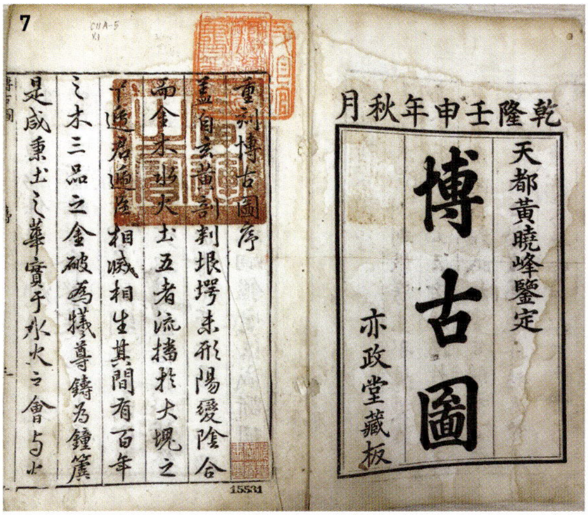

7《重修宣和博古图录)》
(乾隆十七年亦政堂刻本
ⓒ成均馆大学尊经阁收藏

“开铺货居，虽云下流所归，天开一部极乐世，地设这座快活林。泛朱公之扁舟，连端木之车骑，悠悠四方，都无管钤，通都大邑乐处是家，长檐华屋，身闲心逸，严霜烈日，　自在方便。以此父母敦遣，妻子不怨，进退两裕，宠辱双忘，其视农宦两业，苦乐何如？吾辈具有有朋至性，‘三人行，必有我师’，‘二人同心，其利断金’，天下至乐，无逾於此。人生百年，苟无有朋一事，都没佳趣，裹布啖饭的，总不识此味。”

朴趾源在《商楼笔谈》问思乡心切的商人朋友，为何不回故乡务农照顾父母和妻儿，而来到千里之外追逐利益。李龜蒙回答相比务农或做官，从商更加自由且闲适，故宁愿独在异乡为异客。对于生员是否能像书生一样生活的问题，他回道，士流亦有三等，上等仕而仰禄，中等就馆聚徒，最下干求假贷。平时，朴趾源对只注重繁文缛节，对经济发展和改善民生毫无建树的朝鲜士阶层持有批判态度。他在中国细心观察商业的繁荣，以积极的视角看待商人，上述沈阳商贾的话不仅确认了他对士阶级的批评意见，同时也成了重新定义士的角色和范畴的契机。

朴趾源渴望在中国结识知己，遂与身份不同的中国人能够亲密无间的做朋友，在陌生的沈阳与这群商人朋友的相处给了他很大的慰藉。《素斋笔谈》中，田仕可对朴趾源说道 “相公虽生偏邦，气宇轩昂，文能识孔孟之书，礼能达周公之道，即一君子也。但恨人居两地，天各一方，寸心未尽，转眼即别，奈何奈何”，对此李龜蒙用“缠绵悱恻，实获我心”表示非常赞同他的话。这从侧面生动的描述了双方深厚的情谊。

真正的友谊

在沈阳开启与中国人的交际后，朴趾源在燕京和热河扩大了交游的范围，将此上升为真正的文化“交游”。他首先通过早于自己访问过燕京的洪大容以及柳琴、罗杰，李德懋、朴齐家、柳得恭等人已经对中国文士有了相当的了解，因此出发前就有拜访这些中国文人的计划了。另外，从通远堡满洲人富图三格那里借抄了琉璃厂内鸣盛堂书店的书册目录，又从沈阳的田仕可处了解到在琉璃厂选古董时需要注意的地方，因此到燕京后当然首先要去琉璃厂看一看。

根据《关内程史》8月3日内容，朴趾源除了官方行程安排外，为去拜访与李德懋相识的唐乐宇，他首先去了琉璃厂的先月楼附近。最终虽没有见到唐乐宇，但途中在杨梅书街(今北京宣武区杨梅竹斜街)的六一楼(或六一斋)偶然结识了俞世琦、徐璜、陈庭训等人。从热河回来后，他再次通过俞世琦，在杨梅书街和俞太史(翰林院编修)、高棫生、翰林(庶吉士)初彭龄和王晟、学人凌野和冯乘健等人进行了七次笔谈。此外，相信他还和田仕可引荐的太史许兆党也有过交际。朴趾源将与这些人的笔谈写成《杨梅诗话》，部分内容保留至今，《避暑录》和《铜兰涉笔》等也有一些片段。

在热河时，朴趾源住在太学。在这里他结识了前大理寺卿尹嘉铨、贵州按察使奇丰额、山东都司郝成、广东按察使汪新、礼部尚

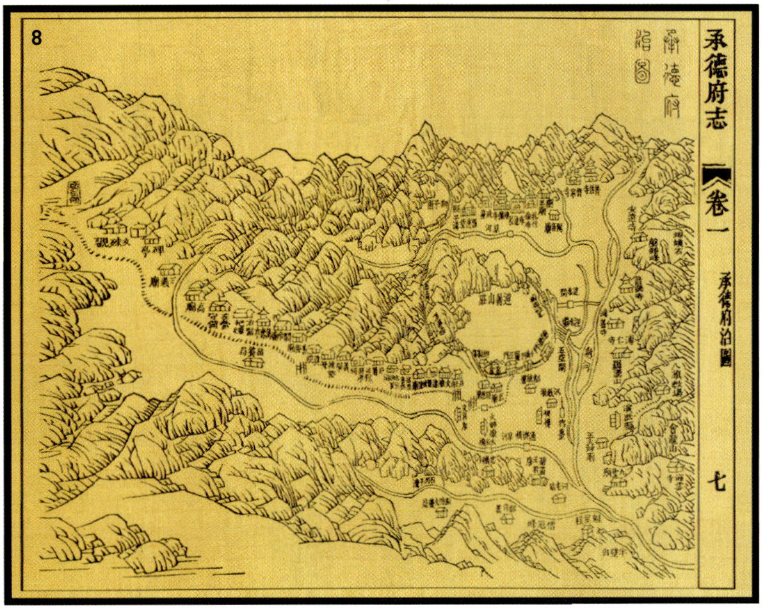

8 热河全景

书曹秀先、举人王民皞和邹舍是、蒙古人敬旬弥和破老回回图等十一人，并与之进行数次笔谈。他在《热河日记》中另设《倾盖录》篇，简要介绍了这些友人的个人信息和面貌特征；然后将藏传佛教和班禅喇嘛的故事写成《黄教问答》；以结交最深的尹嘉铨和王民皞为主人公写下《忘羊录》和《鹄汀笔谈》。《忘羊录》主要收录了尹嘉铨和王民皞围绕中国古今音乐理论讨论治乱和处事等内容；《鹄汀笔谈》则收录了与王民皞、尹嘉铨、郝成就学术、文艺、历史、政治、风俗、制度、天文、历法等广泛的主题进行谈论的内容。如果再加上《太学留馆录》、《避暑录》、《铜兰涉笔》等收录的内容，可以充分了解热河交游在朴趾源的燕行占据多大比重了。

鹄汀曰："故是三厄。" 余曰："何谓三厄?" 鹄汀曰："南唐时，张宵娘俘入宋宫，宋宫人争效其小脚尖尖，勒帛紧缠，遂成风俗，故元时汉女，以小脚弯鞋，自为标异。前明时，禁他不得，鞑女之嗤汉女缠脚，以为诲淫则寃矣，这是足厄。洪武时，高皇帝微行至神乐观，有一道士结网巾，便於韬发，太祖借他一著，照镜大悦，遂以其

9 梳辫发的清朝人

9

制令天下。其后渐以发网代丝，紧箍狠缠，伤痕狼藉，名虎坐巾，谓其前高后低，如虎蹲踞，又名囚巾，当时亦有讥之者，謂天下头额，尽入网罗，盖多不便之矣。”笔指余额曰：“这是头厄。”余笑指其额曰：“这个光光，且是何厄？”鹄汀惨然点头，即深抹“天下头额”以下字。

王民皥批判汉族女人裹脚，认为世上有三厄，即足厄(裹脚)、口厄(吸烟)、头厄(网巾)。《太学留馆录》8月10日记录王民皥“三厄论”是19世纪燕行录中常常出现的内容。他还指着朴趾源调侃额头上戴着的网巾，而朴趾源马上反驳王民皥的辫发又是什么“厄”？我们从中可以看出朴趾源尖锐指出相比固陋的朝鲜人，被强制削发垂辫的清朝人也强不到哪里。由于朴趾源结识的中国人大多是江南的文人，当谈论清朝的高压统治和压迫时就会撕掉或烧掉笔谈的纸张。在这种情形下，加深了朴趾源对中国社会整体的了解。我们可以从笔谈中找到分析和洞察清朝现实问题的源泉。临别时，王民皥、尹嘉铨、奇丰额挥泪送别朴趾源。

《热河日记》之后的燕行录中再无人谈及与朴趾源曾交游的中国文人有交际。朴趾源在沈阳主要认识了从江南进京经商的有学识的商贾；在北京则结识的不是翰林院修撰或庶吉士，就是准备会考的文人；在热河广泛地与从中央及地方官员，再到具有一定学识水准的举人、满人及蒙古人等各界人士交际。然而之后前往中国的朝鲜使臣却没能继续扩大这些人脉。虽然无法与18～19世纪朴齐家和金正喜那时的规模相比，通过《热河日记》传承的朴趾源在中国的交游活动给后辈文人做出了很好的榜样。他的孙子朴珪寿1861年以热河问安使使节团副使身份入燕，向京城文人介绍其祖父曾经与江苏的王民皞交游的事情，并打听了他的行迹。

从年轻时开始学习“北学”的文人中，朴趾源是最晚踏上燕行之旅的人。他途径辽阳和沈阳，游至燕京和热河，在坚持朝鲜人自主性的同时，亲自目睹了清朝的繁荣和先进文化，作为寻求朝鲜摆脱贫困落后行之有效的具体方案的过程，他的燕行具有宝贵的价值。

参考文献

金明浩，《热河日记研究》，创作和批评社，1990

金泰俊、李承洙、金日焕，《与朝鲜知识分子踏上文明的燕行之旅》，蓝色历史，2005

宋美玲，《18世界后期朝鲜文人朴趾源理解大清帝国的方式》，中国史研究，99，2015

许放，《哲宗时代燕行录研究》，首尔大学博士学位论文，2016

朴趾源著，金血早编，《(修订版)热河日记》，石枕，2017

任永吉，《19世纪早期燕行录的特点和朝清文化交流的面貌》，成均馆大学博士学位论文，2018

辽宁省抗日运动先驱

李桂炯
国民大学

梁世奉

梁世奉

1896~1934

辽宁省抗日运动先驱

旺清门的梁世奉铜像

辽宁省新宾满族自治县旺清门虽然是个面积不大的小镇子，但在日本侵华时期曾被称为“韩国独立运动之都”。原因是1929年6月位于中国东北的三府，即正义府、参议府、新民府整编成自治机关国民府后迁至这里。1930年国民府正规军——朝鲜革命军也紧随其后到这里落户。后来朝鲜族每每去旺清门时，都会说自己“去汉城”。

1995年8月29日，旺清门人民政府在新宾旺清门小学立了一个用大理石雕的高5.4米的胸像，上面刻着“抗日名将梁瑞鳳”。这就是梁世奉将军的铜像,中国政府为纪念韩国独立运动家立如此的纪念碑是一件非常罕见的事情。他的铜像后因朝鲜族小学的关闭，如今被迁到抚顺。

移居中国东北

梁世奉(1896～1934)，1896年生于朝鲜平安北道铁山郡洗里面莲山洞，是五个兄弟姐妹中的长子。由于家境贫寒，在学堂当小使，耳濡目染学会读书写字。十七岁时，父亲去世后就挑起养家的担子。1916年结婚后，因难以糊口，次年冬天全家越过鸭绿江，来到中国东北兴京县(现新宾满族自治县)永陵镇，做了中国人的佃户。后来在1919年春，全家搬到从韩国迁来人口比较集中的红庙子四道沟。1918年的时候兴京县有13326户，人口6.5万人。

1 中国旺清门的梁世奉铜像
©梁世奉将军纪念事业会

2 辽宁省新宾县永陵
©梁世奉将军纪念事业会

3 梁世奉将军
©梁世奉将军纪念事业会

正因如此，兴京县不仅有朝鲜人公会、大韩独立义勇军团等独立运动团体，兴庙子还有民族学校——兴东学校。这里的韩国人民族意识特别强，对朝鲜半岛遭受日本侵占极为痛心，1919年5月甚至还举行万岁示威游行。梁世奉虽然积极主导了该游行，但看到未能实现朝鲜半岛独立，深感武装斗争的必要性。

1920年梁世奉加入了大韩独立团兴京县支部。大韩独立团是1919年3月底在吉林省柳河县三源成立，是为暗杀亲日派和日本帝国主义高官等而出来的革命团体。他们在中国东北地区南部和韩国国内设立分支机构，梁世奉所在的兴京县也有支部。梁世奉在大韩独立团负责筹集并供应粮食的工作。但不久他就被误解偷粮食，而被迫离家出走，在老家和中国东北一带四处流浪。

参加抗日武装斗争

1920年代中期，梁世奉加入了天摩山队。这是一支1920年代在平安北道义州、朔州、龟城郡交界的天摩山，由义州的崔时兴领导成立的武装团体。梁世奉加入后正式开始了抗日武装斗争。曾参与平安北道昌城郡大榆洞警察署、金矿事务所、营林厂等突袭作战，将缴获的军需物资和金条等用作军用资金。1920年冬，天摩山队和大韩民国临时政府联合，编入大韩光复军总营天摩别营，梁世奉任检查官。大韩光复军总营是1920年9月于辽宁省宽甸县安子沟发起的武装团体，属大韩民国临时政府的直属部队，管辖现在的北朝鲜一带。梁世奉越过鸭绿江回到祖国，筹集军需资金，突袭并破坏面事务所和驻在所，击毙当地巡查和亲日分子。

1920年10月的间岛屠杀事件和1921年6月自由市惨案爆发后，在中国东北的多个独立军团体都体会到新战略战术的必要性，他们于1922年8月在桓因县马圈子召开民族统一会议后，将组织统一为大韩统义府，成立义勇军。当时天摩别营被编入义勇军第三中队，梁世奉在崔

4 上海大韩民国临时政府旧址
©独立纪念馆

时兴中队长麾下参加了潜入韩国国内的活动以及中国东北南部一带的武装活动。1923年5月，他还组织袭击了平安北道昌城郡、楚山郡板面、义州郡古宁和永山一带的警察署和面事务所等，消灭数十名日本警察，立了大功。

1923年8月因新派和旧派发生派系斗争，大韩统义府发生内讧。义勇军第1、2、3、5中队将士离队，到吉林省通化县组建参议府。当时，梁世奉并未动摇，留在大韩统义府。他渗透到祖国国内，在平安南道江界和渭源一带与日本警察交战，在中国东北桦甸县开展抗日武装活动，肃清亲日派。1924年7月，统义府司令兼军事委员长申八均在旺清门二道沟密林里训练新兴武官学校学员时被日寇唆使的马贼袭击，当时梁世奉和队员虽然一起去营救他们，但申八均等数十名独立军英勇战死。

高举统一大旗

由于义勇军的离开，统义府处在存亡之际。为寻求出路，1924年7月掀起一场独立军团体大一统运动，举办统一议会筹备会。统义府以及军政署、匡正团等代表们汇聚在柳河县，就整合达成共识，11月成立正义府。正义府内设立军事、财政、行政、教育、司法等部门。当时梁世奉任义勇军第5中队第1小队长。

正义府成立不到一年就开始出现分裂。1925年3月，随着新民府成立，在中国东北出现三府鼎力局面。正义府、参议府、新民府三府代表进入大韩民国临时政府内阁后，有人主张要在中国东北继续武装斗争，因为有人不同意，所以发生了意见冲突。当时的独立运动分为民族主义运动和社会主义运动两种。由于1925年6月，奉天军阀张作霖和日本签署三矢协定，当时的独立运动受到很大打压。中国军阀和日本军警随时都在干涉三府活动，还经常逮捕独立军成员。

1926年1月，隶属正义府中央组织的中央行政委员会和中央议会因加入大韩民国临时政府的问题发生矛盾，互不信任，最终瓦解。梁世奉为解决这一问题，以义勇军第2中队代表身份与和正义府义勇军代表一起出席了辖区地方代表组织的军民代表会。他和代表们颁布正义府新宪章，积极收拾当时的残局，为正义府恢复如初做了很多工作。

中国东北军阀和日本帝国主义对在中国东北境内朝鲜人的压迫与日俱增。正义府为集中民族运动的力量，解决在中国东北的朝鲜人面临的问题，1926年11月在吉林省磐石县举行中央议会，梁世奉被任命为正义府义勇军第1中队小队长。1927年2月任第4中队长带领40名队员驻守兴京县。之所以能任中队长，是因为原中队长因军纪涣散被解除职务。换句话说，梁世奉是一位正直、有原则的指挥官。

1927年4月，梁世奉以正义府义勇军代表身份参加了在吉林省新安屯召开的三府统一运动促进民族唯一党第一次会议。虽然第一次会议没有什么成果，但是想要成立民族唯一党的决心和意志是非常坚决的。1927年12月和次年1月下旬，正义府义勇军司令吴东振、新民府中央执行委员金赫等十多名同志被捕，但是民族唯一党运动却没有停止。

由于各方的利害关系和各团体的立场不同，统一的方法论一分为二，但是1929年4月出现了朝鲜人自治组织——国民府，虽不是无懈可击的统一组织，通过改编军制，在国民府下设朝鲜革命军。当时梁世奉被推选为军事政治委员兼朝鲜革命军第3大队长，负责桦山及辽宁省恒仁县东部地区。他以第3大队长名义发表警示文，表明要继续勇猛开展独立运动的意志。

后来，随着国民府和朝鲜革命党以及自卫组织兼独立军的朝鲜革命军迁到兴京县旺清门，旺清门当时一度成为在中国东北地区南部的朝鲜人心中的"首都"，他们把这一带称为"汉城"。原来国民府总部所在地变成了旺清门朝鲜族小学和中学，2008年以后变成了私营工厂。

创立朝鲜革命军

刚刚成立的国民府的首要任务就是打倒亲日团体鲜民府。当时鲜民府作为中国东北地区具有代表性的亲日团体，给朝鲜半岛独立运动造成很大破坏。国民府组织了鲜民府讨伐指挥府，任命梁世奉为副队长，和总队长李雄一同讨伐鲜民府。为铲除亲日走狗，1929年11月派小分队夜袭位于通化的鲜民府总部，成功击毙恶名昭著的巡警文永善等大部分鲜民府干部。这场战斗使亲日团体有名无实，也使梁世奉威名远扬。

1929年12月，国民府为实现"以党治国"理念，将民族唯一党同盟改成朝鲜革命党，军队编为朝鲜革命军。当时，各部队代表都被任命为朝鲜革命党的军事委员，梁世奉被任命为副司令。

朝鲜革命军的总司令和参谋长等都是毕业于中国正规军官学校的精英军官。梁世奉并非精英阶层出身，被任命为副司令在当时是一件打破常规的事情。这是因为梁世奉有满腔爱国热情，对朝鲜半岛独立运动的贡献很大，他卓越的领导力和诚实的人品得到了众人的认可。后来他作为独立战争的先锋，保护在中国东北的朝鲜人，扫荡亲日派，破坏日帝机关，还惩治了作恶多端的土豪劣绅。

1930年8月，国民府和朝鲜革命党的主要成员就未来解散还是存留分成两派。最终，由梁世奉等人组成的拥护派坚持保留了国民府，朝

5 朝鲜革命党总部原址
(辽宁省新宾县旺清门朝鲜族学校)
ⓒ独立纪念馆

鲜革命军编成5个中队，两派冲突甚至引发流血事件发生。在国民府拥护派瓦解反对派的过程中，第2中队长梁世奉发挥了主导作用。1930年10月，参加在新宾县召开的朝鲜革命军指挥官会议上，梁世奉推选国民府执行委员长玄益哲为总司令，重新整编部队。11月，国民府在旺清门设立中央执行委员部及所属朝鲜革命军辽宁指挥部，梁世奉任第5大队长。逐渐趋稳的国民府当时所控制管辖的地区，不仅包括兴京、柳河、抚本、宽甸，还包括原先鲜民府的通化、桓仁、集安等地，并征收义务金。

谋求中韩联合斗争

1931年九一八事变发生后，中国东北被日军侵占，在中国东北活动的朝鲜半岛独立运动团体的处境也急转直下。梁世奉迫切感觉到中韩两国联合斗争的必要性，便与在旺清门的中国人王彤轩率领的辽宁农民自卫团商量，将两支队伍整编到一处。同时在1932年1月，国民府军政干部30余人在兴京县河北讨论对策，“管内移动论”和“满洲坚持论”两种意见尖锐对峙。“管内移动论”主张在日寇占领中国东北的时局下，我军势单力薄无法应对强大的日寇。而梁世奉等“满洲坚持论”者认为不能抛弃中国东北这个抗日武装斗争的最前线，这里还有20多年来支持民族解放运动的100万名朝鲜人，决不能背叛他们。最终，大会采纳了“满洲坚持论”，整编中央委员会，任命金宽雄为朝鲜革命军总司令，张世庸为副司令。但是，当天因通化日本领事馆的日本警察和治安队包围会场，金宽雄和张世庸等高级干部不幸被捕。

1932年1月面临危机的国民府再次进行整编，梁世奉被任命为中央执行副委员长兼军事执行委员长及朝鲜革命军总司令。他立即将朝鲜革命军编成5个师，将总司令部设在旺清门，又将附属的化兴中学改成速成士官学校，迁往辽宁省通化县江甸子。在鼎盛时期，士官学校在校生多达700多名，不幸的是1933年被日寇轰炸机夷为平地。

梁世奉派同志还回到祖国募集军用资金，并在祖国组织破坏日寇机构，扰乱日本统治下的社会秩序。他和中国的抗日义勇军联合抗日，成效斐然。1932年四月，与中国义勇军第三军团副总指挥李春润商量要成立辽宁民众自卫军，携手朝鲜革命军特务队、宣传大队共同作战。当时，虽然朝鲜义勇军部队规模小，但是战斗力非常强。截止1932年10月，中韩联军与日寇大大小小交战200多次，由此也转变了原来中国人对朝鲜人许多不好的看法。

指挥中韩联合作战

1932年5月，梁世奉率3个中队和中国义勇军部队会合，在前往辽宁省抚顺千金寨途中，宿营于新宾县南部。得知消息的伪满军和日本军携迫击炮、机关枪等重武器扑向他们。但日寇最终被熟悉地理环境的朝鲜革命军的战术扰乱，交战1小时后就失去高地，不得不撤退。中韩联军甚至将日寇追出30多里，占领了永陵街城，甚至上夹河。连续5天的战斗，日寇伤亡惨重，联军缴获无数战利品。中韩联军在永陵街战斗中大获全胜。

永陵街战斗大败后，日寇于1932年6月动员轰炸机攻陷兴京城，梁世奉和中国义勇军李春润部一万多名将士发起总攻，将日寇击退至西南门，兴京城内庆祝胜利的喜悦也大大鼓舞了将士们的士气。

6 申八均 ©独立纪念馆
7 李春润
8 唐聚五

同一时期，辽宁民众自卫军总司令部从桓仁迁往通化，梁世奉率领的特务队也一同与总司令唐聚五会师。梁世奉为了增进中韩两个民族的理解，加强团结与合作，在辽宁救国会宣传部内设立朝鲜人宣传课，创办韩文报纸《合作》。另外，为提高将士们的抗日意识，将辽宁民众自卫军军事委员会制定的《军纪二十条》翻译成韩文，印刷分发。

到1932年10月，朝鲜革命军和日寇展开多次战斗，由于不像日寇那样有空军支持，因此无法摆脱军事上处于劣势的局面。尤其1932年底，唐聚五部队被日寇和伪满军瓦解后，局势更是一言难尽。次年1月，梁世奉在旺清门南依木树屯召开朝鲜革命军首脑会议，将部队改编成3个方面军，计划与中国义勇军联合开展游击战。

1933年4月，梁世奉将朝鲜革命军的活动舞台从集安县和临江县转移到鸭绿江下游一带。在这里朝鲜革命军开展游击战以及打入国内的战斗。1934年3月，在兴京县双砬子召开朝鲜革命军干部会议，就扩大

9 梁世奉殉国地 ©独立纪念馆

抗日联合范围，建立斗争根据地，强化与其他武装势力的合作达成共识。梁世奉将朝鲜革命军改编成3个师，7个中队。

此外，梁世奉也在竭尽全力加强处于劣势的朝鲜革命军的军事势力。1934年5月，他还秘密派参谋长金学奎与撤到中国关内的唐聚五联系，请求蒋介石的支援，但没能如愿。在此不利的情况下，6月梁世奉在兴京县珍珠岭突袭日寇火车，歼灭数十名日寇。但日寇的反扑力度更强，日寇从1934年6月到10月，为讨伐朝鲜革命军和中国抗日武装，动员5~6千名伪满军，还展开高强度归顺、劝诱及收买、怀柔等各种活动。

尽管日寇加强各种攻势，1934年7月中旬，梁世奉联合李春润义勇军余部500名官兵，占领了抚顺县老沟台，与一个连规模的日寇展开两天激战。此后，日寇还以一个大队的兵力攻打驻扎通化县快大茂镇的朝鲜义勇军部队，最终被击退。但大规模对日战斗中，朝鲜革命军也伤亡惨重，在兵力大增的日寇强攻下，日渐失去其威力。

抗日名将不幸遇难

就在这一时期，日本人的密探朴昌海收买了直接或间接支援朝鲜革命军的中国人王明藩，让他去桓仁县找梁世奉，佯装商讨与中国抗日队伍联合的问题，将梁世奉引到桓仁县小荒沟。1934年9月18晚，梁

10 国立显忠院的梁世奉墟墓
©梁世奉将军纪念事业会

11 平壤爱国烈士陵的梁世奉墓
©梁世奉将军纪念事业会

世奉和副官一同随王明藩上路了。当时并非毫无怀疑，只是因为担心如果不马上去，参谋们会反对，那样事情就难成了。

当天晚上正好是阴历8月10日，上弦月隐约照着夜晚的路。11点左右到达小荒沟时，走在前面的王明藩突然消失在玉米地里。也就在同时，埋伏在黑暗里的日寇宣抚工作队冲出来向梁世奉开枪，他胸部中2枪倒在血泊中。日寇逃跑后，一行人将他运往最近的朝鲜人家，给他疗伤，但伤势太重了。就在第二天下午，也就是9月20日下午1点6分，梁世奉走完了他的一生。他投身十五年与日本帝国主义进行武装斗争，牺牲时年仅39岁。

同志们将他埋在兴京县双砬子镇朝鲜村后山——黑沟山城下，村民们为让别人轻易找不到坟墓，没有封坟而是平葬了他。然而，通化的日本领事馆听说后，派警察和宪兵去砍他的脖子。当地村民受不了日本警察和宪兵的恐吓与迫害，将梁世奉的尸体挖了出来。日本警察命令村长用铡刀砍下梁世奉的头颅，见村长拒绝，就一枪杀害了他，亲自取下梁世奉的人头，并将其悬挂在通化大街上。同志们想尽办法要回收他的头颅，最终还是未能成功。梁世奉牺牲后，金活石被任命为总司令，但朝鲜革命军的元气已大受折损。只是通过小规模的游击战才维系独立军的命脉。

哀思并追悼他的牺牲

听说朝鲜革命军司令梁世奉被害消息，深爱他的朝鲜人无比悲痛。中国共产党东北人民革命军第1军指挥员们也表示沉痛惋惜，众多中国东北地区和关内发行的进步报刊也都刊登追悼文，对他的牺牲表示沉痛哀悼。抗日刊物《黑白半月刊》第10期刊登的追悼文中道，“他数十年参加革命，是掀起革命口号的朝鲜革命的杰出领袖之一，他的牺牲将极大影响朝鲜独立运动的前途”。与梁世奉开展中韩联合武装斗争的辽宁民众自卫军司令员感慨道：“悲哉！山河依旧,人事全

非”。美洲的《新韩民报》在梁世奉牺牲后刊发专栏追悼他，文章题目为“追悼朝鲜革命党中央常务执行委员兼革命军总司令已故梁世奉同志的殉国”，对他的生平进行了全面整理和报道。后来，在中国东北地区还曾流行称颂梁世奉的歌谣，歌词如下：

《抗日功臣梁世奉》
白头山雪白如银，
山下茂密的深林，
青松四季翠绿，
梁世奉永远的抗日功臣。

1974年韩国国立首尔显忠园为梁世奉立了墓碑。1962年梁世奉等朝鲜革命军有关人员被追认为独立有功人士，韩国开始协商为爱国烈士建立墓园，他的墓碑也包括在其中。但是他的墓地是墟墓，因为没有尸骨。与其他墓碑不同，功勋板上没有任何文字介绍，也是出于同样的理由。

他的实墓现位于平壤兄弟山地区新美洞爱国烈士陵。被通化日本警察毁坏的梁世奉尸体，后来被在中国东北地区的朝鲜人重新收殓。1946年北朝鲜临时人民委员长金日成将梁世奉的夫人任再顺和大儿子梁义准接到平壤定居，1961年将梁世奉的尸骨重新安葬在平壤郊外，1986年将其移葬到爱国烈士陵。梁世奉在南北韩都被追认为独立有功人士。

1990年中国辽宁人民出版社出版了中文版《鸭绿江边的抗日名将梁世奉》，同年，中国朝鲜历史学会还举办了“梁世奉学术讨论会”。辽宁民族出版社1993年出版的《朝鲜独立军在中国东北活动史略》，1995年的《抗日半世纪》，2003年的《不屈的抗日斗士尹熙顺》等书中也收录了梁世奉的抗日事迹和他的丰功伟绩。与此同时，1995年8月还在新宾旺清门小学为他立铜像。这也证明了梁世奉不仅是中国人和中国的朝鲜族，也是南北韩人都非常尊敬的人物，还象征了中国辽宁省是韩国独立运动据点。梁世奉在辽宁省留下了韩国独立运动的深刻足迹。

参考文献

崔峰龙, 《朝鲜革命军的中韩联合抗日作战：围绕梁世奉司令活动》，韩国民族运动史研究，31，2002

赵文纪, 《朝鲜革命军总司令梁世奉：1930年代抗日武装斗争史的山峰》，树与林，2007

蔡永国, 《1920年代后期满洲地区抗日武装斗争》(韩国独立运动历史50)，韩国独立运动是研究所， 2007

张世润, 《南满洲最后的独立军司令官梁世奉》，历史空间，2016

黄敏浩, 《1930年代在满朝鲜革命军的抗日武装斗争和中韩联合作战的动向》，韩国民族运动史研究，87，2016

李氏家族的
半岛情缘

李泽绵
铁岭市李成梁研究会副会长

李成梁

李成梁

1526~1615

李氏家族的半岛情缘

在动荡的明万历朝，其边事一度颇有成效，这有赖于边关的两大名将：东南的戚继光，东北的李成梁。在当时，李成梁威名远胜戚继光。在明将吏贪懦，边备废驰的时代，李成梁纵横北方边塞四十余年，前后镇守辽东近三十年，屡破强豪，力压各方北方游牧部落，拓疆近千里，一时间“李家军”声名远播。

李成梁家族与朝鲜半岛渊源深厚，《明史》中提到李成梁的祖先“高祖英自朝鲜内附，授世(袭)铁岭卫指挥佥事，遂家焉。”

李成梁一生共育有九子，个个都骁勇善战，立下了战功赫赫。长子李如松在壬辰倭乱中带领明朝军队援兵朝鲜，击败倭寇，与朝鲜半岛结下深厚友谊。在此番征战中，李家后代及其亲军损失很大，事迹流传至今。

今年是李成梁逝世400周年，本文通过对以下几个问题的探讨，缅怀明朝晚期两大将星李成梁、李如松的荣光，追溯李氏家族与朝鲜半岛的情缘。

李成梁宗族来自朝鲜半岛

木有本水有源。众多的历史文献和私家谱牒记载，李成梁宗族来自朝鲜半岛。但来自半岛的何地，迁徙铁岭的时间等问题，却众说纷纭。目前最具说服力的两种说法是星州李氏说和女真血统说。

1 位于铁岭的李氏祖茔石像生

星州李氏说

星州李氏是韩国三大李氏(庆州李氏、全州李氏、星州李氏)之一。其始祖是李纯由，新罗末期他与胞弟李敦由效命于朝廷，官至宰相。及至新罗灭亡，高丽王朝建立，兄弟二人信奉“一臣不侍二主”的信条，坚守气节，谢绝了高丽朝廷的高官厚禄。兄弟俩更名后，迁徙到京山府居住。京山府是星州的古号，即今天的星州郡碧珍面。与碧珍李氏是同一发祥地。李纯由兄弟不但自己不以高丽为仕，而且限制自己的子孙当朝为官。直到第九代方有李孝参出任地方低级官员——户长。此后，便一发而不可收，家族逐渐兴盛，成为高丽王朝有名的贵族。第十二代孙李长庚，被诰封陇西郡公。

李承庆(字仲善)是李纯由的第十四代孙。早年应试于元朝科举，乙科及第。曾出任元朝官职，授太子詹事和御史。因处理事务稳重而决断，且有胆识，被晋升为辽阳行省的参知政事，并被元朝廷赐予贴木儿不花的蒙古名字。后因母亲病故，回国奔丧，滞留朝鲜未归。元顺帝爱惜其才，特派遣辽阳省事塔海帖木尔前去迎请。李承庆谢绝了元朝廷的盛请，而做了高丽的恭王门下的侍郎章事。元朝至正十九年

(1359)，刘福通领导的农民起义队伍“红巾军”，兵分三路，大举北伐。元朝命运危在旦夕。李承庆奉命再入元朝，出任都元帅，率军击退了“红巾军”。回复西京，被授忠勤劲节协谋威远功臣。

李承庆有两个儿子，长子李英，次子李白。李英被公认为后来的铁岭李氏始祖。持此说者主要是星州李氏宗族。韩国史学界也已认同。

女真血统说

在康熙版本《李氏谱系》(世次原始)中载有李英的五位先祖名讳：李哲根穗、李哈山、李厦霸努、李把图理、李膺尼。由于谱序散失，五位先祖世次无考，因此，“未敢妄注也”。遂将李英列为第一世，为铁岭李氏始祖。

1940年，日本历史学家园田一龟在考察《李氏谱系》和其他文献后，写出了《李成梁及其家族》一文，刊载在《东洋学报》第26卷1期上。文中涉及到这样一个的问题——李氏有可能是女真血统。首先，五位先祖的名字不像汉人和朝鲜人，倒很像女真人。其二，从历史、地理和李氏骁勇剽悍的特点上看，也似出自鸭绿江右岸的女真人。园由一龟怀疑李氏是女真酋长李显忠、李满柱的同源分支。

世将之家的崛起

李成梁，字汝契，号银城，明嘉靖五年(1526)七月十四日生于铁岭卫城。李成梁大器晚成，年届40才步入军界。并且在短短的8年时间里，升任钦差镇守辽东总兵官。晋爵太子太保宁远伯。史评李成梁“英毅骁健，有大将才”，“师出必捷，威震绝域”。李成梁虽然算不上李氏“军事集团”的缔造者，但他却将其完善，推向顶峰。

李氏是世将之家，早在明初，李成梁的天祖李膺尼(鹰尼、膺你)就以武功升任副千户。高祖李英“以军功授世铁岭卫指挥佥事”。曾祖李文彬袭指挥佥事。祖父李春美初袭千户职，因铁岭八里庄和柴河战绩，升都指挥佥事，为正三品官。而后“奉简命叆阳守备”诰封镇国将军。李成梁父亲李泾循例袭指挥佥事。

正当李氏军事家族粗具规模之际，李春美因“坐贪墨”之故被朝廷革职。又逢其外孙金汝泉因渎职连坐，李泾“念姊氏孤寡，代姊子坐戍”。带疾甘受军罪。如此一来，李氏家族的发展无疑遭受抑制。而受到影响最大的当数身为长子长孙的李成梁。

依照例律，李成梁应该袭职。但由于官场腐败，家道败落，无钱贿赂京城官员的缘故，他在40岁之前仍然是个无所作为的武生员。然而，就在嘉靖四十五年(1566)，李成梁的人生轨迹发生了转折。是年5月，巡按御史李辅奉命“将辽阳都司儒学见在文武生员量行考拔”。就在这次的考拔过程中，李辅发现了李成梁的才能，并查实了他的武功家世。考虑到国家正是用人之际，李辅慷慨解囊，资助李成梁入京，袭得其父指挥佥事之职。

步入军界的李成梁如鱼得水，才气和勇气很快得到发挥。不到一年，就因战功被晋升为新设立的辽东险山参将，管辖镇东的13个城堡。后改立卫制，并割金州、黄骨岛隶属。

隆庆元年(1567)，蒙古察哈尔部寇犯辽东永平地区。察哈尔即插汉部，是当时蒙古势力方张的部落。是年，察哈尔部长土蛮凭着手中的权力，驱使所辖铁骑劲旅，进犯辽东腹地。永平告急，李成梁率军疾速赴援，驱敌于边墙之外。这是史料记载的李成梁首次与蒙古人交锋。战后录功，李成梁升为辽阳副总兵，实际上就是驻防在辽阳城的辽东副总兵，管理6卫1州，兵员3000人。辖区东至鸭绿江老边墙，北到开原镇北关。

李成梁的真正伯乐，应该说是时任内阁首辅的张居正。“万历初，张居正当以法绳边吏，无所纵舍。独奖拔成梁逾于诸帅。成梁亦自奋。”“盖辽人素称战，而李将军亦忠勇可用，故厚赏以劝之。悬利以待之，亦致士先从隗始之也。”张居正重用李成梁作为镇边大

2 清代李树德编印的《李氏谱系》

将，充分说明他在用人方面不仅理论上创见，而且在实践中也能突破既定框框，革新成规，做出表率。由此一来，张居正的锐意改革，整顿吏治，整军经武，巩固边防，抵御侵略的一系列新政，为李成梁施展才华提供了有利条件。

虎父无犬子，其长子李如松紧跟其父步伐，成为李氏家族下一代的佼佼者。

李如松，字子茂，号仰城，明朝辽东铁岭卫人。生于嘉靖二十八年(1549)，幼年之时就很机警聪慧，跟随父亲学习军事，十六岁时开始随父亲与胡虏作战。李如松“最果敢，有父风”骁勇善战，屡立战功。万历二年(1574)，古勒寨之战，他因大创王杲立下功劳。万历三年(1575)，李如松由武进士承父荫授都指挥同知，授勋宁远伯。万历五年(1577)四月，蒙古土蛮部再次进犯，联营河东，并派遣小股骑兵在西部劫掠。李成梁率亲兵李如松、李如柏、李如桂、李如梧等，袭击土蛮部的老巢，得胜而还。万历五年(1577)，李如松因功擢备黄花镇”。万历六年(1578)十二月，李如松以战功出任密云(今北京密云)游击，“升黄花镇守备李如松充总督蓟辽保定军门标下右营游击”。

万历七年(1579)，李如松因连续作战有功改任马水口参将。万历八年(1580)八月，“上命宁远伯李成梁子如松，充勋卫例推用”。万历九年(1581)，李如松被加封都督佥事，升任副总兵。万历十一年(1583)，李如松出任山西总兵。李成梁、李如松父子由于镇守边关有功，而得到皇帝的信任，不断获得升迁，父子二人皆担任总兵，雄踞重镇，功勋卓著，成为手握重兵的封疆大吏。

北伐东征屡立奇功

朱明政权是在蒙元政权被推翻后的基础上建立的汉族政权，有明一代，从肇基伊始即与蒙古各部发生纠葛。先是北元残余势力对明朝边疆的威胁，之后又有兀良哈三卫等部落对辽东边疆进行袭扰。文献记载，从隆庆到万庆间，蒙古寇犯江边次数最多的要数兀良哈三卫中的察哈尔部(插汉部)。察吃是故元朝小王子的后代、俺答部的君长。嘉靖年间，小王子次子成为俺答主后，察哈尔部长土蛮要求封赏的心情日益迫切。谈判不成，他们就骄横不法，犯辽边，严重地影响了辽东人民的正常的生产生活秩序。他们有时还联合毒部、朵颜部，举重兵向辽东边境进犯。在李成梁出任总兵官之前，辽东三任总兵官均亡命于他们的铁骑之下。

史料记载李成梁首次与兀良哈三卫的较量，是以配合策应的身份出现的。隆庆元年(1567)十二月，“始虏入边关内，军多观望。辽东总兵王治道率参将王沂等人关接应，虏始北去，欲出边，知有备乃折东。我兵追至平山营，选锋前进，辽东巡抚魏学曾亦加入驻山海关，遣参将李成梁、游击郎得功率兵与治道会，虏遂由义院口出。”这是一场围歼战，战斗场景很广大。时为参将的李成梁与辽东巡抚魏学曾密切配合，积极策应，最终取得了战斗的胜利。

隆庆三年(1569)正月，李成梁以副总兵身份与泰宁部长速巴亥激战于雕背山(今调兵山)。是年四月，与张摆失、艾失哈等激战于夹河

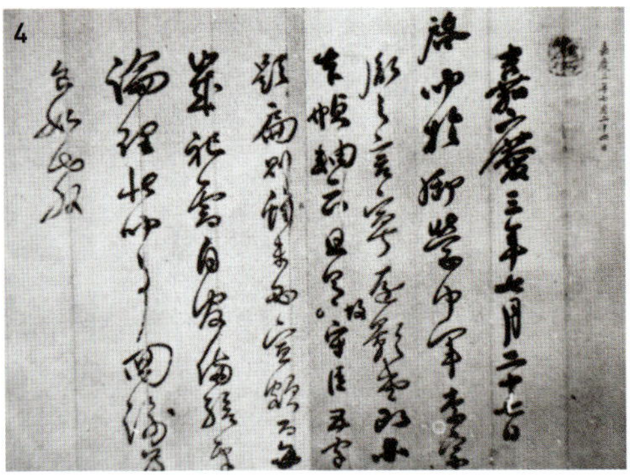

山城(今本溪辖区)。九月，与卜言兀等激战于锦州。是役，总兵官王治道阵亡。李成梁由此代理辽东总兵官。

从隆庆五年(1571)至万历十四年(1586)，李成梁又经历了16场与蒙古势力的交战。加上前4场，有史记载的战斗达20场。万历七年(1579)，李成梁因斩获泰宁部长速巴亥之功，被诰封为太子太保宁远伯。万历十四年以后，蒙古势力由于屡遭重创，侵略之心方有所收敛。

与女真部族的作战，情况则有些不同。蒙古部落深入辽东腹地，其目的是抢掠或阴谋抢掠。而女真各部除同样原因外，还有某强势部落企图吞并和挑衅其他弱势部落的因素。辽镇官兵为防止他们做大做强，必然出兵征剿，以削弱其势力。李成梁统率辽东官兵第一次与女真作战，便是针对建州部王杲的讨伐。

王杲是建州右卫都指挥使，此人精明聪慧，但桀骜不驯，不仅劫杀亲近明朝的女真同胞，还频频向明镇官员挑衅，杀副总兵以下、把总以上将领几十人。其中一名把总和一名百户遭其破腹剜心。针对王杲部落的猖獗，万历二年(1574)，明王朝对其停止了贡市，迫使建州女真的生活陷入困境。王杲不甘被动，于本年十月召集本部势力，并联合蒙古部落，谋犯辽沈地区。李成梁探得情报，遂调兵遣将，以伏击之计，阻击来犯之敌。当王杲率3000兵马刚刚进入五味子冲(今属抚顺市辖区)时，就遭到明军的猛烈袭击。大队人马被迫撤回王杲的驻地古勒城(今抚顺市新宾县上夹河镇古楼村北、苏子河北岸)。古勒城地势险要，天然壁垒。王杲自以为固若金汤，怎奈李成梁以火器围攻，而且恰得风助，古勒城营垒尽遭火焚。王杲见势不妙，乘机逃出城外。此役共斩获女真人1204人。后来王杲在开原哈达部被擒，押赴京城，被处以磔刑。这股较早崛起的女真反叛势力遂遭摧毁。

李成梁初镇辽东22年，亲自指挥的战役(战斗)有据可查的“大战”就有50余次之多。在战斗实践中，他边学习边运用，把军事战略战术运用到了极致。起到了打击蒙古、遏制女真的作用，保护了辽东

3 李成梁像
4 朝鲜建宁远伯李成梁影堂赐额关文
5 辽东总兵李成梁作《镇国将军李君成林行状》

6

7

腹地的安宁，维护了辽东地区的社会生产。李成梁以其卓越的军事才能，征战沙场，保卫边疆，维护了明王朝的统治，延缓了明王朝灭亡的速度。

纵观李成梁父子的军事生涯，在军事理论与实践上，偏重实践。军事理论总结的少，军事实践躬行的多，是“实践型”将领。在军事防御与进攻上，崇尚进攻。在进攻战略与战术上，侧重战术进攻。主观上骁勇善战性格与客观上“东制西怀”战略，共同造就具有独特作战风格的“ 进攻型”将领。

援朝逐倭威震半岛

万历十六年(1587)，日本关白丰臣秀吉统一日本，结束了分裂割据的战国时代，执掌了日本的军政大权。他企图占领朝鲜并侵略中国，取代大明王朝，以实现称霸东亚的野心。万历二十年(1592)四月，丰臣秀吉派遣近20万军队进犯朝鲜。倭寇从釜山兵分三路向朝鲜王京进袭，东路加藤清正，西路黑田长政，中路小西行长。由于朝鲜

8

9

6 建于明代的李成梁石坊
7 位于铁岭境内的李成梁看花楼遗址
8 李如松像
9 李如柏像

10

李朝政府腐败，内部党争激烈，武备废弛，面对倭寇的进攻，君臣束手无策，两月之内，王京沦陷，两名王子被俘，朝鲜“八道几尽没，旦暮且渡鸭绿江，请援之使络绎于道”，朝鲜国王李昖逃往平壤，接连派出使者向明朝求援。面对危急形势，神宗皇帝决定派兵东征，援朝御倭。

明神宗下令兵部派遣辽东镇出兵朝鲜，并发银二万两犒赏朝鲜军队，拨银20万两用于辽镇备用。先锋史儒和副总兵祖承训先后率军渡江朝鲜，但由于不熟悉地形，加上轻敌，导致明军在平壤首战惨败，史儒失败阵亡，祖承训失败而归。朝鲜国王李昖逃到义州。

消息传到北京，朝野震惊。八月，神宗命兵部右侍郎宋应昌任经略使备倭。十月，神宗任命李如松为东征提督，率蓟、辽、保定、山东诸军43000人马东征，并担任防海御倭总兵官。史料记载，李如松“骁果敢战。少从父谙兵机，天下名将也。征宁夏……成功，……为天下大总兵，十三总兵皆听命于如松云”。其弟李如柏(左军)、李如梅为御倭副总兵，一同前往援朝逐倭。

“会朝鲜倭患棘，诏如松提督蓟、辽、保定、山东诸军，克期东征。弟如柏、如梅并率师援剿。……十二月……，……誓师渡江”。

10《平壤城战斗》屏风中，描绘了中朝联军与日军交战的场面 ©高丽大学博物馆

万历二十一年(1593)正月初四，李如松率军进人朝鲜境内。正月初六，李如松率明军抵达朝鲜平壤城郊外，当夜，倭寇出动袭击李如柏部，被击退。李如松指挥明军和朝鲜军队完成对平壤的包围。正月初八，李如松下令各部展开进攻，并亲自到城下指挥战斗。明军首先进行火炮和火箭攻击，借着猛烈的大风，烧毁了大量倭寇营垒，随后，各部将士开始攻城，倭寇在城上用大石等武器向中朝军队反击。明军将士在李如松指挥下奋勇冲杀，“提督(李如松)手斩怯退者一人巡示阵前。提督挺身直前呼日:‘先登城者赏银五千两……’提督与左协都指挥张世爵等攻七星门。贼据门楼，未易拔，提督命发大炮攻之。二枝着门楼撞碎倒地烧尽，提督整军而入”。倭寇退入城内各营垒拼死抵抗，明军逐营攻杀，与倭寇展开激烈的巷战，明军伤亡重大，李如松的坐骑中弹而亡，但仍指挥将士奋勇猛攻。在朝鲜军队配合下，与倭寇浴血奋战一天之后，歼灭了大量倭寇，收复了平壤城。李如松在此次战役中作战勇敢，指挥有方。

平壤战役，明军取得重大胜利，倭寇被迫渡过大同江，退守龙山。李如松乘胜追击，正月十九日，李如松、李如柏部收复了开城。明军相继收复了朝鲜黄海、京畿、江源等地，倭寇退守王京。李如松为了侦查进攻王京的路线，于正月二十七日，他仅率家丁轻骑1000多人向距离王京30里碧蹄馆进发。由于轻敌大意，中了倭寇的埋伏，与敌展开激战。部队没有火器和甲胄，只能与敌徒手搏战，他勇猛冲杀，亲自殿后，幸亏其弟李如梅等领兵杀入重围，李如松才得脱身，但身负重伤。明军伤亡几百人，终于冲出重围。这次战斗，明军虽然受挫，但仍予倭寇以重大打击。“虽碧蹄之战，我军已有损伤，然事在仓卒，(李)如松率将领奋勇血战，以寡击众，射死倭酋，欲杀倭众，彼实败退”。碧蹄之战败后，“言者诋其(李如松)和亲辱国，屡攻击之。帝不问”。可见万历皇帝对李如松非常信任。

在平壤和开城相继收复后，中朝军队迅速集结到朝鲜王京外围，准备下一步进攻。而倭将加藤清正部也已到了王京，与小西行长部汇

11

合。为了切断敌人的后勤军需，三月，李如松秘密派遣副总兵查大受率军偷袭倭寇的粮草囤积之地，放火焚烧了倭寇在龙山的军粮数十万石，使倭寇军粮断绝，加速了其失败的进程。

四月，倭寇再次侵犯咸安、晋州，兵逼全岁。李如松急忙派遣李平胡、查大受屯兵江源；祖承训、李宁屯兵咸阳；刘屯兵陕川；分别扼之。倭寇果然进犯，诸将多有斩获。四月十八日，在相继收复黄海、平安、京畿、江源四道后，日本与明朝议和，倭寇送还了两位王子归朝鲜，余部向东南沿海地区逃遁。至此，除东南一隅外，汉江以南千余里的朝鲜故士得以全部收复，大局已定。

十二月，神宗皇帝下令从朝鲜撤军，李如松班师回国，只留下10000多人驻防朝鲜。归国之后，神宗论功行赏，李如松被加封太子太保，每年增加禄米100石。

诗书赠友人，半岛留美名

战场上，李如松是个足智多谋，能打硬仗，克敌制胜的军事天才。同时，也能诗擅长书画，他这方面的才艺表现在与朝鲜友人的交往上。

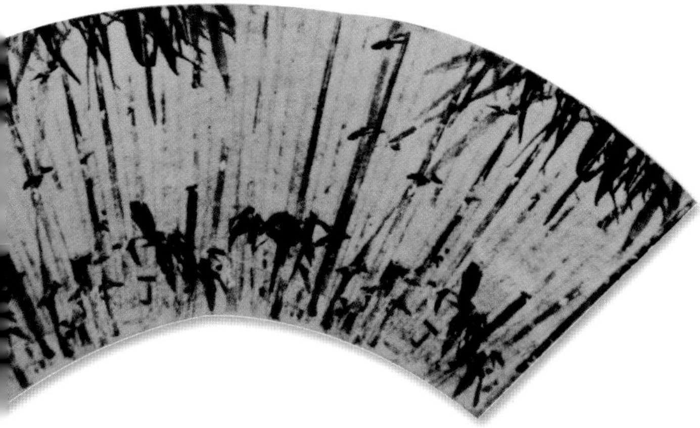

在韩国国家博物馆中，收藏着李如松赠朝鲜领议政柳成龙的泥金成扇，被韩国确定为国宝级文物。其中一面写的内容是一首自作诗七律，“提兵星夜渡江干，为说三韩国未安。明主日悬旌节报，微臣夜释酒杯欢。春来杀气心犹壮，此去妖氛骨已寒。谈笑敢言非胜算，梦中常忆跨征鞍。”

扇子的另一面是李如松画的一幅竹枝图。可以说这件行草书法扇叶，帖气十足，明显受到“二王”一路帖派书家的影响，与明前期的“台阁体”有千丝万缕的联系。用笔沉厚果断，稚拙朴茂，无“台阁体”的轻佻严整，这又是他作为武官不拘泥于成法的可贵之处。他的书法草法比较讲究，如“悬、报、谈、笑、胜、梦、忆”等字，草法自然、标准，不在书法传统碑帖上下一番苦功，是难以做到的。

再说这首诗，可以说诗的立意很高，表现了一名朝廷将士为国效力，忠心报国，不计个人生死得失的崇高精神，与林则徐“苟利国家生死以，岂因祸福避趋之”有异曲同工之感，另外，七律作为近体诗中最难作的一种诗体，无论平仄格律，还是颔联、颈联两联对仗工整，平仄和谐，绝非一般功力者所能为之。整幅字，从内容到书写水准，都是难得的一副佳作。

此外，韩国金石文研究会的一位李氏后人还收藏着李如松的一件《赠友人诗稿手迹》。这件作品也是用行草书书写的，内容同样是一

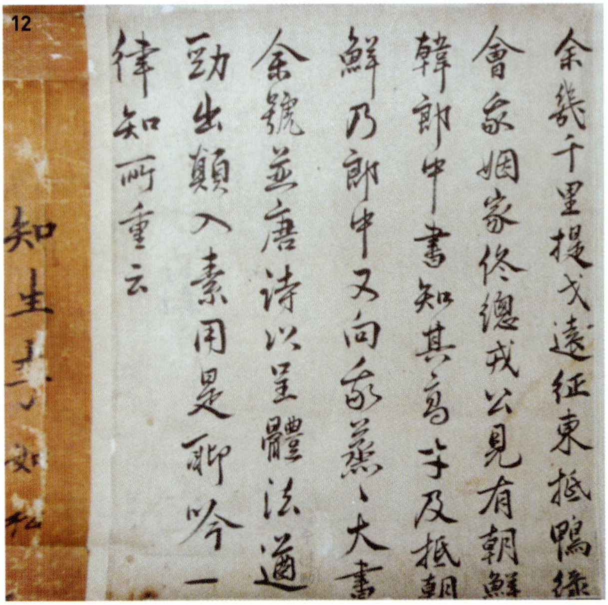

首自作七律诗。前边有诗序，内容是："余几千里提戈远征，东抵鸭绿，会我姻家佟总戎公。见有朝鲜韩郎中书，知其高才，及抵朝鲜，乃郎中又向我蒸蒸大书余号并唐诗以呈。体法遒劲，出颠入素，用是聊吟一律知所重云。"

正文书写内容为"营屯细柳大江濆，露下驱驰为尔君。草绝穷山饥万马，烟寒三日馁三军。刀头饮血心偏壮，阵里看图势不分。须促行粮千里馈，一时鼓勇灭妖氛。"落款是"仰城松题临津江上"。

这幅作品和《赠朝鲜领议政柳成龙》题扇诗用笔大不相同，但也是"二王"路帖派作品，尤其可见赵孟頫结字和用笔之意，行笔畅达自然，轻快而不失沉稳，提按使转交待清楚。在大敌当前的战场上，能写出这样工稳的诗歌，能写出这样温文尔雅、不激不励的作品，足以看出李如松临危不惧、举重若轻的大将风度。

从以上两件作品看，李如松无论是书法还是诗歌创作都达到了一定的境界，绝非工余偶然为之，或附庸风雅之辈所为。他的诗歌朴实而豪放，直抒胸臆；他的书法端庄秀丽，文气十足。可惜他的书法

12 李如松手迹

和诗作流传下来的太少，所以难以评价他在明末书坛和诗坛的地位，但是窥一斑而知全貌，李如松的书法和诗歌放在当时的武将之中，绝对是高手，放在文人圈里也是品位颇高的。这两件作品既是李如松书画、诗艺水平的见证，也是中韩友好关系的印证。

李如松对朝鲜友人赤诚相待，朝鲜友人也对李如松念念不忘。朝鲜李朝时期的正祖李算(1752～1800)，清乾隆四十一年继位朝鲜国王，在位25年(1756～1800)。此人学识广博，多有著述，传世有《弘斋全书》。其中有8篇文献涉及李如松等人，分别是:《提都李公祠堂记(戊申)》、《提都李公如松定不祧之典，购第建祠日致祭文》、《提都李公 如松庙致祭文》、《皇明总兵李如梅致祭文》、《李提督如松孙源擢授兵阃教》、《李提都祠堂侑祭文》、《李提督后孙熙章唱第日除职教》、《李提督生年月日》。8件文献史料中，涉及李如松的5件，涉及李如梅、李源、李熙章的各一件。这些文献不仅记载了李氏家族在辽东、朝鲜半岛的活动经历，更是了解李氏家族与朝鲜关系的珍贵资料。

李如松在朝鲜期间，与朝鲜姑娘琴凤花结了婚。李如松回国时，欲将琴氏带回府中，可琴氏留恋故土与亲人，不肯与之同行。李如松懂得这是人之常情，遂将自己的护身宝剑赠予琴氏夫人作为纪念，依依不舍地告别了怀有身孕的妻子。琴氏后来为其生了第三子(长子世忠，次子性忠俱武氏所生)，取名天忠，后易名天根，官至资政大夫、兵曹判书。

从文献上看，朝鲜不仅视李如松、李如梅为恩人、为神人，对他们的子孙也恩宠有加。正如《皇明总兵李如梅致祭文》中所说:“有孙东来，尚葆冠带。”“尚葆冠带”即封官赏爵世代永葆之意。

目前对李天根及其子孙的情况还知之甚少，但从《星州李氏大同谱》上得知，李氏后孙已经繁衍了十几代人，而大多数后孙至今仍然定居在韩国巨济岛地区。李源就是后孙之一。据《李提都祠堂侑祭文》中“召案勿伐，矧兹云孙。勖女思本，锡名曰源”几句诗，他的名字为国王所赐。国王赐给李如松后孙名“源”，其含义在于勉励李源牵记根本，寻求源头，即记住祖先李如松的业绩功德，并在东国发扬光大。

参考文献

李泽绵著, 《李成梁及其家族》，黑龙江人民出版社，2003

李士群主编, 《李成梁研究》，辽海出版社，2011

李泽绵、于景頫、李士群主编, 《李成梁家族诗文选编》，辽海出版社，2016

刘鸿训

重新缔结明代与朝鲜友谊的使臣

毕宝魁
辽宁大学

刘鸿训

1565~1634

重新缔结明代与朝鲜友谊的使臣

刘鸿训(1565～1634)字默承，号青岳，山东长山(今山东淄博)人。明万历四十一年(1613)进士，授翰林院庶吉士，不久升为编修。

明万历四十八年(1620)，在后金强大的压力下，无力抵抗的朝鲜被迫与后金签订和约。消息传到北京，引起朝野一片恐慌。此时，神宗、光宗又相继驾崩，丧乱之中皇长子朱由校继皇位，是为明熹宗。为了重新建立与朝鲜的关系，天启元年(1621)春末，熹宗命刘鸿训为正使、杨道寅为副使，经出辽东出使朝鲜，颁泰昌、天启登基二诏。

大明王朝从景泰元年(1450)到崇祯六年(1633)，多次派遣使团出使藩国李氏朝鲜，正副大使多数选拔学富五车而文思敏捷的文臣充当，到朝鲜后与朝鲜文士诗文唱和，你来我往，大有以文会友的味道。使命结束后第二年，这些作品便由朝鲜方面结集出版，称作《皇华集》，前面再冠以当年干支。明正德元年因唱和诗文太少无法结集而并入弘治六年(1493)的《壬子皇华集》。这样，一共24次的唱和作品被结为23部《皇华集》，这真是中国外交史上的盛事。

1621年天启元年，岁当辛酉，这年出使朝鲜的正副大使是刘鸿训和杨道寅，朝鲜方面迎接的正副大使是李尔瞻和李庆全，这四个人都是学养深厚、才高八斗的文人，唱和诗文近五百篇，在所有《皇华集》中也数上乘，可惜的是第二年朝鲜便遭到后金军队的严酷打击，刚刚刻印的《辛酉皇华集》也遭受灭顶之灾，乃至后期两国间又有其他政治原因，此书在朝鲜半岛荡然无存。

此后三百余年，朝鲜国其他《皇华集》都保存完好，唯独此书不

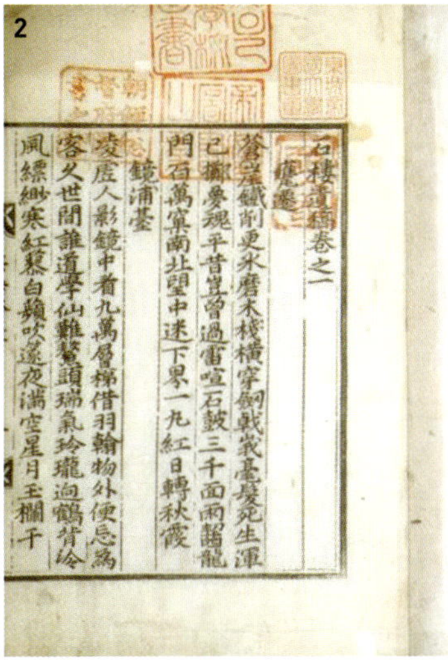

石樓遺稿卷之一
蒼崖鐵削更氷磨木棧橫穿劍戟叢毫髮免生渾
己擲夢魂乎昔豈曾過雷喧石鼓三千面雨醫龍
門石萬㝠南北望中迷下界一九紅日轉秋霞
鏡浦臺
凌虛人影鏡中看九萬層梯借羽翰物外便忘爲
客久世間誰道學仙難鬢頭瑞氣玲瓏逈鶴背冷
風縹緲寒紅褁白蘋吹送夜滿空星月玉欄干

1 刘鸿训
2 李庆全，所著《石楼遗稿》

传，故注释、解析研究均无此书。而流传下来的其他记载，或因两国间微妙的政治关系，全力扭曲刘鸿训等人的形象；或因明朝内部激烈的宫廷斗争，而对刘鸿训此次行程而极尽诋毁，尤其以“贪墨”的形象为著。

中韩建交以后，韩国一位文史学家——首尔大学的朴泰根先生在中国发现了在韩国失传300年的《辛酉皇华集》，并邀请辽宁大学外语系的学者与笔者对这部作品进行注释，这样我就对刘鸿训的此次行程有了更深的认识。

应当说，通过两国学者共同注释的《辛酉皇华集》一书，可以窥见当年明朝与朝鲜国在变动中，依然坚守的情缘，以及随之开拓出的海上友谊之路。此书的出现具有独特的价值，对于研究当年朝鲜和明朝乃至女真后金的历史，都具有不可替代的文献价值。

《辛酉皇华集》背后的中韩情缘

斗转星移，缘起缘落。2012年春天，绝对是偶然的机会，使我邂逅《辛酉皇华集》，正是这个神奇的邂逅，使我对于华夏文化的博大精深有了深刻具体的印象，对于中朝(包括中韩)友谊有了具体而形象的认识。

应该指出，《辛酉皇华集》是在特殊背景下产生的中朝两国顶层文人诗歌唱和的总集，说其特殊，有三个方面。一、当时明朝和朝鲜都处在多事之秋。万历后期，明朝内外交困，关内李自成起义风起云涌，关外女真势力不断强大，公开对抗朝廷。形势很紧张。二、在1619年，日本悍然发动侵略朝鲜的战争，占领其绝大部分领土，朝鲜国王避难于义州，向明朝求援。明朝派守卫东北的总兵李如松率领宁关铁骑跨过鸭绿江援救朝鲜。李如松在平壤附近与日本军队大战，极其激烈。最后彻底打败日本，日本宣布投降，撤出朝鲜，朝鲜恢复以往。就在这个期间，明朝先后病逝两位皇帝。朝鲜大战刚刚结束，对于明朝的援救之恩甚为感激，因而对刘鸿训等人便格外尊重。三、刘鸿训到达朝鲜不久，辽阳被后金军队占领，回路阻绝，只好开辟海上通路。次年，由于朝鲜忠实于明朝，后金军队侵占朝鲜，而此时的明朝已经无能为力，后金军队将刚刚印刷《辛酉皇华集》全部毁掉，朝鲜境内便没有此书了。

《辛酉皇华集》共收诗歌479首，小文11篇，共490篇，其成书过程以及主要人物，该书的《序言》写得很清楚，为方便理解，将其翻译如下：

天启元年夏天，翰林院编修刘青岳(刘鸿训)先生、礼科都给事中笋江杨(杨道寅)先生，奉新皇帝之命，前来宣布泰昌以及天启二位皇帝登基的两份诏书，这又是旷世所没有过的盛大典礼。伴送使李尔瞻从西面之路回来，理清编辑《皇华集》一套书进奉国君，我国国君接受并赞美之。想到本书要远传大明王朝，即下令书局进行印刷。命令我为此书作序，私下认为可以完成这项光荣的使命。

在大明王朝中，两位先生或者出现在玉堂之上，或者站立在大殿之中。职务是亲近禁地之官，官职是以言论谏诤为名。在国家内赞美支持皇帝的策略，出国则发扬宣传皇帝的英明伟大，这便是两位先生

的职责。何况他们的风流韵致，足以继承前人呢！如今来到我国，严肃恭敬地按照礼乐的程序进行，前后左右完全符合仪礼规范，朝鲜君臣很受震动，愉快之程度如同观赏到凤凰一样。

等待完成使命而返回的时候，高贵的礼服我们再也看不到，在甘棠树下也不肯休憩。朝鲜人士即使怅望，也无法留住返回的马匹。我朝国君想要报答皇帝的恩德，因为皇恩浩荡无边无际则无法报答，想要挽留贵使，则贵大使已经离开而不再回头。我朝所能够尽心尽力去做的，只能是最广泛宣传散布这套《皇华集》，使两位先生的诗文，即使是出于游戏翰墨形成的零散文字，也都能够长久流传于宇宙之间，以便成为我们朝鲜人民咏叹景仰羡慕的对象。这便是我们国君如此这般用心尽力的缘由。

我私下里想，两位先生出使离开边境的时候，已经有敌情警报。回国之后，辽沈地区已经失守，道路不通。出使船只的返回道路，不是鸭绿江而是清川。带有使节标志的船只在前面引导，大海波涛平静，河神、海神先后护卫，越过辽阔的海面，到达登州如履平地一般，最后到达天朝首都。我们还将要见到两位先生回去向朝廷上奏关于边庭的情况，使朝廷的威风重新振起，使疆场平静晏然。那么，两位先生出使的丰功伟绩，就会越发彰显于后世了。

在这篇朝鲜国重臣柳根奉命撰写的序言中，追述了中朝两国友好关系的渊源，扼要地介绍了刘鸿训一行在朝鲜进行外交活动的经过，高度评价了他们为加深中朝两国关系所做的杰出贡献，字里行间渗透着对中国人民的深厚感情以及对刘鸿训的崇敬之意，可以说是中朝关系史上的重要文献。

由国家书局精选良纸刊印，广为发行，一时间朝鲜国中万人阅读、传颂。由此可以看出，刘鸿训不仅圆满地完成了自己的政治外交重任，还成功地扮演了文化使者的角色，扩大了中朝之间的进一步文化交流。

3

4

刘鸿训使团的辽宁行踪

3 努尔哈赤
4 柳根

天启元年(1621)春末，刘鸿训临危受命，被“赐一品章服”，七品文官着一品朝服，以正使身份奉命出使朝鲜，第一次出使朝鲜便担当起了重新构建朝鲜和明朝关系的重任。

此部《辛酉皇华集》便记录了刘鸿训、杨道寅一行从领到圣旨从北京出发，一路颠簸经过山海关、兴城、北镇、辽阳、海城、鞍山等地后，到达丹东，过鸭绿江到达朝鲜境内，受到热情款待的经过。

下面我们选几首诗，蜻蜓点水式回顾一下当年的情景。

从北京出发，刘鸿训写的第一首诗是《辛酉二月奉使朝鲜出都》。译文如下：“万岁在晴朗吉利的日子颁布诏书，我带有麒麟的官服上新增加了白玉琚。为了去朝鲜的开城宣布新朝的正朔，我奉旨暂时辞别紫禁城而奔赴扶余。成双的印绶捧出天子的喜悦，五月归来则是臣子的必须。我惭愧和终军(西汉著名的政治家、外交家，曾先后成功出使匈奴、南越)同样都是济南人士，又怎能忍心不让奴气(奴气是指努尔哈赤的女真气焰，这里是希望联合朝鲜铲除努尔哈赤)全部消除。”

这是作者奉命出使离开北京时作的第一首诗，抒发自己奉命出使的喜悦心情，歌颂皇帝的英明，表达要完成使命的信念，预测五月份将要完成使命归来，刚刚出城就设想归来的日期，也委婉传达出留恋乡国的情怀。同时以古代著名外交家终军为榜样自勉。

应该提及，诗中所言的开城是当时朝鲜首都。历史上，开城曾是朝鲜半岛上第一个统一国家高丽国王朝的首都，今日开城地处朝鲜半岛军事分界线西部的北侧，紧临停战村板门店，与韩国咫尺相望。是朝鲜著名旅游景点区。

刘鸿训等人即将到达丹东前，在一个叫小石门的地方偶然遇到朝鲜派往明朝的使臣，刘鸿训的诗记录了这次邂逅，《小石门逢朝鲜使臣》。译文如下：白色斗笠浅绿色的春衫，踏着泥泞的道路出现在我的车前。悲戚的表情委婉致辞，儒雅的神态简直就是汉人的官员。雨

5

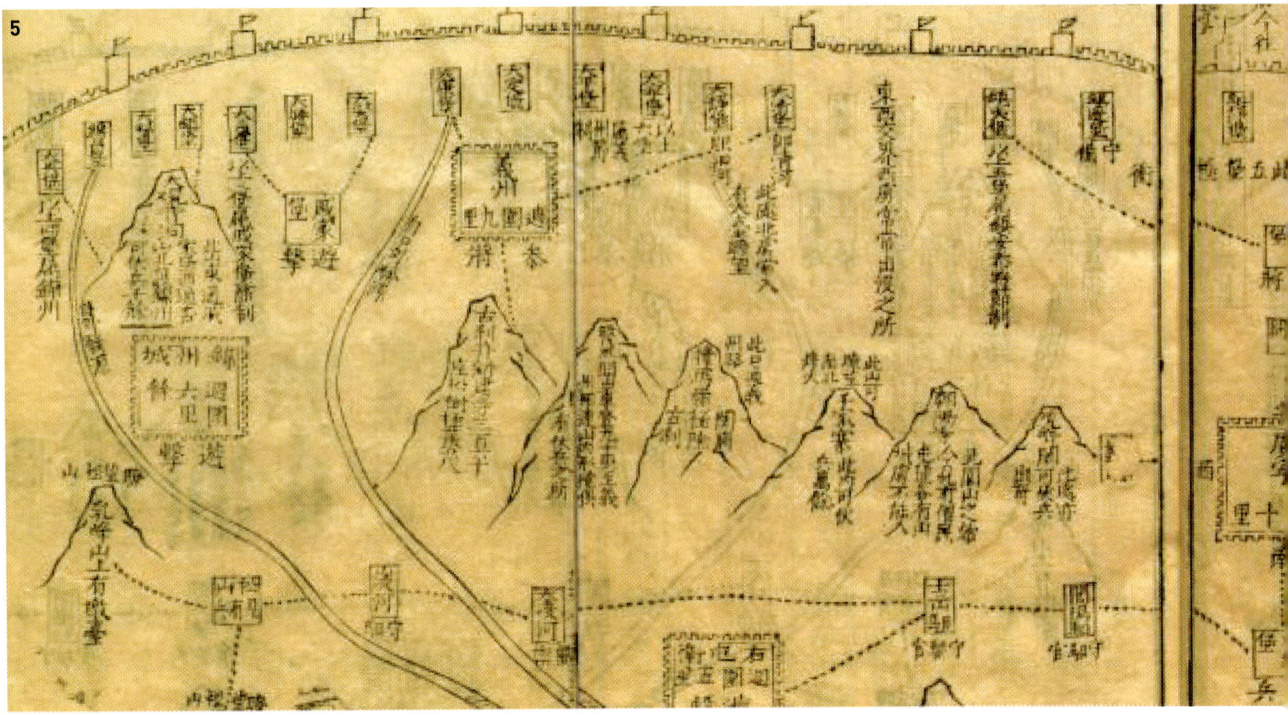

中我制止他长跪的礼节，看他的礼数是多么周全。说是为悲哀先皇升天而来，开口便是恭敬的语言。前行时他们背对两旁而面向我，等我过后他们才登车继续向前。两位使臣可能不明白其他官员的职务，严谨恭顺只是注意我的脸面。行进中偶然相逢对方的情意很深重，礼节恭谨并没有什么疏忽和缺憾。

诗人在往中朝边境行进途中，在即将到达凤城的时候偶然遇到朝鲜派往北京去的使臣，对方非常恭谨，礼数周全。通过交谈了解到，朝鲜使臣是到北京吊唁两位死去皇帝的。双方相互尊重，刘鸿训对于朝鲜使臣的礼仪周到恭谨很欣赏，表现出大国使臣的风度。

在渡江进入朝鲜境内后刘鸿训写诗《三月十日渡鸭绿江》，记载了他的心情：今天登上豪华的渡轮驶向天涯，敢说如同星使乘坐的仙槎。滔滔江水可以有不同的渡口，清清楚楚的国家地图别具风格自成一家。船行江面荡起的微微波纹如同竹席般美丽，春风吹拂着即将老

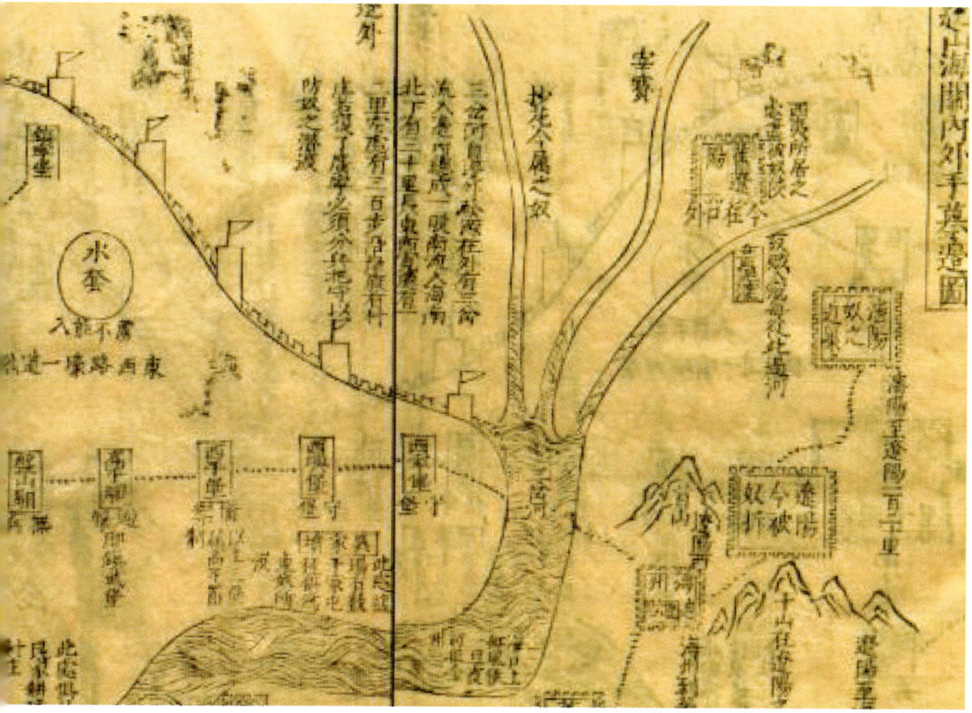

5 明朝与后金对抗形势图
绘于明朝末期，作者不详

去的杨花。请看对面迎宾馆在郊区准备迎接的地方，整个岸边上到处飘扬的旌旗如同早晨的彩霞。

这是刘鸿训渡鸭绿江时所写，作为朝廷正使，诗中充满了自豪感和使命感，通过尾联的描写，可以看出当年朝鲜人民对于明朝使臣热烈欢迎的气氛，突出了两国友谊的真诚与深厚。

朝鲜迎接陪伴的远接使为李尔瞻，他唱和了一首七律，既是出于礼仪，也表现出很高的汉学水平和高超的诗歌创作艺术。诗题为《次渡鸭绿江韵》，译文如下：大明王朝皇帝的恩德如同大海一样深广而浩瀚无边，形象不凡的使节映衬着精美的大船。继续远古悠久的历史而重视夏历，为方便藩属国的赐命超过历史上西周的初年。琳琅镶嵌的小匣中即将捧出绣有麒麟的锦书，盖有皇帝玉玺的国书上有凤凰吐花的图案。我这个拙劣的人不知怎么如此幸运得到这份美差，将用最高的热诚表现我们赤诚的心愿。

6《满洲实录》中的攻克辽阳图
7《全辽志》明代辽东总图中，绘制刘鸿训出使时经过的辽地

这是朝鲜远接使即负责接待的最高官员李尔瞻唱和明朝正使刘鸿训诗歌的第一首，本诗的五个韵脚和原诗完全相同，这需要很高的水平。最后一联原诗说对岸有很多彩旗和欢迎的队伍，气氛很热烈。本诗则说自己率领众人虔诚而热烈地迎接大明使臣的心情，在意义上确实很贴切，这是唱和诗所需要的。

两国友谊的重新缔结

当时，在后金更加强大的压力下，朝鲜朝野对与明朝建立正常的外交关系存有很大疑虑。朝鲜方面虽然依旧按照以往的礼仪接待，“大小事一依旧例”，但从《朝鲜迎接天使都监都厅仪轨》的记述来看，此次迎使中存在大量不实、减员、未备不足、不理、不敬等等措词，给人留下深刻印象。接待不如前日等话语，更自明使口中说出；而朝鲜的史书《李朝实录》中也有关于明使“贪婪无比”的记载，从中可以看出中朝关系的不和谐。

这一方面反映出明朝外交地位的下降，另一方面也说明朝鲜朝野对刘鸿训使团是不信任、不欢迎的。但刘鸿训虽然官卑职微，却不失大明使臣威仪，举止有措，雍容大度，“肃敬将祀，周旋中规”，使“东人动色，快睹凤凰”。

根据《辛酉皇华集》记载，刘鸿训在此期间，曾到太学去参观，召见诸位太学生，赠给学生书籍和纸张，诸位太学生献启文表示感谢。这则记载，是前代《皇华集》所没有的内容。

与此同时，刘鸿训等人“裁约享馈，章示规绳，是使卉服之，长冠带而问诗书，穷岛之人啁嘈而赞仁义”（刘鸿训《皇华集・附传》），以非凡的外交风度和出色的个人才华，取得了朝鲜政府和各阶层人士的信任，使他们接受了明朝的抚慰，坚定了同明军联合抗击后金的决心。

这次迎使，虽曾由于种种不周之处，触怒过明使，但是经过“凡

6

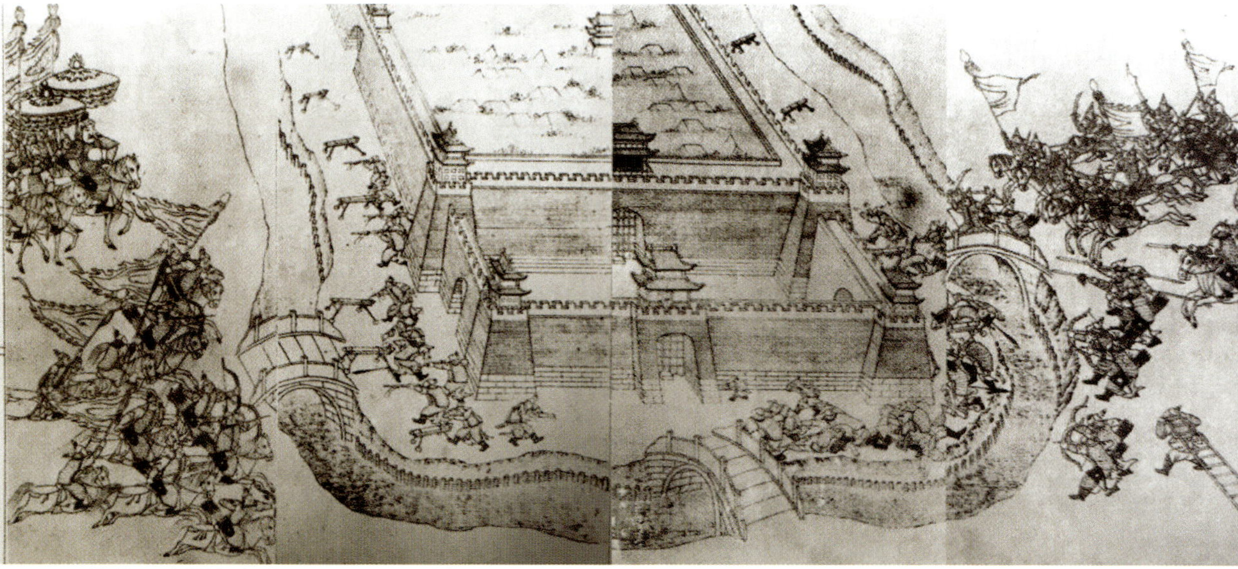

7

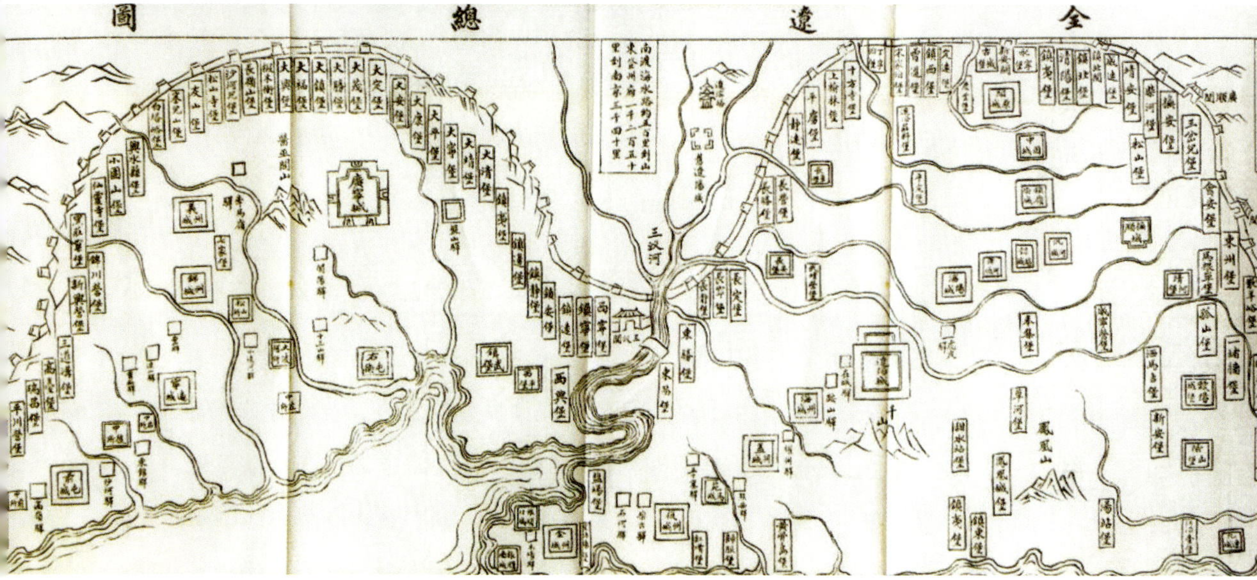

8

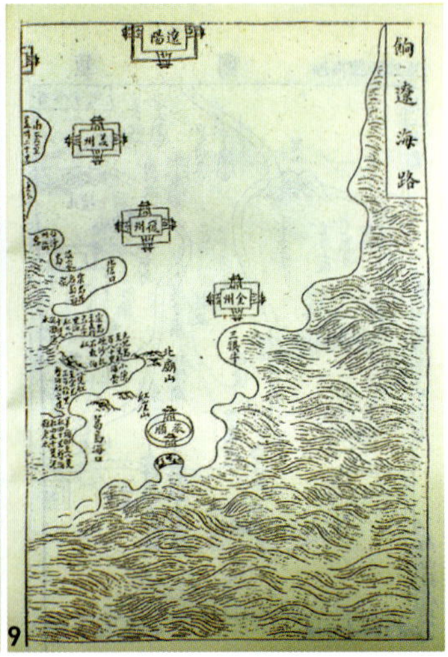

9

天使所为之事，馆伴远接使以死周旋，弥缝矣”。终于，在两国友好人士的共同努力下，四月十二日，朝鲜国举行了盛大的宣读圣旨仪式。

在刘鸿训的《开读纪事》中，记载了在朝鲜宣读国书时的隆重场面和盛大的欢迎仪式，既有戏剧般的叙事，更有史诗式的场面描写，颇有历史价值。通过这些珍贵的文字，便可以想象当时的喜庆场面和人们那种高昂的精神面貌。

李尔瞻次韵刘鸿训的同题诗作同样具有极高的美学、史料价值。该诗在渲染整个仪式庄肃热烈的基础上，还重点歌颂了在这样隆重而有纪念意义的仪式上刘鸿训的风度和气质。其中有如下意思的诗句：两位大使如同精美的瑚琏是宗庙的神器，如同杞树和梓树是建造大厦的栋梁。学问上能够探究奥秘颇有创见，文学上能够力挽狂澜而有华章。美好的声誉令我们这些官员倾心敬佩，高雅的名望令三公等高官们心仪向往……

综上而言，在刘鸿训与朝鲜相关使臣的共同努力下，终于弥合了明政府与朝鲜的分歧，取得了朝鲜方面的信任，圆满完成外交使命。

8 开城善竹桥
(两国使者经常居住于善竹桥两侧的旅馆中，刘鸿训一行也曾途径此桥。)
9 《饷辽海路》中描绘的旅顺等港口
10 旅顺口今貌

影响东北亚的使路开拓

早在刘鸿训一行进入朝鲜境内、尚没到达汉城之时，就获悉辽阳陷落，陆上使路断绝，他们无法从陆上回国。于是，刘鸿训等致函朝鲜国王，敦促建造船只，给他们从海道回去做准备。副使杨道寅在给朝鲜远接使李尔瞻函中说："烦足下驰启贵国王，迎诏宜速。我二使即兼程至王京，勾当此重事，而后图所以护送使臣，归报阙庭。"

洪武末年朝鲜朝使团改走陆路以后，明朝在绝大部分时间里推行海禁，允许通运的时间很短，如嘉靖后期为缓解多年不遇的饥荒，万历壬辰战争期间向朝鲜半岛运输军食等故。此次明朝使臣突然改走海路，无论对明朝还是对朝鲜，都存在着诸多困难。

朝鲜方面，光海君意识到这是重开海上使路的机遇。

此前海道已多年未行，航道尚不清楚，且明朝海禁甚严，何处被允许登陆，朝鲜也不清楚。此次有刘鸿训、杨道寅作伴，较易获取明朝人的信任，故而是个非常重要的机会。光海君遂派崔应虚为谢恩正使、安瞰为书状官；权尽己为陈慰使、柳汝恒为书状官，两批使行随同前往。

当年五月二十日，刘鸿训、杨道寅等从清川出发，一行共二十二条船，浩浩荡荡，向登州进发。回国途中，遇到了大量在战争中逃难的中国军民，刘鸿训不顾随员的劝阻，“沿途收难民”，致使“舶重而坏”，六月初四日夜，他们在旅顺口遇到灾难，明朝使者所乘的船只全部沉没。陪同的朝鲜使者所著的《驾海朝天录》中，对此次海难有更为细致的描写：“诸船皆泊于此，夜半狂风大作，雨注浪急，浦口甚狭，船皆相击，尽为沉败，人死者甚多。刘使（刘鸿训）漂水，仅赖水汉之拯，赤脱登岸，泥涂满身。

值得注意的是，《满文老档》也记载了这次海难，可见当时的后金国对此次行程的高度关注。“六月初七，听到尼堪（当时后金人对汉族人的称呼）的翰林院给事中的官员们送去赏给朝鲜王的衣服，朝鲜的二总兵官和一侍郎送行，乘二十二艘刀船，在海中行驶，不得顺风，到金州这边岛上来。爱塔率三十人去时，官员们有乘独木船的时间，所以没被逮住，俘获没有来得及乘船的朝鲜人五十二人，尼堪九十人……”爱塔名为刘兴祚，时为后金汗努尔哈赤的爱将，为后金镇守金州，此次闻风而动，完全有俘获刘鸿训的可能。

刘鸿训事后写过一首诗，述说旅顺口船覆痛苦的感受：“病以丙而生，乃自沃焦起。楼船海外来，一活先九死……”最终，刘鸿训在小船上漂泊了三天三夜，最后到达了山东登州海岸。脱险后他马上修书给光海君说，“行到旅顺地方遇异风，不肖训犹幸不死，自候天意，非关水手不用力也……贵国种种佳意(指朝鲜回赠的物品)，十九付洪波，而明德中戢，终不可谖也。”解释此次海难绝非水手不用力，同时解释所赠物品付诸东流。

史料多载刘鸿训的贪婪，但从上述记载可以看出并非如此。刘鸿训是一个以民为本的官员，如果不接收难民，就可能顺利到达明朝海域，不会有被后金军队擒获的危险，也不至于使得朝鲜国王所赠送的物品几乎都沉没入海。而他在刚刚脱险之际，首先想到的是国家的利益，来维护刚刚建立起来的明朝和朝鲜的友好关系，这不可能是一个

11

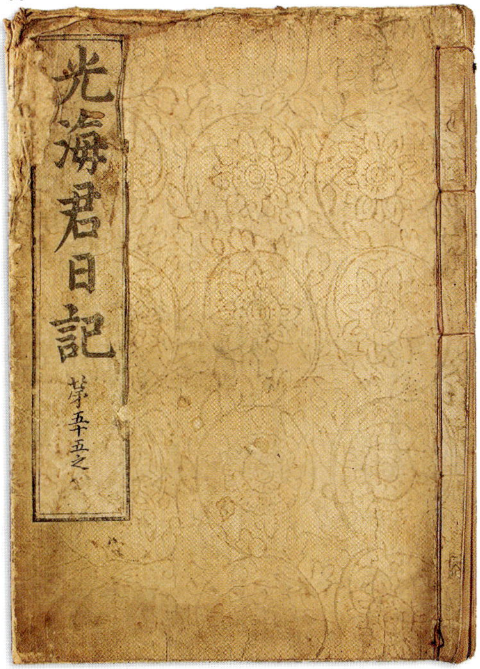

11 《光海君日记》中有许多刘鸿训“贪墨”等记录，但是与《辛酉皇华集》等史料对照，会发现或许会有夸大的成分。

12 刘鸿训编著《玉海纂》记载了这次海难。

12

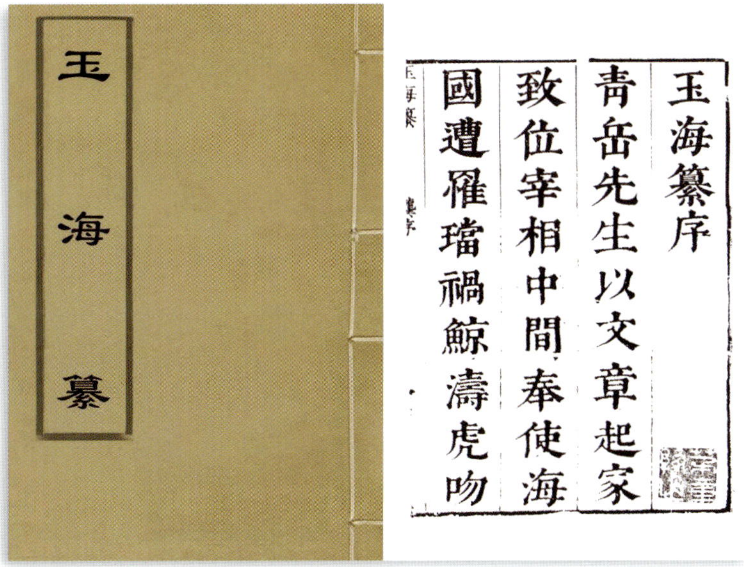

13

自鹿島西南距石城島五百里
自石城島南距長山島三百里
自長山島西距廣鹿島二百里
自廣鹿島西距三山島三百里
石城島
長山島

14

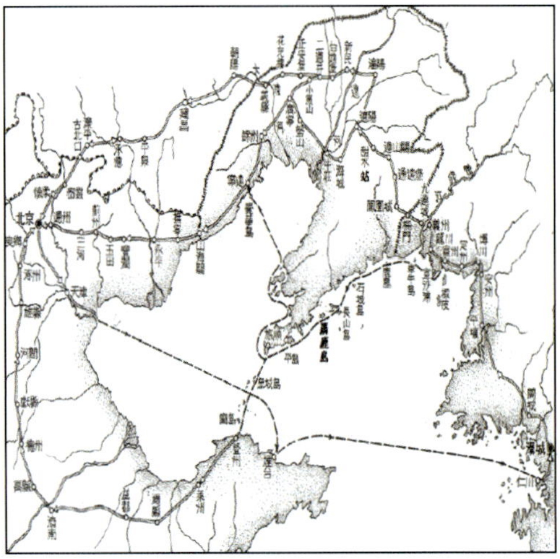

贪墨者所能做到的。

此次航行虽经历艰险与波折，终于胜利地完成了使命。据《李朝实录》记载，刘鸿训于天启元年(1621)“六月十六日登州到泊”，而其他朝鲜使臣一行于六月十九到达登州。二十一日，登州兵巡道衙门令人持标示于朝鲜使臣舟中，前来查禁，曰外国人驾海来，一切禁断，犯则以贼论。期间，朝鲜方面的呈文打动了前来查询的官员，加上刘鸿训、杨道寅两使的证明，明官员即开门引入，加以礼遇。不几日即送他们前往北京，完成使行任务。

刘鸿训在国家危难之际冒着生命危险出使朝鲜，为海上丝绸之路古航道的开通做出了自己的贡献，成就了中朝关系史上的一段佳话。明廷于当年八月“改朝鲜贡道，自海至登州，直达京师”。

也就是说，从刘鸿训这次回国开始，明廷决定“改朝鲜贡道”，“自海至登州，直达京师”的古航道，再次成了中朝官方联系的通道。

13 自古以来，旅顺一带海域便多有龙卷风等海难发生。图为朝鲜燕行使所绘，一支船队在旅顺附近遭遇龙卷风的场景。

14 明代朝鲜海航路线简图

流传至今的友谊情缘

朝鲜国记录与明朝交往的184年间的24次外交活动，且收有23册各种《皇华集》全文，但是惟独漏掉了天启元年刘鸿训出使朝鲜的外交活动以及天启《皇华集》。

《皇华集》由朝鲜国编印，中国国内存留很少，所以也就看很难看到这方面的完整资料。这除了上述所说的兵火之外，还可能与当时朝鲜国王李珲的历史地位有关系。刘鸿训回国后的天启三年四月(1623)，朝鲜“国人废珲而立其侄绫阳君综以昭敬王妃之命权国事”。实际上，李珲掌权之初就未得到王族和主要王公大臣的同意，被推翻之后，更不作为国王载入史册。而中国方向，刘鸿训归国后，因母亲去世而归家守丧，而由副使杨道寅返京复命。后来，在崇祯朝刘鸿训曾经出任礼部尚书、东阁大学士，官至宰相。后在复杂的政治斗争中遭受贬谪。卒于戍所，享年70岁。因此，这部《辛酉皇华集》在国内也不见诸史料。

中韩建交之后，韩国一位文史学家首尔大学的朴泰根先生在中国发现了在韩国失传的《辛酉皇华集》。如获至宝，一心要把此书翻译注释出来，但感觉功力不足，便辗转寻找中国学者合作。于是，两国之间，包括我在内的四位作者开始了翻译整理工作。

此书在中国也仅有两种版本传世，学者很难看到。当时，朴泰根先生跟我约定，由我负责对全部《辛酉皇华集》的翻译、注释和评析，待完稿后他负责出版，并准备同时出版中文和韩文两种版本，雄心勃勃。

天地不仁，两年前忽然接到信息，朴泰根先生病逝，他撰写的五万余言以及其中涉及朝鲜地名和人名的全部注释都不知散轶何处，而出版则更渺茫无期矣。

但不管怎么说，这部因为种种原因没有付梓的《辛酉皇华集》释译注释一书背后，凝聚着中韩两国数位有责任感学者之共同心血，它注释了一段被误解的两国友好过往，是中韩世代友好的一个绝佳见证。

参考文献

朝鲜·李尔瞻编，《辛酉黄华集》，上海图书馆藏书
金毓黻主编，《奉天通志》，辽沈书社版，1929~1935
北京大学韩国学研究中心编，《韩国学论文集》第17辑，中山大学出版社，2008
杨雨蕾著，《燕行与中朝文化关系》，上海辞书出版社，2011
张士尊著，《纽带——明清两代中朝交通考》，黑龙江人民出版社，2012
曲永义主编，《山东海洋贸易与海洋文化研究》，山东人民出版社，2014

“万泉居士”与朝鲜使者的笔谈佳话

张杰
辽宁大学

张又龄

张又龄

不明

“万泉居士”与朝鲜使者的笔谈佳话

在与清朝的交往中，朝鲜王朝极其重视文化交流，燕行使(前往中国的朝鲜使者)自然承担了文化互动的使命。特别是18世纪后期，朝鲜北学派学者担任燕行使时，力图通过清朝学者深入地接受中华文化，促进朝鲜王朝的文明进步。他们将在中国旅途中的见闻，详细地写到日记中。这些日记中的内容，如今已成中韩两国研究当时历史和两国友好交流史的重要资料。

当时的沈阳城名为盛京，是大清朝发源之地，是清朝入主中原后的陪都，也是朝鲜王朝使者必经的重要城市，比时盛京给朝鲜使者留下了深刻的印象。

对盛京繁华热闹的场景描绘，在朝鲜使者日记中俯拾皆是，朴趾源曾称辽阳“繁华富丽十倍凤城”，来到盛京，又深感“民物之繁华，市肆之侈盛，十倍辽阳矣！”此外，蔡济恭的《盛京行》有云：“别起牌楼十字街，列肆济济分西东。高揭标号金作榜，锦绣珠玉堆玲珑。天覆地载生万货，光怪昼夜霏彩虹。”洪奭周有诗云：“越帛荆金满眼繁，蹄轮竟日市声喧。”徐长辅有诗云：“市珍山积联金榜，殿瓦云飞屹玉栏。”金允植《盛京》诗云：“储胥风云护旧畿，万家金碧映朝辉。”

在朝鲜使者中，很多是当时朝鲜王朝的知名文人，除了关心清朝的时政变迁外，结交中国文人也是他们的一大喜好。

乾隆四十八年(1783年)，乾隆皇帝东巡祭祀祖陵，朝鲜王朝派出以左议政李福源为首的“圣节及沈阳问安”使团，前往沈阳接驾。李

1 盛京宫阙图

1

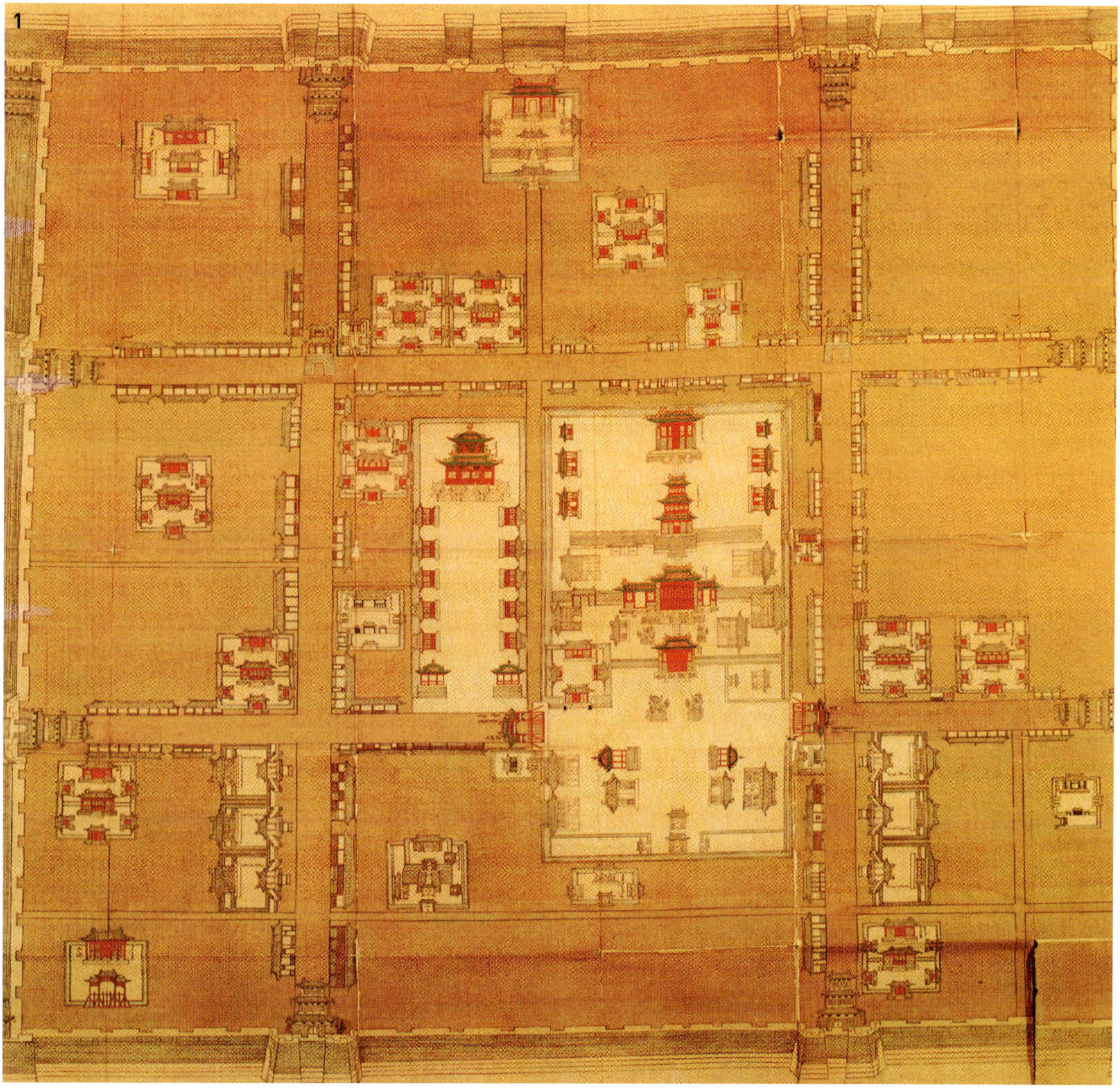

2

3

晚秀(字成仲)是朝鲜使团正使李福源的次子，考取了进士尚未补官，以李福源随员的身份前往沈阳。同行的李田秀(字君稷)则是李福源的侄子。就在这一次中国之行中，朝鲜文人李晚秀、李田秀与沈阳“万泉居士”张裕昆(本名张又龄，字裕昆，号万泉居士)结为莫逆之交，通过笔谈进行了一番番深度交流。

据考证，在现存所有清代官书与东北地方文献中，都无法找到张裕昆这个名字。如果没有李晚秀、李田秀与之结交，并写下《入沈记》这部书存世，我们怎么也不会相信，乾隆晚期的盛京城中还有这样一位满族奇才。下面是朝鲜人李晚秀在《裕昆真赞并序》中写的一段文字:

余观万泉翁三十岁写真，韶颜英风，霭然芳华，方其品题图书，分列花石也，必有词朋墨徒、高释道流为之左右，如兰亭之群贤、竹溪之六逸也。又若梧桐月上、芰荷风来，鹤避烟而鱼吞墨也，必有玄谈穷道德之妙，佳句得风雅之余者矣。乃不使东海李成仲置身其间，而见翁于二十七年之后，入其门寒花老柳不耐风雨，床头数部书一任尘埃。平生旧要，如潘清远苦吟死，何宁一作吏山东，宣作谋局促人宾馆，皓颠索居，世无复知万泉翁者。

2《盛京缅圣图》局部，
盛京四平街繁华的景象
3《盛京缅圣图》局部，
朝鲜使臣拜谒场景

文中将57岁的张裕昆赞美为“兰亭”群贤中的王羲之，“竹林”七贤中的阮籍。

张裕昆祖先在清初时编入汉军旗，因其父亲早逝，为维持家庭生活，弃学从商。从李晚秀的上述文字可知，他在30岁时已经过上了“品题图书，分列花石”的富裕生活。由于张裕昆一没有科举功名，二没有出仕做官，三没有留下著述，以至于朝鲜李氏兄弟与他相见，都充满了偶然性。

访名士诚心可鉴

乾隆四十八年（1783）七月三十日，朝鲜使团正使李福源率领全团248人到达距离盛京城约60里的十里河堡住宿。使团住地前面有一座关帝庙，李田秀“闻有过往官人来歇，故陪仲兄往见”。这位过路的清朝官员姓史，九品官，李田秀在与他交谈中注意到：史姓官员手中扇面上有一幅风景画，“临水为阁，阁外作小桥、长江、远山，微茫可爱”。画旁边还有一首七绝题画诗，其诗曰：

朝来空翠湿云根，幽径无人破藓痕。
缚个茅亭通水阁，满山红叶未全髡。

诗后面的落款是“慕庵五兄出九佛山作画云云，古芗弟查桐书”。

李田秀通过笔谈方式，得知“古芗是号，查桐是姓名，而查大受之后，亦在沈阳，慕庵是山东人云”。在李田秀看来，查桐所写的这首诗，内容与书法都很雅致不说，且最后结尾“未全髡”三字，尤其深有寓意，很可能是暗中反对清朝的剃发政策，遂与他的长兄约定：“入沈日，首访此人焉。”但经过几日的探寻，兄弟二人了解到查桐在辽阳做官，不可能接驾，也无法与他们面见了，倍感失望。

八月二十一日，李田秀又有了新线索。有位从海城来的单姓生员，来朝鲜使团住地给李田秀带来一册书，名为《梅轩遗草》（又作《潘梅轩诗集》），说是盛京人的近作，该人已经去世。李田秀翻开此书，发现作者名叫潘松竹，字清远，号梅轩，年30而死，故其书称作“遗草”。书中有诗稿百余首，词句清雅可爱，书的卷首有宣作谋、何广生两人写的序文，卷尾还有张又龄、周锦、陈昆、郭瑾四人的跋语。从序文和跋语中可知陈昆、郭瑾是山海关人，余下四人皆自称盛京人。李田秀进一步问单姓生员了解这四人的具体情况，张又龄字裕昆，不知其家，只知道周锦家的住址。李田秀和单姓生员约定，第二天一起去拜访周锦。

八月二十二日下午，李田秀如约与单姓生员前往周锦家。周家住在地载门外，主人周锦自屋内出迎，与来客相揖而坐后，问客人为何来访。李田秀答说：“偶会单生，得见《梅轩遗草》，下有先生之跋文，故爱其义章，特来寻访。”随后，李田秀请求用纸砚作笔谈，然而对他所提出的问题，周锦的回答十分勉强。李田秀问周锦是否见过张裕昆，回答说他没有去过张裕昆家，但知道张家的大概位置，并告诉了两兄弟。

“万泉居士”大隐隐于市

八月二十三日早饭后，李田秀根据前一天周锦提供的线索，与兄长李晚秀从使团住处西上北转，在一个小胡同的路左找到广发号当铺。当铺的人告诉他们：“出铺门东行数武小桥边黄土墙，墙内数十株绿杨，门向南开的便是。张先生为营生业，常常往来小东门内北街，上长春号铺里，今日敢是不在家。”由此可知，张裕昆的身份是一个商人，所以周锦才告诉李田秀，去当铺就能打听到他家。

4 往来于沈阳的朝鲜使者为沈阳留下了重要的史料

5 沈阳地载门瓮城券门

按照当铺主人的指点，李氏兄弟顺利找到张家："门临万泉河，十数间屋子，仅蔽风雨，可知寒士生涯。"这段文字说明张裕昆家的房子非常普通。院中有一老妇人，对来客说主人不在家。李田秀请她取来纸笔，给主人留一个拜帖，以便再次前来。老妇人进入屋内去取纸笔，却没有马上出来。过了一会儿，只见一位"颁(斑)白颜发，中人身材，颇有林下气"的男子走了出来，这是张裕昆留给李田秀的第一印象，似乎很平常。

张裕昆时年57岁，看来平常不愿见陌生人，所以老妇人对朝鲜客人说了谎。因为李田秀要留拜帖，张裕昆为其诚意所感动，才出来相见。李氏兄弟被请入内室左边的房间，"四壁下放古今书籍，多是书铺所未见者。几砚茶香，净洒可喜"。整个房间里面到处是书卷气息，李田秀对张裕昆的印象开始转好。

主、客落座寒喧数语后，李氏兄弟以"不娴汉语"为由，请张裕昆拿出纸、砚，双方开始笔谈。李晚秀书曰："仆等东海鄙人也，初入大邦，愿一与沈中名士会面……昨者，有人袖示《潘梅轩诗集》，卷中有先生跋文，真好文章，读其文，不能不慕其人，今日特来相访。"这段文字既表明了来意，同时也解释了来拜访张裕昆的原因。

张裕昆看后，连连拱手，以示不敢当，并且提笔写道："仆系布衣，并非名士。"李田秀见张裕昆一再谦称自己是"布衣"百姓、经商"市人"，又少年废学，未能读书应考获取科举功名。而他兄长为进士，自己是秀才，且出身书香世家，不由得怀疑张裕昆的学识，便开始进行试探。

他先写下"徐乾学"，然后问张裕昆这是何人？张裕昆便在徐乾学三字下面写"健庵"二字，作为回答，即徐乾学，字健庵。李田秀又写"朱竹垞"，张裕昆在其下书"彝尊"，即朱彝尊字竹垞。李田秀再写"顾宁人"，张裕昆此次多写了几个字："炎武，学问最博。"顾炎武字宁人，为清初最著名的学者。几番笔谈对答，李田秀渐有敬意。

6 上世纪初店铺琳琅满目的沈阳中街
7 万泉河畔

张裕昆已经看出朝鲜客人在考查他的学识，便主动发问："贵国有闺秀许素樊，八九岁能咏诗，果然否？"李晚秀在"素"字之旁写一"景"字，又说道："乃是景字之讹，而何以知其人也？"张裕昆答称："鄙所藏此文集矣。"

而就这一问，足以让李氏兄弟知道，张裕昆绝非等闲之辈。试想一下，当时中国号称是"大中华"，朝鲜自认是"小中华"，以学习中国为文化潮流。商人出身的张裕昆知道朝鲜有一个人九岁能咏诗的女诗人，而且家中藏有朝鲜文集，恐怕一般的举人、进士也达不到他的饱学程度。所以李氏兄弟不再发问文坛常识，双方进入真正意义上的文化交流。

李氏兄弟眼界初开

李田秀看见张裕昆的书案上有朱彝尊编的《明诗综》套，取过来浏览时发现书中收录的"朝鲜诗"中，有其七代祖李廷龟所作的五律诗，并在李廷龟的名字之下注"号栗谷"，便将此事告诉李晚秀。李晚秀马上用笔写下："此是仆之七代祖，号曰'月沙'，而此卷误书'栗谷'。栗谷亦吾东大贤，姓李名某，似因姓相同，错认人录矣。"张裕昆看到后，便在书中李廷龟的名字下面，注上"月沙"二字，随后问道："尊先祖 与栗谷姓同、籍亦同否？"李田秀书

8

答曰:“非也。仆之祖先，本是中国人。始祖唐中郎将，从苏定芳平百济，封延安伯，子孙仍籍焉。”张裕昆忙写下“可谓世奕公卿”，“仙李蟠根大”两句话，对客人与中国李氏的关系大加赞扬。因为李渊建立唐朝，其子李世民又是中国历史上的著名英君，所以民间有“仙李蟠根大”之说。张裕昆又书问: “贵国王是铁岭人么?”李田秀书答曰“我们主上本籍是完山，兴王于咸兴，铁岭是咸兴近地，似是错认矣。”

张裕昆问他们两人居何官职?李晚秀回答说:自己是进士，兄弟是秀才。张裕昆于是说朝鲜的科举制度强于清朝:“贵邦则闻以论策取士，必有古意之余存。而此中人汩没于八股中，更无可观，浩叹浩叹。”他又拿笔写道:

现今官途甚难，学人出任，等三十年，犹难作州县官。词林出身虽清高，非家道殷富培植不可。某退居林下，教子务本业，亦足自娱，何必慕名士之虚名，而不能副其实也。

这段文字非常有用，实际上是张裕昆巧妙地对李氏兄弟解释了自己不参加科举考试的原因。清代科举考试八股文，有固定的格式要求，很难体现应考者的真才实学，故张裕昆不屑为之。此外，即使侥幸中举的士人也很难出仕做官，他说等三十年还做不成州县官，确是当时的真实情况。“词林出身”指中进士后做翰林院庶吉士、侍读、编修等文职官员，这些人收入微薄，甚至难以养家糊口，只有家中有钱之人才能耐心地等待升迁。所以，张裕昆选择了经商教子，过着隐士的生活。

话说至此，李田秀顺势向张裕昆提出:“先生必有诗文华稿，请一玩。”张裕昆答称多年笔砚荒疏，没有留下存稿，何况即使有也不敢呈览，以免贻笑大方。李田秀一再劝他不必过谦，诗与文虽见只言片语，足知全鼎，千万出示，以见厚意。张裕昆诚恳地表示:如有存稿，正好奉请斧削，实在是未有。李田秀仍然不肯放弃，郑重地用笔写道:“倾盖如故，政谓今日，盛稿如委实无，则愿得一首琼琚，以警俗眼。”表示他能得到一首诗也很满足。张裕昆答称:“少年虽学步邯郸，今已忘其故步。”随后，他写下“吾妻见”三字，问李田秀是否见过此书？李田秀笔答:“这是日本国史书，只知其名，未见其书。”张裕昆说他本人也没有见过这本书，只是见尤展成（即清初文学家尤侗）先生咏外国诗中，引用过此书。

当李氏兄弟向张裕昆告别时，双方都为能够再次会面做了必要的铺垫。张裕昆向客人提出：“贵邦有书画名笔，亦小幅一二纸，未知允否?”李田秀回答:“仆等并无带来者，归问同行诸人，有即呈览。”他反过来向张裕昆借王士祯的《香祖笔记》带回去看，张裕昆不仅爽快答应，还主动把《梅轩遗草》也借给他，并且写道：“此集尚多讹误未校正处，幸以大笔，随览赐斤。”李田秀并没有推辞，而是高兴地接受下来。双方最后约定:以后张裕昆如果有时间，请到鲜使团住地相会:张裕昆如果不在家，则请朝鲜客人到后边广发号当铺，或

8 张裕昆与李氏兄弟交流场面
(现代画家郭德福绘制)

9 张裕昆的书法作品

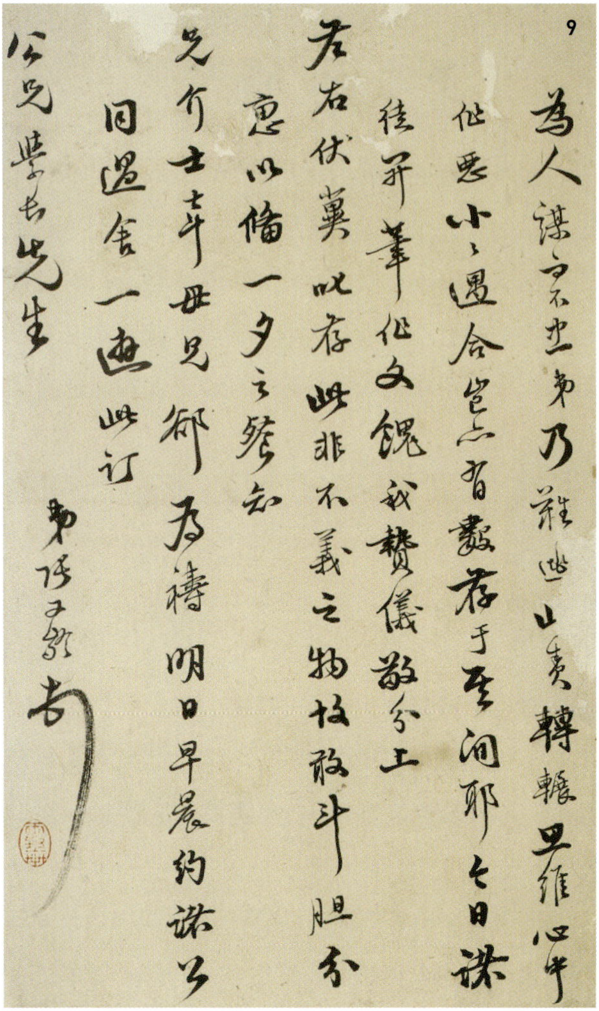

到城里长裕号、长春号店铺找他相叙。

从张家出来后，李田秀在当天的日记中写道：

数十日东寻西找，终未见一人。此子虽未见大可意，亦自肮骯脏肮。略少城市态，谈说亦频频可喜，即其室中图书，足令人开眼。是日与仲兄相顾怡然。

李田秀说张裕昆的学识“令人开眼”，只说对了一半，至于“未见大可意”则完全错了。在以后的频繁交往中他才知道，商人张裕昆的学问，远远超过那些有举人、进士头衔的所谓名士。

由笔谈进入神交

据张裕昆自述，由于家里无人照顾生意，不能出外远游，他的一生基本上都待在盛京城中，不仅没有去过江南，没去过北京城，甚至连千山都没有去过。他所受的教育主要是在私学所授，老师是旗人，姓英，而英老师的学问，则得之“林四老”。“林四老”名林本裕，是康照、雍正时期盛京城内著名的文人，《辽载前集》一书的作者。故张裕昆可以视为林本裕的再传弟子。

八月二十六日，李田秀计划去拜访张裕昆，然而，老天不做美，未等出门已经下起雨来。正当他闷在房中心情烦躁之时，忽然听说张裕昆前来看望，将其迎入屋内，略作寒暄后，仍用笔谈。李田秀先用“忽蒙光顾，何等欣荷”八字表达自己的喜悦心情，接着问张裕昆是否认识小东门外刘克柔教官，其人文章写得如何?张裕昆答说：见过此人，刘的家中收藏一些书籍，但是不知道文笔如何。李田秀笔问：“方今天下，谁为第一文章”张裕昆笔答：“愚困守家庭，实不知谁为第一，不敢妄答。”李田秀进一步笔问：“天朝以朱彝尊为文宗，果然否，毛西河淹博不减古之学者，而所论多与宋儒相反，今之君子以为何如耶?”

因为朱彝尊和毛奇龄去世不远，故张裕昆笔答曰:

国初作者，威推魏叔子(禧)、侯方域(朝宗)、施愚山(润章)、王渔洋(士祯)、汪钝翁(琬)，竹坨者著作虽多，实不逮此数公。毛西河好诋朱子，平生第一病痛。

在张裕昆看来，朱彝尊著作虽然很多，而文笔不如魏禧、侯朝宗、施润章、王士祯和汪琬诸人，毛奇龄知识渊博，而生平喜好攻击宋朝儒学大师朱熹，因此影响了个人的声誉。张裕昆又补充写下:“魏、侯两人文集现在犯禁，故不传。”

魏禧和侯朝宗两人因为参加过抗清斗争，思想上不承认清朝的统治，并在其作品中有所表现。乾隆帝借编纂《四库全书》之机，大兴文字狱，在全国范围内收缴销毁有反清思想的书籍，所以张裕昆说“两人文集现在犯禁”。

乾隆时期，随着清朝考据学的兴起，官方推崇的程朱理学受到学者的冷落。李田秀作为朝鲜学者，敏锐地感受到了这个问题。所以他向张裕民提出疑问: “我东则专尚朱学，而近见本朝文集，或有讥訾之论，未知中国学者多用陆氏否?”得到张裕昆“尊朱不尊陆”五字作答，大体上是正确的。李田秀又笔问:“近日西学大行，先生曾亦讲此否?”张裕昆书答:“耶苏天主教耶，未见全书，而讲道理与《中庸》、《大学》有同处。”由此可见，张裕昆也读过天主教的书籍，认为宣传的道理与儒家书籍有相同之处。

当日李田秀在日记中再次写下感受:此日所与讨论者，不过膜外说话，不足尽其所有，而即其数转语也，觉透露面目，显有暮年穷庐俯仰感慨之意。古今书籍亦可知涉猎颇广，谁谓沈中无人士也。

九月初三日，李氏兄弟再次拜访张裕昆。由于近来双方互访多次，彼此已经十分熟悉，所以李田秀把话题由古人诗赋转向询问清朝的具体情况。

乾隆中期，清朝统一天山南北地区，设立伊犁将军统辖，号称

10 《四库全书》

“开疆展土二万余里”。李田秀表示不相信这种说法：“开疆若至二万之远，则西域诸国当尽入内服，恐是传闻之过也。”张裕昆肯定地回答道：“此系实事，并非传闻。建立安西府，新设州县甚多，有《王会图》可考。”乾隆三十八年(1773)起，清朝开始在天山北路巴里坤设镇西府，在乌鲁木齐设迪化直隶州，其他地方分别设阜康、昌吉、绥来、宜禾、奇台等县。这些民治机构新设立年代不久，朝鲜人并不知情，但僻居东北的商人张裕昆对万里之外的机构设置十分清楚，既对朝鲜客人宣传了清朝的强大，又展现了他丰富的地理知识。

双方谈兴正浓，眼看到了吃饭时间，张裕昆“设小酌以待”李氏兄弟。张裕昆多喝了几杯，变得更加健谈。李田秀见张裕昆情绪兴奋，趁势提出：“弊邦僻陋，文籍鲜少，贵案上《经义考》及《楞严经》若蒙见惠，当以土宜数种为回礼。相契颇厚，冒羞奉浼，可许之否?”张裕昆当即痛快答应下来。

顺利得到《经义考》和《楞严经》两书，李田秀还不满足，又向张裕昆请教书中的问题来。他提笔发问：“‘首楞’是何义?”张裕昆答：“佛三十二相，不见首相，不过最上义。”李田秀又书问：“乞食是何道理?”张裕昆十分幽默地写道：“佛书檀施系一义，无所不施也。二先生要此数部书，仆独不施乎?”说到这里，三个人大笑起来，愉快地结束了这次会面。

九月十一日，朝鲜使团正使李福源旧患眼疾复发，经使团医生针炙后不见好转。李氏兄弟听说通州所产眼药有奇效，让使团译官于城中到处购买，却一无所得。情急之下，李田秀去见张裕昆，请他务必帮忙。晚饭后，张裕昆便带来通州眼药，而且是真品不说，还抄录了“洗眼方以示，意甚辛勤，良可感也”。

李田秀再三表示谢意之后，问起了张裕昆的家世。张裕昆书答曰:“先明为山东登州籍，明末，随耿藩来沈，拨置内务府汉军，代以耕读为业……先严谢世甚早，余孤，幼失学，且因家贫，不得已握筹营产，以为糊口计，如今幸有薄产，始逃宿孽。”从这段文字可知，张裕昆父亲早逝，幼年失学，长大后承担起养家重任，是一个成功的商人，他的知识主要是在经商之余自学的。

李氏兄弟由此更加佩服张裕昆的学识，李晚秀说:“先生于佛书、医理、诸子百家，无所不通，又能深究数学，真通才也。子平之法，亦必讲到，试观贱命如何?”张裕昆听后，遂即写出“四柱曰:丁未岁、辛亥月、癸卯口、壬戌时”。李氏兄弟见了“不觉绝倒”。

赏画“终识”画中人

商人出身的张裕昆，把他对文化的热爱倾注到书画的收藏之中，运用他经商赚取的财富，购买了许多古代著名书画家的作品真迹，使他成为当时盛京城中罕有的收藏家。

八月二十七日，李氏兄弟第二次回访张家，当李田秀询问张裕昆家中“有何佳品笔帖”时，看到了张裕昆出示部分书法收藏珍品:

淳化帖右军父子卷，玄秘塔、董其昌临黄庭经、松雪帖，皆非常品，玄秘、黄庭尤佳。

“玄秘塔”即《玄秘塔碑》，是唐朝著名书法家柳公权的作品。柳公权(778~865)，与颜真卿并称“颜柳”。他所书写的《玄秘塔碑》是《大达法师玄秘塔铭》的简称，唐会昌二年(841)立碑，裴休撰文，内容主要是宣扬佛教和大达法师端甫受到当时统治者的宠遇。书法遒劲有骨力，受到历代书法家的推崇。

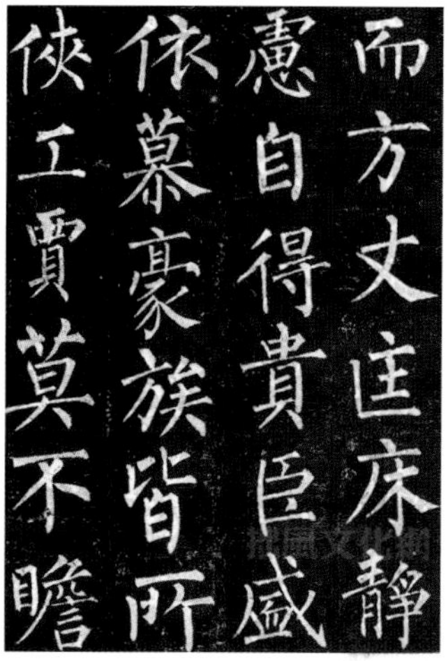

11

11 《玄秘塔帖》

鉴赏张裕昆收藏的这些书法绝品后，李晚秀艳羡不已，把笔写下感慨道：

“玄秘塔”最难佳品，而此帖不失颜公面目；董太史(即董其昌)笔来东者亦不少，而赝本甚多，此帖独得晋人笔髓，尽难得矣。

《玄秘塔碑》帖本是唐代书法家柳公权的作品，而李晚秀误认为是颜真卿之作，张裕昆不想让客人有自卑感，并未纠正，而是转移话题，书问：“贵邦时尚何人笔法?”李田秀书答：“敝邦有士人李匡师，笔法号数百年来罕有，年八十，犹临钟、王，可惜今也亡了。”

九月初八日，李氏兄弟与朝鲜使团官员柳景明同去张裕昆家做客。因为柳景明是朝鲜使团中的书法家，张裕昆通过李田秀得其书法作品，所以邀请他前来做客。张裕昆将他们迎入屋内，客人发现主人做了精心准备：“东、西壁挂着数幅名人字画，南壁揭今皇帝御笔。几砚炉碗，列觉净洒。”在主人的书案上头，还摆着一座古色香炉，上有明朝宣德年间的款识。仅就名人字画、乾隆御笔、宣德香炉，足显张裕昆收藏之富。

柳景明已经从李氏兄弟处得知：张裕昆家中藏有不少书法珍品，“请见米元章、沈石田、赵松雪、仇十洲书”，然而，这一次张裕昆却回答说：“惟有沈画，赵则最多赝本矣。”

12

张裕昆拿出沈石田的两轴画来，一轴是“淡墨山水图”，另一轴是“锦苋图”，供朝鲜客人欣赏把玩。对于那幅淡墨山水图，李氏兄弟和柳景明致认为是沈石田的真迹，而且是他绘画中的佳品。对沈石田的锦苋图则意见不一，张裕昆以为有可能是赝本，李田秀则表示即使不是沈石田的原作，也出自名家临摹，绝非“俗笔锦苋”。

品评完沈石田的两轴画后，张裕昆又出示戴梓的《樵夫问经图》。戴梓(1649~1726)，是清代享有盛名的武器制造专家，其制造的火炮“威远将军”曾随康熙帝“亲征噶尔丹，用以破敌。”康熙三十年(1691)，戴梓受到宫中侍卫和西洋人合谋陷害，被流放到关外，靠卖画谋生。由于戴梓的流人身份，李氏兄弟是从张裕昆那里才听到他的名字，故李田秀仅留下“戴是自行车主人，笔法似是北宗矣”的印象。

张裕昆见客人对戴梓的画作反响不很热烈，又向他们展示一轴傅雯的《渔翁图》，这是一幅罕见的 “指头画”作，“笔势苍然，极有古意”。三位朝鲜客人见到这幅珍品，真是惊喜交集，全部目光都凝视在画面上:

一渔翁被破布衣、穿麻鞋，右手持贯鱼，左手荷钓竿，须眉欲动，依然有山泽气味。上书“闾山傅雯写意”。

张裕昆最后展示给客人的是一幅横轴:

中有一人，年可三十许，眉宇清秀，荫碧梧，手持一卷书而坐，前有太湖石一坐，杂花数朵，又其前朱栏俯池，荷花盛开，小鱼绕行，荷间一童方洗砚池水，坐后一童吹火煮茗，有鹤拳一足，回顾刷毛，其人颜貌依稀可认。

三位客人欣赏这幅画的时候，越看越觉得画中的主人颜容体貌似曾相识，却想不起来在哪里见过此人。他们把这个疑问提出来后，引得主人大笑起来:“此仆之三十岁行乐图也。”客人也随之笑了起来，原来画中主人就是张裕昆本人。

客人欣赏品评之后，张裕昆请求李氏兄弟:“数轴画中，二公就一

12 万泉居士—张又龄画像
(现代画家郭德福绘制)

佳本题诗文，俾燕石增价，如何?”李晚秀当场表示:他特别愿意为张裕昆的“行乐图”题写诗文，用以抒发他们之间的友情。这就是本节最前面的那篇《裕昆真赞并序》，使两百多年后的沈阳人，能够想象当年“万泉居士”的风采。

朝鲜文人李晚秀、李田秀与沈阳“万泉居士”张裕昆情意相投，心灵互契，在很短的一段时间内，即突破了国籍、身份、语言等交流中的障碍，彼此莫逆于心，视对方为知己、知音，互访达到19次之多，创造了两国文人交往的纪录，留下了一段友好交流的佳话。

参考文献

林基中主编，《燕行录全集》韩国东国大学校出版社，2001
阿桂等编著，《盛京通志》，1779
赵尔巽等著，《清史稿》，中华书局，1977
梁白泉主编，《国宝大观》，上海文化出版社，1990

中韩两国友好交往的
“活化石”

张士尊
鞍山师范大学

文氏家族

文氏家族

1644(?)~现在

中韩两国友好交往的“活化石”

丹东，位于辽宁省东南部，隔鸭绿江与朝鲜民主主义人民共和国相望，边境线303公里，全市总面积为19,176平方公里。在这块美丽富饶的土地上，居住着汉、满、蒙、回、朝鲜、锡伯等22个民族，其中，少数民族占全市总人口的32%，而在少数民族人口中满族居首位，朝鲜族占第四位。

早在明朝时期，丹东地区就有朝鲜半岛居民迁入定居，如纂修于明代中期的《辽东志》记载：辽东地区“华人居十七，高丽人土著归附女真野人居十三。”修于万历年间的史书《筹辽硕画》更明确记载：“鸭绿江西、汤站堡东，南北顺江一带，辽人丽人住种混杂。”清朝初年，来自朝鲜半岛的徐氏、文氏、朴氏、白氏、金氏、崔氏等家族迁入丹东所属的凤城、岫岩定居，加入满洲八旗，在此后长期的共同生活过程中，逐渐与满汉各族融合在一起。

其中的文氏家族，是为中韩友好做出积极贡献的代表家族。文氏家族原居朝鲜国平安北道的玉尚左洞，其始祖文端于清顺治年间“恩选来中国增入新满洲都京镶自旗注册”（《文佳氏家谱》），经考试进入译馆当差，拨归凤凰城城守尉衙门担任朝鲜语翻译官，成为与朝鲜使者交流沟通的满族官员，并且在凤城一带生息繁衍下来。

根据《文佳氏家谱》，文端“性质醇厚，行谊恪纯”，被雍正帝追封为正三品的通议大夫，而“启门祚之繁昌”，文氏家族起初居住大堡三官庙，后移居二台子，由第三世起迁居凤城北山、红花岭等处，经过数个世代，后代更居住于盛京、北京等要地，而这个身份特殊的家族，历代屡出沟通两国交往的通译官。这个生生不息的家族，见证了中韩友好交流的数百年历史。

在某种角度上可以说，文氏家族及其保有的《文佳氏谱书》，是中韩友好渊源流长的见证。对文氏家族及其家谱的社会调查，将为明清和民国时期东北各民族之间关系史的研究，提供不可多得的史料，弥补历史文献记载之不足。

负责两国友好交流的通译官

朝鲜族血统的满族，从何时起在辽宁丹东地区定居？除凤城文氏、徐氏外，大多无从查考。当前可以肯定的，文氏家族是文字记载中较早进入丹东的朝鲜人。

文氏从朝鲜半岛定居凤城的时间和情况，在1925年重修的《文佳氏谱书》中有清晰的记载:“考我文氏始祖文瑞公，原籍朝鲜国民，世居玉尚左洞处，距鸭绿江120里，尚有祖茔在焉。自公三十岁，由前清顺治年间，蒙恩选来中国，增入新满洲都京镶白族，注册考试，入四译馆当差，拔归奉天省凤凰城，充朝鲜通官。”

据民国《凤城县志》记载：徐上戎，来自朝鲜半岛，“上戎，姓徐氏，隶京都镶白旗满洲，居凤凰山下，世充礼部四译通官，随清世祖入关有功，授京营总兵，后平张逆凯旋，升兵部左侍郎，加一等子爵，诰授光禄大夫。”通过这段文字，我们知道：同样来自朝鲜半岛，同样在清朝担任翻译，同样定居在凤城的两个家族，文氏要晚于徐氏。

凤城的《文佳氏谱书》和县志上徐氏家族的记载，以及他们后裔的追述和现状，都充分说明，在明末清初之际，迁入辽宁一带的朝鲜人，与之前移居辽东地区的朝鲜人一样，大都加入满洲八旗，作为满族的一支繁衍生息，虽经数百年的沧桑，仍然世代相传本民族的民族感情、民族语言和风俗习惯，至今还保留着一些本民族的某种特征。

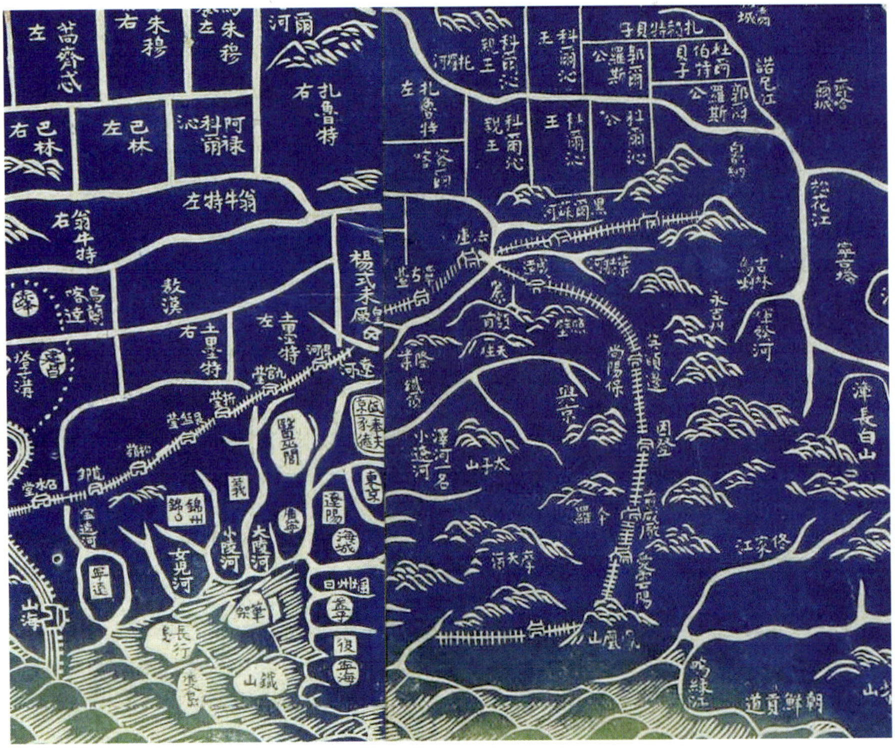

1

2

3

1 《大清万年一统地理全图》(1767)局部中的辽宁部分
2 现代画家绘制的朝鲜使节进入凤凰城边门的场景
3 清代《凤叆二边门外图式》

《文佳氏谱书》的记载告诉我们：一是文氏家族始祖文瑞原为朝鲜人,世居朝鲜玉尚左洞；二是文瑞于清顺治年间，被清政府选中来中国，加入新满洲都京镶白旗；三是文瑞通过考试入四译馆当差，后拔归奉天府凤凰城（今凤城），充朝鲜通官迎送岁贡。

清朝初年，清朝政府把图们江和鸭绿江以北定为封禁地带，不准中朝两国人民在封禁区内农牧、渔猎、采伐、采矿。凤边门(凤城满族自治县边门镇)、叆阳边门(凤城满族自治县叆阳乡)以南以东和鸭绿江以北的宽旷地区划为封禁区，并在封禁区内的三道浪头、中江、红石砬子等多处设卡伦(哨所)，每年四月一日在每一卡伦派十至十三名官兵巡查，冬天撤回。

但是，朝鲜北部的穷苦农民为了生计而犯禁潜入沿江地区的事情却屡有发生，清初朝鲜农民采取“朝耕暮归”，“春耕秋归”、“令紧暂退，令弛又回”的办法，坚持在沿江一带垦种。由于长期的封禁政策，封禁区处于人烟寥落，土地荒芜状态，但客观上起到了建立“自然保护区”的作用，抚育出一片茂密的森林和人参等野生名贵药材。

收藏在辽宁凤城市的朝鲜族旗人《文佳氏谱书》，揭示了三百年朝鲜（族）人入居中国东北以及加入旗籍的史料：“落户于城东三官庙，后移于城西二台子处，由三世分徙于北山、红花岭、唐家沟、北京和奉天等处，各有坟墓。”这一记述1925年文氏家族的分布情况，为我们提供了三百年前朝鲜族的先民从朝鲜半岛迁入中国东北的第一手资料。

文氏家族在凤凰城扎根

自唐朝以来，凤凰山城成了朝鲜使节出入中国所必经之第一道关口。清时，在此山城南大门旧址上设置栅门，派驻一名章京、五十名旗兵。章京的职责是调查朝鲜使节的身分，两年一轮换，此门即是凤

4 凤凰城边门遗址
5 凤凰城城守尉旧址

凰城边门——清辽东第一门。

凤凰城边门是一个历史阶段的特殊产物，以其深厚的文化底蕴、独特的地理位置，成为辽东大地上具有特殊意义的文化符号。因明清之际朝鲜使节来往途中均经过此门，凤凰城边门又有高丽门之称，凤凰山山城东南二三里处有个叫一面山的沈丹线上的火车站，这个站直到1964年还称为高丽门站。

按照燕行使的记录，清初，每当朝鲜使节赶往北京途中，来到凤凰城边门，从栅门西北二十里处的凤凰城八旗官厅的官吏们便出来迎接朝鲜使节。当年，有个年约三十多岁，中等身材，给人以厚道感的凤凰城官吏，格外亲热地接待朝鲜使节。他就是叫文瑞的清朝通官，《文佳氏谱书》中所记载的文佳氏始祖。从朝鲜国民到清朝子民的独特经历，使文瑞极为适合接待朝鲜使节，他对朝鲜使节的热情，一部分出自于对故国故乡故人发自内心的亲切感。

清代入关以后，承袭明制，而朝鲜通事官的选拔和教育制度却是清朝的独创。因为在明代与朝鲜的往来中，朝鲜自1388年开始进献“火者”(宦官)，这些“火者”逐渐把持明朝的出使大权，这种情况直到万历年间的壬辰战争以后才有所转变。明代建立了四夷馆，当时负责十八个外藩语言翻译的通事共有六十名。

清廷接收四夷馆以后，于顺治元年(1644)改“夷”为“译”。当时留用馆内林大有等三十二名官员，编制为五十六名。实际上，此时的四译馆已经缺员半数。顺治二年(1645)，清廷招生六十余名。通事官虽是中下级官吏，但其任用要通过礼部和吏部的考试和选拔。通事馆的定员根据时代所需而变化，通事官也和清朝的其他官员一样接受考课，品阶分为六品、七品、八品和无品级。

到了乾隆三年(1738)，迎送官选任为适应外交需要，定凤凰城迎送官3员，由八旗骑都尉以下、骁骑校以上官员经满汉文考试审慎选用。如从骁骑校中补授，授为五品(骁骑校本为六品)。乾隆三十六年(1771)，将原设3名迎送官从八旗固定编制中裁减。朝鲜国人进京路

4

5

经凤凰城时，由凤凰城城守尉在其下属防御官员内选派通事官、迎送官、主客官各1员，负责具体迎送事务。迎送完毕，仍回本任。

据《通文馆志》记载，清朝驻屯凤凰城的通事官负责引领满、汉将军和章京、迎送官、笔帖式、(主客司)外郎、税官、拔什库(清代官名，满语“催促人”之意，汉语名“领催”)等官员，以及数十名(或百余名)甲军，在距离凤凰城10里之外的(柳条边)栅门，确认使团人数、驮载货物的马匹数，检查使团一行是否携带违禁物品。当朝鲜使节团来往于凤凰城和北京之时，清朝派一名通事官和若干名负责安排使团行期的办事人员，管理文书和粮食的拔什库，10-20名(或40-50名)甲军人马一同陪同。

根据推测，文瑞这名通事官长年任职并居住在凤凰城，并在此与世长辞，随后也埋葬于此。《文佳氏谱书》记载，“余祖瑞公安茔于城后北山处。”文瑞的坟地面积十分可观，“二台子红花岭应分祭田地五十四亩，共计六段，草房三间，园子一块。公中五福堂坟前地一段拾贰亩，东至草格佘姓地，西至马家坟，南至水壕，北至营盘。坟后岗东地一段拾捌亩，东至刘家茔，西至北山。应分地南至茔边，

6 文佳氏祖坟旧照

6

北至西隈子；房园地一段拾贰亩，东至河沟，西至茔边，南至北山。应分房基，北至刘家坟。西隈子地山一段十二亩，东至河沟，西至大岗，南至刘家坟，北至徐姓界。黄岗东地山一大段，东至大长岗，西至黄岗，南至徐姓界，北至大岗。”

文瑞娶金、罗、朴氏三个大人，生三个儿了(噎什密、宝什密、波什密)，他的族脉也从此地繁衍。文瑞的后裔直到辛亥革命前夕，仍然在凤城当世袭通官。现在，他的子孙在凤城形成许多文家村落，东北各地和北京也有他的子孙。

可以想像到，由于他通事官的特殊身份，使他在北京、盛京(今沈阳)等地，拥有较多的人脉，也为他的子孙能够移居多地打下了基础。

百年之后的清帝追封

作为文氏家族的始祖，文瑞的生卒年从谱书中无法查清，他来中国之确切年月亦不详，但是，《文佳氏谱书》中称其被封赠通议大夫，官职达到正三品，这无疑是文氏家族的巨大荣耀。

清朝是顺治元年(1644)，即甲申年迁都至北京的。因此，文瑞来中国，无疑是顺治元年以后。他“蒙恩选来中国”时，正值“而立”之年，生前当过六品通官，而封赠通议大夫，则是雍正二年(1274)，也就是他来中国至少七十年以后的事情。这时候，文瑞年已过百岁，当是他死后追封无疑了。

一个小小的六品通官，为何去世数十年以后有如此厚遇呢？这可以有两种解释：

第一个解释，雍正年间，为了改善清朝与李朝之间的关系，清廷故做姿态，做此“善举”；或者文瑞的生平业绩这时才闻达于清廷，于是雍正帝大发善心，追赠谥号。然而，前者一般说来，可能性甚小，因为清廷想改善与李朝的关系，决不可能拿一个已在中国世居几代，且早已成为故人的六品官做文章。后者的可能性亦不大，因为一个边塞小城的六品通官，生前他的业绩鲜为人知，更不大可能死后几十年被人传颂，乃至感动皇帝追谥通议大夫之号，况且又无从考证。

第二个解释，文瑞的后世子孙中，有人或登科中举，或做大官，光宗耀祖，封妻荫子，当朝皇帝给其先祖有追赠之举。这一点，是极可能的，而且从文氏谱书中找到了根据。

谱书上记载，文瑞的儿子和孙子这两代人中，只有三世弼奇当过护卫大夫外，并无出仕做官者，然而，四世精古太，官至国子监祭酒，他的长子音得布、次子祥瑞，均诰授率直大夫，三子献瑞诰授相议大夫，他的长孙，即音得布之长子、六世珠尔杭阿也诰授奉直大夫。看来，四世至六世这三代，是文瑞后世子孙中第一次扬名播誉的时期。细加推算，精古太任国子监祭酒，又当在雍正年间。由此说来，在四世精古太任朝廷命官时，文瑞因其曾孙显居朝廷要职而获此封赠，是合乎情理的了。

这件事，在谱书扉页上抄录的《祖茔碑文》中，有如下记述：“文瑞公性质醇厚，行谊恪纯，启门祚之繁昌，华簪衍庆，廓韬铃之绪业，奕叶扬休，巨典式逢，崇阶宜陟。兹以覃恩赠尔为通议大夫，锡之诰命。於戏！三册声华，实人伦之盛事。”碑文只是赞颂文瑞的品德，而并未言及他的生前具体勋绩。这一点，也说明了封赠文瑞为通议大夫，还是后世子孙“华簪衍庆”的结果。

在这些表面情况的背后，清廷如此隆重表彰文瑞的举动似乎有一种更深的考虑，那就是针对当时日渐兴起的朝鲜使节团贸易，以及与此并长的贪污之风。

可以说，使行贸易历来是明清与朝鲜两国之间进行经济交流的重要形式。一般来讲，朝鲜使臣在中国境内从事贸易活动主要在凤凰城边门、盛京和北京。据康熙年间金昌集《燕行日记》记载：边门“栅门作草屋，庇之门内，有城将所坐屋及酒食店民居共十余家，而皆覆以草。在数里外望见栅内有白物堆积如丘陵者，乃去核棉花，皆历行所买，其数无虑累十万斤，壮哉。”金昌业所看到的棉花是边门贸易的主要商品，看来当时的贸易已经非常兴旺了。

雍正五年(1727)四月，朝鲜大臣金应福在奏启中曾说到：“沈阳及栅门旧无开市。自数十年来，法禁解驰，每当使行，商贾挟银潜入，相与买卖，而因团练使回还人马，运其卜物，其弊始微渐繁……当初朝家虑有潜商之患，择送边将为团练使，检率还渡，法意如此。而今则团练使代伊湾裨，反为商贾之领袖……燕货辐辏，靡有限节。”不断膨胀的栅门边市贸易，使清朝与朝鲜两国纲纪松弛、贿赂公行，积弊丛生，管理日难。

据《清实录》记载，顺治十六年(1659)以前，朝廷对贪官污吏利民取财者立法严惩，赃银10两，即籍没家产，但仍制止不了贪习。顺治十六年三月丁卯，谕刑部另立法制，以杜绝贪污成风，定例贪官赃至10两者，免其籍没，但要责40大板，流徙到席北地方(黑龙江齐齐哈尔一带)，并且不准换刑，此等赃罪，应杖责者，不准折赎。雍正时，对于盛京地区沽取虚名，私恩小惠、逞其机诈、惟利是图之风俗日下进行过严肃整治，但种种陋习虽降谕旨多次竟不悛改，诸如收受朝鲜礼单亦在弊规之列。虽然均为土特产，却相沿成习，成为门规定例，视为平常。最令人不可理解的是，此等由来已久之事，直至嘉庆十六年(1811)盛京将军衙门才查出，将收受馈送门规银两者参办革职治罪，并咨令朝鲜国王，嗣后不许私备门规擅相馈遗，受者与被受者同

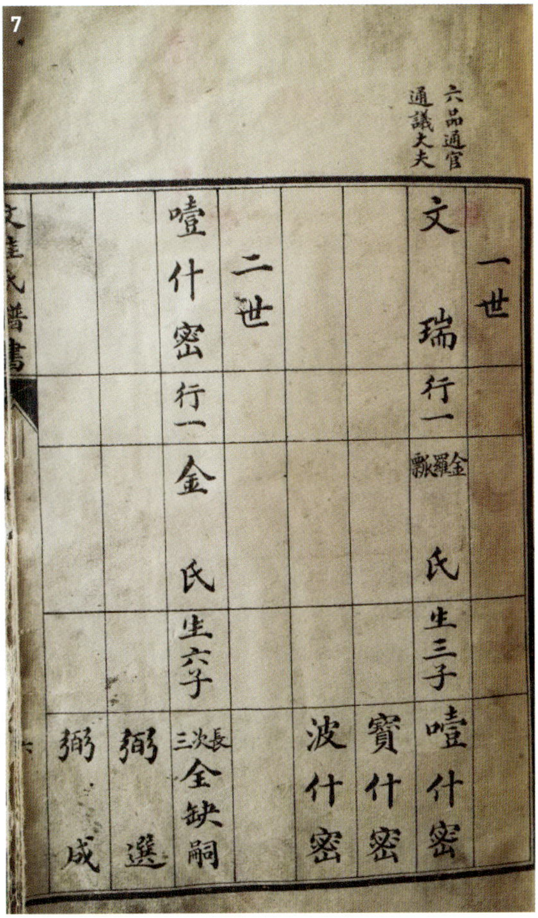

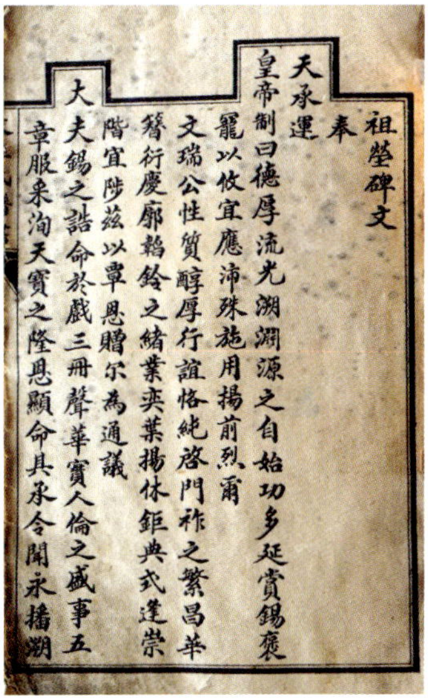

7 《文佳氏谱书》

8 《文佳氏谱书》中的《祖茔碑文》

9

科勘核。并宣布：此项陋规原属违例，今后严行禁止。

此事在燕行使洪大容的《湛轩燕记》中亦有记载。在乾隆三十年(1765)出使中国途中，洪大容与当时凤城内的一位“衙门诸官”徐宗孟交往时，就出现了类似不愉快的事情。凤城徐氏与文氏一样，祖先都来自朝鲜半岛，清初徐氏进入内务府，世代担任“通官”，经常与朝鲜使节团交往，却积怨较深。据金景善《燕辕直指》（道光十二年）记载：“自栅内发行，日出后发行未几里，马头辈指一所大庄院曰‘此徐通官宗孟之家也’，宗孟之先本以东人被掠，而至宗孟性饕无厌，吮我人膏血而致巨富，北京亦有大家舍，其后事发，京第被籍，此家犹存。”

同样作为与朝鲜使节团接触的通事官，徐宗孟因为“性饕无厌”而终被抄家，与此相对应的文瑞公则因为“性质醇厚，行谊恪纯”受到雍正帝的嘉奖，两位凤凰城内的通事官有着如此迥然的命运，在这两种不同的命运背后，或许是清廷为树立榜样、激浊扬清的深思熟虑之举吧。

9 凤凰城旧照

10 今日凤城夜景

文氏家族的“通事官”传承

中国境内的朝鲜族重视孝悌，常常以家谱记载其族群发展的历程。《文佳氏谱书》充分体现了这样的宗法思想。在该谱书的序言中，文氏后人开宗明义：“考之国有牒，家有谱，其名异，其实同也。夫牒为一朝典要，综天潢枝叶之繁昌；谱为合族纲维，列世系昭穆之秩序……故以敦本根以清支派，使后世子子孙孙上之可以考先代之名讳事迹，下之可以稽当时户口伦次，族丁虽繁，不难如对一堂焉，则谱之足供披阅者力也。”

在编修《文佳氏谱书》之前，文氏家族曾有谱书。乾隆年间(1736~1795)，旧谱书在水南村(小地名，不详)被洪水淹没而遗失。其后的一百多年，文氏后裔有的谱书失传，有的各修支族谱书，不尽完全一致。

本文涉及这部《文佳氏谱书》，是在1925年五月重修的。重修《文佳氏谱书》的理由和编修过程，在谱书序言中有如下说明：“于雍正二年恭逢覃恩，封赠通议大夫，锡之诰命，建有石碑为记，迄今已历十世，计岁二百余年，而于家谱各修各支，各立名字，未能普通一律。今时改建中华民国，八旗裁撤，无册可考，是以同族合议，若不早为统修，将必目同宗以异族，视骨肉如路人者矣。今议允由二

11

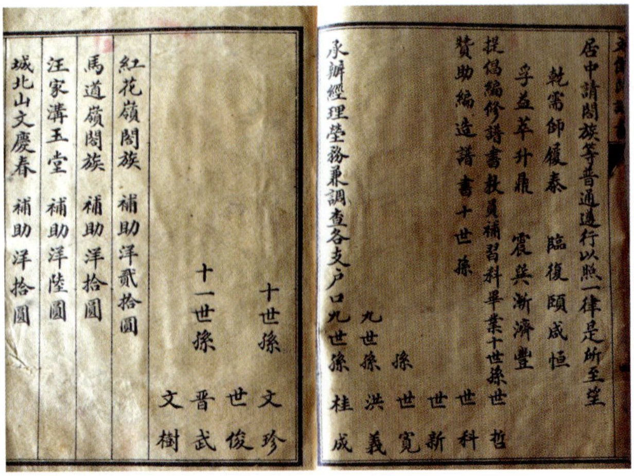
居中請闔族等普通遵行以照一律是所至望
乾需師屬泰　臨復頤咸恒
孚益萃升鼎　震巽漸濟豐
提倡編修譜書教員補習科畢業十世孫世哲
贊助編造譜書十世孫　世科
世新
孫　世寬
九世孫　洪義
承辦經理塋務兼調查各支戶口九世孫　桂成
十世孫　文珍
世俊
十一世孫　晋武
文樹
紅花嶺闔族　補助洋貳拾圓
馬道嶺闔族　補助洋拾圓
汪家溝玉堂　補助洋陸圓
城北山文慶春　補助洋拾圓

台子、红花岭二支公中拨款，共推五人经理茔务兼承办，按支挨户详为调查，编为一集，刊印成帙，留传后世，将见长幼有序，尊卑无僭。”

在序言的末尾，为使今后文氏子孙“长幼有序”，特选择了二十个后孙定名用字，并附上了如下说明和家规：“按易卦，选择二十字列左，报自十二世由乾字起首，向下按次排列，每世姓名三字，以选定封名居中，请阖族等普通遵行，以照一律，是所至望。”接着是所选定的二十个字：“乾需师属泰，临復颐成恒，孚益萃升鼎，震巽渐济丰。”在序言上署名的有二人：“教员补习科毕业世哲”、“北京东城总布胡同，陆军中将、现充总统府侍从武官宝恒”。文世哲是九世桂荣次子，其六叔文桂亮之承继侄，是重新编修这部《文佳氏谱书》的发起人，也是谱书序言的执笔人。文宝恒是九世文桂茂的次子、理藩院员外郎文怀清的承继侄，是民国年间文氏后孙中官职最高的人。

看来，1925年重编的《文佳氏谱书》，实际上是集文氏各支派谱书而成的。文氏始祖文瑞有三子：长子噎什密生六子，前三子均缺嗣。四子弼选世居凤城北山，遂成文氏本根后孙。五子弼成后移居唐家沟，便成一支派。六子弼避移居奉天(沈阳)，亦成一支派；文瑞的

11 《文佳氏谱书》

12 文家祖坟已经迁至文家堡后山

次子宝什密缺嗣；三子波什密在京都任六品通官，长子弼达世居红花岭，自成一派。次子弼通则世居二台子，又成一派。四子弼远后孙世居北京，形成一派。文瑞的后孙，除北山的嫡系本宗外，逐渐形成红花岭、唐家沟、奉天、二台子、北京等地的支派。

《文佳氏谱书》保留了这五支各族的家谱，记载了从清世祖顺治年间，到1925年的二百八十余年期间，文氏后孙各支派十一世的形成和繁衍生息的变迁过程。

《清朝通志》(氏族略)记载："文氏世居嘉山堡地方，文瑞镶白旗包衣人，国初来归，任八品(原文如此)通事官，其孙三格任头等护卫。"这里说的"三格"，就是第三世弼奇(波什密的三子)，曾任过护卫大夫，这与《文佳氏谱书》的记载是一致的。

在文氏家族的后孙中，册入清朝官宦行列者共有34人，官至知府以上者23人，官至六部侍郎、员外郎以上者9人，几乎全是文瑞三子波什密的后代，特别是世居北京的波什密的四子弼远的后孙中，踏入宦途者居多。

使文氏家族第一次扬名耀祖的四世精古太及其子孙，皆出自这一支派。使文氏家族第二次名震朝野的成林及其子孙，也是波什密的后孙。成林属于二台子支派，是波什密的次子弼通的后代，文瑞的七世

后孙。他曾诰授光禄大夫、振威将军，赏戴花翎头品顶戴，赏紫禁城内骑马，授吏部左侍郎、总管内务府大臣，死后还赠太子少保衔，照侍郎例赐邮，可谓官高、位尊、禄厚，十分显赫，是文氏家族中官做得最大的人物。

文氏后代为官者中，人数最多的还是朝鲜通事官。民国《凤城县志》记载："二台子距城里数三十里，文家堡距城里数五里，文家大岭距县城里数二十里"，"文氏数居各处，丁口繁衍，代有显者，兼为前清世袭通官。"据《文佳氏谱书》记载，自第一代文瑞到第九代后孙中，在礼部和地方官衙供职的六品至八品朝鲜通官，竟有十五人之多。文瑞公的二世波什密，六世郭升阿、阿克敦阿、达明阿，七世德禄、豫和，八世思庆、恩惠、恩保，九世桂芬等均为通官，或六品，或七品，或八品不等，有任职于礼部，有任职于凤凰城，约占文氏家族中出仕做官者总数的百分之四十七。

这充分说明，尽管文瑞从朝鲜迁至中国后，加入八旗，历经二百余年，但依然保持和传承朝鲜的语言文字，这一客观事实，值得史学工作者重视。

2018年7月，笔者一行到凤城文家堡考察

13 文成杰老人与文氏族谱
14 文成杰老人在凤城接待来自韩国的游客

文家堡内文氏为大姓。文成杰老人已经71岁，仍然能记得早在二十世纪九十年代，即有日本、韩国学者到家中拜访，凤城市申请满族自治县的过程中，也曾拿《文佳氏谱书》作为力证。听文成杰的讲述，随着时代的演进，文氏的祖碑、坟茔已经发生了较大的变迁。

文瑞的碑，是雍正二年(1724)建的，过了一百一十九年，即在道光二十三年(1843)碑身折损，两年后的夏天重修过。这件事，在谱书首页上亦有如下记载："查此碑，自雍正二年恭逢覃恩建立，迄今二百余年，旋于道光二十三年五月间被骤风折损。今四世孙达明阿同六世孙恩庆，由都京礼部派往以来，拜谒祖茔，窥见斯碑损坏，诚为泯没先人之功德，是以不忍坐视，会议各拥资财，备料鸠工，重新修整，遗后明证欤。"

四世孙达明阿，就是四世精古太的孙子、五世祥瑞(精古太的次子)的长子，时任礼部六品通官；六世孙恩庆，则是六世珠尔杭阿(精古太之孙)的孙子，时任七品通官。他们都是文瑞的三子波什密的嫡系后孙，世居北京。看来，这两人是借出京办公务之机，来扫谒祖茔，并重修祖碑的。

据文成杰老人讲述，该墓碑已经遗失，而随着近年来政府的管理，此坟地也迁到文家堡的后山上。每年春节、清明节、中元节、十月初一(农历)，家族都会进行隆重的祭祖活动。特别是中元节前后，文成杰一家会把坟地周围的青草、杂物收拾干净，迎接北京等地的文氏后人来此祭祖。

虽然文氏后裔都已成了满族，但他们见到朝鲜族非常亲热。一旦相熟，他们还会说出他们祖宗的来历和业绩。据讲述，文家人曾一度保留朝鲜半岛一些风俗：办丧时，男丧主身穿白丧衣，腰系麻绳；女人头发披散，系一条白色头绳；祭周年时铜蜡台上点蜡，铜碗盛凉水。

文氏家族在十一代时为五地，现在到了十五代，后裔主要是散居

于凤城县内，还分布于北京，沈阳、甚至台湾等地区。2018年夏天，文氏家族第十五代后代中，两人已考入了外国语学院或者大学的外语系，未来生计仍可能以翻译、语言为主业，让人不禁感慨该家族强大的基因。

随着《文佳氏谱书》逐渐为人了解，许多来自韩国的学者、留学生、与历史爱好者专程赶到凤城文家堡，追溯这段中韩交往的历史。文氏家族，也逐渐成为两国外交人士公认的、反映两国友好交往历史的“活化石”。

参考文献

沈国冕等著，《凤城县志》，1921
本书编委会编，《纪念王锺翰先生百年诞辰学术文集》，中央民族大学出版社，2013
丁宏主编，《民族研究文集・国际学术交流卷》，中央民族大学出版社，2006
政协延边朝鲜族自治州委员会文史资料研究委员会编，《延边文史资料第4辑》，内部出版，1985
何晓芳主编，《清代满族家谱选辑》，辽宁民族出版社，2016

第二章

从辽宁到首尔，

从文化角看韩国与辽宁的因缘

从首尔到辽宁

蕴含在传承中的因缘

《燕行录》中的辽宁和朝鲜

图片传递的因缘

《奉使图》中的两国友谊之路

《燕行录》中的
辽宁和朝鲜

张日圭
东国大学

记载朝鲜和辽宁的《燕行录》

和过去很多王朝一样，朝鲜在建国后，一直都向中国派遣了使臣。使臣被称为“朝天使”和“燕行使”，把明朝的使臣称为朝天使，把清朝的使臣称为燕行使，他们把在华时的所见所闻记录了下来。但朝天使主要编写了纪行诗，燕行使主要编写了纪行文，燕行使所撰写的纪行文被称为“燕行录”和“燕行日记”。

朝鲜使团每年大概访问中国三次，一共访问了1800次。使臣们从1374年(高丽恭愍王23年)越过鸭绿江到达北京后，再沿着运河抵达南京后开始走陆路，1619年(朝鲜光海君11年)后金的努尔哈赤占领辽阳后，到1637年，把连接辽东半岛经过庙岛群岛的山东半岛海路当做使团路线。明朝灭亡后，从1644年(仁祖22年)开始再次越过鸭绿江往返抵达燕京的陆路。朝鲜使臣往返陆路和海陆，把辽宁一代和燕京一带的情况详细地记载到了《燕行录》中。

现在，所传下来的《燕行录》中金昌业(1658～1721)的《老稼斋燕行日记》，洪大容(1731～1783)的《湛轩燕记》，朴趾源《1737～1805》的《热河日记》被评为“朝鲜3大燕行录”。

《老稼斋燕行日记》是金昌业先生1713年(肃宗39年)所撰写的纪行文。被称为《老稼斋燕行日记》和《燕行埙篪录》，现有9卷6册

1 金昌业 <秋江晚泊图>
©涧松美术馆

的汉文手抄本和6卷6册的韩文手抄本。金昌业与作为冬至使兼谢恩使的正使——大哥金昌集随行赴燕京，从1712年11月3日到1713年3月30日，共146天，往返路程共6028里，以日记的形式撰写了《老稼斋燕行日记》。

洪大容从1765年(英祖41年)11月到1766年春天，以冬至使兼谢恩使书状宫的身份,跟随叔父洪檍访问了清朝，回国后把访清的所见所闻写成了6卷6册的手抄本《湛轩燕记》，内容结构不是以日记形式撰写的，而是以自己感兴趣的内容为主题编写的。

《热河日记》是1780年(正祖4年)朴趾源撰写的的燕行日记。朴趾源跟随庆祝清朝乾隆帝万寿节的进贺使兼谢恩使的正使——族兄弟朴明源来到清朝，他记录了从燕京到热河的全部日程。行程为5月25日到10月27日，约为5个月。与其他燕行录不同，详细地介绍了往返于燕京到热河1400多里的全过程，尤其是参考了日记形式的燕行录和各主题形式的燕行录，以日记的的形式记录了沿途的全过程并以个人印象为主题写下了随笔。

朝鲜王朝时期使臣所流传下的燕行录到目前为止一共有600多种。大部分都是访问过清朝的使臣的记录。《燕行录》不仅描写了500名左右使团的组成及活动，还如实地描写了与明、清朝的外交关系以及

2

辽宁和北京一代的文明和风俗。尤其是还记录了与路上行人交流的内容。他们中大部分是燕京人，也有不少是与朝鲜接壤的辽宁人。

在辽宁寻找朝鲜的痕迹

从鸭绿江到燕京的路途非常艰辛。朝鲜使团虽然是翻山越河，但就像金昌业所描述的那样，有时“爬到山顶往回看的时候，100里弯弯曲曲的小路全都能映入眼帘”，甚至还要经过广阔的田野。他们强调称“没有山，饱受狂风的折磨、幸好天气温暖，没有受太多的罪”，可见他们在与寒冷作斗争中完成了使行任务。

金昌业在从燕京回来的路上，与同行的人分开，访问了医巫闾山清安寺和观音寺。他在此地见到了1537年(中宗32年，明嘉靖16年)作为使臣访问朝鲜的龚用卿在游览清安寺时刻下的“碧流”的石雕。还在观音寺附近立的石碑中发现了刻着龚用卿和吴希孟名字的石碑。从鸭绿江到汉阳的路是连接两国的重要通道，所以能够发现明朝和清朝使节团留下的痕迹。金昌业在开城的朴渊瀑布下流找到了明朝使臣许国在沿途中所写下的回澜石三个字，还在平山的玉溜泉见到了朱之蕃和刘鸿训题写的“厅泉仙榻”“玉乳灵泉”“灵岩玉溜”等文字。

洪大容离开新广宁到达小观音窟，看到岩石家墨迹完好无损的朝

2 千山
3 金弘道 <燕行图> 中朝贡场面
©崇实大学韩国基督教博物馆

鲜人名字，有种见到老朋友的感觉。朴趾源在越过小凌河之前，“前使节到这儿的话，裨将一定要在石碑上刻上某日某时从关里出来，某日某时路过此地”揭示了留下文字的理由。

朝鲜使臣在沿途中各个公站的朝鲜馆里休息，按照之前使团的踪迹留下了新的痕迹。当然朝鲜的使团的行程让辽宁人很感兴趣。孩子们看到沿途中的朝鲜使臣高喊“高丽”，老百姓们也很清楚使团队伍什么时候、走到哪儿了。洪大荣强调称，朝鲜与辽宁接壤，而且辽宁人的吃穿只依赖朝鲜，因此他们对朝鲜的情况了如指掌。

辽宁人之所以了解朝鲜的情况是因为辽宁省一代到处都留下了朝鲜人的踪迹。通过一个案例具体分析一下。

老婆婆走上前说道：“父母是朝鲜人，丁丑年沦为俘虏来到辽宁、生下自己，现在69岁，母亲原生活在首尔藏义洞，父亲是光州山城人，丈夫出生于永安道，很久前就去世了，现在和孙女一起相依为命，靠卖韩国式沈菜和大酱维持生计。”本来听到朝鲜语就很意外了，又听到了藏义洞就更让人感到吃惊，因此，他们送给了老婆婆药、纸还有扇子。老婆婆在之前使团的沿途上也经常出现了。他们晚饭吃了水萝卜泡菜和朝鲜传统味道相似，是从老婆婆那里买的。（《老稼斋燕行日记》卷2，壬辰年12月15日甲字）

4 医巫闾山
5 严诚，洪大荣肖像

金昌业走过宁远城的时候见到了老婆婆。她原来生活在汉阳的藏义洞，是朝鲜人，与出生于咸镜道的丈夫结婚后1637年来到了宁远省，虽然69岁，但每次有使团经过的时候都会出现，所以在使节团内老婆婆无人不知无人不晓。她做水萝卜泡菜卖给从异国来的朝鲜人，而且味道和朝鲜的差不多。金昌业听到“藏义洞”这个熟悉的地名后备受感动，还把从朝鲜带来的东西送给了她。

金昌业还在凤凰城见到了正在北京做通官(谓通理各种政务，不专一职之官)的文二先的妻子，在辽东北门见到了住在黄岭子的朝鲜后裔刘仲升。文二先是金本的儿子，金本是朝鲜的通官，所以文二先要求儿子，把自己埋葬在离朝鲜较近的凤凰城。就这样有很多来自朝鲜的人在辽宁省聚在一起生活。基于此再来分析另一个记录。

① *高丽堡位于丰润县西边20里处。村子前边有一片稻田，虽然看起来很劣质，但和韩国的结构是一样的。在关内是看不见的。有掺着大枣的小米打糕，类似于韩国的蒸饼。仅在几十年前，堡人看到使团都会热烈欢迎，好酒好菜地招待，并自称是高丽的子孙。但最近，驿站差役抢走了他们的酒和肉，还骗走了他们的工具，因此他们会一起大声高喊“有高丽的祖先没高丽的子孙”。(《湛轩燕记》“沿路记略”)*

② *到了高丽堡，家家户户都住茅草房，显得既凄凉又简朴，不问也知道这是高丽堡。正丑年(1637年)来的人建个村子开始在这儿生活。但只有这里种水稻，打糕或者关东糖等物品带有很多当地的风俗。而且很久以前，使臣来的话，佣人买主食时会不收钱。女人不回避，提起祖国的时候，很多人都留下了眼泪。(《热河日记》“关内程史”7月28日甲辰)*

幽州丰润县西部有一个叫做“高丽堡”的村子。村子里到处都是辽宁省很难见的到的草房。1637年来到该村子的村民用在劣质的土地

4

5

6

7

6 辽东原野全景
7 山海关老龙口

里产的米自制麦芽糖或掺大枣做小米打糕吃。小米打糕和朝鲜的蒸饼非常相似。村子里有很多朝鲜的风俗，因此，村民们听朝鲜故事经常会流眼泪。但渐渐受朝鲜使臣同伴的折磨，也痛叹称自己不是“高丽子孙”。洪大荣和朴趾源在路上见到了朝鲜后裔，直接记录了他们所遇到的困难。

朴趾源记录了在路上见到的朝鲜后裔。见到朝鲜“通信官”乌林哺的儿子护官双林，停留在热河的时候还见到了担任贵州按察使的朝鲜人奇丰额。朴趾源还特别记载了奇丰额帽子后边挂着被中国人视为宝贝的“高丽珠”。在热河一代扎根的部分朝鲜人还当了官员，有的人也像腌制水萝卜泡菜的老婆婆那样，制作甘冬虾酱来卖。甚至在大凌河的路上都有卖的，当时虾酱是比较见的饮食。

辽宁与朝鲜的自然、风俗比较

朝鲜使团越过鸭绿江正式开始了使团行程。他们见到了大山、江河、田野和大海交融合的辽宁大自然。经过“郁郁匆匆的树木和重重叠叠的山岭”的山路时，使团同行的人不禁感叹“辽阔的辽东地区”。金昌业凌晨出发在路上看着太阳升起“阳光四射就像波光荡漾的大海，可能是田野辽阔才有这番美景”，对犹如大海无法遮挡阳光的田野面积感到吃惊。洪大荣感叹称：“从辽东往西方走300里，大陆就像大海一样无边无际，太阳和月亮从田野里升起，从田野里落下”，朴趾源称：“太阳升起的景观千变万化，每个人观赏的角度都不同，不一定要只从大海的角度去欣赏，我在辽东田野上每天都看太阳升起，天晴无云时太阳看起来并不大，坚持看了十天每天还是不一样”，以此来描述辽东田野的辽阔。他还描写到：没有山，由天与地相衔接的辽东原野，是“大饱眼福的地方”。

辽东地区的原野非常辽阔，山势也非常险峻。金昌业在路过中后所前屯为时，说道：除了倾斜向下延伸的土山，还有一个碧绿的山峰，在几百里之外也能看见。朴趾源把“十三山”描述为在没有延伸的山脉也没有断开的地方，在辽阔的原野中犹如用13块大石头组成的山峰横空出世一样，他还惊叹称:“就像夏天天空的云朵山峰一样”。

熟悉了辽宁自然环境的使团同行人士对朝鲜和辽宁的地理环境进行了比较。金昌业离开九连城来到松鹘山觉得这儿比冠岳山更加奇特秀丽。凤凰山的大小不亚于朝鲜的水落山，但其陡峭的山势与朝鲜的哪座山都不像。接下来，他还把山海关附近的山峰及山势和朝鲜汉阳的道峰山、襄阳的洛山、通川的叢石等相比较。他对辽宁省山势的关注一直延续到前往燕京时，甚至是回国时。路过昌黎县附近时，他透露称：“看到既神奇又宏伟，由千条悬崖组成的山峰时，有种登上金刚山毗卢峰，眺望九龙渊的溪谷的感觉”。看到千山的山势时，高度虽然赶不上三角山，但听之前经过此地的朝鲜使臣月沙李延龟(1564～1635)说：“三角山和道峰山合在一起才有千山大”，又进行了比较。

洪大荣和朴趾源也惊叹辽宁的地理环境，并将其与朝鲜进行了比较。洪大荣仰望凤凰山称赞道：“关门内外两千里唯有昌黎的文笔峰才能相较上下，韩国道峰山，金钢山，青梁山，月出等因奇特险峻而有名，但还是比不上凤凰山”。 朴趾源还对辽宁省的地势赋予了特别的含义。可从下文的记录中确认。

仰望凤凰山，犹如用石头堆起并耸立在平地上似的。就像在手掌上竖起的手指、花蕾含苞待放的荷花、天空中出现的夏天云朵、用斧头砍断耸立的山峰一样，溢于言表。但缺少清新润泽的气韵。我曾说过汉阳的道峰山和三角山比金刚山好。有人说：“光和风在空中凝结会产生旺气，旺气其实就是王气”。朝鲜汉阳其实有着亿万年龙盘虎踞的山势。那神妙明亮的气氛当然不同于一般的山势。现在凤凰石的山势层峦叠嶂、高耸入云，比道峰山、三角山壮观，但其带有的色彩不如汉阳的几所山。(《热河日记》“渡江录”6月27日甲戌)

8 凤凰山

朴趾源也像金昌业和洪大荣一样，把凤凰山和朝鲜的道峰山、三角山、金刚山做比较。但是由众多山峰组成的金刚山比不上道峰山和三角山，是因为道峰山和三角山位于汉阳，拥有亿万年龙盘虎踞的山形地势。汉阳就是散发王气的地方。也就是说凤凰山的山势虽然很奇特但还是比不过汉阳的多座山。朴趾源在分析辽宁地势的同时还刻意强调了朝鲜王朝的“王气”。

朝鲜使臣在惊叹辽宁的地理环境之时，也刻画了朝鲜的地势。这也表现出了他们对朝鲜文化产物有强烈的自豪感。让我们来分析一下下面的记录。

“柔薄儿”和韩国的霜花饼差不多，是用面做的。像朝鲜的饺子一样，边部皱巴巴的。其实就是过去的饺子。其馅儿是用猪肉和大蒜做的，是这个地方最好吃的食物。把面粉做成面饼，放进猪油

或羊油里煎上，就像韩国的江丁一样，轻脆易碎。正宗的是用糖分搅拌成的。质量上虽然多少有些不同，但商店里卖的都是这样的。白糕就算想吃也没有。宁远县和丰润县都有水萝卜泡菜，和韩国的味道差不多。但丰润县的味道更好。北京通官家里做的泡菜也是模仿了朝鲜的做法，味道非常不错。除此之外，哪儿几乎都有芥菜泡菜和白菜泡菜，味道有些咸，但偶尔吃一次有的也很好吃。还有各种各样的酱菜，但味道都不怎么样。（《老稼斋燕行日记》卷1"山川风俗总录"）

金昌业在路上看到许多食物时，都提到了朝鲜的食物。还把辽宁省的"柔薄儿"、夏天油炸酥饼、水萝卜泡菜、泡菜、酱菜和朝鲜的饺子、打糕、水萝卜泡菜、江米块、泡菜、酱菜等食物相比较。还详细地说明了"柔薄儿"、油炸酥饼、水萝卜泡菜、泡菜等味道非常好，但酱菜一般般。除此之外，他还拿柿饼、白鱼、重唇魚、鲻鱼、豆腐等和朝鲜的进行比较，尤其是特别喜欢类似于韩国的豆酱、八宝饭、煎药。还强调了两浙人吃过朝鲜米饭后，称赞说油大。

另一方面，金昌业去了几所寺庙后，把清安寺和朝鲜金刚般庵的水落圣殿或道峰山回龙寺进行比较后，记载道清安寺面积更大。朴趾源抵达三江时，看见河上停了两艘船，评价称："类似于我国的游乐船，长宽虽没那么大，但结构设计做得很到位"。在提到鸦鹘关和偶尔在村子里见到的白牌楼时，还仔细地记载了清朝人的葬礼和自己的吊丧过程。

勾勒朝鲜未来蓝图

朝鲜和明清朝的使臣都具备儒学素养，擅长文艺，是当时最杰出的知识分子。他们也是解决国政难题的主要官人。使团路上所经历的经验不仅可以应用到外交上，还可成为克服现实难题的最佳解决方案。文献和故事让朝鲜使臣对明朝清朝的文物产生了很大的兴趣，确

9
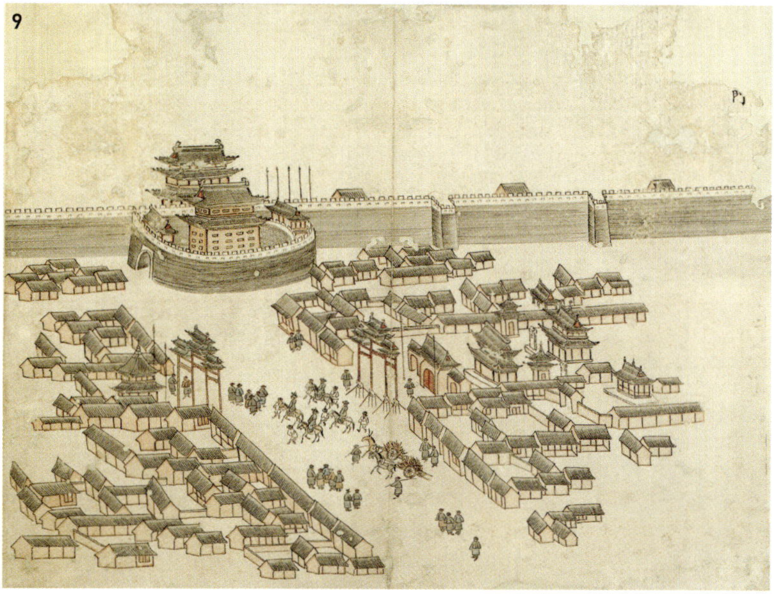

10

11

12

9 金弘道 <燕行图> 中朝阳门
©崇实大学韩国基督教博物馆
10 中式砖瓦建筑
11 中国绩车
12 中国砖窑

13

认相关事宜后，都详细地记载到了燕行录上了。

金昌业已知道中国的筑城制度和朝鲜相似。沿途中没少关注周边的设施。尤其在望着长城时，具体描述了清朝的军事防御基础设施。“长城的高度为一丈(3.33m)左右，和韩国的城墙一样是用杂石堆砌的，只是女墙是用砖块堆砌(宇墙)的，部分悬崖峭壁险峻之处没有筑城墙，城外的斜坡处都设立了烽烟台，就连很小的山谷也都能看见，让敌兵无法隐身。设计得雄伟壮观，又因地形，用险制塞。”

他在行途中看到两头牛并排耕地，发现农耕机械和朝鲜山村用的一样，感到非常吃惊。还反问到，山海关外还留存高丽的传统风俗吗？另外还分析了缝纫机、纺车、轧棉车、线轴等纺织工具。还详细地说明了哪种工具类似于朝鲜的，但比朝鲜的大；哪个机器的结构和朝鲜的差不多但看起来更加便利。看到两匹骡子在磨荞面时，“机器便利奇特，在短时间内就可以磨出很多的面，这相当于朝鲜10个人的工作量了 ”再次强调了机器的便利性。

朝鲜杰出知识分子——洪大荣和朴趾源也对清朝文物非常感兴趣。洪大荣以丰润县的2层阁楼为案例赞扬了用砖块砌成的墙壁的坚固性。他说：“阁楼的所有拐角处貌似都调整为直角90度，直得就像是墨线画出来的一样，没有半点儿倾斜之处”。还访问了生产大部分朝鲜官帽的工厂，见到工厂工人敏捷的动作后“虽然是工厂基层的技术人员但他们勤劳、严谨的工作态度是朝鲜赶不上的”，惋惜朝鲜的现实。

朴趾源也像金昌业说的那样，强调三轮磨车的便利性，即便移动的功率很小，但依然能磨出非常多的面粉。洪大容还特别加以记载了用一个四方形模具就可以生产出一万块砖块的优点。朴趾源还提及到打磨大石头后筑造的朝鲜城郭、用泥土搭建的朝鲜火炕，为了扩大抽力消耗了很多松树、牺牲整座山构建朝鲜窑，虽然烧出了很多重重的瓦片，但房屋却无法抵挡狂风，因为树木都被坎光了。对便于搬运和堆砌的砖块一直赞不绝口。另外还提到了清朝老百姓的生活面貌，在穷乡僻壤的山沟里使用雕刻花花绿绿图案的器皿，就算是摔裂了也不会扔掉、会打上铁钉儿重新使用。因为朝鲜不能自己生产，每年都从辽宁省工厂购买毛帽子，每年得浪费10万两银子，说到这儿，他感到十分惋惜。为了消除这样的弊端，朴趾源建议要做出以下几点努力。

① *卖东西的商贩虽然高呼这是便宜货，但卖清布的商贩摇晃着手里拿着的小鼓，剃头的敲打着白铁皮，卖油的商人敲打着瓶钵等。声音一直不间断，小孩儿们从家里跑出来的话，还会叫他们。其实就算不大声叫卖，只听见敲打的声音就知道是卖东西的。（《热河日记》“日汛随笔”“ 市肆”）*

② *对于朝鲜而言最急需的就是板车了。也不能说朝鲜完全没有板车，朝鲜的车轮非正圆，车辙不入轨，因此有板车和没板车*

13 <太平城市图>
朝鲜社会所向往的理想社会与中国城市风貌相似，虽然服饰、房屋等都是中国风格，但把风俗和器具都描写成是朝鲜的。

一样。人们常说：“朝鲜的地势险峻不能使用板车”，这是什么意思呢？国家不使用板车，因此就没有修路。若板车上路，路自然而然地就变得平坦了。为何要担心道路狭窄、山路险峻呢？中国虽然有九条弯曲险峻的栈道以及太行、羊肠等危险的山岭，但没有一个地方是不能使用板车的。因此，中国国民安居乐业，而且所有地区都能进行流通，这都是得益于板车的使用。相隔不到几千里国家——朝鲜的老百姓却生活得这么贫穷，简单地概括下原因就是国内不能使用板车。若有人问到为什么不能使用板车，应回答：“是士大夫的失误”。因为他们平时虽然宣扬论人、舆人(造车工人)、车人(古代制造车子和农具的木工)、 辀人(造船的工匠)等，但最终并没有研究相关技术和方法。他们每天钻研书籍，只强调德而不务实。真正的学问有什么用处呢？真是让人感到心寒。我可以用板车制度(车制)推断出每天令我吃惊和喜悦的事情，同时隐隐约约地也能看出几千年以来所有成年人的苦心。有识之士好好研究并效仿其制度的话，朝鲜老百姓就能在一定程度上脱贫(《热河日记》“车制”)

卖东西的商贩认为无论是谁，只要听见声音就知道卖什么东西，所以一直不间断的叫卖。得益于此，商业肯定会实现发展。朴趾源认为：商业的发展取决于具体的商品流通，要制作出真正的圆轮板车，更要积极使用板车。他确信若能完善朝鲜的板车制度朝鲜的百姓就能摆脱贫困。他说要回国后传达中国的板车制度，因此详细地整理好中国的车制，记载到《热和日记》上了。

《燕行录》，中韩睦邻友好的桥梁

《燕行录》中记载了当时朝鲜所见到的中国面貌。只是其面貌根据朝鲜和明朝、朝鲜和清朝的政治性利害关系受到了不小的影响。

金昌业是金尚宪(1570～1652)的重孙。把朝鲜称为“小中华”，把清朝人比喻成“达人”他受曾祖父的影响，在强调崇明思想的同时，也坚持宣称朝鲜是“文化之国”。

洪大荣描述称：“满族人的脸就跟擦了粉一样，白皙漂亮”，另外他在路边看到熟练地捡马粪的辽宁人时，赞扬了他们不辞辛劳、勤奋刻苦、精打细算的精神。而且他还利用清朝的阳明学和天主学，详细地介绍了西方的文化产物。

朴趾源强调了辽宁的重要价值，“辽东地区是清朝必须坚守的重要地区，就算是损失天下(中原)的兵力也会守住此地，”还提到了朝鲜人对清朝的认识。用下文的记录分析一下。

① 他认为只要是有利于民有利于国的法即便是夷狄的也可以效仿学习。何况是三代后神圣贤明的帝王和汉、唐、宋、明等许多国家所具备的固有原则呢。听说过圣人编写《春秋》是想提高中华实力击退夷狄，却没听说过夷狄愤怒要扰乱中华，连中华的优秀文物制度都排斥了。因此从中国传来的法律要统统学习，要从我们幼稚的习俗开始做出改变(《热河日记》“日汛随笔”7月15日神庙)

② 从栅门外往栅门内看，看不到半点儿土气。连清朝的东部边境都这样，一想到今后会发生更大的变化，突然气势削弱想要调转脚步，浑身开始发热。那一瞬间，我彻底反省了一下“这是嫉妒的心态，我原来性格淡薄，从不会羡慕或嫉妒别人。如今来到他国，连万分之一都没看到，就产生了这种狂妄心态的原因是什么呢？”刚好一个盲人肩膀上背着锦囊，弹奏月琴走了过去。当时我彻底意识到“那个人不就是没有势利眼的人吗？”(《渡江录》6月27日 甲戌)

14 <辽东地图>
以盛京(沈阳)为中心，
勾勒的辽东一代的地图册，模仿
了《盛京志》。

14

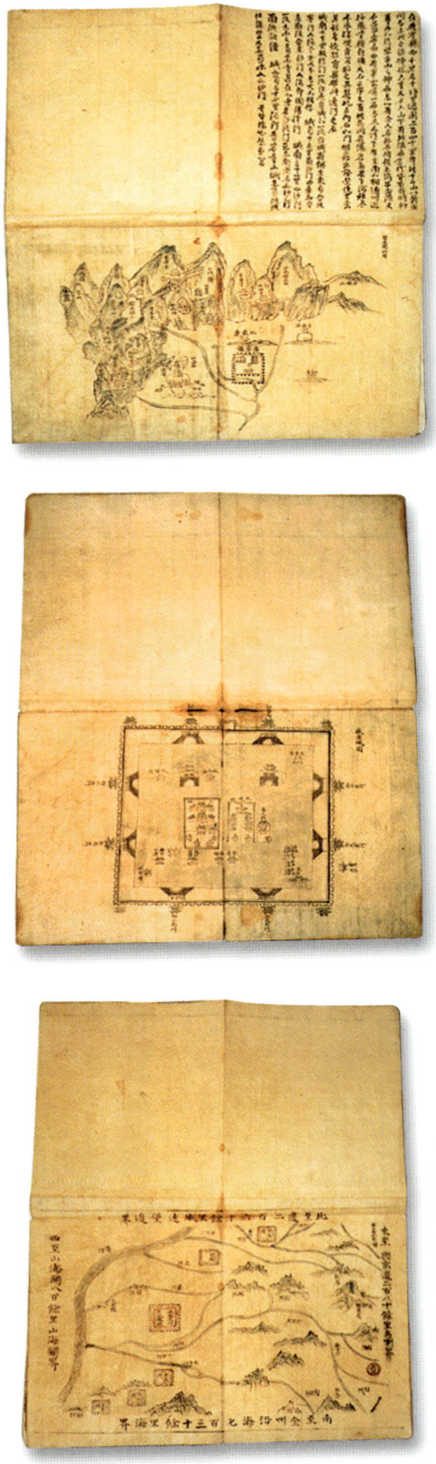

中华的文化产物制度是经过很长的岁月，按照中国固有的原则形成的。因此，关于文物制度的形成没必要非要去区分是否是夷狄，区分这个的本身就是“嫉妒的心态”，朴趾源先生表示：就像弹着看不见的月琴，坦然地走过去的盲人一样，要以“平等的眼光”去看待任何事情、虚心学习，以此来改善朝鲜的现实。

他在盛京和清朝人一起熬夜笔谈时介绍道：“我老家也有囊萤照书、头悬梁锥刺股的人并靠早上吃野菜晚上吃盐来忍受贫穷。开店铺买卖物品来维持生活，别人可能把这视为底层社会，但我觉得这就犹如“为了我上天开启了极乐世界，大地赐予我快活森林”一样，农夫、商人和官员有着同等的价值。借用清朝小商贩的一句话，“没必要去衡量知识分子、农夫、商人”。与其区分这些，不如向清朝人那样用“智慧”去交朋友。

朝鲜使臣在辽宁省首次见识到了中国，上路之前，他们通过记录和故事憧憬了一下中国的面貌。在辽宁省他们的憧憬有错也有对。就像朴趾源所强调的那样，因为朝鲜学者回避现实、沉醉于书本当中。

就像“百万买宅，千万买邻，千金难买好邻居”的中国俗语所说的那样，辽宁省依然是中韩两国交流的重要地区。《燕行录》的笔者们通过辽宁省确认两国过去畅想两国未来。若想扩大中韩两国睦邻友好的交流，要把《燕行录》笔者所阐述的情怀铭记在心，把“法古创新”和“理智”放在心上。在中韩历史文化中，要切实认识到辽宁省的重要性。

参考文献

金昌业，《老稼斋燕行日记》

洪大容，《湛轩燕记》

朴趾源，《热河日记》

民族文化推进会编，《国译燕行选集》Ⅰ~Ⅺ，民族文化推进会，1967

成均馆大学东亚艺术院 大东文化研究院 · 复旦大学文史研究院(合编)，《韩国汉文燕行文献选集》1~30，复旦大学出版社，2011

《奉使图》中的两国友谊之路

武斌
中国中外关系史学会

盛清期间，名臣辈出，在众多的名宦之中，阿克敦可算是值得注目的一位。他出自满族家庭，隶正蓝旗，毫无家世背景，但他在文武事功方面，却都有相当的成就。从二十五岁通过会试、殿试以后，历任日讲起居注官、詹事府詹事、礼部侍郎、翰林院掌院学士、广州将军、广西巡抚、刑部尚书、都察院左都御史等职，在雍正年间曾随军出征西疆，并在准噶尔议定地界时，提出很多宝贵的建议。此外他又担任过实录、会典、方略、八旗通志、大清一统志等重要官书的编修工作，成绩也斐然可观。

根据中韩两国的历史资料所记，自顺治二年(1645)至光绪六年(1880)的236年之中，清朝前后151次向朝鲜派遣各类使臣，阿克敦在康熙末叶到雍正初期的八年间，竟往来中朝4次，有此际遇，诚属难得，而在中朝通使的纪录上，也是空前的罕例。阿克敦4次东使朝鲜，不仅圆满完成“钦差”使命，同时采风朝鲜，撰成《东游集》中的28首诗歌（录在《德荫堂集》第六卷），更绘制了20幅画卷组成的《奉使图》。

究其原因，从康熙末年开始，两国的关系不断在曲折中向前发展，经过雍正、乾隆两朝，两国新的关系经过磨合之后，已经具有了比较良好的状态。阿克敦和他主持绘制的《东游集》、《奉使图》，正是两国关系不断升温的产物。

1 阿克敦像

纵观清代与朝鲜的文化交流，主要是通过往来于两国之间的外交使臣进行的。两国使臣在完成外交任务的同时还起到文化交流的媒介作用，他们将使行途中的见闻和文化交流的内容以诗文、随笔、小说等文学作品和绘画、书法等艺术作品形式记录下来，为两国的文化交流做出了重大贡献。而阿克敦的《东游集》、《奉使图》，体现出清代与朝鲜的外交礼制逐渐正规化、交往越发频繁、友谊不断深化的过程，释放出历史性、艺术性的巨大魅力。

千里送空青的善意之举

康熙五十三年(1714，朝鲜肃宗王三十四年)，朝鲜国王肃宗李焞患有严重的眼疾，向清国求请购买治眼药物“空青”。空青能够凉肝清热、明目去翳、活血利窍，是一种世上罕见的奇特矿石。

2 康熙晚年画像
3 热河行宫太医院御膳房药材与药具图

这一次求购药物事件，引起了康熙帝的高度重视。他随即谕翰林院侍读学士阿克敦，銮仪卫治仪正张廷枚曰，“朝鲜国王李焞安静奉法，人民爱戴，四十余年，伊国中享太平之福，未有如此之久者，朕甚嘉之。览礼部奏请，王因病目，来购空青。朕闻王疾，深为轸念，即于行在，特简尔等赍空青往赐。此系格外之恩。凡一应礼节，尔等到时，令王不必拘于成例，随处可以相见，并传谕之。”

康熙后期(朝鲜肃宗王时期)，中朝两国开启了礼尚往来的崭新局面。此时，清朝已完成了国家的统一，巩固了对全国的统治。由于明朝残余势力被彻底消灭，清朝与朝鲜王朝之间已不复存在最根本的矛盾，清朝因而放松了对朝鲜的控制并转而对朝鲜采取怀柔政策。朝鲜王朝也开始改变对清朝的旧有观念，认真履行其贡职，两国关系逐渐得到改善。

此时，清朝国家统一，政治安定，经济繁荣，国力强盛，为体现一种宗主国的大国风范，在“厚往薄来”方面做了许多切实的工作，即改变了过去对朝鲜的苛求猜忌和压制，为了加深友好关系，而采取了各种怀柔的政策。为了表示恩惠，清朝多次削减来自朝鲜的贡物。清朝康熙五十年(1711，朝鲜朝肃宗王三十七年)，免白银一千两、红豹皮142张。清朝康熙五十七年(1718，朝鲜朝肃宗王四十四年)，规定将其表谢附贡方物，留作下次正贡。

而康熙帝之所以重视此次购药之举，是因为两国之间医药交流有着悠长的历史。李朝时期，中朝医学在人员方面的交流十分频繁。明洪武年间，中国闽中道士杨宗真去朝鲜从医，高丽任他为典医。明永乐五年(1407)九月，朝鲜派王子来中国，随员中有医生“判典医监事”杨弘达等人。明洪熙元年(1425)七月，明朝太医张本立和辽东医生何让应邀赴朝为世宗国王治病，与李朝御医共商治疗方案并传授医方。明宣德二年(1427)，又有明朝医士王贤入朝，参与朝鲜世宗王疾病的诊疗……此类记载不胜枚举。而清代中朝，两国医药交往仍然比较密切。朝鲜李朝景宗王自幼体弱多病。清康熙六十一年(1722)，康

熙帝亲自派遣太医多人去朝鲜诊治景宗王的疾病。

为了国王李焞的眼病，康熙亲自面提耳命，让自己的贴身近臣迅速完成这项友谊之举。在这种情况下，时年仅33岁的阿克敦能够作为正使，匆匆开始了第一次朝鲜之行。

两个月往返的送药之旅

阿克敦出使朝鲜之时，正值清朝国力鼎盛时期，清朝与朝鲜因入关前的两次战争而比较紧张的关系已经得到很大的改善。康熙执政晚期时，两国进入了稳定的传统宗藩关系轨道，朝鲜一意“事大”、“臣事最恭”，清朝则把朝鲜作为宗藩关系的楷模予以很大的优待。

此时，康熙怀柔之意愈加明显。康熙五十年(1711)，康熙帝在减免朝鲜岁贡的同时，又命地方官修葺朝鲜国使沿途馆舍，以显其“加惠远人至意”；康熙五十二年(1713)，康熙帝招朝鲜使团中善射之人到畅春园试射，演练后清通官私下跟朝鲜使者金昌业说：“今日之举，前古所无，亶出于皇帝亲爱朝鲜也。”朝鲜使团副使军官崔德中曾如是分析：“沈阳介在于两山之间，东接我国，西接蒙古，南临辽河，北接戎狄。若不亲和我国与蒙古，则决非可守之地，故即今皇帝款遇我东，亲姻蒙古可知也。”

在上述背景下的赉赐空青，系康熙帝的“格外之恩”，而非正式外交活动。而此次为什么选择年轻的阿克敦作为正使赴行，这背后康熙自有一番深意。

阿克敦在康熙五十一年(1717)任翰林院编修，才开始步入仕途；五十二年(1713)十月，任日讲起居注官，康熙五十三年(1714)刚刚进入内廷的他即被任命为出使朝鲜的正使，顺风顺水地开启了他的官宦生涯。在他命运急剧改变的背后，可以看到他家族的变迁，更可以看到清廷任用满人官吏视角的转变。

阿克敦姓章佳氏，属长白旧族，他们原居长白山鄂穆赫索罗地方。鄂穆赫索罗又名俄穆和苏鲁、俄漠惠，是东海女真窝集部属地，其地位于清代的阿克敦城(今天的吉林省敦化市)。

康照十六年(1677)清政府钦定长白山为祀山，周围千余里划为禁区。按五岳之例，尊长白山为神。由宁古塔将军委派官员于每年春秋两季到吉林望祭。阿克敦(今敖东，“敖东”系满语，“阿克敦”是其转音)位于禁区之内，二百余年几乎荒芜。清皇室认为这片土地是他们发祥之地，以此为由加以保护。

值得注意的是，清朝初年，置额穆赫索罗佐领，驻阿克敦城，又称鄂多里城、鄂东城、敖东城等，而“阿克敦”的城名恰好与阿克敦本人重名，此为满语，汉译为“坚固”、“敦实”、“保垒”之意。而阿克敦在流传于世的有《德荫堂集》一书。著者名上写为：长白山阿克敦撰。

章佳氏始祖穆都巴率领五子离开原住哈拉之地，五子各自子孙繁衍，作为长子的穆昆哈拉迁居瓦尔喀什罗尔佛地方。努尔哈赤武装割据时，章佳一族先后归服。清朝以武功取天下，阿克敦的四世祖章佳·瑚鲁瑚昌吉鼐加入八旗，属于正蓝旗。此后，章佳·瑚鲁瑚昌吉鼐的众多子孙开始在中枢和八旗中任官。阿克敦的父亲阿思哈为已成为三等护卫，成为一名身份不低的八旗贵族。

为保持八旗军队战斗力，清政权入关之初，曾一度限制甚至反对八旗子弟参加科举考试。直到清朝的统治日趋巩固后，才允许八旗子弟与汉族一体应试，并于康熙二十六年(1687)取消满汉分榜制度，八旗子弟与汉族一体乡试，具体录取名额是："满洲、蒙古取中举人十名，汉军减五名，取中五名。"这个数字表明，八旗满洲、蒙古合计中举人数，为汉军人数的两倍。以往，清代侍卫与笔帖式，是八旗子弟特别是满洲旗人入仕的主要途径，而科举入仕成为了一股洪流。

首先，八旗满洲、蒙古旗人子弟，入关后很快形成崇尚文学、踊跃科举之风，根本原因是他们享受优裕的生活条件，为从事举业提供了物质保障。最先参加科举考试的，当然是那些连田数顷的"八旗将佐"子弟。阿克敦的父亲阿思哈为三等护卫，属正五品官员，完全有条件让自己的孩子应考。阿克敦则是年少敏悟，深喜读书，甚至倾家产购书，家藏极富。

其次，满蒙八旗子弟参加科举入仕做官，比立军功更为容易。随着清初大规模战争的结束，普通士兵立军功的机会相对减少，尤其是清康熙朝统一台湾后，国家进入经济恢复和发展时期，满蒙旗人靠军功入仕，远不如科举容易，战场上得不到的东西只有从考场弥补。

再次，清政府从优确定满蒙八旗子弟录取人数，以鼓励满蒙八旗子弟踊跃应试。清初满蒙八旗子弟录取名额，因参加科举考试几度中断而前后屡有变化，后来大致固定为："八旗满洲、蒙古额进六十名，廪生六十名，增生六十名，一年二贡。"当时汉族人参加童生考试，录取率约为 50:1，满蒙八旗子弟童生录取率，远远高于此数。

最后，清朝皇帝在任用满蒙八旗官员时，实际上越来越重视科举出身人员。满洲旗人中，如雍正帝倚信的鄂尔泰，乾隆帝重用的阿桂，皆为举人出身，且都位居首席军机大臣。嘉庆帝时的那彦成，道光帝时的英和、穆彰阿，则皆为进士出身。

这在康熙时代，从对阿克敦等人的任用中，已经可以看出端倪。

就在阿克敦任日讲起居注官的当月，康熙帝谕大学士等说，"朕

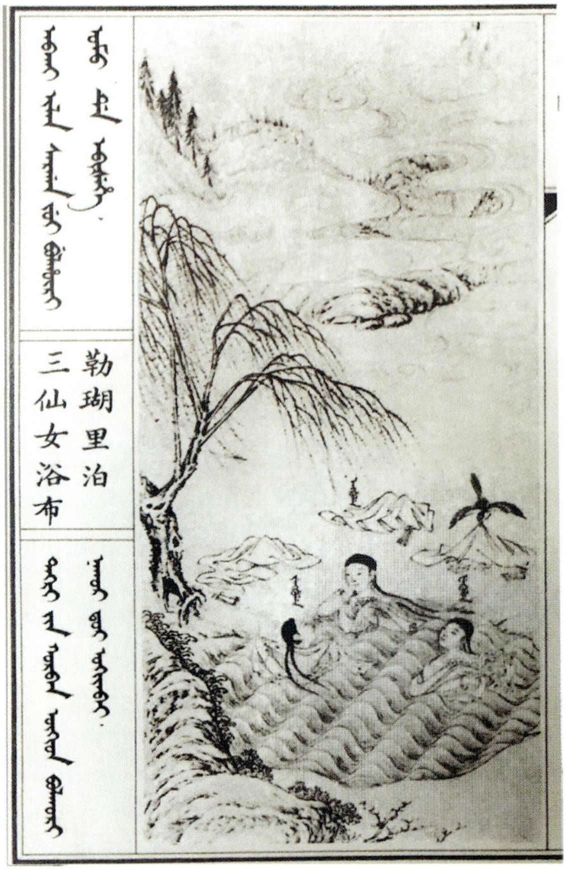

4

5

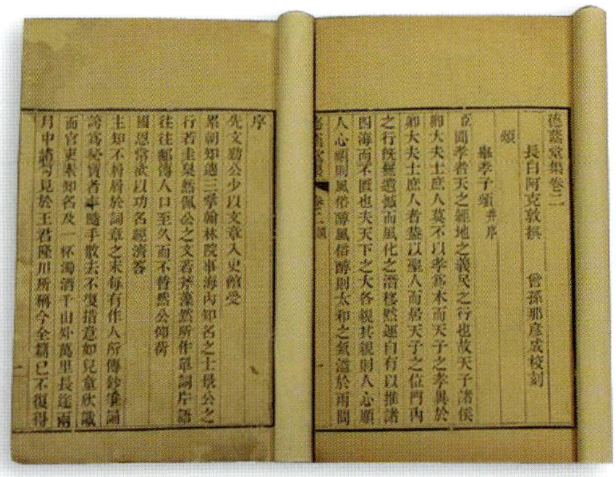

德蔭堂集卷二

長白阿克敦撰　曾孫那彥成校刻

頌

擬孝子頌并序

孟圖孝者天之經地之義民之行也故天子諸侯
卿大夫士庶人莫不以孝爲本而天子之孝與於
卿大夫士庶人者蓋以聖人而居天子之位門內
之行既無遺憾而風化之浹移然遐自有以推諸
四海而不匱也夫天下之大各親其親則人心順
人心順則風俗醇風俗醇則太和之氣溢於兩間

序

先文勤公少以文章入史館受
累朝知遇三爲翰林院事海內知名之士景公之
行者圭臬然佩公之文若芥藻然所作單詞片語
往往播傳人口至久而不替然公仰荷
國恩常欲以功名經濟答
主知不屑屑於詞章之末每有作人所傳鈔掌誦
詩寫好寶者一隨手散去不復措意如兒童欣識
而宮吏未知名及一杯濁酒千山外萬里長途兩
月中諸詩見於王君隆川所稱今全稿已不復得

览朝鲜人所作文章，佳者甚少。彼所用者皆中国方域之名，即如称道路之至险者，或井陉，或栈道。现今疏治，悉成坦途，何险之有？彼但据旧时收籍所记，未经身历，宜其不能工也。朝鲜国王甚恭顺知礼，即我朝所谴使臣亦皆守分，一切馈遭，未尝需索。明代遣一使至彼国，费用动辄数万，此尚可为抚远之道乎？”

可以说，康熙道出了所查见的弊端，为出使朝鲜使者如何行事确立了原则。阿克敦提升为侍讲学士，并且在康熙身边侍从十余年，一定会体察到康熙的念头，也会在赴朝鲜的过程中，体现出圣意，一是写出较为明丽婉转、气势恢弘的文章(康熙认为燕行路上的佳作甚少)，一是在行程上快速来去，马上疾行(康熙认为燕行路成为坦途，不应有明代那些嗟叹行路之难的感慨)。

朝鲜去京师三千五百里，阿克敦以两个月的短暂时间返还，可谓风餐露宿，也留下了出使朝鲜的六篇诗章。应当说，作为武将世家的阿克敦，以文职入仕又不失武将之风，其出使朝鲜的文武之道，完全符合当时康熙帝的心思。

4 《满洲实录》中满族起源于长白山的传说

5 《德荫堂集》

礼节日渐隆重的奉使之行

阿克敦能够四次出使朝鲜，正值清代与朝鲜密集交往之际、友谊逐渐加深之时。但是清代官吏出使朝鲜的人数众多，个人出使的次数有限，阿克敦为什么多达四次出使朝鲜呢？

阿克敦在送达空青后，仅仅在北京休息了三日，即第二次赶赴汉城，这不仅让旁观者惊奇，连当事者亦感到不解。

据朝鲜李朝肃宗实录记载，阿克敦等送眼药空青是康熙五十六年(1717)秋冬间事，他们一行于十月十九日渡鸭绿江，同月二十七日入朝京，呈送空青。十一月五日离汉城，同月十二日抵平壤，然后渡江返北京。然而在同年十二月初六日孝惠皇太后病逝京城，清圣祖乃又命阿克敦等再使朝鲜，李朝实录中记：“清国皇太后殂。清遣使阿克

6 清代盛京、吉林、黑龙江将军辖区交通图

7 《阿克敦过庭图》康熙五十七年(1718) 莽鹄立所所绘

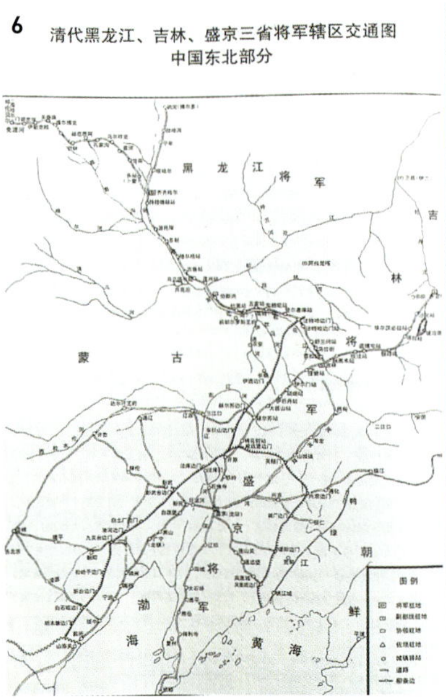

敦、张廷枚为告讣。克敦等还燕京三日，复东使。”

对于阿克敦的再度访朝，朝鲜国王曾经认为“必有曲折”，令接待人员“急速详探”原因。结果远接使李健命给朝鲜国王做了如下的答复：“清主以克敦等往还朝鲜属耳必知本国物情，差送他人，虑有弊端，故仍命克敦等来云。”这才使朝鲜国王安心。阿克敦等于康熙五十七年(1718)正月初四日入汉城，行告讣礼，初八日归国。

朝鲜去京师三千五百里，阿克敦连使两次，俱以两月还，途径万里。在此次奔波的行程中，阿克敦留下过一首名为“除夕”的诗章，其中有“一杯浊酒千山外，万里长途两月中”等句。阿克敦是康熙五十七年(1718)正月初三抵汉城的，康熙五十六年(1717)除夕，当然是在旅途中度过的。若以时间而论，从送空青到告讣，前后两月，因此“万里长途两月中”也是与史实相符的，此诗句成为清代与朝鲜友谊开始紧密的一句佐证。

康熙六十一(1722)年四月，阿克敦第三次奉使朝鲜。据《清圣祖实录》所载：

“四月乙卯朔甲子(初十日)

命内阁学士阿克敦为正使、二等侍卫佛伦为副使，往封朝鲜国王李昀弟李昑为世弟，谕朝鲜国王李昀曰：

朕为父子相传，有国之常经，兄弟继及，一时之权道。兹览王奏，以抱疴日久，嗣续维艰，请将亲弟延成君李昑建为世弟，情辞恳至，朕勉允所请。遣大臣赍捧诏命，封李昑为朝鲜国王世弟，并赐彩币等物。惟王勖弟李昑，敦乃彝伦，永怀忠顺，衍本支之休庆，保宗社之安宁。王如兆叶禖祥，吉占熊梦，王其再奏。钦哉，无替朕命。”

据《李朝实录·景宗实录》记录，阿克敦此次出使朝鲜，“跟随至于七十五名之多，此是前无之事”，也就是说清遣使人数最多的一次。

雍正二年(1724)十二月，清遣觉罗舒鲁和阿克敦赐祭已故朝鲜景宗王并册封新王英祖王。此时阿克敦已经第四次东使了。据《清世宗实录》所载：

“十二月戊子(十九日)

遣散秩大臣觉罗舒备、翰林院学士阿克敦赐祭故朝鲜国王李昀，谥恪恭。封朝鲜国王世弟李昑为朝鲜国王。刺谕曰：“尔兄王昀逝，朕心恻然。据僖顺王妃金氏奏称，尔聪明孝友，宽弘仁恕，夙有长人之德，为国人所愿戴，请册承袭。朕俯顺舆情，特允所请。兹遗官赍诏，诞告尔国，封尔为朝鲜国王，继理国政。封尔妻徐氏为国王妃，佐理内治。并尔及妃诰命、彩币等物。尔宜永矢靖共，懋缵承于侯服，迪宣忠顺，作屏翰于天家。尔其钦哉。毋替联命。”

朝鲜景宗王薨逝于雍正二年(1724)八月二十五日。朝鲜王室于九月一日组成了告讣使团，但过了一个月之后，于十月六日这个告讣使

8

9

团才离汉城向燕京出发。接着雍正帝于十二月十九日派遣以舒鲁为正使，以阿克敦为副使的赐祭景宗王及册封英祖王的使团。

8、9《奉使图》

从送药，到报丧，再到册立，伴随着四次出使朝鲜的暗线，阿克敦的官职也不断向前跃进发展之中。五十六年，朝鲜国王李焞病目，使求空青，命阿克敦赍赐之。迁詹事。五十七年，擢内阁学士。六十一年，朝鲜国王李昀请立其弟昑为世弟，康熙帝命阿克敦偕侍卫佛伦充使册封。擢兵部侍郎。雍正三年(1725)，阿克敦第四次出使朝鲜后迁为礼部侍郎兼兵部侍郎。

综上所述，在短短数年之间，阿克敦的官职也随之升高，并且在两国的外交中享有大名。据王昶的《太子太保协办大学士刑部尚书文勤公阿克敦行状》所载，“公容貌伟丽，风裁峻整，委蛇进退，动中礼节，外藩臣庶，咸爱敬之。”

《奉使图》中凝结的中韩友情

阿克敦是中朝交流的友好使者，他的名字将永远镌到在中朝文化交流的史册上。尤其难能可贵的是，他所绘制的诗配画《奉使图》，已成为研究18世纪前叶朝鲜政治、经济、军事、社会风俗、戏剧文化，及中朝文化交流、清代前期诗歌、绘画、书法（集诸多时贤墨迹）艺术等罕见的宝贵文献。

据目前掌握的材料，阿克敦组织编绘的《奉使图》，是迄今发现的唯一一部描绘古代中国使臣出使朝鲜的图录。对于此图集的制作过程，由于相关资料阙佚，只能从残缺的史料中捕捉一些线索。

雍正二年(1724)，阿克敦第四次出使朝鲜时，曾给朝鲜画工一份单子，索取过命题画。这份单子上的山水图、方外图、僧道图、江河舟楫、山川林木、耕作图、水田牛犬、男妇小儿、屋舍花木、文人服制等内容。从单子内容看，无不与后来成册的《奉使图》有直接的关系。

可以肯定，副敕阿克敦让朝鲜画工“必以善手写画以给”的图，是为归作《奉使图》而准备的。综上所述，我们可以得出这样的结论，阿克敦是《奉使图》的总策划者和每幅图画场景的设计者。他于出使朝鲜之时有计划地为《奉使图》的每幅图写诗，并从朝鲜画工处索取了有关朝鲜的一系列绘画资料。

雍正三年(1725)六月，即第四次出使朝鲜之后的第二年，阿克敦把《奉使图》装裱成册。应该说《奉使图》是阿克敦、朝鲜画工和清使团画工郑璵共同完成的作品，是货真价实的中朝文化交流的结晶和瑰宝。

据阿克敦之子阿桂记载，其父亲“每有作，人所传抄争诵，夸为秘宝者，率随手散去，不复措意”（《德荫堂集》阿桂序）。作为康雍乾三朝的文坛领袖，阿克敦的诗作很多，也往往将这些诗作“随手散去”，为什么他对赴朝鲜的诗歌如此重视，并且将28首诗配上画卷，绘制出《奉使图》20幅图卷的宏幅巨制？

笔者根据相关史料，推测了以下四条原因：

第一，在清代统治走向稳定之际，阿克敦因为“以文章入史馆，受累朝知遇”的因缘，能够四次出使朝鲜，的确是不同一般的经历。阿克敦之子阿桂为《德荫堂集》作序时说，“诗文亦非先公(文勤公阿克敦)所重，然仕宦之先后，经历之险易与夫忠君爱国砥行之名之旨，于此可见其梗概。”

对于阿克敦来说，更有在祖先的滋育下，中外无界、少有边关情的感受。他第一次东使途次，曾写如下诗句：“于今中外无分界，自古兴亡有变更”（《快哉亭》）。“行尽辽山古塞连，一城依险重朝鲜……圣朝雨露原无际，恩注鲸波自日边。”（《晚宿义州》）。

第二，作为清帝的特使，满洲官员阿克敦通过辽东的龙兴之地出使朝鲜，自然会对这片山水有着特殊的亲近感，而且形成了非同一般的个人体验。

阿克敦前期出使之时，在凤凰山中曾诗曰：“凤皇山外马行东，

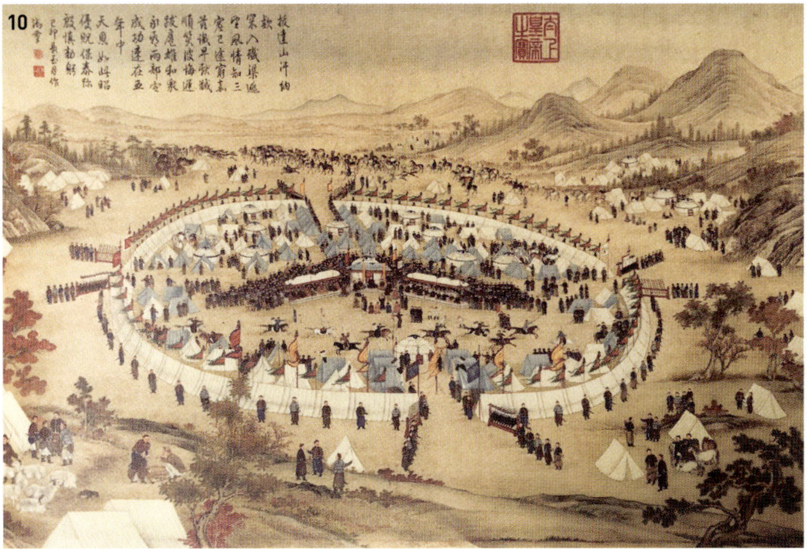

10 《平定西城站图》
表现了清军出征、行猎时使用的帷帐

野宿全非内地同。张布作帷才蔽日，结茅成屋不禁风。”阿克敦在出使的第一首诗中，自注“自凤皇州一宿，朝鲜人刈草为屋，前张布帷”，而在整个诗文与配画中，阿克敦并不掩饰出使的辛苦，然而一直保有一股昂扬向上的气势。观看此图，可以看到满族特有的居住方式。满族院落常用木栅栏围合，这是继承了其先人居住在山地林区时的习惯，用一些杂木栅栏围成的院落形成的领地。这已成为祖制，即使是清军大举出征、行猎，也大多使用此类帷帐，形成如是形制。

阿克敦经过往返朝鲜的跋涉，看到了“景物朝朝触目新”，感受到“庶道欢呼听未”。这些使他对朝鲜的山水人文形成了较为深入的了解，留下过“我来到此不忍去，晚风吹客留长吟”的抒情诗句，更形成了浓郁的友情，正如同在他的一首诗中所表白“儿童欣识面，官吏素知名”。正是这种浓郁的感情，促使他来日制作出《奉使图》。

第三，在阿克敦出使朝鲜的诗歌之中，多是重情、写意，而他所主持绘制的《奉使图》则在书写山水画意的同时，重点描写两国交往的礼制。乾隆时期，在清代与朝鲜两国使者的推动下，朝鲜君主对满洲贵族的抵触心态已发生转变，由“华夷之辨”到“华夷一体”，从

11

此双方交往步入了正常的轨道。而《奉使图》中绘制的这些宫廷内外礼仪，补充了文献记载的阙如。

这里以《奉使图》与明代留传下来的《朝鲜都监都厅迎接天使仪轨》对照，大抵可以看出朝鲜迎接天使主要礼仪如下：

在《过江图》中，有旗两面和粉顶杏黄缎伞两柄，清使随行官和朝鲜迎接官分立两侧。另绘有一艘大船，阿克敦居中独坐，红缨龙纹三角形蓝色长条幡幢，迎风招展。江对岸，彩旗猎猎，朝鲜已备钦差小息之所，及轿和虎皮坐肩舆，官员列队恭迎，反映了两国亲近的关

11、12 《奉使图》
13 《万国来朝图》

12

13

系。《朝鲜都监都厅迎接天使仪轨》中列有江上初见礼单："天使、远接使，江上初见时，上(指正使)、副使礼单：各豹皮一令，人参五斤，花席五张连六，厚油纸二件，绵紬五匹，书砚一面，白绵纸十卷，黄毛笔二十枝，油烟墨十笏，雨笼三事，白贴扇十把。"此为赠送见面礼品。

随后的行程中，则有义州、平壤、开城等地的中途迎谒宴飨礼，而与之相对的《奉使图》中，则用饱蘸色彩之笔補述了大山、名川、古迹，山村、花木等，更有各类礼仪的详细表达，进而达到了诗借图解，图凭诗成的佳境。待进入汉城时，一系列礼节达到高潮。阿克敦每次到朝鲜，都受到了隆重的接待。在阿克敦最后一次出使时，朝鲜王朝曾就其礼物进行过讨论："已未(二十一日)，迎接都监堂上申思喆人待言：'副敕阿克敦丁酉(1717)持空青来也，例赠外给银四千两。戊戌(1718)、壬寅(1722)又出来，援丁酉给银矣。今不可每援前例矣。'上曰：'已成前例之后，到今猝变，若逢彼之怒，或至辱国而后给之，则初不若给之以为愈，给之可也。'"

在回程图中，阿克敦详细描绘了饯别礼，清使乘船过江归国，远接使、馆伴等朝鲜官员揖别，对岸清地方官备轿待迎，图诗云："风雨长途动客颜，马蹄行过万重山。相看却有殷勤意，鸭绿江边送别还。"

第四，随着康熙、雍正两朝与朝鲜王朝的密切联系，清代与朝鲜的友谊已经日益加深。阿克敦更日益感觉到《奉使图》的重要性。乾隆十七年(1752)，《奉使图》成册后的27年，已任太子少保、左都御史、步军统领的阿克敦还向文坛政界人士"展示旧图"，以求"名公卿"及"诸先达"之题诗。

这些诗文，大体上是歌颂阿克敦四次出使朝鲜的功绩和赞美阿克敦诗及《奉使图》，被阿克敦附于画册之中。王澍读了他的旅朝鲜诗时有"武陵渔人入花源"之感。沈德潜诗曰"永言成咏，设色绘图。奉使屡经，准此远谟。"刘统勋诗云："壮游重向图中写，逸兴追寻徼外遥。”陈世勋诗言：“每幅绘所历，风物苑目前。”钱维城诗赞：“不画西征画东使，世人那得探其微。”介福诗咏：“载观绘册情在觌，如共话旧兰膏燃。”邹一桂诗题：“会作乘槎图，用配登瀛纪。”

从上述的赞美诗句中，可以看出阿克敦《奉使图》的极其珍贵价值，也见证了他《东游记》中的28首诗歌演变成《奉使图》的过程。

最后，应提及的是，阿克敦之《奉使图》在其生前仅为手稿，未曾付梓。乾隆二十一年(1756)阿克敦逝世后不久，清代已绘制出《万国来朝图》(1761)等巨幅图卷，在乾隆帝授意下，宫廷画家们先后创作了多幅(元旦和万寿节)朝鲜等属国向大清王国朝贺、歌功颂德的绘画，过分渲染展现出“四夷宾服、万国来朝”的繁荣景象。

在乾隆盛世“万国来朝”式画风的影响下，以历史真实史料为基础绘制形成的《奉使图》，其命运让人感慨，“展转流播当于他氏，亦几亡而仅存”。所幸的是，百余年后，该手稿为阿克敦第五代孙所赎还，其后为其第9世嫡孙女所世守，幸于近年被藏于中国民族图书馆，成为中韩友好的重要见证。

综上观之，《奉使图》是汇集清代诗文、绘画、书法艺术的集大成之作，是吉光片羽、不可奢求的艺术珍品，是对清代与朝鲜王朝关系史研究和朝鲜社会文化、政治、外交礼仪、民俗、民情等方面研究的极为重要的史料汇编，也已成为中韩友好的世代见证。

参考文献

阿克敦著，《德荫堂集》，1815

季羡林主编，《东方文化集成（朝鲜 · 韩国 · 蒙古文化编）》，昆仑出版社，2001

朱诚如、王天有主编，《明清论丛(第二辑)》，紫禁城出版社，2001

丁宏主编，《民族研究文集 国际学术交流卷》，中央民族大学出版社，2006

张杰著，《韩国史料三种与盛京满族研究》，辽宁民族出版社，2009

徐凯著，《燕园明清史论稿》，辽宁民族出版社，2014

제1장

랴오닝은 서울로,

인물로 본 한국과 요녕성의 인연

서울은 랴오닝으로

한국편	요녕성편
허균 1569~1618	이성량 1526~1615
김창업 1658~1721	유홍훈 1565~1634
박지원 1737~1805	장우령 불명
양세봉 1896~1934	문씨 가족 1644(?)~현재

한중연사 요녕성편

조선의 문학을
중원에 알린 한중 교류의
상징

최용철
고려대학교

허균 許筠

허균

1569~1618

許筠

조선의 문학을 중원에 알린 한중 교류의 상징

허씨 가문의 다섯 문인

조선 중기의 천재 시인 허균(許筠, 1569~1618)은 1618년(광해군 10년) 대역죄인으로 죽임을 당했다. 올해로 400주년이 된 그의 죽음은 반역죄를 입증하는 명백한 자백조차 받아내지 않고 서둘러 형을 집행하여 여러 가지 의구심을 남겼지만, 한 시대를 휘저은 풍운아로서의 면모를 가장 극적으로 마무리하는 순간이었다. 그때 그의 나이는 불과 쉰이었다. 허균의 길지 않은 인생은 한 편의 드라마였다.

그는 이름난 사대부 가문에서 태어났다. 당시 세상에 이름을 떨치던 부친과 형들 사이에서 한때 가문을 빛내는 총아로 촉망받았지만 결과적으로 가문의 몰락을 재촉한 인물이 되고 말았다. 그러나 오늘날 문학사적으로 가장 주목받는 인물 중 한 명이 되었으며 조선 중기 한중 문화 교류사에서도 중요한 이정표를 세우고 있다. 이 글에서는 조선시대에 명나라와의 교류 과정에서 필수적으로 경유했던 요동지역에 주목하면서 허균을 중심으로 하는 한중 교류의 일면을 살펴보고자 한다.

허균은 양천 허씨 가문인 초당(草堂) 허엽의 막내아들로 강릉 외가에서 태어났다. 자를 단보(端甫), 호는 교산(蛟山)·성소(惺所)라고 했으며, 최근 발굴한 『을병조천록(乙丙朝天錄)』에서는 촉재주인(燭齋主人)의 호를 사용하기도 했다.

아버지 허엽(許曄, 1517~1580)은 문과 갑과에 급제하고서 대사성을 거쳐 경상도 관찰사를 지냈다. 그는 당시 조정에서 추앙받는 문관으로, 김효원(金孝元)으로부터 시작된 동인(東人) 세력의 수장으로 추대되었으며, 『초당집』을 남

1 허균 생가 강릉 애일당 ©문화재청
2 허균 시비 ©강원도청

긴 문인이었다. 그는 첫째 부인에게서 허성과 두 딸을 낳았고, 둘째 부인에게서 허봉과 허초희, 허균을 낳아 모두 6남매를 두었다. 허엽 자신과 아들 허성, 허봉, 허균, 그리고 딸 허초희는 모두 시문에 뛰어난 까닭에 '허씨 집안의 다섯 문장가'로 불렸다.

큰 형 허성(許筬, 1548~1612)은 아우인 허봉보다 늦은 1583년(선조 16년)에 문과에 급제했지만 비교적 순탄하게 벼슬자리를 이어갔다. 특히 부친과 허봉이 먼저 세상을 떠난 이후 종종 탄핵을 받았던 막내아우 허균을 위해 많은 애를 썼다. 대사성과 대사간을 거쳐 예조 · 병조 · 이조판서를 두루 지낸 뒤 선조의 고명대신(顧命大臣)으로 사림(士林)의 촉망을 받았다. 선조가 허균의 재주를 특별히 아끼는 바도 있었지만, 허균은 매번 관직에 부임할 때마다 얼마 지나지 않아 남들의 미움을 받아 사헌부의 탄핵을 받아 파직되었는데, 판서로 있던 큰 형의 도움으로 기사회생의 길을 걸었다. 그러나 허성이 세상을 떠난 뒤에는 계속되는 허균의 파격적인 행위를 막아줄 바람막이가 없어졌기에, 결국 허균은 반역죄로 처형을 당했다. 허성의 문집으로는 『악록집(岳麓集)』이 전한다.

작은 형 허봉(許篈, 1551~1588)은 22세에 문과에 급제하고 사가독서(賜暇讀書)를 거쳐 서장관(書狀官)으로 명나라에 다녀오기도 했다. 그러나 홍문관 교리로 재임 중에는 당시 재상인 이이(李珥)를 탄핵하여 함경도 종성으로 유배되었고, 그 뒤에는 방랑 생활을 하다가 38세의 젊은 나이에 금강산에서 죽었다. 그는 방랑 시기에 조선 전기의 야사를 모아서 『해동야언(海東野言)』을 편찬하기

3

4

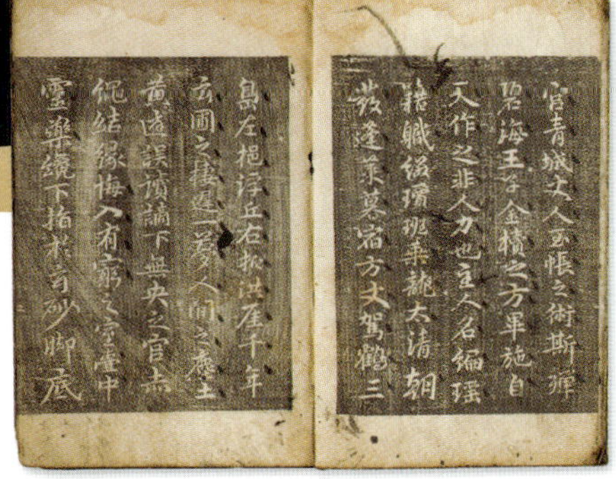

도 했다. 허봉은 실질적으로 허균의 스승 노릇을 하여 허균의 학문에 많은 영향을 끼쳤다. 허균이 훗날 허봉이 남긴 글을 모아 『하곡집(荷谷集)』을 엮었다.

누나 허초희(許楚姬, 1563~1589)는 바로 조선 최고의 여류 시인이었다. 당시 여성으로서는 이름과 자(경번 景樊), 호(난설헌 蘭雪軒)를 모두 갖추었던 특별한 인물이었다. 비록 결혼 이후 원만하지 못한 가정생활에 불우하게 살다가 27세의 젊은 나이에 세상을 떠났지만, 동생 허균 덕분으로 그녀가 쓴 시가 『난설헌집(蘭雪軒集)』으로 묶여졌다. 그것은 중국 문인에게 전달되어 널리 알려졌고, 그 영향으로 조선에서도 주목하게 되었다. 그녀의 작품에서는 신선의 세계를 읊은 「유선사(遊仙詞)」가 많았고, 어려서 지은 것으로 알려진 「광한전백옥루상량문(廣寒殿白玉樓上樑文)」은 더욱 유명했다.

3 허난설헌상 ©손연칠

4 허난설헌, 「광한전백옥루상량문」 ©오죽헌/시립박물관

곡절 많은 허균의 일생

허균은 정말 파란만장한 삶을 살았다. 12세에 아버지를 여읜 뒤 17세에는 한성부 초시에 합격했고, 이듬해 처남과 함께 백운산에 들어가 작은 형에게 공부했다. 또한 서애(西厓) 유성룡(柳成龍, 1542~1607)과 손곡(蓀谷) 이달(李達, 1539~1612)에게서 각각 고문(古文)과 당시(唐詩)를 배웠다. 20세에 작은 형 허봉이, 21세에 누나 허난설헌이 죽은 뒤에는 누나의 시를 모아 『난설헌집』을 엮고 유성룡에게서 서문(序文)을 받기도 했다. 24세에 임진왜란이 일어나 피란하던 중에 첫아들을 낳았으나 아내와 아들을 모두 잃었다. 그 뒤 함경도 쪽에서 뱃길로 강릉에 도착하여 외가의 애일당에서 묵으면서, 뒷산 이름인 교산의 호를 쓰고 낙산사를 찾아가 스님과 문답하며 시비평집 『학산초담(鶴山樵談)』을 지었다. 그는 청소년 시절에 사랑하는 가족을 잃었지만, 끊임없이 시문을 쓰고 또 그것을 엮어 책으로 남기려는 의욕이 강했다. 자연히 틈만 나면 부지런히 저술 작업을 진행했는데, 특히 먼저 세상을 떠난 형과 누나의 시문을 모아서 책으로 엮어두려는 강한 사명감을 가졌다.

허균은 작은 형 허봉에 비하면 다소 늦은 나이인 26세, 곧 1594년에 비로소 문과에 급제하여 벼슬길에 나아갔다. 이때 승문원 사관으로 요동에 처음 다녀

왔다. 하지만 모친상 이후에 파직을 겪다가 문과 중시에서 장원급제하여 예조좌랑을 맡았다. 이때 그는 정유재란 발발로 인해 사신의 수행원으로 명나라에 들어갔다. 특히 30세에는 명나라 사신을 접대하다가 종군 문인인 오명제(吳明濟)를 만나 조선의 시를 묶어 주고 허난설헌의 시집도 주어 중국에서 간행하도록 했다.

그의 사신 접대는 이후에도 이어졌다. 1601년에는 해운판관을 지내다가 명나라 사신이 오자 형조정랑이 되어 사신 접대를 맡았고, 38세 되던 1606년에도 원접사 종사관으로 명나라 사신 주지번(朱之蕃)을 접대하면서, 당시에 지은 시를 『병오서행록(丙午西行錄)』으로 엮었다. 1609년에도 명나라 사신을 맞는 원접사 종사관으로 추천되어, 사신과 주고받은 시를 모아 『기유서행기(己酉西行記)』를 펴냈다. 그런 다음 이듬해에는 천추사에 임명되어 사행길에 올라야 했지만 건강상의 이유로 사퇴했다.

허균은 명나라 사신을 연이어 만나면서 틈틈이 여러 책을 엮었다. 곧 1602년에는 평양과 의주를 오가는 사행길에서 지은 시를 모아 『임인서행록(壬寅西行錄)』을, 이듬해에는 금강산을 유람한 뒤 시를 모아 『풍악기행(楓嶽紀行)』을 엮었다. 아울러 1604년에는 수안군수로 재직하면서 허봉의 시문을 모아 『하곡집』을, 1607년에는 공주목사로 부임한 뒤 역대시집 『국조시산(國朝詩刪)』 10권을 엮고서 『난설헌집』도 간행했다. 1611년에는 전라도 함열에 유배되었는데, 이때 역대 한시평론집 『성수시화(惺叟詩話)』를 지었고 자신의 문집인 『성소부부고(惺所覆瓿藁)』를 엮었다. 그는 자신은 물론 형과 누이의 시문도 꾸준히 정리했다.

5

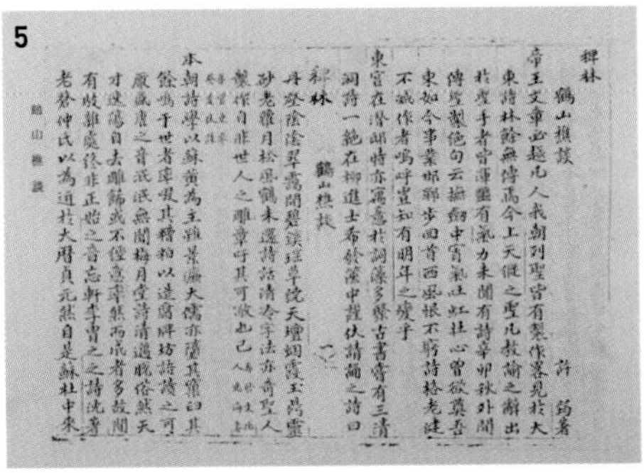
稗林
鶴山樵談
許筠 著

특히 이때 스스로 자신의 문집을 엮어두지 못했으면 그의 글은 영원히 흩어졌을 것이다.

허균의 사행은 귀양에서 돌아온 이후에도 계속 이어졌다. 곧 1612년과 1613년에는 두 차례 사절단으로 임명되어 명나라에 갈 기회가 있었지만 취소되었고, 1614년 여름에는 천추사로 제수되어 명나라에 갔다. 이듬해에도 문신 정시에서 일등을 하여 동부승지가 된 뒤 동지겸진주사의 부사로 다시 명나라로 향했다. 다음해 1616년 봄에 돌아온 그는 『을병조천록』을 엮었다. 이 책은 그동안 없어진 것으로 알려졌다가 최근에 국립중앙도서관에서 발견되었는데, 허봉의 『조천록』(상권)과 허균의 『을병조천록』(하권)이 함께 담겨 있다.

1617년에 허균은 기준격(奇俊格)의 상소로 인해 대역죄인으로 몰렸다. 그는 이듬해 봄에 스승인 이달의 시집 『손곡집(蓀谷集)』을 간행했고, 8년 전에 편찬했던 『한정록(閑情錄)』을 확대하여 다시 엮었다. 이것이 그의 마지막 저술이었다. 그해 8월 허균은 감옥에 갇히기 직전에 『성소부부고』 초고와 다른 원고들을 딸네 집으로 보냈다. 광해군은 허균의 재주를 아꼈기에 그의 반역을 믿고 싶지 않았지만, 이이첨은 허균이 죄를 인정한 결안(決案)도 없이 서둘러서 처형하도록 했다. 당시 허균의 나이는 50세였다. 400년 전의 일이다. 임진왜란 피난 중에서 살아남은 큰딸은 뒤에 영의정 이산해의 손자인 이사성(李士星)에게 출가했다. 이사성 부부는 세 아들을 두었는데 허균이 반역 사건으로 잡혀가기 직전 당부하여 맡겨 놓은 문집을 은밀히 간직해 오다가 첫째 아들 이필진(李必進)이 1670년(현종 11년)에 『성소부부고』에 발문을 붙여서 공개했다. 대역죄인으로 처

5 허균, 『학산초담』
ⓒ국립중앙도서관

6 허균, 『성소부부고』
ⓒ연세대학교 학술정보원

7 허균, 『을병조천록』 시
ⓒ국립중앙도서관

8 허균, 『을병조천록』 서
ⓒ국립중앙도서관

6

7

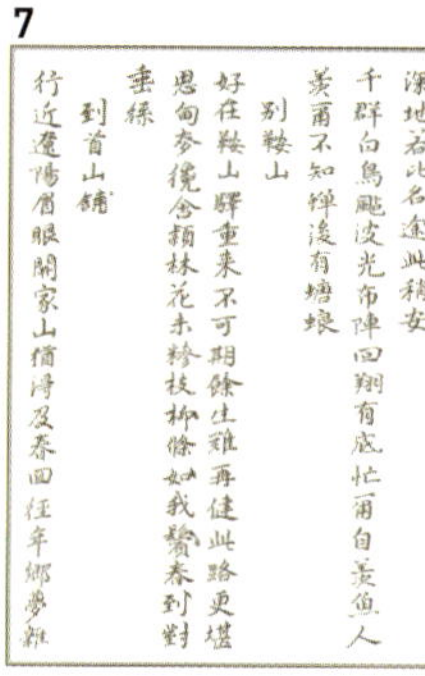

深地若比名途此稍安
千群白鳥飄波光布陣回翔有底忙爾自羨魚人
羨爾不知禪後有螗蜋
別鞍山
好在鞍山驛重來不可期餘生難再健此路更堪
思甸參差含顆林花未㮨枝柳條如我鬢春到對
垂絛
到首山鋪
行近遼陽眉眼開家山猶得及春回往年鄉夢難

8

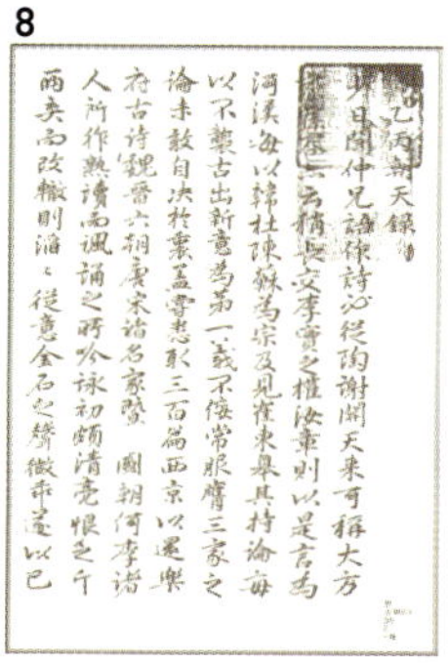

乙丙朝天錄序
日聞仲兄論作詩必從陶謝闌天來可稱大方
六名精與文李實之權汝章則以是言為
湖溪海以韓杜陳蘇為宗及見崔東皐具持論每
以不襲古出新意為第一義不條常眼膚三家之
論未敢自決於衷蓋嘗悲取三百篇西京以還樂
府古詩魏晉六朝唐宋諸名家暨 國朝何李諸
人所作熟讀而諷誦之所吟詠初頗清亮恨乏千
兩矣而改轍則涵涵從意金石之聲徹亦庶以已

형당한 허균에 대해서는 역사서에서나 문집에서나 누구든 제대로 언급하기 어려웠고, 자연히 그의 저술은 점차 묻혀버리고 말았다. 그러나 천행으로 그가 남긴 저술이 외손자의 손에 의해 세상에 남겨지게 되었다.

허균은 천재적인 문인이었지만 풍운의 인물이기도 했다. 그가 과거에 급제한 이후 처형되기까지의 25년간은 무상한 권력의 부침과 더불어 파란만장한 삶의 모습을 보여준다. 그의 재주를 임금인 선조와 광해군은 언제나 아까워했고, 그의 자유분방하고 무절제한 활동은 항상 주변의 질시를 받아 늘 탄핵의 대상이었다. 단 몇 년이라도 한 자리를 온전하게 지키고 있을 수 없었다. 파직되고 귀양을 갔지만 시험만 보면 늘 장원이요, 일등이었으므로 다시 더 높은 벼슬로 나아갈 수 있었다. 그렇게 하여 당상관에 이르고 판서에 오르고 정사와 부사 등으로 명나라를 여러 차례 다녀오기도 했다. 벼슬에서 물러나도 조정은 항상 그를 필요로 했고, 특히 명나라 사신을 접대하면서 시를 주고받을 수 인재로 그를 빼놓을 수 없었다. 그러한 가운데 그는 오명제와 주지번이라는 중국 문사와 교류했고, 『조선시선(朝鮮詩選)』을 소개했으며, 또 그 기회를 이용하여 허씨 가문의 시를 직접 보여주고 제공하여 한중 문학 교류사에 길이 남길 수 있게 되었다.

중국 문인과 시 교류

허균은 14세에 형의 친구인 이달을 만나 스승으로 삼아 『당음(唐音)』을 읽으며 당시를 배웠다. 18세에는 작은 형이 귀양에서 풀려나 머문 백운산에 찾아가서 소동파의 고문을 배웠고, 유성룡으로부터 문장을 배워서 시문에 모두 뛰어났다. 그는 어려서부터 학문에 매진하여 중국 고전에 해박했으며 중국 문인과 교류하면서 중국을 직접 가보려는 욕망을 늘 갖고 있었다.

문과에 급제한 후, 26세에 요동에 파견되어 외교 업무를 다룬 것이 중국과의 교류를 시작한 처음이었다. 29세에 사신의 수행원으로 명나라에 갔을 때는 쓴 시를 모아 『정유조천록(丁酉朝天錄)』을 엮었다. 이듬해에는 명나라에서 온 장군과 사신을 접대하는 일을 맡았는데, 종군 문인으로 온 오명제에게 『조선시선』을 엮어주기도 했다. 또한 이때 『난설헌집』 초고를 전했는데, 오명제는 이를 명나라로 가져가 간행하여 널리 전하게 했다.

임진왜란 당시 명의 군사적 지원으로 중국으로부터 많은 인사들이 조선에 체류했다. 조선의 역사와 문학에 관심이 많은 문인들은 적극적으로 한시(漢詩)를 수집했다. 그중에는 오명제와 더불어 유격장군 남방위(藍芳威)도 있었다. 남방위는 조선에 오기 전 이미 허난설헌의 이름을 들었고, 그가 과거에 장원한 허봉과 허균의 누이임을 알고 적극적으로 자료를 수집했다. 그 가운데는 조선의 이반(李盤)이 필사한 허난설헌의 「광한전백옥루상량문」도 있었다. 이 글은 반지항(潘之恒)에게 전해져 그의 『긍사(亘史)』에도 수록되었다. 오명제와 남방위는 각각 조선의 한시를 구했다. 대체로 사신을 접대하는 원접사 등을 통해서 얻게 되었는데, 허균은 그중에서 가장 기억력이 좋은 인물의 하나였다. 허균은 한국 역대의 한시 수백 수를 외워서 그들에게 알려주었기 때문이다. 오명제는 직접 허균이나 이덕형(李德馨, 1561~1613)의 집에 머물면서 자료를 수집했다. 이들은 귀국 이후 각각 책을 펴냈는데, 남방위는 『조선시선전집(朝鮮詩選全集)』, 오명제는 『조선시선(朝鮮詩選)』이라 이름을 붙였다. 두 책은 서로 비슷하지만 약간의 차이는 있다. 앞서 허균에 의해 허난설헌의 시가 명나라 문인들에게 소개되었고, 또 한시를 수집하는 그들에게 적극 노력을 기울였으므로, 『조선시선』에는 허난설헌의 시가 가장 많이 실리게 되었고 허균 자신의 시도 수록되었다.

38세에 명나라의 사신으로 온 한림원 수찬 주지번을 접대하는 원접사의 종사관이 된 허균은 허난설헌의 시에 대해 질문을 받고 곧 필사한 시집을 건네주었다. 주지번은 허균에게 조선의 대표적인 시를 뽑아달라는 요청을 받고, 최치원 이래 선조 때까지 활동했던 시인 124명의 시 830편을 선별하여 4권으로 만들어주기도 했다. 이때 명의 정사와 부사 등은 허균에게 여러 가지 선물과 함께 『태평광기(太平廣記)』, 『세설산보(世說刪補)』 등의 책을 주었다. 주지번은 허씨 가문의 『양천세고(陽川世稿)』에 서문을 쓰고 『난설헌집』에 인언(引言)도 써주었다. 허균은 중국 사신들이 남긴 시를 모아서 『황화집(皇華集)』 6권을 편찬하기도 했다.

명나라 사신을 접대하는 과정에서 고위 관료이자 문인들과 시를 주고받은 이러한 경험은 허균의 안목을 더욱 넓혀주었다. 또한 허균은 그들을 통해서 조선의 역대 시를 중원에 널리 알릴 수 있었다. 허봉과 허난설헌 및 자신의 시를 포함하여 허씨 가문의 시를 한껏 자랑할 수 있었던 것은 모두 허균의 노력 덕분이었다.

중국 체험과 조천록의 시

허균 집안은 당시에 이미 상당한 국제적인 감각을 갖추고 있었던 명문 가문이었다. 허균이 태어나기 전해인 1568년에 부친 허엽은 진하사로 명나라 연경에 다녀왔고, 허균이 5세 때인 1574년에는 작은 형 허봉이 성절사 서장관으로 역시 연경에 다녀와서 『조천기(朝天記)』를 쓴 바 있다. 허균이 21세 때인 1590년에도 큰 형 허성이 통신사 서장관으로 황윤길, 김성일을 따라 일본에 가서 도요토미 히데요시(豊臣秀吉)가 조선을 침공할 것인지를 탐색하고 돌아와 침략 가능성이 있다고 보고한 바 있다.

허균 자신은 이미 26세에 과거 급제하고서 요동을 다녀왔고, 29세 때는 사신의 수행원으로 연경을 다녀온 적이 있었다. 46세 때는 천추사 정사로 명에 갔고, 47세에 동지겸진주사의 부사로 다시 명에 들어갔다. 이듬해에 의주로 돌아와서 엮은 것이 바로 『을병조천록』이다. 이것이 그의 마지막 중국행이었는데, 18세기의 연행록처럼 산문이 아니고 모두 시로만 엮어진 것이지만 거의 모든 지점에서 시를 지어 남겼으므로, 이를 통해서 당시 연행노선을 살펴볼 수 있고 연행 과정에서 일어난 일도 가늠할 수 있다.

그의 연행길은 9월 6일에 압록강을 건너는 것으로 시작하여 철옹성(鐵甕城), 세천(細川), 쌍령(雙嶺), 고령(高嶺), 청석령(靑石嶺), 삼류하(三流河), 냉천(冷泉), 요양(遼陽), 안산(鞍山), 해주위(海州衛), 사령(沙嶺), 반산(盤山), 광녕(廣寧), 여양(閭陽), 십삼산(十三山), 대릉하(大凌河), 송산(松山), 행산(杏山), 탑산(塔山), 조장(曹莊), 팔리참(八里站), 산해관(山海關)으로 이어졌다.

당시는 만주 지역에 누루하치(努爾哈赤)의 여진족 세력이 집중되어 후금을 정식으로 건국하려는 순간이었다. 불과 수년 후인 1619년에 '심하(深河)전투'가

벌어지게 되었고 국제 정세는 급변했다. 허균의 연행은 심양을 경유하지 않고 요양에서 곧바로 서행하여 광녕위를 지나 대릉하를 건너 산해관으로 가는 루트였다.

그는 지나던 길가에서 『서상기(西廂記)』를 연희하는 연극 공연을 본 시도 지었는데, 이러한 사실은 2백 년 뒤의 연행록에서도 자주 나타나던 현상이었다. 연경에서는 이탁오(李卓吾, 李贄)의 『분서(焚書)』를 읽고, 원중랑(袁中郎, 袁宏道)의 글에 시를 지었다. 당대(唐代) 전기 『무쌍전(無雙傳)』과 왕세정(王世貞)의 『검협전(劍俠傳)』, 그리고 『후한서(後漢書)』의 『일민전(逸民傳)』을 보았고, 왕안석의 시를 읽었으며, 또 〈왕소군출새도(王昭君出塞圖)〉 그림을 보고도 시를 지었다. 허균의 자유로운 행동과 다양한 호기심은 연경에서도 여지없이 드러났다. 기생의 아리따운 모습을 그리기도 했고, 「설날아침 감회(元日有感)」에서는 "이십 년 전의 일을 생각하며, 삼천 리 밖에 와 있는 이 몸을 한탄하네"라고 읊었으며, 연경에서 정월 보름 원소절(元宵節)에 등불놀이를 보고 "귀국하면 만호의 제후 되기는 원치 않고, 오호(五湖)에 배를 띄워 서시와 더불어 노닐레라"라고 읊기도 했다.

귀국길에는 요양 근처의 안산을 지나면서 "안산역이여 잘 있으시게나, 다시 올 것을 기약할 수는 없으리라. 남은 생에 또다시 와보기 어려우니, 이 길을 오래오래 기억하리라"라고 읊어 이 길이 마지막 길이었음을 예견하기도 했다. 또한 「수산포에 이름(到首山鋪)」에서는 "요양 땅이 다가오니 눈앞이 환해지네, 고향집 산천에 봄이 왔음 알겠노라"라고 읊어 고향 생각을 그리기도 했다. 그는 연산관 근처의 「냉정에서 잠(宿冷井)」이라는 시에서 요동 땅을 밟은 것이 여러 번이었음을 밝히며 "왕명으로 네 번이나 요동 땅에 들어와서, 사행수레 여덟 차례 이 집에서 머무르네"라고 하여, 자신의 사행을 알리기도 했다. 이처럼 그와 요동의 인연은 오래 지속되었다.

허균이 남긴 작품과 저술

허균은 유성룡에게서 문장을 배우고 이달에게서 시를 배웠다. 유성룡은 일대의 명신이었지만 이달은 서얼 출신으로 과거에 응시할 수 없었다. 따라서 허균은 서얼에 대해 특별히 동정의 마음을 가져, 서얼 출신의 친구들과도 많이 사귀며 세상의 울분을 함께 토로하곤 했다. 그가 『손곡선생전(蓀谷先生傳)』과 『남궁선생전(南宮先生傳)』 등의 인물전을 쓰고 『홍길동전(洪吉童傳)』과 같은 소설을 쓸 수 있었던 것도 그러한 영향 때문이었다. 그 자신은 서얼 출신이 아니었지만 홍길동 같은 서얼 출신의 천재적 영웅 인물을 설정하여 세상에 그 억울함을 외치고 불합리한 대우에 항의하고 삐뚤어진 사회를 고쳐보려고 했다.

허균은 중국의 고전 시문에만 익숙했던 것이 아니었다. 고전 소설에 대해서도 잘 알았다. 그는 왕세정의 『세설신어보(世說新語補)』를 읽고 『세설산보주해(世說刪補注解)』를 짓기도 했는데 그 서문이 남아 전한다. 특히 「서유록발(西遊錄跋)」에서는 다양한 유형의 명대 장편소설을 널리 읽고 다음과 같이 평가한 적도 있다.

나는 희가(戱家)의 소설 수십 종을 읽어보았다. 『삼국지연의(三國志演義)』와 『수당지전(隋唐志傳)』을 제외하고 『양한지(兩漢志)』는 앞뒤가 맞지 않고 『제위지(齊魏志)』는 치졸하며 『잔당오대사연의(殘唐五代史演義)』는 추솔하다. 『북송삼수평요전(北宋三遂平妖傳)』은 소략하고 『수호전(水滸傳)』은 간사한 속임수의 기교를 부렸다. 모두 독자를 교훈하기에 충분하지 못한데 나관중(羅貫中) 한 사람의 손에 지어 졌다니 그의 후손 삼대가 귀머거리에 벙어리가 되었다는 말도 당연한 듯하다.

허균의 폭넓은 중국 소설 독서 경험은 『홍길동전』의 창작에 큰 도움이 되었을 것이다. 그는 명나라의 혁신적 사상가 이탁오와 여러 면에서 닮았다. 연행 중에 특별히 이탁오의 『분서』를 읽기도 했는데, 당연히 이탁오의 『수호전』 비평을 알고 있었을 것이다. 『홍길동전』은 『수호전』이나 『서유기(西遊記)』로부터 영향을 많이 받았다. 홍길동도 노골적으로 역성혁명을 추진하는 것이 아니라 조정의 간신을 몰아내고 새로운 세상을 만들어보려는 주인공 송강(宋江)의 생각과 비슷했다. 그것이 불가능함을 인지한 후에 홍길동은 해외에 율도국(栗島國)을 만들어 이상향을 건설하려고 했다. 사실 바다 건너 섬에서 이상적인 나라를

9

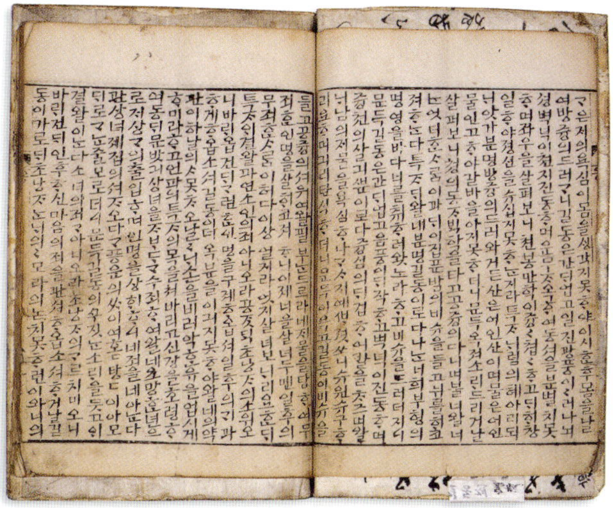

9 허균, 『홍길동전』 ©국립중앙박물관

만들려는 이야기는 『수호전』에는 없고 진침(陳忱)의 『수호후전(水滸後傳)』에 비로소 나온다. 이준이 섬라국에 해상왕국을 건설하는 것으로 되어 있는데, 진침은 허균보다 늦게 출생했고, 그 책은 강희 연간에야 간행되었으니, 허균의 『홍길동전』에서 먼저 그러한 아이디어를 보여주고 있다고 하겠다.

허균은 일생 동안 참으로 많은 글을 썼다. 지방으로 벼슬에 나아가거나 중국 사신으로 가는 연행길에서도, 황해도와 평안도로 사신 접대를 나가거나 파직된 후에 금강산 등지를 여행을 다니면서도, 고향인 강릉에 내려가 있거나 함열로 귀양을 가 있을 때도 쉼 없이 시를 썼고 또 시간을 내어 이를 묶어 책으로 엮었다. 그가 만년에 스스로 엮은 『성소부부고』는 시부(詩部)와 부부(賦部), 문부(文部), 설부(說部) 등으로 나뉘어 있다. 시는 조천록, 서행록, 기행 등의 제목으로 수록되었고, 신라 이래 허균 당대까지의 시를 평하여 『성수시화』에 담았는데 부안에서 만난 계랑(매창)의 이야기까지 언급했다. 사부(辭賦)에서도 도연명의 「귀거래사」에 화운하여 쓰기도 했고, 왕세정을 본받아 「속정희부(續靜姬賦)」를 짓기도 했다. 이밖에도 서(序)와 기(記), 전(傳), 서(書), 논(論), 설(說), 변(辨), 해(解), 제발(題跋) 등 실로 다양한 문체로 작품을 남겼다. 심지어 과일과 생선, 야채 등 전국의 다양한 먹거리를 소개하는 「도문대작(屠門大嚼)」이란 글도 있으니, 그의 폭넓은 호기심과 뛰어난 재주를 한눈에 알 수 있다.

허균은 연경에 사신으로 가서도 수천 권의 책을 사들였고, 또 다양한 문헌을 섭렵했다. 특히 마음에 드는 대목이 있으면 이를 선록하여 새로운 책을 엮어내기도 했는데, 그가 처형되던 해에 증보하여 엮어낸 『한정록』이 그것이다. 명나라 사신 주지번으로부터 받은 『세설산보』, 『옥호빙(玉壺氷)』, 『와유록(臥遊錄)』 등과 후에 중국에 사행 갔을 때 구해온 서적을 보고, 그 내용을 주제별로 요약하고서 이를 증보한 것이다. 그중에는 진계유(陳繼儒)의 글이 적지 않았고, 원굉도(袁宏道)의 「상정(觴政)」에서 언급한 '일전(逸典)으로서 수호전과 금병매(金瓶梅)'의 대목도 실려 있다. 이것은 우리나라에 「금병매」의 이름이 가장 빨리 언급된 경우가 된다.

허균은 세속에 시달리며 시를 지을 때는 언제나 은퇴하여 조용히 살고 싶다는 생각을 했다. 그의 이러한 생각은 『한정록』을 통해서 겨우 책 속에서 이루어졌다고 할 수 있다. 그 자신은 불합리한 세상에 불만을 품고 있다가 마침내 정면 대결로 치닫게 되고 결국 실패한 반역죄인으로 처형되고 말았지만, 그의 꿈은 언제나 고향인 강릉의 애일당으로 돌아가 교산 아래에서 동해바다를 바라보며 한적하게 은거하며 독서하는 문인으로 사는 것이었다.

참고문헌

이가원 저, 허경진 역, 『유교반도 허균』, 연세대 출판부, 2000
허경진, 『허균평전』, 돌베개, 2002
최강현 역, 『을병조천록』, 국립중앙도서관, 2005
허경진, 『허균 연보』, 보고사, 2013

연행일기의 모범을 남긴

김창업 金昌業

박용만
한국학중앙연구원

김창업

1658~1721

金昌業

연행일기의 모범을 남긴

김창업, 연행길에 오르다

김창업(金昌業, 1658~1721)은 본관이 안동으로, 자는 대유(大有), 호는 가재(稼齋) 또는 노가재(老稼齋)이다. 김수항(金壽恒)의 넷째 아들로, 위로는 김창집(金昌集), 김창협(金昌協), 김창흡(金昌翕)이 있으며, 아래로는 김창집(金昌緝)이 있다. 1681년(숙종 7년) 진사시에 합격했으나 벼슬길에 나아가지 않고 한양의 동교 송계(東郊松溪)와 포천의 영평산에 은거했다. 중국의 문물을 직접 보지 못한 것을 아쉽게 여기다가 1712년 정사로 가는 첫째 형 김창집을 따라 연경에 다녀와 『연행일기(燕行日記)』를 남겼다. 이 『연행일기』는 중국의 산천과 풍속, 문물제도와 이때 만난 중국의 유생, 도류(道流)와의 대화를 상세히 기록하여 역대 연행록 중에서 가장 뛰어난 책으로 손꼽힌다. 시에 뛰어났을 뿐만 아니라 서화에도 일가견이 있었던 그의 재능은 사행할 때 중국 문사들과 교유하는 바탕이 되었다.

1850년 진주사로 연경을 다녀온 김경선(金景善)은 『연원직지(燕轅直指)』 서문에서 김창업의 『연행일기』를 아래와 같이 평가했다.

연경에 갔던 사람들이 대부분 사행을 기록하는데 세 사람이 가장 저명하니, 곧 노가재 김창업, 담헌(湛軒) 홍대용(洪大容), 연암(燕巖) 박지원(朴趾源)이다. 역사서의 예로 말하면 노가재는 편년체(編年體)에 가까운데 평순하고 착실하여 조리가 분명하며, 홍담헌은 기사체(紀事體)를 따랐는데 전아(典雅)하고 치밀하며, 박연암은 전기체(傳紀體)와 같은데 문장이 아름답고 화려하며 내용이 풍부하고 해박하다. 모두 스스로 일가(一家)를 이루어 각기 그 장점을 가지고 있으니, 이것을 이어 사행을 기록하고자 하는 자가 또한 어떻게 이보다 더 나을 수 있겠는가?

1

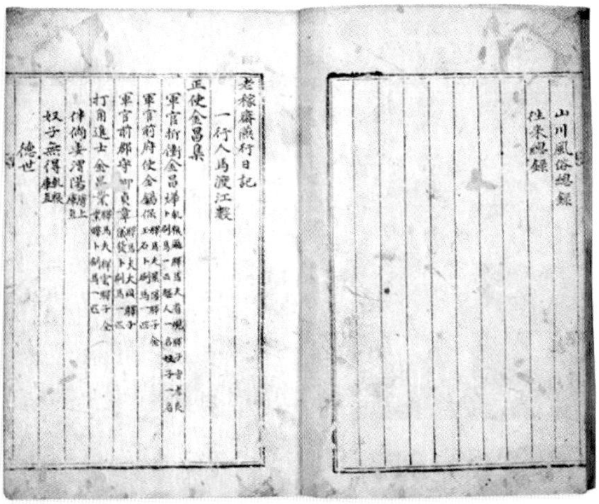

1 김창업, 『노가재연행일기』
ⓒ한국학중앙연구원

조선에서 중국에 사신을 다녀오면 대부분 사행의 전말과 노정, 견문 등을 기록으로 남겼는데, 김경선은 그중에서 김창업의 『연행일기』, 홍대용의 『담헌연기(湛軒燕記)』, 박지원의 『열하일기(熱河日記)』를 연행기록의 삼가(三家)로 평가했다. 특히 세 사람 중 가장 먼저 연경을 다녀와 기록을 남긴 김창업의 『연행일기』는 연경 기행문의 교과서로 평가된다. 편년체의 방식에 따라 날을 달에 붙이고 달을 해에 붙인 방식(日繫月, 月繫年)은 물론 평순하고 착실하여 조리가 분명한 장점이 있다.

김창업은 55세의 적지 않은 나이로 1712년 동지겸사은사에 참여했다. 정사, 부사, 서장관과 같은 핵심적 역할은 아니었고, 첫째 형 김창집이 이 사행의 정사로 선발되자 그 자제군관(子弟軍官)으로 참여한 것이었다. 당시 김창집은 큰 병을 앓은 뒤라 누군가가 그를 수발할 사람이 필요했다. 조선 문인들은 중국을 유람하며 선진 문물을 접하는 것이 하나의 꿈이었다. 더구나 자제군관은 비교적 자유로운 직책이었기에 사행의 막중한 임무에서 한발 벗어날 수 있어, 자신의 문화적 욕구를 성취할 수 있는 좋은 기회였다. 당연히 김창집의 형제들도 모두 한번 가고 싶어 했다. 이에 김창업은 『연행일기』 「왕래총록(往來總錄)」에 표현한 것처럼, '일시에 조롱과 비난이 일어나고 친구들도 대부분 만류했지만' 이 사행에 참여했다.

김창업의 나이가 많고 한겨울 사행인 것도 이유가 되겠지만, 궁극적으로 김창업의 가계가 청나라에 우호적이지 않은 것이 큰 이유였다. 1636년(인조 14년) 청이 조선을 공격했을 당시 척화파의 대표적인 인물이었던 김상헌(金尙憲)이 그의 증조부이며, 강화도가 함락되자 화약고에 불을 붙여 폭사(爆死)한 김상용(金尙容)이 그의 종증조부였다. 따라서 이 가문은 청나라에 대한 반감이 팽배했다. 정사로 가는 것은 조정의 결정이니 어쩔 수 없는 일이라 해도 자제군관으로 참여하는 것은 얼마든지 자유 의지로 선택할 수 있었다. 김창업이 사행에 참여한 것은 맹목적인 반감보다 중화 문물을 직접 보고 싶다는 열망이 강한 때문일 수도 있고, 마음속의 반발을 눈으로 확인하기 위한 것일 수도 있다. 실제 『연행일기』에서 김창업은 중국에 대해 비교적 객관적인 입장을 견지하고 있다. 하나의 요인보다는 오히려 선진 문물에 대한 갈망과 반청(反淸)의 심리가 복합적으로 작용했던 것으로 보인다.

젊은 청 문사와 열정적으로 교유하다

김창업이 참여한 동지사겸사은사 일행은 1712년 11월 3일 한양을 떠나 이듬해인 1713년 3월 30일 한양으로 돌아오는 것으로 마무리되었다. 연경에 갔다가 돌아오기까지의 기간은 5개월로 모두 146일이 걸렸고, 갔다 온 거리는 합하여 6,028리였다. 연경에서 출입한 것과 길에서 돌아다닌 것이 또한 675리나 되었고, 얻은 시문(詩文)은 402편이었다.

김창업은 연행길에 아래의 청나라 문사들과 교유했다.

일시	교유 인물	신분	장소
1712년 12월 13일	왕준공(王俊公)	자칭 수재(秀才)	대릉하(大凌河)
12월 15일	왕영반(王寧潘)	유생(儒生)	영원위(寧遠衛)
12월 18일	곽여백(郭如栢)	상생(庠生)	산해관(山海關)
12월 19일	영종(榮琮)	한인(漢人), 우소(寓所) 주인	유관(楡關)
12월 20일	오정기(吳廷璣)	수재	영평부(永平府)
12월 24일	강전(康田)	수재	계주(薊州)

일시	교유 인물	신분	장소
1713년 1월 3일	이정재(李廷宰), 이정기(李廷基)	재체지현(纔遞知縣)	연경
1월 3일	반덕여(潘德輿)	서반(序班)	연경
1월 10일~12일, 18일, 22일, 23일, 27일, 30일, 2월 2일, 3일, 10일	이원영(李元英)	일통지(一統志) 편수관(編修官)	연경 이원영의 집
1월 22일, 2월 8일, 13일	마유병(馬維屛)		연경 마유병의 집
2월 8일, 13일	왕지계(王之啓)	병인생(丙寅生), 절강(浙江) 소흥부(紹興府) 산음인(山陰人), 왕희지(王羲之) 24대손	연경 마유병의 집
2월 8일, 12일~15일, 1720년 11월 7일	조화(趙華)	문관(文官), 만인(滿人)	연경
2월 13일, 1718년.	양징(楊澄)	조화의 스승	연경 조화의 집
2월 19일	왕화(王化)	수재	사류하(沙流河)
2월 21일	이영소(李永紹), 양대유(楊大有)	호인(胡人), 자칭 수재	영평부
2월 23일	정홍(程洪)	청년 수재	각산일사묘 (角山一寺廟)
2월 26일	왕미축(王眉祝)	왕영반 조카	영원위 왕영반의 집
3월 4일	곽원(郭垣)	오삼계(吳三桂)의 장수, 곽조서(郭朝瑞)의 아들	곽민둔(郭民屯)

김창업은 「산천풍속총록(山川風俗總錄)」에 적은 것처럼, 만주족이든 한족이든 남방 사람이든, 사람들을 있는 그대로 보고자 했다. 김창업이 교유한 인물들은 젊은 수재들이 대부분이다. 그들과의 교유에서 탁월한 문학적 재능이 나타나는 것도 아니고 심후한 문화적 수준이 보이는 것도 아니다. 대부분 젊은 문인이나 수재를 중심으로 교유가 이루어지다 보니 학술적 · 문화적으로 깊은 이해와 논의의 기회가 거의 없었다. 이러한 기회는 김창업의 신분과도 밀접한 관계가 있었다. 정사, 부사, 서장관의 삼사(三使)와 달리 자제군관은 그 삼사를 수행하며 견문을 넓히는 목적으로 참여하다 보니 교유할 수 있는 대상도 제한적이었다. 연경에서 공식적인 의례와 연회에 참석하는 삼사와 다르게 자제군관은

2 김윤겸, 〈청나라병사도〉
©국립중앙박물관

사행의 공식 일정에 직접 참여하는 데 제약이 많았다. 결국 김창업은 문화적으로 학술적으로 걸출한 인물과 교유하기 어려웠다. 이 때문에 젊은 수재들을 중심으로 교유가 이루어질 수밖에 없었다. 그러나 김창업의 교유는 삼사의 교유에서 볼 수 없는, 당시 젊은 문사들의 심리와 그들의 사회를 이해할 수 있는 좋은 자료가 된다.

가련한 여성, 계문란의 시에 창화하다

김창업은 1712년 12월 22일 새벽에 사하역(沙河驛)을 떠나 진자점(榛子店)이라는 객점에 들러 아침을 먹었다. 한양을 떠나 연경을 향해가는 도중이었다. 이때 객점 벽에 붙어 있는 시 한 수를 보고 감회에 빠졌다.

推髻空憐昔日粧　　*쪽지머리로 옛날 단장이 부질없이 서글픈데*
征裙換盡越羅裳　　*비단치마 옷차림 오랑캐로 바뀌었네.*
爺孃生死知何處　　*부모님의 생사 어디서 들을까*
痛殺春風上瀋陽　　*봄바람에 흐느끼며 심양으로 가는구나.*

무오년에 강서성의 계문란(季文蘭)이라는 여자가 호인에게 강제로 팔려 심양으로 가면서 이곳에 이르러 시를 지어 벽에 붙여 놓은 것이다. 이 시는 김석주(金錫胄, 1634~1684)가 사행길에 이곳을 지나다 보고 기록한 것이 전한다. 이 시 아래에는 계문란이 적은 소서(小序)가 있는데, 자신의 억울한 사정을 토로했다. 본래 계문란은 강서성 수재인 우상경(虞尙卿)이란 사람의 아내였는데, 남편은 살해되고 본인은 사로잡혀 왕장경(王章京)이란 자에게 팔린 신세가 되었다. 자신의 나이가 21세이며, 가족의 이름을 적고, 끝에 '계문란 씀'이라고 밝혔다. 김석주는 이 시를 보고 객관의 주인에게 자세한 사정을 들어 적었다. 5~6년 전에 백금 70에 팔린 계문란이 이곳을 지나는데, 비통하고 암담한 가운데도 자태가 아름다워 보는 사람들이 눈물을 흘렸다고 한다. 시를 쓸 때에 오른손으로 쓰다 지치면 왼손으로 썼는데 매우 속필이었다고 한다.

김석주가 1683년에 사은사로 연경을 다녀왔으니, 객점의 주인이 말한 시기를 맞춰보면 계문란이 말한 무오년은 1678년이 된다. 남편은 죽임을 당하고 자신만이 산채로 팔려가는 신세가 더욱 서글프다. 김창업은 한양을 떠나기 전 김석주의 기록을 통해 이미 계문란의 안타까운 이야기를 알고 있었다. 그러나 정작 그 현장에서 계문란이 쓴 시를 보니 안타까운 감회가 일어 아래의 시를 지어 벽에 붙였다.

江南女子洗紅粧　　강남 아가씨 화장을 씻어내고
遠向燕雲淚滿裳　　멀리 연경 하늘 바라보니 눈물은 치마에 가득.
一落殊方何日返　　한번 낯선 땅에 떨어지면 언제나 돌아올까
定憐征雁每隨陽　　매양 햇빛을 따라가는 기러기 정말 부러워라.

한시에서 창화(唱和)하는 것은 동시대에 서로 아는 사이에서 지어지는 것이 일반적이지만, 이처럼 옛사람의 자취를 더듬어 보며 자신의 감정을 가탁(假託)하여 옛사람의 심회(心懷)로 표현하기도 한다. 낯선 곳에서 팔려가는 처지에 예전 살던 연경 쪽을 바라보니 눈물만 흐른다. 돌아올 기약이 없으니 날아가는 기러기조차 부러울 따름이다.

이듬해 사행을 마치고 돌아오던 김창업은 2월 20일 정오 무렵에 다시 진자점에 도착했다. 그런데 자신이 쓴 시 아래에 차운한 시가 또 있었다.

面撲風埃未解裝	*먼지바람 맞으며 여장도 채 풀지 못했는데*
逢人泣淚滿衣裳	*사람을 만나니 눈물이 옷을 흠뻑 적셔 놓네.*
道傍閱到仳離色	*길가에서 이별하는 심정의 글 대하고서*
那禁敲詩下夕陽	*해지는 석양녘에 시 한 수 없을쏘냐.*

그리고 그 시 옆에는 '객점에서 조선의 손님이 벽에 쓴 시를 보고 이 시를 쓴다. 난주자사(灤州刺史)'라는 기록이 있었다. 이에 김창업은 '글씨도 시만큼이나 보잘 게 없다'라고 하여 난주자사의 시나 글씨를 평했다. 이내 여관 주인에게 물어보니 10여 일 전, 곧 2월 초순에 난주자사가 지나가면서 쓴 것이라는 말을 듣는다. 난주자사가 익히 알려진 계문란의 시와 그 아래 적은 조선 문사의 시를 보고 시와 글씨에 재능이 없는 자신을 과시하고자 적은 것이라 김창업은 여긴 듯하다.

김창업이 사행에 들렀던 이후 1720년에 이의현(李宜顯, 1669~1745)이 방문했을 때 이 시는 이미 사라지고 없었다. 이의현이 쓴 「경자연행잡지(庚子燕行雜識)」에 전하는 말로는 예전에 있었는데 5~6년 전 그 벽을 다시 바르며 사라졌다고 했다.

위의 내용들을 종합해보면, 계문란이 시를 쓴 무오년은 1678년이고, 김창업이 시에 창화한 것은 1712년이며, 벽을 새로 발라 다시 볼 수 없게 된 것은 이의현이 찾아보기 5~6년 전이었으니 1715년경이다. 따라서 진자점의 객점에는 계문란의 시가 근 40년 가까이 적혀있었던 셈이다. 그러나 진자점에서 계문란의 시를 볼 수 없게 된 이후에도 조선 사행의 문사들은 진자점을 지날 때마다 계문란을 상기하며 많은 시문을 남겼다.

지적 호기심, 이원영과 교유하다

김창업이 대릉하, 산해관, 영평부 등에서 만난 문사들이 적지 않지만, 대부분은 연경에서 만난 문사들이었다. 특히 이원영(李元英)과의 만남은 김창업에게 중국 지식인의 동향, 출판, 학문 등을 이해하는 데 좋은 계기가 되었다. 그와의 만남은 가장 빈번했을 뿐만 아니라 주고받은 이야기도 학술적 · 문화적으로도 소중한 것들이었다.

이원영은 25~26세 정도의 젊은이로, 고양인(高陽人)이며 호가 송분재(誦芬齋)였다. 이미 벼슬하여 『일통지』 편수관이었다. 그 고조는 명나라 사람이었고, 증조는 청나라 순치제(順治帝)의 부마로 예부시랑을 지냈다. 또 아버지는 1등 백작일 정도로 청나라 조정에서 중요한 위치에 있는 가문이었다. 청나라 조정의 고위 관료나 유명한 지식인을 만나기 어려웠던 김창업에게 이원영은 가장 중요한 교유 문사이기도 했다. 1713년 1월 10일 김창업은 충렬사(忠烈祠)를 찾아가다 원앙와(鴛鴦瓦)로 지붕을 얹은 높은 집들이 있는 골목으로 들어가게 되었는데, 마침 집주인이 김창업에게 만나기를 청했다. 그때 함께 있던 이가 이원영이었다. 김창업은 당시 그에 대한 인상을 '얼굴이 살짝 얽었지만 미목(眉目)에 조금 맑은 기운이 돌았다'고 했다.

이때 이원영은 모과(木瓜) 하나를 가져와 김창업 앞에 놓고 칠언절구 한 수를 보였다.

嘉品從敎不耐春	*가품이 지시를 따르자니 제철이 아니지만*
舊時香氣尙淸新	*옛날의 향기는 도리어 청신하네.*
憐他投贈非容易	*남 위해 주려는 일도 쉽지 않으니*
莫把瓊琚別報人	*좋은 선물로 갚을 생각 하지 마오.*

이 외에도 율시와 절구 수십 수를 내어 보였다. 그중에는 종이에 인쇄한 것도 2장이 있었으며, 당시 명사들에게 받은 발문(跋文) 2장도 있었다. 김창업은 시를 보고 정교하다고 소회를 기록했다. 이에 김창업은 가지고 간 소주와 안주로 답례했다. 김창업은 이원영의 처소에서 『패문재광군방보(佩文齋廣群芳譜)』

3 이의현, 『도곡집』
ⓒ국립중앙도서관

4 『패문재광군방보』
ⓒ요녕성 제공

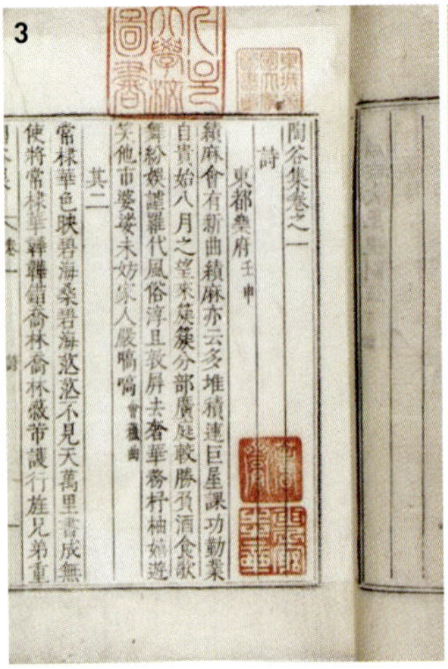

陶谷集卷之一
詩
東都樂府 壬申
績麻會有新曲績麻亦云多堆積連巨星課功勒業
自貴始八月之望考績分部廣庭較勝負酒食歌
舞紛紛謔羅代風俗淳且敦屏去奢華務杼柚嬉遊
笑他市嫛婗未妨家人嚴嗃嗃 會蘇曲
其二
常棣華色映碧海桑碧海茫茫不見天萬里書信無
使將常棣華韡韡舊喬林喬林森帶護行葭兄弟重

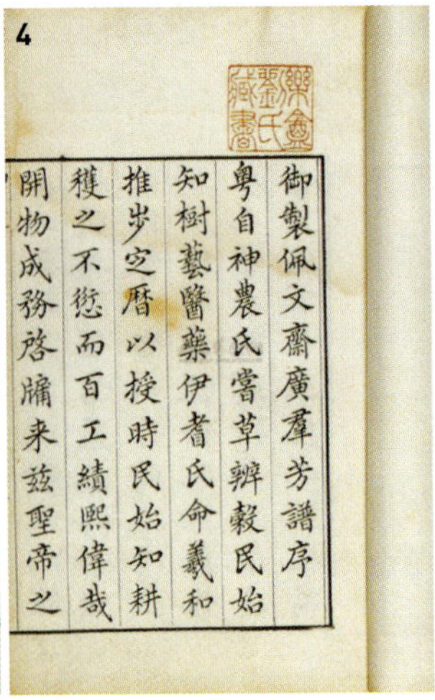

御製佩文齋廣羣芳譜序
粤自神農氏嘗草辨穀民始
知樹藝醫藥伊耆氏命羲和
推步定曆以授時民始知耕
穫之不愆而百工績熙偉哉
開物成務啓牖来兹聖帝之

를 보자 빌려보기를 청했다. '패문재'는 청나라 강희제(康熙帝)의 별호로, 이 책은 1708년에 완성되었다. 강희제는 정치를 안정시키고 유학을 장려했으며, 많은 저술을 남기고 책을 출판하는 등 문화적으로 융성한 전성기를 이룩했다. 노가재라는 호에서 알 수 있듯이, 김창업은 은둔하며 화초 등에 관심이 많았다. 그런 그에게 『패문재광군방보』는 관심을 끄는 책이었다. 이원영은 김창업의 요청에 포갑 한 덩어리를 주며 보고 돌려주면 또 보내주겠다고 약속했다.

이후 김창업과 이원영는 나이를 넘어 사뭇 진지하게 교유했다. 이원영이 관직에 있어 자주 만나기 힘들었지만 두 사람은 편지를 통해 인사하며 때로는 지은 글을 보내주고 때로는 선물을 보냈다. 김창업이 주로 보낸 것은 장지(壯紙), 붓, 먹, 담배, 멥쌀, 찹쌀 등이었으며, 이에 이원영은 홍지(紅紙), 붓, 부채 등을 보냈다. 문방구는 지식인들에게 없어서는 안 될 것이기도 했지만 다른 나라의 문방구는 좋은 선물이기도 했다. 이 과정에서 빠질 수 없는 것이 자신이 지은 한시를 보내는 것이었다. 이것은 자신은 물론 자국의 문화적 수준을 보이는 것이었기 때문에 매우 중요한 교유의 과정이었다.

1월 22일에는 이원영이 처음으로 김창업의 숙소를 방문했다. 김창업은 잣떡, 약과, 전약, 밤, 다식 등으로 대접하며 두 사람은 조선의 음식을 주제로 이야기했다. 이때 김창업이 해당화, 매화, 지국(紙菊)을 읊은 칠언절구 3수를 보여주자 이원영은 당나라 작품과 맞설 만하다고 했다. 당나라의 한시는 두보(杜甫)와 이백(李白) 등 근체시가 완성되어 가장 극성했던 시기였기 때문에 이원영의 평가는 극찬이라고 할 수 있다. 이원영은 아울러 정사인 김창집을 직접 만나기도 했다. 두 사람은 약왕묘, 관상대, 태학, 부학 등을 함께 구경하기로 약속하기도 했다. 비록 이원영이 공무로 여의치 않아 실현되지 못했지만 김창업에게는 이원영이 동행을 허락한 것만으로도 큰 의미를 지녔다.

2월 3일에는 김창업이 다시 이원영의 집을 방문했다. 이때 이원영은 김창업에게 타횡(打橫)으로 예를 갖추었다. 타횡은 어린 사람이 높은 손님과 자리할 때 감히 마주하지 않고 비껴 앉음으로써 공경의 예를 표시하는 것을 말한다. 김창업이 벼슬이 없는 한사(寒士)라고 하더라도 그동안의 만남을 통해 그의 학덕을 인정했기 때문이다. 이원영은 식사에 앞서 김창업에게 관복을 갖출 것을 요청했으나 벼슬아치가 아니라 관복이 없다고 하자 갓과 도포를 입을 것을 청했다. 아마 이원영의 시각에서 자신들과 다른 조선의 복식이 꽤나 궁금했던 것으로 보인다. 이 자리에서 김창업은 조심스럽게 청나라 문단의 동향을 질문했다. 이에 이원영은 13명의 재자(才子)가 있으며, 그중 으뜸은 양주(揚州) 사람으로 장원급제한 왕단(王端)이라고 했다. 자신도 왕단에게 수학했다고 했다. 어찌보면 김창업이 사행에 따라가 들은 정보 중에 가장 흥미로운 것이었다.

2월 10일 두 사람은 편지를 보낸 이후 더 이상의 교유는 없었다. 이때 김창업은 명주 1필을 보내고, 이원영은 휘주(徽州)의 먹 한 갑을 보내주었다. 김창업 일행이 연경을 떠난 것은 2월 15일이었다. 연경을 출발하기까지 5일 정도의 시간이 있었음에도 두 사람이 연락을 취하지 못한 이유는 분명하지 않다. 2월 10일에 교환한 명주와 휘주의 먹은 앞서 주고받은 선물과는 다르다. 아마도 이날 편지로 이미 이별의 말을 남긴 듯하다.

시문집의 서문, 조화와 양징의 글을 받다

이원영만큼 자주 교유한 것은 아니지만 조화(趙華)와 그 스승 양징(楊澄)의 만남도 김창업에게는 의미 있는 기회였다. 1713년 2월 8일 조화가 사람을 보내 만나기를 청하자 김창업은 먼저 조화의 내력에 대해 물었다. 조화는 만주인으로 34세의 문관이었는데, 13세부터 황제의 곁에 있었던 측근이었다.

2월 13일 김창업이 조화의 집을 방문했다. 조화의 집 앞에서 벌어진 신기한 마술(幻術)을 상세하게 기록하고 있다. 긴 줄에 돈을 꿰달아 묶은 뒤 양 소매에 넣었다가 줄은 그대로 있고 옷이 빠지는 마술과 깨진 종지가 원래대로 보이는 마술이었다. 옆에 있는 사람이 조화의 집에 들어가자고 재촉할 만큼 김창업은 이 마술에 빠져 있었다.

김창업에게 조화의 첫인상은 실망에 가까웠다. 시커멓고 비쩍 마른 데다 얽었고, 한쪽 눈마저 찌그러져 외모로 보면 그가 문인임을 알지 못하겠다고 했다. 조화는 자신이 지은 글을 보여주며 수정할 곳을 청했지만 김창업은 극구 사양했다. 다만 일기에는 그 글에 '역(逆)'자와 '노(虜)'자는 만주족이 꺼리기 때문에 모두 없애버리는데, 조화는 아무렇지도 않게 사용하고 있음을 의아하게 여기고 있었다. 이 자리에 양징이 함께 있었는데, 그는 자가 영수(泳水), 호는 이등(二橙)으로, 절강 소흥부 여요(餘姚) 사람이었다. 조화의 스승이었는데, 김창업은 그를 예사롭지 않게 여겼다. 실제 양징은 50여 세 정도로 과거에 합격하지 못하자 벼슬을 단념하고 시문과 술로 스스로 즐기는 사람이었다.

그러나 연경을 떠날 시간이 다가왔기 때문에 김창업과 이들의 만남은 지속되지 못했다. 김창업은 떠나기 전날 종이 1권, 승두선 2개, 담배 1봉, 삼충사(三忠祠)에서 지은 오언고시 및 율시 몇 수를 적어 보냈다. 조화도 자신의 글씨 3장과 수놓은 주머니(繡囊)를 선물로 보내왔다. 15일 연경을 떠나며 대호지(大好紙) 2장을 또 조화에게 보냈다.

『연행일기』에는 더이상 양징과의 일화가 없지만, 이덕무(李德懋)의 『청장관전서(青莊館全書)』 권35, 「청비록(淸脾錄)」「농암삼연모중국(農巖三淵慕中國)」에 흥미로운 내용이 실려 있다.

그 아우 가재선생은 그 백씨(伯氏) 몽와(夢窩)선생을 따라 중국에 가서 험고(險固)한 산과 융성한 인물과 성지(城池) · 누대 · 풍속 · 의문(儀文) 등을 두루 보고서 그것을 기록하여 돌아와서는 형제의 시를 모아 『김씨연방집(金氏聯芳集)』을 만들고

5

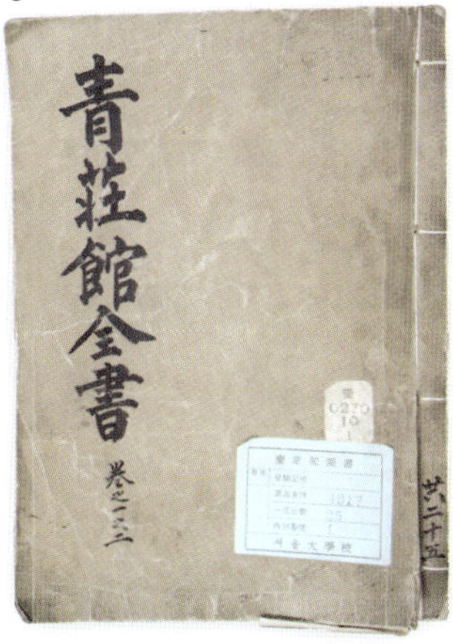

5 이덕무, 『청장관전서』
ⓒ서울대학교 도서관

절강의 선비 양징 영수(寧水)에게 서문을 받아가지고 돌아왔다. 그러므로 김씨의 문헌이 중국에까지 빛나게 되었다. 영수는 농암 선생의 시를 칭찬했는데 그중에서도 관후묘(關侯廟) 시를 더욱 칭찬했다.

이덕무의 말이 사실이라면 김창집 형제의 시문을 묶어『김씨연방집』이라 했으며, 이것을 양징에게 보여 서문을 받았던 것으로 보인다. 김창업이 양징을 처음 본 것이 2월 13일이었으니 불과 사흘 안에 시문집을 읽고 평을 받은 것이다. 양징은 김창협의 시를 칭찬하며 특히 「관후묘(關侯廟)」가 좋다고 했다. 조선과 청의 문사가 시문으로 교유하고 조선의 시문을 보여 서문을 얻는 전형적인 방법이었다.

서화의 관심, 마유병 · 왕지계와 서화를 공유하다

김창업은 시문에도 능했지만 화초와 서화에도 일가견이 있었다. 이러한 문화적 갈증을 풀어준 이들이 마우병(馬維屛)과 왕지계(王之啓)였다. 이들의 만남은 주로 김창업의 숙소에서 이루어졌다.

1월 22일 마유병이 김창업의 숙소로 찾아왔는데, 그의 집에 화초가 많다는 소식을 듣고 김창업이 청한 것이었다. 이에 김창업은 소주와 약과, 잣떡, 전약

(煎藥) 등으로 대접했다. 첫날의 만남은 납매화(臘梅花)를 구할 수 있는지 여부와 조선의 음식이 주된 이야깃거리였다. 2월 4일과 5일에 연거푸 만남이 어긋난 뒤 8일에야 마유병이 다시 방문했다. 이때 왕지계가 함께 동행했다.

마유병은 직접 그린 수권(手卷), 곧 길게 가로로 그린 그림을 선물하고, 김창업은 술과 안주로 대접했다. 왕지계는 자가 학산(學山)인데, 마유병의 친구이며 나이는 28세였다. 이때 왕지계가 김창업에게 오언율시 한 수를 적어주었다.

貴國交情薄　　귀국과 사귄 정이 드물었더니
惟君迥異人　　오직 그대 멀리 희한한 사람.
話言從肺腑　　하시는 말씀마다 깊이 나오고
擧動盡天眞　　움직이는 거동 모두 천진하셔라.
皎月同君度　　밝은 달 그대 함께 헤아려 보고
高山企我心　　높은 산 나의 마음 디디고 보네.
何須金石譜　　하필이면 금석보라야 하나
友道本彝倫　　벗의 도리 본래 떳떳한 것을.

왕지계는 그동안 조선 사람을 만났지만 김창업은 기이한 사람이라고 평가했다. 말씀과 행동이 깊은 곳에서 나와 천진(天眞)하니, 헤어지더라도 서로 그리워할 것을 다짐했다. 건네기로 한 난정첩(蘭亭帖)이 귀한 것이지만 벗의 도리는 더욱 떳떳하다고 했다. 왕지계는 자신을 왕희지의 24대손이라고 하며, 왕희지의 난정첩 진본이 있으니 후일 꼭 보내주겠다고 했다. 이 난정첩은 김창업이 연경에 가서 진본을 구하려고 애쓰던 것이었다. 그러나 『연행일기』에는 더 이상의 기록이 없어 실제 진본 난정첩을 김창업이 보았는지는 분명하지 않다. 마유병도 "동서의 두 나라 사람이 부평초처럼 우연히 만났는데 또 가지가지로 서로 아끼게 되니 이는 정말 천고의 드문 일입니다"라고 하여, 자신들의 만남을 천고의 기이한 인연이라고 했다.

이에 김창업은 정선(鄭敾), 조영우(趙榮祏), 이치(李穉)의 산수화와 윤두서(尹斗緖)의 인물화를 보여주었다. 이 그림들은 청나라 문사들을 만나면 보여주

6 왕희지, 「난정첩」 ©요녕성 제공
7 정선, 〈여산초당도〉 ©문화재청
8 윤두서, 〈윤두서 자화상〉 ©문화재청
9 송시열 초상화
©국립중앙박물관

6

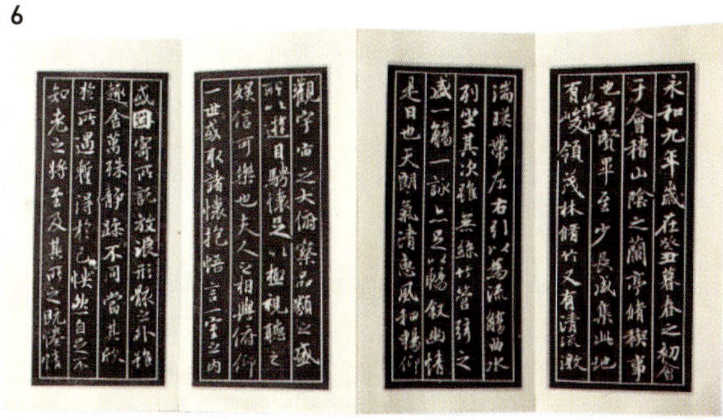

8

7

9

려고 조선에서 출발하기 전에 미리 준비한 것이었다. 실제로 김창업은 정선의 그림을 마유병에게 주어 마음을 보였다. 2월 13일에는 김창업이 마유병의 집을 방문했다. 이 자리에서 마유병은 많은 그림첩을 보여주며 필요하면 가지라고 했으나 김창업은 사양했다.

한중 문인 교유, 형식을 뛰어넘어 마음으로 통하다

김창업은 연행길에서 청의 문인과 교유했다. 연경의 문사와 교유했던 모습에 비해, 요녕성의 문사와 교유했던 모습은 그의 기록에 자세하지 않다. 김창업과 청나라 문사들의 교유는 서로 언어가 달라 필담(筆談)으로 이루어졌다. 대부분의 청나라 문인들은 김창업과 교제하려 했지만 이익을 추구하려는 성격이 강했다. 이에 비해 이원영, 조화, 양징, 마유병, 왕지계 등은 김창업이 좋아하는 시문, 서화, 화초 등 서로 관심이 일치하여 마음으로 교유했던 문사들이다.

김창업이 교유한 문사들은 대부분 관직에 나아가지 않은 젊은 사람들이었다. 이러한 교유의 한계는 김창업이 이러한 젊은 인재를 좋아했기 때문이라기보다 자제군관이라는 그의 현실적 신분에서 기인한 것이었다. 학덕이 뛰어나거나 관직이 높은 인사들은 아니더라도 김창업이 청나라에 머물며 얻었던 소중한 문사들이었다.

참고문헌

김창업, 『연행일기』
김창업, 『노가재집』
김경선, 『연원직지』
이덕무, 『청장관전서』
이의현, 『도곡집』
김태준, 「연행록의 교과서 『노가재연행일기』」 『국제한국학연구』 1, 명지대 국제한국학연구소, 2003
김상조, 「金昌業의 老稼齋燕行日記 연구」 『영주어문』 10, 2005
徐毅, 「김창업과 청조 문사의 교유에 대한 고찰」 『연민학지』 13, 2010
申翼澈, 「從18世紀燕行錄看中韓文化交流」, 『한중인문학포럼 발표논문집』, 한중인문학포럼, 2015

연행일기의 정수,
열하일기

임영길
성균관대학교

박지원 朴趾源

박
지
원

1737~1805

朴
趾
源

연행일기의 정수, 열하일기

처음으로 열하를 기록하다

연암 박지원(朴趾源, 1737~1805)은 조선 후기를 대표하는 문장가이자 북학사상을 제창한 실학자이다. 그는 1780년(정조 4년) 청 건륭제의 70세 생일을 축하하기 위한 사절단의 일원으로 중국을 다녀와 『열하일기(熱河日記)』라는 불후의 저작을 남겼다.

박지원은 삼종형인 금성위(錦城尉) 박명원(朴明源)의 친족으로 연행에 참여했다. 정사 박명원, 부사 정원시(鄭元始), 서장관 조정진(趙鼎鎭) 및 수역 홍명복(洪命福) 등으로 구성된 진하겸사은사 일행은 1780년 음력 5월 25일 한양을 출발하여 6월 24일 압록강을 건넌 후 책문(柵門) · 요양(遼陽) · 심양(瀋陽) · 산해관(山海關) · 통주(通州) 등지를 거쳐 8월 1일 북경에 도착했다. 그런데 본래 북경에서의 망하례(望賀禮)에 참석하기로 예정되었던 조선 사절단은 8월 4일 갑작스럽게 열하(熱河, 지금의 승덕 承德)에서 예식을 거행하라는 황제의 교지를 받고서 곧장 열하로 떠나게 되었다. 이에 별도로 차출된 74인이 8월 9일부터 7일 동안 열하에 머물면서 별궁인 피서산장(避暑山莊)에서 황제를 알현하고 판첸 라마를 예방했다. 이 일행에는 물론 박지원도 포함되었다. 박지원은 혹시나 북경 유람에 지장이 있을까 주저하기도 했지만 열하 일대를 여행할 천재일우의 기회를 놓치지 않았다. 8월 20일 북경으로 되돌아온 박지원 일행은 한 달여를 체류하다가 9월 17일 북경을 출발하여 10월 27일 한양에 도착했다. 귀국 즉시 박지원은 일생일대의 중국 체험을 『열하일기』라는 방대한 여행기로 정리했다. 총 25편으로 구성된 『열하일기』는 저술된 직후 필사본의 형태로 광범위하게 유통되어 당대는 물론 후대 문단에 지대한 영향을 미쳤다.

1 박주수, 박지원 초상

2 피서산장 전경

ⓒ요녕성 제공

『열하일기』는 『호질(虎叱)』과 『허생전(許生傳)』 등 한문소설로 분류되는 작품들을 수록한 것으로 잘 알려져 있다. 그러나 기본적으로는 대청(對淸) 사행 기록인 연행록에 속한다. 특히 참신하고 기발한 내용은 물론이고, 일반적인 연행록과는 전혀 다른 구성과 문체를 갖추었을 뿐 아니라, 조선에서는 전인미답의 공간이던 열하를 방문한 최초의 기록이라는 점에서 연행록 가운데 독보적인 위치를 점하고 있다. 종래의 연행록이 대체로 일기나 잡록, 또는 기사 형식을 취했다면, 『열하일기』는 여행의 경위를 날짜별로 충실히 전하되 중요한 사항들은 기(記)나 설(說) 등 한 편의 글로 독립시켜 적절히 배치함으로써 일기체와 기사체의 장점을 종합한 독특한 형식을 채택했다. 일기는 여정에 따라 「도강록(渡江錄)」·「성경잡지(盛京雜識)」·「일신수필(馹汛隨筆)」·「관내정사(關內程史)」·「막북행정록(漠北行程錄)」·「태학유관록(太學留館錄)」·「환연도중록(還燕道中錄)」 7편으로 나누고, 중국인들과의 교유 상황과 주고받은 필담은 「경개록(傾蓋錄)」·「황교문답(黃敎問答)」·「망양록(忘羊錄)」·「혹정필담(鵠汀筆談)」 등 별도의 편으로 엮었으며, 각종 명소에 대한 견문과 지식을 주제별로 통합하여 「행재잡록(行在雜錄)」·「피서록(避暑錄)」·「구외이문(口外異聞)」·「황도기략(黃圖記略)」·「알성퇴술(謁聖退述)」·「앙엽기(盎葉記)」·「동란섭필(銅蘭涉筆)」 등 시화와 잡록으로 엮었다. 이들 여러 편 중에서 박지원의 요녕 체험은 압록강을 건너는 날부터 7월 23일 산해관에 당도하기까지의 일기인 「도강록」·「성경잡지」·「일신수필」에 상세히 담겨 있다.

3

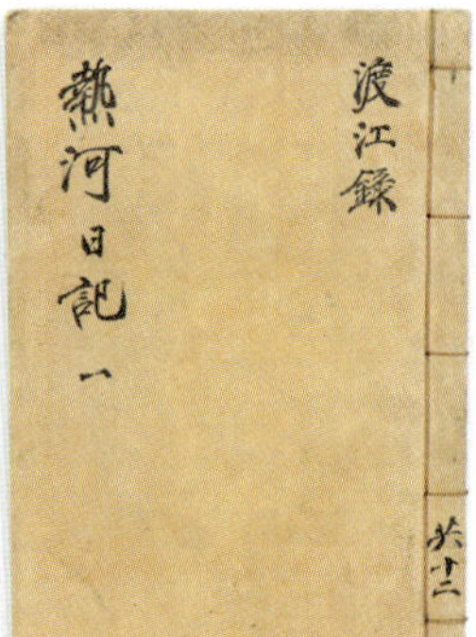

4

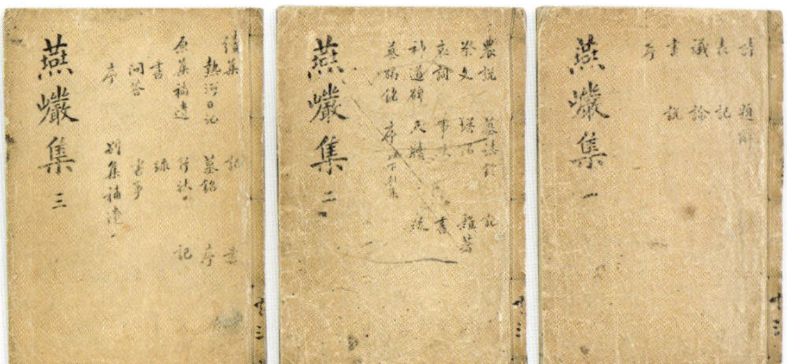

3 열하일기
©성호기념관

4 연암집
©국립중앙박물관

열정적으로 중국인과 교유하다

조선 사신의 연행길에서 지금의 요녕성에 속한 지역은 대략 책문(지금의 봉성시 鳳城市)에서 하북성의 경계인 산해관 동쪽 영원(寧遠, 지금의 흥성시 興城市)까지다. 그 사이에 위치한 광녕(廣寧) · 대릉하(大凌河) · 금주(錦州) · 송산(松山) · 행산(杏山) 등지는 모두 명 · 청 교체기의 격전지였다. 명은 요녕에 밀집한 방어 기지들을 차례로 후금의 수중에 넘겨주고 영원성으로 후퇴하여 끝까지 맞서 싸웠으나, 결국 1644년 북경을 점령당해 멸망하고 말았다.

요녕은 청 태조 누르하치(努爾哈赤)의 출신지이자 청나라의 발상지였다. 1621년 후금이 요동 일대를 장악함에 따라 조선 사절단은 한시적으로 다른 도시를 경유하거나 해로(海路)를 택하기도 했으나 청이 중원을 지배한 17세기 후반 이후로는 줄곧 동일한 노선으로 연경을 왕복했다. 그중 심양은 1625년 성경(盛京)이라 명명한 이래로 그 위상이 높아져 1679년부터 연행로 중 한 곳으로 공식 지정되었으며, 청 황제가 심양에 행차하면 조선에서는 심양문안사(瀋陽問安使)를 특별 파견하기도 했다. 특히 심양은 소현세자(昭顯世子)와 봉림대군(鳳林大君)이 머물렀던 곳이었기에, 조선 사신들은 그곳에서 비통한 마음과 반청(反淸) 의식을 강하게 드러내기도 했다.

박지원 역시 요동과 심양을 군사적 요충지로 파악하고 천하의 안위가 이 두 곳에 달려있다고 보았다. 그는 「도강록」 7월 9일자에 실린 「구요동기(舊遼東記)」를 시작으로 「성경잡지」와 「일신수필」의 여러 대목에서 과거 명나라와 후금의 전투를 회고하고 명의 멸망을 실감했다. 그러나 무엇보다도 요녕 일대에서 박지원이 강조한 것은 청에 대한 개방적인 자세였다. 박지원은 6월 27일~28일 책문을 지나면서 홍대용(洪大容)이 말한 '대규모세심법(大規模細心法)'을 떠올렸다. 곧 중국은 그 규모가 크되 기술이 세밀하다는 것인데, 박지원은 중국 동쪽 변방의 소도시조차 "점포를 둘러보니 모든 것이 단정하고 반듯하게 진열되어 있고, 한 가지 일도 구차하거나 미봉으로 한 법이 없으며, 한 가지 물건도 비뚤고 난잡한 모양이 없다. 비록 소 외양간이나 돼지우리라도 널찍하고 곧아서 모두 법도가 있고 장작더미나 거름구덩이까지도 모두 정밀하고 고와서 그림과 같았다"고 평하며 "중국이 이처럼 번성한 줄은 생각지도 못했다"고 감탄했다.

5 심양의 옛 점포(1912년)
ⓒ요녕성 제공

이렇듯 박지원은 요녕의 도처에서 시장이 발달하여 점포가 크고 화려함을 주의 깊게 관찰하는 한편, 청의 문물과 실용 정신을 적극 수용하여 이용후생(利用厚生)을 도모하자고 주장했다. 6월 28일 봉황성(鳳凰城)에서는 민가의 구조와 집 짓는 기술, 벽돌과 기와 사용법, 축성 제도를 세밀하게 묘사했으며, 7월 1일부터 5일간 폭우로 강물이 불어나 통원보(通遠堡)에서 지체하는 동안에는 중국의 가마 제도와 캉(炕)의 구들 놓는 법이 우리나라보다 우수한 점을 논했다. 좁디좁은 조선 땅에 살다가 일망무제의 요동 벌판을 마주한 해방의 기쁨과 자신의 원대한 포부를 마음껏 펼 수 없는 현실에 대한 슬픔이 극에 달해 한바탕 통곡으로 표출될 수 있다는 「도강록」 7월 8일의 소위 '호곡장론(好哭場論)'과 중국의 장관은 명승고적이나 산천 풍물, 웅장한 건축과 번성한 시장 따위가 아니라 기와조각이나 똥거름에서 찾아야 한다는 「일신수필」 7월 15일의 '천하제일장관론(天下第一壯觀論)', 그리고 수레의 효용성과 도입의 필요성을 역설한 같은 글 7월 15일의 '거제설(車制說)' 등 『열하일기』의 여러 명편들이 바로 요녕 내에서 탄생했다.

박지원에게 요녕이라는 공간은 중국 여행의 시작점을 넘어 광대한 세계 문명의 중심지로 나아가는 첫 여정으로서 기존의 현실 인식과 사유 방식에 일대 전환을 불러일으킨 특별한 장소였던 셈이다. 『열하일기』 전편을 통틀어 19세기 연행록에서 가장 많이 인용하고 있는 부분이 요녕 체험을 서술한 일기라는 점 역시 그 중요성을 입증한다. 박지원은 연행 내내 대담하고 적극적인 자세로 '관광'과 '교유'에 임했다. 특히 심양에 대한 기대감이 컸던 듯한데, 「도강록」 7월 6

일자 일기에 보이는 연산관(連山關)에서의 꿈 이야기는 심양으로의 여정을 앞둔 설렘을 암시하고 있어 자못 흥미롭다.

밤에 약간 취해 살짝 잠이 들었는데, 갑자기 내 몸이 심양의 성 안에 있었다. 궁궐과 해자(垓字), 여염집과 시정(市井)이 번화하고 화려했다. 나는 속으로 '이처럼 장관일 줄은 생각도 못했네. 내 집에 돌아가서 집안사람들에게 자랑하리라'하고는 드디어 훨훨 날아갔다. 모든 산과 물이 모두 내 발 아래에 있어 마치 솔개처럼 빨랐다. 잠깐 사이에 한양의 야곡(冶谷) 옛집에 도착하여 안방 남쪽 창 아래에 앉았더니 형님이 물었다. "심양이 어떻더냐?" 나는 공손하게 "직접 보니 듣던 것보다 훨씬 낫습디다"라고 답했다. 아름다움을 과장함이 아주 늘어졌다. 남쪽 창밖을 멀리 바라보니 이웃집 느티나무가 우거졌는데 그 위로 큰 별 하나가 현란하게 빛을 발하고 있었다. 나는 형님께 "저 별을 아십니까"라고 여쭈니 형님은 "그 이름을 모르겠구나"라고 했다. 나는 "저 별은 노인성(老人星)입니다"라 하고는 일어나서 형님께 절하고 아뢰었다. "제가 잠시 집에 돌아온 것은 심양 이야기를 자세히 해드리려 함인데, 이제 다시 일행을 따라가야 하겠습니다"라고 하였다.

박지원은 자신이 직접 체험한 '심양 이야기'를 「성경잡지」라는 편으로 특화했다. 실제로 「성경잡지」는 7월 10일부터 12일까지 2박 3일간의 심양 체류를 포함하여 14일 소흑산(小黑山)까지의 견문을 담고 있다. 그중 13일과 14일 일기에 걸쳐 있는 '기상새설(欺霜賽雪)' 일화는 복선 설정을 통한 유기적인 구성과 백화체(白話體) 표현을 활용하여 자신의 실수담을 해학적으로 그려낸 대목이다. 박지원은 신민둔(新民屯)의 한 전당포에서 액자 글씨를 요청받고는 길가의 점포들에서 눈여겨 봐둔 '기상새설'이란 네 글자를 작정하고 써주었다. 그런데 어찌된 영문인지 주인의 기색이 일그러지며 냉담한 반응을 보였다. 다음날 그는 소흑산의 머리 장식을 파는 수식포(首飾舗)에서 또다시 '기상새설' 네 글자를 써보였다가 전날의 전당포 주인과 동일한 반응을 접하고 나서야 그 문구가 국수집에 해당한다는 사실을 깨닫게 되었다. 박지원은 '기상새설'이란 말의 의미를 장사꾼들이 자기네 본분과 마음씨가 희고 깨끗하여 가을 서리(秋霜)와 같으며 희

6 심양 고궁 내부와 봉황루(鳳凰樓)
(山崎鋆一郎 편, 『(最新)滿洲寫眞帖』,
大正寫眞工藝所, 1933 6쇄본)
ⓒ요녕성 제공

디흰 눈빛(雪色)을 압도한다고 자랑하는 뜻이려니 오해한 데서 빚어진 사건을 「성경잡지」에서 실감나게 기술했다.

심양에 도착하자마자 "성곽 안의 사람과 물건의 번화함, 시장의 사치함과 풍성함이 요양(遼陽)의 열 배나 된다"고 첫인상을 밝힌 박지원은, 길에서 심양의 병부 낭중(兵部郞中)을 지내고 있는 만주인 복녕(福寧)을 만나 짧은 대화를 나누었다. 이후 정사 비장(裨將) 박래원(朴來源), 어의(御醫) 변관해(卞觀海)와 함께 행궁으로 가서는 혼자 출입이 제한된 궁전 안까지 잠입하여 전각들을 구경하고 나왔다. 이어서 박지원은 술집으로 걸음을 옮겼다가 우연히 들어간 골동품 가게 예속재(藝粟齋)와 비단 가게 가상루(歌商樓)에서 현지 상인들과 사귀었으며, 그들과의 교유를 이어가기 위해 야간 외출 금지를 무릅쓰고 이틀이나 숙소를 몰래 빠져나와 밤새도록 필담을 나누었다. 그리고 예속재와 가상루에서의 필담을 각각 「속재필담(粟齋筆談)」과 「상루필담(商樓筆談)」이라는 글로 구성했다. 「성경잡지」의 백미는 바로 이 두 편의 필담에 있다고 해도 과언이 아니다.

「속재필담」과 「상루필담」의 등장인물을 소개하면 다음과 같다.

6

전사가(田仕可)	자는 대경(代耕)·보정(輔廷), 호는 포관(抱關). 하북 무종(無終) 사람. 나이 29세. 산서 태원(太原) 사람 양등(楊登)과 동업 중. 골동품의 내력에 해박.
이구몽(李龜蒙)	자는 동야(東野), 호는 인재(麟齋), 사천 면죽(綿竹) 사람, 나이 39세
목춘(穆春)	자는 수환(繡寰), 호는 소정(韶亭), 사천 사람, 나이 24세
온백고(溫伯高)	자는 목헌(鶩軒), 사천 성도(成都) 사람, 나이 31세
오복(吳復)	자는 천근(天根), 호는 일재(一齋), 절강 항주(杭州) 사람, 나이 40세
비치(費穉)	자는 하탑(下榻), 호는 포월루(抱月樓)·지주(芝洲)·가재(稼齋), 하남 대량(大梁) 사람, 나이 35세, 서화와 전각을 잘하고 경전의 뜻을 능히 담론
배관(裴寬)	자는 갈부(褐夫), 하북 노룡(盧龍) 사람, 나이 47세, 저서로 『과정집(薖亭集)』 2권과 『청매시화(靑梅詩話)』 2권
마횡(馬鐄)	자는 요여(耀如), 산해관 사람, 나이 23세

위 8명의 상인 가운데 전사가·이구몽·오복·비치·배관이 수재(秀才)임을 밝히고 있어 어느 정도 학식을 갖춘 인물들이었던 것으로 여겨진다. 박지원은 이들과 중국 강남의 사정, 골동품 감상, 상인들의 생활 등에 관해 문답했다. 특히 전사가는 박지원에게 골동품의 진위를 감별하는 법을 소상히 설명해주고, 청대 및 송대의 궁중에 수장된 골동품을 그림과 함께 해설한 책인 『서청고감(西淸古鑑)』과 『박고도(博古圖)』를 토대로 자신의 의견을 덧붙여 증정했다. 박지원은 전사가로부터 입수한 골동품 목록을 「고동록(古董錄)」이란 글로 정리하여 7월 12일자 일기에 첨부해놓았다.

7 『중수선화박고도록(重修宣和博古圖錄)』 건륭 17년 亦政堂刻本
ⓒ성균관대학교 존경각

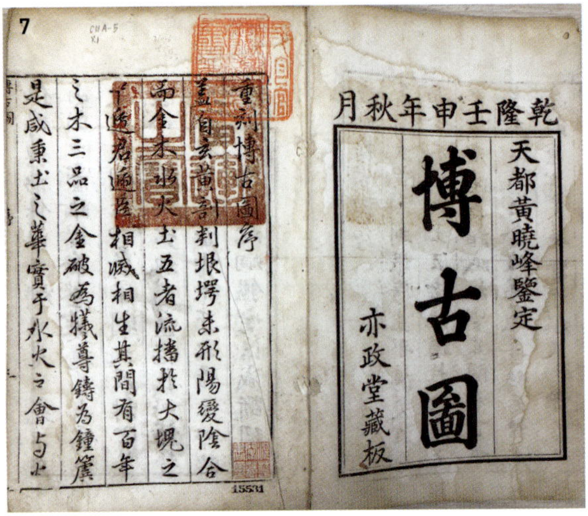

점포를 열어 물건을 놓고 파는 것을 비록 인생의 하류(下流)로 돌아갔다고들 하지만, 장사란 하늘이 극락세계 하나를 열어준 것이고 땅이 지상낙원을 열어준 것입니다. 도주공(陶朱公, 범려 范蠡)의 일엽편주를 띄우고, 단목(段木, 자공 子貢)의 수레를 몰아 유유히 사방을 다녀도 아무런 간섭이나 걸리적거림이 없습니다. 커다란 도회지나 고을의 즐거운 곳이 바로 우리 집이지요. 긴 처마와 화려한 집에서 몸은 한가롭고 마음은 편하여 된서리나 뜨거운 햇살에도 내 마음대로 편하게 지낼 수 있습니다. 이 때문에 부모님께 공손하고 처자에게 원망을 사지 않으니 그야말로 누이 좋고 매부 좋은 꼴이어서 고생을 하든 편하게 살든 모두 잊을 수 있습니다. 그러니 농사일과 벼슬아치에 견주어 괴로움과 즐거움이 어느 것이 더 낫겠습니까? 우리가 벗에 대해서는 지극 정성을 가지고 있습니다. '세 사람이 가면 그중에 반드시 한 명의 스승이 있다'고 했고, '두 사람이 마음을 합하면 그 날카로움이 쇠도 자를 수 있다'고 했으니, 세상에 이보다 지극한 즐거움은 없습니다. 사람이 태어나서 평생 벗을 사귀는 일이 없다면 도대체 재미난 흥취가 없을 것이니 옷이나 잘 입고 먹는 것이나 밝히는 자들은 이런 맛을 모른답니다.

박지원은 「상루필담」에서 고향 생각이 간절하다는 상인들에게 왜 고향으로 돌아가 몸소 농사지어 부모와 처자를 돌보지 않고 먼 곳에 와서 이익을 좇는지를 물었다. 이에 이구몽은 상업에 종사하는 것이 농사나 벼슬살이보다 훨씬 자유롭고 여유가 있기 때문에 객지 생활을 마다않고 이 길을 택한다는 사정을 설명했다. 그는 또한 생원이 되면 선비로 행세할 수 있느냐는 질문에 "선비의 부류는 세 등급이 있습니다. 상등은 벼슬을 해서 녹봉을 받는 선비이고, 중등은 학관을 열어 학도를 모집하는 선비이며, 최하는 남에게 손을 벌리거나 이것저것 빌리러 다니는 선비입니다"라고 답했다. 평소 박지원은 허례허식에 갇혀 경제와 민생 발전에 아무런 역할도 못하는 조선의 사(士) 계층에 대해 비판 의식을 견지하고 있었다. 그는 중국에서 상업의 발달상에 남다른 관심을 보이며 상인들을 긍정어린 시선으로 바라보았는데, 이와 같은 심양 상인들의 발언은 자신의 비판적 견해를 확인함과 동시에 '사'의 역할과 범주를 재정립하는 계기가 되었을 것이다.

중국에서 지기(知己)를 만나길 염원한 박지원은 다양한 신분의 중국인들과 격의 없이 소통했고, 괴로운 타향살이 속 즐거움을 벗과의 사귐에서 찾고 있던 심양의 상인들과 의기투합했다. 「속재필담」 중 "상공께서 비록 먼 나라에서 태어나셨지만 기상이 높고 늠름하여 문식이 공맹(孔孟)의 서책을 잘 알고 예법은 주공(周公)의 도를 통달하셨으니, 바로 큰 군자이십니다. 다만 한스러운 것은 우리가 사는 곳이 멀리 떨어져 있고 각기 다른 하늘 아래 살고 있으니 마음 속 생각을 다 풀지도 못하고 잠깐 만에 곧 헤어져야 한다는 것입니다"라는 전사가의 말에, 이구몽이 수없이 붉은 동그라미를 치며, "얽히고설킨 답답한 내 마음을 진정 잘 표현했소"라고 동조하는 장면은 양측의 참된 우정을 생생하게 전달해준다.

진정한 우정을 나누다

심양에서 중국인과의 교제에 물꼬를 튼 박지원은 북경과 열하에서 교유의 폭을 확대하여 진정한 문화 '교류'로 심화시켜 나갔다. 그는 자신보다 앞서 연행을 다녀온 홍대용을 필두로 유금(柳琴) · 나걸(羅杰) · 이덕무(李德懋) · 박제가(朴齊家) · 유득공(柳得恭) 등 벗들을 통해 중국 문사들에 관한 정보를 숙지하고 있던 터라, 연경에 가면 중국인들을 방문할 계획이었다. 게다가 통원보에서 만주인 글방 선생 부도삼격(富圖三格)이라는 자에게 유리창 내 명성당(鳴盛堂) 서점의 서책 목록을 빌려 초록해두기도 하고, 심양에서 만난 전사가로부터 유리창에서 골동품을 볼 때 유의할 점을 안내받기도 했으니, 북경에서의 첫 행선지가 유리창인 것은 당연한 일이었다.

「관내정사」 8월 3일 기사를 보면, 박지원은 공식 일정 외에 제일 먼저 이덕무와 교유한 당락우(唐樂宇)를 찾아가기 위해 유리창의 선월루(先月樓) 인근으로 향했다. 결국 그를 만나지는 못했지만 도중에 양매서가(楊梅書街, 지금의 북경 선무구 宣武區 양매죽사가 楊梅竹斜街)에 있는 육일루(六一樓, 또는 육일재 六一齋)라는 서점에 들렀다가 유세기(兪世奇) · 서황(徐璜) · 진정훈(陳庭訓) 등과 교분을 맺었다. 그리고 열하에서 돌아온 후 다시 유세기를 매개로 하여 태사(太史, 한림원 편수) 고역생(高棫生), 한림(翰林, 서길사 庶吉士) 초팽령(初彭齡)과 왕성(王晟), 거인(擧人) 능야(凌野)와 풍병건(馮秉健) 등과 양매서가에서 7차례 만나 필담을 주고받았다. 이밖에 전사가가 소개해준 태사 허조당(許兆黨)과도 교유했으리라 추정된다. 박지원은 이들과의 필담을 「양매시화(楊梅詩話)」로 정리했는데, 그 일부가 현재 남아있으며, 「피서록」과 「동란섭필」 등에도 그 편린이 전한다.

박지원은 열하에 있는 동안 태학에 묵었다. 그곳에서 전대리시경(前大理寺卿) 윤가전(尹嘉銓), 귀주안찰사(貴州按察使) 기풍액(奇豐額), 산동도사(山東都司) 학성(郝成), 광동안찰사(廣東按察使) 왕신(汪新), 예부상서(禮部尙書) 조수선(曹秀先), 거인 왕민호(王民皞) · 추사시(鄒舍是), 몽골인 경순미(敬旬彌) · 파로회회도(破老回回圖) 등 11인과 교분을 맺고 수차례 만나 필담을 나누었다. 그는 『열하일기』에 「경개록」이라는 편을 따로 설정하여 이들의 인적 사항과 특징적 면모를 짤막히 소개한 다음, 티베트 불교와 판첸 라마에 얽힌 내막은 「황교문답」으로 재구성하고, 친분이 두터웠던 윤가전과 왕민호를 주인공으로 부각시켜 「망양록」과 「혹정필담」으로 엮었다. 「망양록」은 윤가전 · 왕민호와 중국 고금 음악에 대한 이론을 중심으로 역대 치란과 처세 등을 포괄하여 토론한 내용이고, 「혹정필담」은 왕민호 · 윤가전 · 학성과 학술 · 문예 · 역사 · 정치 · 풍속 · 제

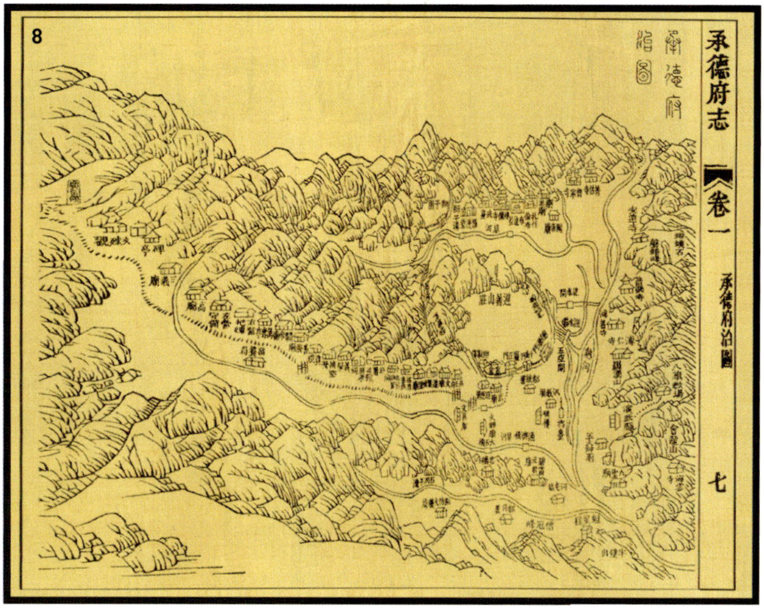

8 열하 전경
ⓒ요녕성 제공

도 · 천문 · 역법 등 광범위한 주제를 담론한 내용이다. 여기에 「태학유관록」· 「피서록」·「동란섭필」 등에 수록된 내용까지 더하면 박지원의 연행에서 열하에서의 교유가 차지하는 비중이 얼마나 컸던가를 충분히 살필 수 있다.

혹정(鵠汀, 왕민호의 호)이 "남당(南唐) 때 작은 발로 춤을 추어 후주(後主)의 마음을 녹인 장소랑(張宵娘)이라는 여자가 송나라 궁궐에 사로잡혀 왔는데, 궁인(宮人)들이 앞다투어 그녀의 작고 뾰족한 발을 흉내 내어 가죽과 천으로 발을 꽁꽁 싸매더니, 드디어 풍속을 이루었습니다. 그러므로 원나라 때엔 한족 여자들이 작은 발에 궁혜를 신음으로써 스스로 몽골 여자와 다르다는 표시를 하기도 했지요. 명나라 때 이를 금했으나 막지 못했고, 지금 만주족 여자들이 한족 여자의 전족을 비웃으며 남자의 음탕한 마음을 꾀어내기 위한 것이라고 하니 참으로 원통한 일입니다. 이것이 족액(足厄)입니다. 홍무(洪武) 연간에 고황제(高皇帝)가 미복(微服) 차림으로 도교 사원인 신락관(神樂觀)에 갔답니다. 그때 한 도사가 실로 짠 망건으로 머리칼을 묶는 것이 편리해 보여서, 태조가 망건을 빌려 쓰고 거울에 한 번 비춰보고는 크게 기뻐서 드디어 그 제도를 천하에 명했답니다. 뒷날 점차 말총 망건이 실을 대신하여 재갈을 물리듯 꽁꽁 얽어맨

9 **변발한 청나라 사람**
©요녕성 제공

9

자국이 낭자하게 남게 되었지요. 호좌건(虎坐巾)이라는 이름은 앞이 높고 뒤가 낮아서 마치 범이 쭈그리고 앉은 것 같음을 말하며, 또 수건(囚巾)이라고도 하는데 당시에도 이를 놀리는 사람이 있었습니다. 천하 사람들의 머리를 모두 그물 속에 가두었다고 말했으니, 아마도 불편하게 여기는 사람이 많다는 뜻입니다"하고는 붓으로 연암의 이마를 가리키며, "이게 바로 두액(頭厄)이지요"하기에, 연암은 웃으면서 그의 이마를 가리키며 말했다. "이 번쩍번쩍하는 건 또 무슨 액(厄)인가요?" 혹정은 비참한 듯 고개를 끄덕이고 즉시 '천하 사람들의 머리(天下頭額)' 이하의 글자를 모두 까맣게 지워버렸다.

왕민호는 한인(漢人) 여성들이 전족을 고수하고 있음을 비판하면서 이 세상에는 세 가지 '액(厄)', 즉 전족이라는 '족액(足厄)'과 담배라는 '구액(口厄)'과 망건이라는 '두액(頭厄)'이 있다고 했다. 위의 「태학유관록」 8월 10일자에 실려 있는 왕민호의 이른바 '삼액(三厄)'설은 19세기 연행록에 빈번하게 활용된 기사 중 하나다. 왕민호가 망건을 쓴 박지원의 이마를 가리키며 두액이라고 조롱하자, 박지원이 곧바로 변발한 왕민호의 이마를 가리키며 무슨 액이냐고 맞받아치는 대목에서, 고루한 조선인들보다 청의 강제에 의해 변발을 하게 된 한인들이 더 나을 것도 없다는 박지원의 예리한 풍자 의식을 엿볼 수 있다. 박지원이 만난 중국인들은 대체로 강남 출신 한인 문사들이 많았기 때문에 청조의 억압적 통치와 탄압에 관련된 민감한 발언을 하고 나면 필담 종이를 찢어서 입에 넣거나 태워버렸다. 박지원은 이러한 분위기 속에서 중국 사회 전반을 더욱 깊이 이해할 수 있었다. 청나라 현실에 대한 예리한 분석과 통찰력의 원천을 바로 필담에서 찾을 수 있는 것이다. 작별에 임하여 왕민호와 윤가전, 기풍액은 눈물을 흘리며 아쉬움을 토로했다.

『열하일기』 이후의 연행 기록에서 박지원이 교유한 중국 문사들을 만났다는 언급은 찾아볼 수 없다. 심양에서는 주로 강남에서 상경하여 점포를 운영하는 교양 있는 상인들을 만났고, 북경에서는 한림원 수찬이나 서길사가 아니면 회시(會試)를 준비 중인 한인 문사들을 만났으며, 열하에서는 중앙 및 지방 관원에서부터 학문 수준이 상당한 거인, 만주인과 몽골인 등에 이르기까지 두루 교제했다. 그러나 그 후로 중국에 간 인사들에 의해 그 인맥이 지속되지는 못했다. 비록 18세기~19세기 박제가와 김정희(金正喜) 정도의 규모에 비견될 만큼은 아닐지라도 『열하일기』를 통해 전승된 박지원의 중국 내 교유 활동은 후배 문인들에게 귀감이 되었다. 특히 그의 손자 박규수(朴珪壽)는 1861년(철종 12년) 열하문안사 사절단의 부사로 입연(入燕)해서 북경의 문사들에게 과거 자신의 조부가 강소(江蘇) 출신 왕민호와 교유한 일을 소개하고 그의 행적을 수소문했다.

박지원은 젊은 시절부터 함께 '북학(北學)'을 논한 지식인들 가운데 가장 늦게 연행길에 올랐다. 요양과 심양을 거쳐 연경과 열하까지 유람한 박지원의 연행은 조선인으로서의 주체성을 견지한 가운데 청나라의 번영상과 선진 문물을 직접 바라보고, 조선의 낙후된 현실을 타계할 구체적인 실천 방안을 모색해나간 과정으로서 귀중한 가치를 지닌다고 할 것이다.

참고문헌

김명호, 『열하일기 연구』, 창작과비평사, 1990

김태준 · 이승수 · 김일환, 『조선의 지식인들과 함께 문명의 연행길을 가다』, 푸른역사, 2005

송미령, 「18세기 후반 조선 지식인 박지원이 청 제국을 이해하는 방식」, 『중국사연구』 99, 2015

許放, 「철종시대 연행록 연구」, 서울대 박사학위논문, 2016

박지원 지음, 김혈조 옮김, 『(개정신판) 열하일기』, 돌베개, 2017

임영길, 「19세기 전반 연행록의 특성과 조 · 청 문화 교류의 양상」, 성균관대 박사학위논문, 2018

요녕성 항일 운동의 선구자

이계형
국민대학교

양세봉 梁世奉

양세봉

1896~1934

梁世奉

요녕성 항일 운동의 선구자

왕청문의 양세봉 동상

요녕성 신빈현(新賓縣) 왕청문(旺清門), 이곳은 우리나라 면 소재지 정도의 작은 진(鎭)에 불과하지만, 일제강점기에는 '한국 독립운동의 수도'라고 불렸던 곳이다. 1929년 6월에 만주에 자리한 3부, 곧 정의부(正義府)·참의부(參議府)·신민부(新民府)를 통합한 자치기관 국민부(國民府)가 길림에서 이곳으로 이전해 왔고, 1930년에는 국민부 정규군인 조선혁명군도 이곳에 자리했기 때문이다. 이후 '조선족'은 왕청문에 갈 때는 으레 "서울에 간다"고 말했다.

1995년 8월 29일 왕청문 인민정부가 신빈현 왕청문 소학교 앞에 대리석을 깎아 만든 높이 5.4m의 흉상 하나를 세웠다. 거기에는 '抗日名將梁瑞鳳(항일명장양서봉)'이라는 글씨가 새겨 있다. 양세봉 장군의 동상이다. 중국 정부가 한국 독립운동가를 기리는 거대한 기념물을 세운 일은 이례적이다. 그의 동상은 조선족 소학교가 없어지면서 지금은 무순으로 옮겨 자리하고 있다.

만주로 이주하다

양세봉(梁世奉, 1896~1934)은 1896년에 평안북도 철산군 세리면(洗里面) 연산동(連山洞)에서 5남매 중 장남으로 태어났다. 집안이 가난하여 서당의 소사(小使)로 일하면서 어깨너머로 한문을 익혔다. 17살이던 1912년에 부친이 사망하자 집안 살림을 떠맡았다. 그 뒤 1916년에 결혼했지만 가세가 더욱 기울자, 다음해 겨울에 압록강을 건너 흥경현(興京縣, 지금의 신빈현) 영릉진(永陵鎭)에 터를 잡고 중국인의 소작농으로 생계를 꾸려 나갔다. 그는 그곳에서 1년 조금

1 요녕성 신빈현 왕청문의 양세봉 동상
©양세봉장군기념사업회

2 요녕성 신빈현 영릉
©양세봉장군기념사업회

3 **양세봉 장군** ©양세봉장군기념사업회

넘게 생활한 뒤, 1919년 봄에 한인(韓人)들이 많이 거주하던 홍묘자(紅廟子) 사도구(四道溝)로 이사했다. 1918년 당시 흥경현에는 1만 3,326호, 6만 5천여 명의 한인들이 거주하고 있었다.

자연히 흥경현에는 한인공회(韓人公會), 대한독립의용단(大韓獨立義勇團) 등의 독립운동 단체가 있었고, 홍묘자에는 민족학교인 흥동학교(興東學校)도 자리했다. 이곳 한인들은 민족의식이 남달라 1919년 5월에는 만세 시위를 전개할 정도였다. 양세봉은 주도적으로 만세 시위에 동참했지만, 독립을 이루지 못하자 무장투쟁의 필요성을 깨닫게 되었다.

1920년경 양세봉은 대한독립단(大韓獨立團) 흥경현 지부에 들어갔다. 대한독립단은 1919년 3월 말에 길림성 유하현(柳河縣) 삼원보(三源堡)에서 결성되어, 친일파와 일제 고위 관리 등을 처단하는 의열 활동을 전개하는 단체였다. 대한독립단은 요녕성 일대와 국내에 지단(地團)을 설치했는데, 양세봉이 거주하던 흥경현에도 지부가 생겼던 것이다. 양세봉은 대한독립단의 공작원으로 식량을 수집하여 공급하는 일을 담당했지만, 얼마 뒤 식량을 빼돌렸다는 오해를 받아 부득이 집을 떠나 고향과 요녕성 일대의 여러 곳을 유랑해야만 했다.

항일 무장투쟁에 나서다

양세봉은 고향과 요녕성 일대를 유랑할 때인 1920년대 중반쯤 천마산대(天摩山隊)에 가입했다. 천마산대는 1920년 초에 평안북도 의주 · 삭주 · 구성군 경계의 천마산에서 의주 출신 최시흥(崔時興)의 주도로 만들어진 무장단체였다. 양세봉은 가입 이후 본격적으로 항일 무장투쟁에 나섰는데, 평안북도 창성군 대유동(大楡洞) 경찰서, 금광 사무소와 영림창 등을 기습하여, 군수물자와 금괴 등을 노획하고는 군자금으로 충당했다. 그 뒤 1920년 겨울에 천마산대가 대한민국임시정부와 연계하여 '대한광복군총영(大韓光復軍總營) 천마별영(天摩別營)'으로 편입되자, 그는 검사관 직책을 맡아 활동했다. 대한광복군총영은 1920년 9월에 요녕성 관전현(寬甸縣) 안자구(安子溝)에서 발족한 무장단체로, 대한민국임시정부의 직할 부대였으며 지금의 북한 일대를 관할했다. 양세봉은 압

4 상해 대한민국임시정부 청사
ⓒ독립기념관

록강을 건너 국내로 들어가 군자금 수합, 면사무소 · 주재소 습격 및 파괴, 한인 순사 · 친일파 처단 등의 활동을 펼쳤다.

1920년 10월 간도학살, 1921년 6월 자유시참변이 일어난 뒤 만주의 여러 독립군 단체들은 새로운 전략 전술의 필요성을 공감했다. 1922년 8월 환인현(桓因縣) 마권자(馬圈子)에서 남만한족통일회의(南滿韓族統一會議)를 개최한 뒤 대한통의부(大韓統義府)로 통합하고 의용군(義勇軍)을 결성했다. 이때 천마별영은 의용군 제3중대로 편제되었고, 양세봉은 최시흥 중대장 부하로 국내 진입작전과 요녕성 일대의 무장활동에 참여했다. 1923년 5월경에는 평안북도 창성군, 초산군 판면(板面), 의주군 고령(古寧)과 영산(永山) 일대의 경찰서, 면사무소 등을 습격하여 수십 명의 일본 경찰을 사살하는 전과를 올리기도 했다.

1923년 8월에 신파와 구파 간의 파벌이 생겨 대한통의부가 내홍에 휩싸이면서, 의용군 제1 · 2 · 3 · 5중대 장병들이 이탈하여 길림성 통화현에 참의부를 조직했다. 이때 양세봉은 동요하지 않고 대한통의부에 남았다. 그는 국내에 침투하여 평안북도 강계와 위원 일대에서 일제 경찰과 교전하는가 하면, 길림성 화전현(樺甸縣) 일대에서 항일 무장활동을 펼쳐 친일파들을 숙청했다. 1924년 7월에는 통의부 사령장 겸 군사위원장 신팔균(申八均)이 왕청문 이도구(二道溝) 밀림리(密林里)에서 신흥무관학교(新興武官學校) 관병들을 훈련시키던 중 일제의 사주를 받은 마적 떼들의 급습을 받았다. 이때 양세봉은 대원들과 함께 구출 작전을 펼쳤는데, 신팔균 등 수십 명의 독립군들이 전사했다.

통합의 기치를 높이 들다

의용군의 이탈로 통의부는 존립 위기에 봉착했다. 그에 대한 타개책으로 독립군 단체의 통합 운동이 일어나 1924년 7월에 전만통일의회주비회(全滿統一議會籌備會)가 개최되었다. 통의부를 비롯한 군정서(軍政署)·광정단(匡正團) 등의 대표들은 유하현에 모여 통합을 결의하고는 11월 정의부를 결성했다. 정의부는 군사·재정·행정·교육·사법 등 모든 부문을 조직했는데, 이때 양세봉은 의용군 제5중대 제1소대장이 되었다.

정의부는 성립된 지 1년이 안 되어서 내분에 휩싸였다. 1925년 3월에 흑룡강성 일대에서 신민부가 조직되면서, 만주 일대에는 3부가 정립하는 형세를 보였다. 정의부·참의부·신민부의 3부 대표자들이 대한민국임시정부 각료로 입각하게 되자, 만주 일대에서 무장투쟁을 계속해야 한다는 주장이 제기되었고, 그 때문에 서로 충돌했다. 당시 독립운동은 민족주의와 사회주의 계열로 분화되었고, 1925년 6월에 봉천 군벌 장작림(張作霖)이 일제와 미스야협정(三矢協定)을 체결하면서 크게 위축된 상황이었다. 더욱이 중국 군벌과 일본 군경이 수시로 3부의 활동에 간섭하고 독립군을 체포하던 때였다.

그럼에도 불구하고 1926년 1월에 정의부 중앙조직이었던 중앙행정위원회와 중앙의회가 대한민국임시정부의 참여 문제로 갈등을 겪다가 서로 불신임하며 와해되는 사태가 발생했다. 양세봉은 이러한 문제를 해결하고자 의용군 제2중대 대표로, 정의부의 의용군 대표들과 관할 구역의 지방 대표들이 조직한 군민대표회(軍民代表會)에 참석했다. 그는 대표들과 함께 정의부 헌장을 새롭게 공포하는 등 난국을 수습하는 데 앞장섰고 정의부가 원래의 상태로 회복하는 데 힘을 보탰다.

그러나 중국 동북 군벌과 일제의 재만한인(在滿韓人)에 대한 압박은 가중되었다. 이에 정의부는 민족운동의 역량을 결집시키고 재만한인들의 당면 문제를 해결하고자 1926년 11월에 길림성 반석현(盤石縣)에서 중앙의회를 개최했다. 이때 양세봉은 정의부 의용군 제1중대 소대장으로 전임되었다. 그 뒤 양세봉은 1927년 2월 제4중대장에 임명되어 대원 20명을 거느리고 흥경현에 주둔했다. 이때 그가 중대장을 맡을 수 있었던 것은 당시 중대장들이 군기를 문란하게 하고 직무를 해이하게 처리했다는 이유로 면직되었기 때문이다. 양세봉은 그만큼 모범적이고 본분에 충실한 지휘관이었다.

양세봉은 1927년 4월에 길림성 신안둔(新安屯)에서 개최된 3부 통합운동인 민족유일당 촉성을 위한 첫 회의에 정의부 의용군 대표의 한 사람으로 참가했다. 첫 회의는 별다른 성과를 얻지 못했지만 민족유일당을 수립하려는 의지는 강했다. 1927년 12월과 이듬해 1월 하순에 정의부 의용군 사령과 오동진(吳東振), 신민부 중앙집행위원 김혁(金赫) 등 10여 명이 체포되는 사태가 일어나기도 했지만 민족유일당 운동은 계속되었다.

다만 동참한 인물들의 이해관계와 각 단체의 입장에 따라 통합 조직의 방법론을 두고 두 갈래로 나뉘었다. 1929년 4월에 한인 자치조직인 국민부가 탄생했고, 완벽한 통합 조직은 아니었지만 군제 개편을 단행하여 국민부 소속의 조선혁명군도 만들어졌다. 이때 양세봉은 군사정치위원 겸 조선혁명군 제3대장으로 선출되어, 화산(樺山) 및 요녕성 환인현 동쪽을 담당하게 되었다. 그는 제3대장의 명의로 경고문을 발표하여 독립운동을 치열하게 계속할 것이라는 의지를 표명했다.

그 뒤 국민부와 지도 정당인 조선혁명당, 자위조직이자 독립군인 조선혁명군이 흥경현 왕청문으로 옮겨오면서, 왕청문은 요녕성 일대 한인들에게는 '수도'로 인식되었고 그곳은 '서울'이라 불렸다. 국민부 본부가 있던 곳은 왕청문 조선족 소 · 중학교로 변했다가 2008년 이후 중국인이 운영하는 공장으로 바뀌었다.

조선혁명군을 창설하다

갓 출범한 국민부의 당면 과제는 친일단체인 선민부(鮮民府)를 파괴하는 것이었다. 당시 선민부는 요녕성 일대의 대표적인 친일단체로 독립운동에 많은 피해를 주었다. 국민부는 선민부 토벌지휘부(鮮民府討伐指揮府)를 조직했는데, 양세봉은 부대장으로 임명되어 총대장 이웅(李雄)과 함께 선민부 토벌에 나섰다. 그는 친일 주구배(走狗輩)의 싹을 자르기 위해서, 1929년 11월경에 소분대

5 요녕성 신빈현 왕청문 조선족학교의 조선혁명당 본부 터
ⓒ독립기념관

를 파견하여 밤에 통화의 선민부 본부를 기습했다. 그 결과 악질 순사로 이름을 날렸던 문영선(文永善)을 사살하는 등 간부 대부분을 숙청했다. 이후 친일단체는 유명무실해졌고, 양세봉의 명성은 보다 더 확고해졌다.

1929년 12월에 국민부는 '이당치국(以黨治國)'의 목적에서 민족유일당 동맹을 바꿔 조선혁명당을 창설했고, 당군(黨軍)으로는 조선혁명군을 편성했다. 이때 각 부대의 대표자가 조선혁명당의 군사위원으로 선임되었는데, 양세봉은 부사령으로 임명되었다. 총사령과 참모장 등은 중국의 정규 군관학교를 졸업한 엘리트 장교들이었다. 양세봉은 엘리트 출신이 아니었으므로, 그의 부사령 임명은 매우 충격적인 '사건'으로 받아들일 정도로 파격적인 것이었다. 그것은 양세봉이 남다른 조국애를 가지고 있고 독립운동에 헌신한 바가 컸으며 강한 리더십과 성실성을 인정받은 결과였다. 이후 그는 독립전쟁의 선봉장으로 이주 한인의 보호와 친일파 소탕, 일제 기관의 파괴는 물론 '악질 부호'도 응징했다.

1930년 8월에 국민부와 조선혁명당의 주요 구성원들은 향후 진로에 대해 두 조직을 해체할 것인지 유지할 것인지를 두고 양분되었다. 양세봉 등 옹호파가 주도하여 국민부는 유지되었고 조선혁명군은 5개 중대제로 개편했지만, 양측이 충돌하면서 급기야 유혈사태로까지 번졌다. 제2중대장 양세봉은 국민부 옹호파를 도와 반대파를 제거하는 데 주도적인 역할을 담당했다. 그 뒤 1930년 10월에 신빈현에서 열린 조선혁명군 지휘관 회의에 참석한 양세봉은 국민부 집행위원장 현익철(玄益哲)을 총사령에 선임하며 부대를 재정비했다. 11월에는 국민부가 왕청문에서 중앙집행위원부 및 소속 조선혁명군 요녕지휘부를 설치

했는데, 그는 제5대장에 이름을 올렸다. 안정을 되찾은 국민부는 흥경 · 유하 · 무본(撫本) · 관전 등을 비롯하여, 이전 선민부의 지역이었던 통화 · 환인 · 집안(集安) 등지까지 관할하며 의무금을 징수했다.

한중 연합 투쟁을 모색하다

1931년 9월에 만주사변이 일어나자 일제가 장악한 만주지역의 독립운동 단체 상황은 급변했다. 양세봉은 한국과 중국의 연대투쟁이 필요하다는 것을 절실하게 깨닫고 왕청문에서 중국인 왕동헌(王彤軒)의 요녕농민자위단(遼寧農民自衛團)과 협의하여 연합부대를 편성했다. 이와 때를 같이 하여 1932년 1월에 국민부 군정간부 30여 명은 흥경현 하북(河北)에 모여 대책을 논의했는데, '관내이동론'과 '만주견지론'이 팽팽하게 맞섰다. '관내이동론'은 일제가 만주를 점령한 상황에서 적은 역량으로 이들과 대적하기에는 역부족이라고 판단한 결과였다. 양세봉 등은 항일무장투쟁의 최전선인 만주를 포기할 수 없으며, 만주에는 20여 년 동안 민족해방운동을 지원한 한인 100만 명이 있는데 이들을 배반할 수 없다며 '만주견지론'을 주장했다. 결국 '만주견지론'이 채택되었고 중앙위원회가 개편되어 조선혁명군 총사령에 김관웅(金寬雄), 부사령에 장세용(張世庸)이 임명되었다. 그런데 이때 통화 일본영사관의 일본 경찰과 치안대가 회의장을 포위하는 바람에 김관웅 · 장세용 등 고위급 간부들이 체포되고 말았다. '신빈사건'이 일어난 것이다.

위기를 맞은 국민부는 진영을 새롭게 개편했는데, 양세봉은 1932년 1월에 중앙집행부위원장과 군사집행위원장, 조선혁명군 총사령에 임명되었다. 양세봉은 먼저 조선혁명군을 5개의 사(師)로 개편하고 총사령부를 왕청문에 두었다. 또한 그는 부속 중학인 화흥중학(化興中學)을 속성 사관학교로 개편하고 요녕성 통화현 강전자(江甸子)로 옮겼다. 사관학교는 전성기 때에는 재학생이 700여 명에 달했지만, 1933년 가을 일본군 전투기의 폭격으로 소실되고 말았다.

양세봉은 국내로 대원들을 파견하여 군자금을 모집하는가 하면 국내 진공 작전을 벌여 일체 침략기관을 파괴하고 일제의 치안을 교란시켰다. 특히 그는 중국인들이 조직한 항일 의용군과 연합 항쟁을 추진했다. 곧 1932년 4월에 중국 의용군 사령관 이춘윤(李春潤)과 협의하여 요녕민중자위군(遼寧民衆自衛軍)을 조직하기로 하고 조선혁명군의 특무대·선전대대와 연합 작전을 펼치기로 했다. 당시 조선의용군의 부대 규모는 중국군에 비해 작았지만 뛰어난 전투력을 보유하고 있었다. 한중 연합군은 1932년 10월까지 일본군과 2백여 차례의 크고 작은 전투를 치렀고, 이로 인해 중국인의 한국인에 대한 좋지 못한 감정도 호전되었다.

한중 연합 작전을 이끌다

1932년 5월에 양세봉은 3개 중대를 인솔하고 중국 의용군 부대와 합세하여 요녕성 무순 천금채(千金寨)로 진군하던 중 신빈현 남쪽에 숙영했다. 이러한 정보를 입수한 만주군과 일본군은 박격포·기관총 등 중화기로 무장하고 공격해 들어왔다. 그러나 일본군들은 지리에 익숙한 조선혁명군의 전술에 말려들어 교전 1시간 만에 고지를 빼앗기고 퇴각했다. 한중 연합군은 일본군을 30여 리까지 추격하여 영릉가성(永陵街城)에 이어 상협하(上夾河)까지 점령했다. 5일 동안 계속된 전투에서 일본군은 많은 사상자를 내고 달아났고 연합군은 수많은 전리품을 노획했다. 한중 연합군은 '영릉가 전투'에서 승리했다.

영릉가 전투에서 참패를 당한 일본군은 1932년 6월에 폭격기까지 동원하여 흥경성을 함락하였다. 양세봉은 중국 의용군 이춘윤의 부대 1만여 명과 연합하여 총공격을 했고, 기진맥진한 일본군은 서남문으로 패퇴했다. 그 결과 흥경성에서도 전승 축제가 무르익어 사기가 충천했다.

그 뒤 1932년 6월 요녕민중자위군의 총사령부가 환인에서 통화로 옮겨가자, 양세봉이 이끌던 특무대도 따라 들어가 총사령 당취오(唐聚五)와 회합했다. 양세봉은 '한중 두 민족의 이해를 두텁게 하고 단결과 합작을 강화하기 위해' 요녕구국회 선전부 내에 한인선전과를 신설하고 한글신문 『합작(合作)』을 창간했다. 또한 그는 부대원들에게 항일의식을 고취시키기 위해 요녕민중자위군 군사위원회가 제정한 「군기이십조(軍紀二十條)」를 한글로 번역·인쇄하여 배포하기

6 **신팔균** ⓒ독립기념관
7 **이춘윤** ⓒ요녕성 제공
8 **당취오** ⓒ요녕성 제공

도 했다.

이후 1932년 10월까지 조선혁명군은 일본군과 여러 차례 전투를 치렀는데, 일본군처럼 공군력이 없어 열세를 면하기는 어려웠다. 더욱이 1932년 말경에 당취오 부대가 일본군과 만주군에 의해 와해되자, 다음해 1월에 양세봉은 왕청문 남의(南依) 목수둔(木樹屯)에서 조선혁명군 수뇌부 소집회의를 개최하고 부대를 3개 방면군으로 개편하고서 중국 의용군과 연합하여 유격전을 전개하기로 했다.

1933년 4월에 양세봉은 조선혁명군의 활동 무대를 집안현과 임강현(臨江縣) 일대의 한중 국경지대로 옮겼다. 이곳에서 조선의용군은 유격전과 국내 진입작전을 전개했다. 1934년 3월에 흥경현 쌍립자(雙砬子)에서 조선혁명군은 간부회의를 소집하여 항일 연합 범위를 확대하고 투쟁의 기지를 건립하며 다른 무장 세력과의 연계를 강화하기로 했다. 양세봉은 조선혁명군을 3개 사, 7개 중대로 개편했다.

한편 양세봉은 열세해진 조선혁명군의 군사력도 만회하고자 했다. 1934년

5월에 참모장 김학규(金學奎)를 북경에 몰래 보내어 중국 관내로 철수한 당취오와 연락을 취하거나 장개석(蔣介石)의 지원을 요청하기도 했지만 뜻대로 성사되지는 못했다. 이러한 상황 속에서 6월에 양세봉은 흥경현 진주령(珍珠嶺)에서 일본군 기차를 습격하여 수십 명의 일본군을 사살했다. 하지만 일본군의 공세는 더욱 강해졌고 치밀해졌다. 일본군은 1934년 6월~10월에 조선혁명군과 중국 항일세력을 토벌하기 위해 만주군 5~6천 명을 동원하는가 하면 귀순권유 공작과 매수 · 회유 등 각종 사상 공작을 벌였다.

일본군의 공세에도 불구하고 1934년 7월 중순에 양세봉은 이춘윤 의용군 부대의 잔류병 5백 명과 연합하여 무순현 노구대(老溝臺)를 점령하고, 1개 연대 규모의 일본군과 이틀 동안 격전을 벌였다. 그 뒤 일본군이 1개 대대의 병력으로 통화현 쾌대무자(快大茂子)에 주둔 중인 조선의용군 부대를 습격했으나 이를 물리치기도 했다. 다만 비교적 대규모 부대로 활동해온 조선혁명군은 계속된 전투에 적지 않은 병력을 잃은 데다가 강력해진 일본군의 강공에 점점 위축되어 갔다.

독립군 사령관으로 세상을 뜨다

이 무렵 일제의 밀정 박창해(朴昌海)가 조선혁명군을 직접 · 간접으로 후원하던 중국인 왕명번(王明藩)을 매수하여, 환인현의 양세봉을 찾아가 중국 항일군과 연합을 논의하자면서 환인현 소황구(小荒溝)의 골짜기로 유인했다. 1934년 9월 18일 밤에 양세봉은 부관들과 함께 왕명번을 따라 나섰다. 의심이 들지 않은 것은 아니었지만, 당장 가지 않으면 참모들이 반대하여 그 일이 성사되기 어려울 것으로 판단했기 때문이었다.

이날 밤은 음력 8월 10일이었기에 상현달이 어슴푸레 길을 비추었다. 그들이 밤 11시쯤 소황구에 이르렀을 때 앞서가던 왕명번이 갑자기 높이 자란 옥수수밭으로 사라졌다. 이와 동시에 매복해 있던 일본군 선무공작대가 나타나 양세봉을 향해 기습 사격을 했고, 양세봉은 가슴에 두 발의 총탄을 맞고서 쓰러졌다. 일본군들이 달아난 뒤 일행들은 그를 들것에 싣고 가까운 한인 집으로 옮긴

9

9 요녕성 환인현 양세봉 순국지
ⓒ독립기념관

뒤 정성껏 간호를 했지만 상처는 매우 깊었다. 양세봉은 만 하루 반이 지난 9월 20일 오후 1시 6분에 통한의 눈을 감았다. 15년을 풍찬노숙하며 헌신적으로 일제와 무장투쟁을 벌였던 그는 39세의 나이로 생을 마감했다.

동지들은 그를 흥경현 쌍립자의 한인 마을 뒷산인 흑구산성(黑溝山城) 아래에 다른 사람들이 쉽게 알아보지 못하도록 봉분이 없이 평장했다. 그런데 통화의 일본영사관에서는 이 소식을 접하고는 경찰과 헌병들을 보내 그의 목을 잘라 오도록 했다. 그곳 마을 주민들은 일본 경찰과 헌병의 협박을 못이겨 양세봉의 시신을 파냈다. 일본 경찰은 마을 촌장에게 양세봉의 목을 작두로 자르라고 명령을 했는데, 그가 완강하게 거부하자 그를 총살하고서 직접 목을 자른 뒤에 통화 시내 거리에 양세봉의 목을 매달았다. 동지들이 양세봉의 머리를 회수하려고 했지만 끝내 성공하지 못했다. 그가 순국한 뒤 김활석(金活石)이 총사령에 취임했으나 조선혁명군은 급격히 세력이 위축되었다. 소규모 유격전으로 겨우 독립군의 명맥을 유지했을 뿐이었다.

그의 죽음을 애도하고 추모하다

조선혁명군 사령관 양세봉의 피살 소식을 들은 관할 지역의 한인들은 비통한 심정으로 그를 추모했다. 중국 공산당 계열의 동북인민혁명군 제1군 지휘원들도 애석해 했으며, 중국 동북 지역과 관내에서 발행되던 진보 잡지들도 추도문을 실어 그의 죽음을 안타까워했다. 항일 잡지 『흑백반월간(黑白半月刊)』 제

10

11

10기는 "그는 수년 동안 분투하며 혁명의 구호를 불러일으킨 조선 혁명의 걸출한 영수 중 한 사람이다. 이에 그가 희생되어 조선 독립운동의 전도에 큰 영향을 미치게 되었다"라며 애도했다. 양세봉과 함께 한중 연합 무장투쟁을 이끈 요녕민중자위군 사령관은 "슬프다! 산하는 그대로 있건만 인사(人事)는 기대에 어긋난다"며 안타까운 심정을 토로했다. 미주(美洲)의 『신한민보(新韓民報)』는 양세봉의 순국 며칠 뒤에 비교적 큰 지면을 할애하여, '조선혁명당 중앙상무집행위원 겸 혁명군 총사령 고 양세봉 동지의 순국을 추도함'이라는 특집 기사를 게재하여 그의 생애와 활동을 정리 · 보도했다. 훗날 요녕성 일대의 동변도(東邊道) 지역에서는 양세봉을 칭송하는 노래가 유행했는데, 그것은 아래와 같이 지금까지도 전해지고 있다.

〈항일 공신 양세봉〉
백두산은 은빛마냥 새하얗고
산 밑에 무성한 산림이 우거졌도다.
청송은 일 년 사시절 푸르고
양세봉은 영원히 항일공신이라네.

1974년에 한국의 국립서울현충원에는 그의 묘비가 마련되었다. 1962년에 양세봉 등 조선혁명군 관계자들이 독립유공자로 선정되고 애국지사 묘역 조성이 논의되면서 그의 묘지도 함께 조성된 것이었다. 하지만 그의 묘지는 허묘이다. 시신이 없기 때문이다. 다른 묘비와 달리 '공훈판'에 아무런 내용도 쓰여 있지 않은 것도 그러한 이유에서다.

그의 실묘는 현재 평양 형제산 구역 신미동의 애국열사릉에 있다. 통화의 일본 경찰에 의해 훼손된 양세봉의 시신을 재만한인들이 다시 수습하여 가매장한 것을 1946년 당시 북조선임시인민위원장 김일성이 양세봉의 부인 임재순과 큰아들 양의준을 평양으로 이주시키면서 1961년에 그의 시신을 발굴해서 평양 교외에 안장했다가 1986년 애국열사릉으로 이장한 것이다. 양세봉은 남과 북 모두에서 독립유공자로 추앙을 받고 있다.

10 서울 국립현충원의 양세봉 허묘
ⓒ양세봉장군기념사업회

11 평양 애국열사릉의 양세봉 묘
ⓒ양세봉장군기념사업회

1990년에 중국 요령인민출판사에서 중문판 『압록강변의 항일명장 양세봉(鴨綠江邊的抗日名將梁世奉)』을 출판했고, 그해 중국 조선역사학회에서는 '양세봉학술토론회'를 열었다. 1993년 요령민족출판사에서 발간한 『중국 동북에서의 조선독립군의 활동사략(朝鮮獨立軍在中國東北活動史略)』, 1995년 『항일반세기』, 2003년 『불굴의 항일투사 윤희순』 등의 책자에서는 양세봉의 항일사적을 수록하여 그의 업적을 현양했다. 이와 함께 1995년 8월에 신빈현 왕청문 소학교에는 그의 동상이 세워지기도 했다. 이것은 양세봉이 중국인은 물론 중국 조선족 한인 사회, 한국과 북한 등에서 존경을 받는 인물이라는 사실을 보여주는 증거이면서, 요령성이 한국 독립운동의 거점이었음을 알려주는 상징이라고 할 수 있다. 양세봉은 요령성에 한국 독립운동의 뚜렷한 흔적을 남겼다.

참고문헌

최봉룡, 「조선혁명군의 한 · 중 연합항일작전 : 양세봉 사령의 활동을 중심으로」 『한국민족운동사연구』 31, 2002

조문기, 『조선혁명군 총사령관 양세봉 : 1930년대 항일무장투쟁사의 큰 봉우리』, 나무와숲, 2007

채영국, 『1920년대 후반 만주지역 항일무장투쟁』(한국독립운동의 역사 50), 한국독립운동사연구소, 2007

장세윤, 『남만주 최후의 독립군 사령관 양세봉』, 역사공간, 2016

황민호, 「1930년대 재만 조선혁명군의 항일무장투쟁과 한중연합작전의 동향」 『한국민족운동사연구』 87, 2016

이씨 집안과
조선의 인연

이택면
철령시 이성량연구회

이성량 李成梁

이성량

1526~1615

李成梁

이씨 집안과 조선의 인연

정국이 불안정하였던 명나라 만력제 때 변경 수비는 상당한 성과가 있었다. 그것은 동남 변경을 지키던 척계광(戚繼光, 1528~1588)과 동북 변경을 지키던 이성량(李成梁, 1526~1615) 두 명장이 있었기 때문이었다. 다만 당시 이성량의 명성은 척계광보다 훨씬 높았다. 이성량은 명나라 문무 관리들이 부패하고 나약하여 변방 방위가 피폐한 시기에 40여 년 간 북방 요새를 종횡무진으로 다스리고 요동을 30여 년이나 지켰다. 또한 강호들을 수차례 격파하면서 북방의 각 유목 부락들을 강력하게 억제하였고, 강토를 대략 천리나 확장하여 순식간에 '이가군(李家軍)'이라는 명성을 널리 퍼뜨렸다.

이성량과 그 가족은 조선과 깊은 인연을 가졌다. 『명사(明史)』에 보면, 이성량의 "고조 영(英)은 조선에서 귀순하여 철령위 지휘첨사(鐵嶺衛指揮僉事)의 세습을 하사받고서 거주하였다"라고 언급되어 있다. 이성량은 슬하에 9명의 아들을 두었는데, 저마다 용맹하고 싸움에 능하여 혁혁한 전공을 세웠다. 큰 아들 이여송(李如松, 1549~1598)은 임진왜란 때 명군(明軍)을 인솔하고 조선을 지원하여 왜군을 격퇴하는 등 조선과 깊은 우정을 맺었다. 당시 출정에서 이씨 후손들과 근위병들의 손실은 매우 컸지만 그 사적은 오늘날까지 전해지고 있다.

명나라 말기에 활동하였던 두 장수, 이성량과 이여송의 영광을 살피면서 그들 가족이 조선과 맺은 인연을 더듬어 보고자 한다.

조선에서 온 이성량 선조

나무는 뿌리가 있고 물은 원천이 있기 마련이다. 많은 역사 기록과 가보첩

1 철령의 이씨 조상 무덤 석상생(石像生)
ⓒ요녕성 제공

(家譜牒)을 보면, 이성량 가족은 조선에서 중국으로 건너 왔다고 되어 있다. 그들이 조선의 어느 지역에서 왔고, 또 언제 철령(鐵嶺)으로 이주하였는지 등과 관련해서는 여러 설이 전한다. 지금까지 가장 설득력이 있는 설은 바로 성주 이씨 설과 여진 혈통 설, 두 가지이다.

성주 이씨 설

성주 이씨는 경주 이씨, 전주 이씨와 함께 한국의 3대 이씨 가운데 하나로, 시조 이순유(李純由)는 신라 말기에 친동생 이돈유(李敦由)와 함께 조정에 입사하여 재상을 지냈다. 신라가 멸망하고 고려가 후삼국을 통일한 뒤, 두 형제는 '한 신하는 두 임금을 섬기지 않는다'는 신조로 절개를 지키기 위해서 고려 조정에서 내린 높은 벼슬과 많은 녹봉을 거절하고 개명하고서 경산부(京山府)로 이주하였다. 경산부는 성주(星州)의 옛 명칭으로, 지금의 성주군 벽진면이며, 벽진(碧珍) 이씨의 발상지이기도 하다. 두 형제는 앞으로도 자신들은 고려의 벼슬을 하지 않을 것이므로, 후손들도 고려에서 벼슬을 하지 말라고 하였다. 그러나 9세손인 이효삼(李孝參)은 지방의 하급 관리인 호장(戶長)을 지냈다. 이 때부터 이씨 가족은 날로 흥성하여 고려의 이름난 귀족으로 자리하였다. 특히 12대손

이장경(李長庚)은 국왕으로부터 농서군공(隴西郡公)에 봉해지기도 하였다.

이승경(李承慶)은 이순유의 14대손으로, 원나라 과거의 을과에 급제하고 입사하여 태자첨사(太子詹事)와 어사(御史)를 역임하였다. 그는 사무 처리에 침착하면서도 결단성과 담력, 식견이 있어서 요양행성(遼陽行省)의 참지정사(參知政事)로 승진하였고, 또한 조정으로부터 '첩목아불화(貼木儿不花)'라는 몽골 이름을 하사받았다. 하지만 뒤에 모친이 병환으로 세상을 떠나자 장례를 위해 귀국한 뒤, 고려에 머물며 돌아가지 않았다. 원나라 순제는 그의 재능을 아껴 요양성 사탑(遼陽省事塔) 해첩목이(海帖木爾)를 보내 돌아올 것을 명령하였지만, 그는 사절하고는 고려 공민왕 아래서 시랑장사(侍郎章事)를 지냈다. 1359년(지정 19년)에 유복통(劉福通)이 인솔한 농민봉기군 '홍건군(紅巾軍)'이 3개의 노선을 따라 높은 기세로 북진을 하자, 원나라 조정은 아주 급한 위기에 처하게 되었다. 이 때 이승경은 왕명을 받아 원나라로 다시 들어와 도원수로 임명되어 군대를 인솔해 홍건군을 물리쳤다. 서경으로 복귀한 그는 충근경절협모위원공신(忠勤勁節協謀威遠功臣)의 작호를 받았다. 이승경은 아들 둘을 두었는데, 큰 아들은 영(英), 둘째 아들은 백(白)이었다. 이들 가운데 이영은 바로 훗날 철령 이씨의 시조가 되었다. 이성량의 선대를 성주 이씨와 관련짓는 사람은 대체로 성주 이씨 문중인데, 한국 역사학계에서도 같은 이해를 가지고 있다.

여진 혈통 설

강희판본(康熙版本)『이씨보계(李氏譜系)』「세차원시(世次原始)」에는 이영의 선조 다섯 명의 이름으로 이철근수(李哲根穗), 이합산(李哈山), 이하패노(李廈霸努), 이파도리(李把圖理), 이응니(李膺尼) 등이 기록되어 있다. 계보 순서가 없어졌기에 선조 다섯 명의 세차 순위는 고증을 하지 못하여 "감히 주석하지 못한다"고 하였다. 따라서 이영을 1세로 배열하여 철령 이씨의 시조로 삼았다.

1940년에 일본의 역사학자 원전일구(園田一龜)는『이씨보계』와 다른 문헌을 함께 고찰한 후「이성량 및 그 가족」(『동양학보』 26권 1기)이라는 글을 썼다. 그는 이씨가 여진 혈통일 가능성도 있다고 주장하면서 두 가지를 제시하였다. 첫째, 선조 다섯 명의 이름은 한인이나 조선인과 같지 않고 오히려 여진인과 같다. 둘째, 역사적으로나 지리적으로나 이씨의 용감하고 날쌘 특성을 볼 때, 압록강 우안(右岸)의 여진인 출신인 것 같다. 그는 이씨가 여진 추장인 이현충(李顯忠), 이만주(李滿柱)와 같은 근본을 나눈 사람으로 의심하였던 것이다.

이성량 · 이여송의 활동과 입신

이성량는 자가 여계(汝契), 호는 은성(銀城)으로, 1526년(가정 5년) 7월 14일에 철령위성(鐵嶺衛城)에서 태어났다. 그는 나이 40살이 되서야 군대에 들어갔지만, 불과 8년만에 흠차진수요동총병관(欽差鎮守遼東總兵官)으로 승진되었고, 태자태보영원백(太子太保寧遠伯)의 작위를 받았다. 역사가는 그를 대기만성형의 인물로 규정하면서, '영민하고 날래며 장수의 재능을 많이 가진 자', '출정하면 필승하여 위세를 먼 곳까지 떨친 자'라고 평가하였다. 이성량은 이씨 '군사 가족'의 창시자라고는 할 수 없지만, 그것을 완성하여 최고 위치에 올려놓았다.

이성량의 집안은 장군의 세가였다. 일찍이 명나라 초기에 이성량의 5세조, 곧 천조(天祖)인 이응니는 무공으로 부천호(副千戶)로 승임(陞任)되었고, 고조 이영은 '군공으로 세습할 수 있는 철령위 지휘첨사직'에 임명되었으며, 증조 이문빈(李文彬)은 지휘첨사를 세습하였다. 조부 이춘미(李春美)는 천호직을 세습하였지만, 철령 팔리장(八里莊)과 시하(柴河)에서 세운 전공으로 도지휘첨사(都指揮僉事)로 승임되어 정3품 관원이 되었다. 그 뒤에 '명령을 받아 가서 애양(靉陽)을 수비하여' 진국장군(鎮國將軍)에 봉해졌다. 부친 이경(李涇)은 전례에 따라 지휘첨사 직위를 물려받았다.

그런데 이씨 군사 가족의 규모가 어느 정도 이루어지던 초기에 이춘미는 탐오죄(貪汚罪)로 해직되었고, 그의 외손자 김여천(金汝泉)은 독직죄(瀆職罪)로 연좌되었다. 이경은 "누님이 혼자서 고독할 것을 염려하여 누님의 아들 대신 귀양하면서" 앓고 있던 몸으로 군사죄에 대한 형벌을 받았다. 이씨 가족의 발전은 당연히 제어되었고, 가족 가운데 가장 크게 영향을 받은 자는 장자이자 장손이었던 이성량이었다.

전례와 법률에 따른다면, 이성량은 당연히 선조의 관직을 물려받아야 하였

2 이수덕이 편집 인쇄한 강희판 『이씨보계』
ⓒ요녕성 제공

다. 그렇지만 가정이 쇠락한 탓에 부패한 조정에 뇌물도 줄 수 없었기에, 40살까지는 아무 것도 할 수 없는 무생원(武生員)에 불과하였다. 그러나 1566년(가정 45년)에 이르러 이성량의 인생 역정은 큰 변화를 맞았다. 곧 그해 5월에 순안어사(巡按御史) 이보(李輔)가 황명을 받아 "요양도사(遼陽都司) 유학이 문무생원들을 품성에 의해 고찰 · 선발"하였기 때문이다. 이 때 이보는 이성량의 재능을 발견하면서, 그가 무공 가문 출신이라는 것도 확인하였다. 국가가 바로 인재를 활용할 때라고 여긴 이보는 사재를 아낌없이 들여 이성량이 입경(入京)하여 부친의 지휘첨사직을 물려받도록 도왔다.

군계(軍界)에 진출한 이성량은 뭍에 올라왔다가 다시 물속으로 들어간 고기처럼 그 재능과 용기를 신속히 발휘하여 불과 1년도 채 안 되는 사이에 군공을 인정받았다. 그는 신설한 요동험산 참장(遼東險山參將)에 제수되어 진(鎭)의 동쪽 13개 성보(城堡)를 관할하였다. 그 뒤에 위소제도(衛所製度)로 개편으로 금주(金州)와 황골도(黃骨島)도 관할에 두었다.

1567년(융경 원년)에 몽골의 찰합이부(察哈爾部)가 요동의 영평(永平) 일대를 침범하였다. 찰합이부는 곧 삽한부(插漢部)로 몽골 부족 가운데 세력을 점차 확대하였다. 그해 부장 토만(土蠻)이 강한 기병을 인솔하여 요동의 중심 지역을 침범하였던 것이다. 영평에서 긴급 구원을 요청받은 이성량은 군대를 거느리고 급히 지원하여 적을 변경 밖으로 쫓아냈다. 이것은 기록에서 전하는 이성량과 몽골인의 첫 싸움이었다. 그 뒤 전후의 공이 인정되어 이성량은 요양 부총병(遼陽副總兵)으로 승진하였다. 그는 요양성에 주둔하는 요동 부총병으로, 위소(衛所) 6곳와 주(州) 1곳, 병사 3천명을 거느렸다. 관할 구역은 동쪽으로 압록강 노변장(老邊墻)까지, 북쪽으로는 개원진(開原鎭) 북관(北關)까지였다.

당시 이성량을 추천한 사람은 내각수보(內閣首輔) 장거정(張居正)이었다. 이와 관련하여 "만력 연간(1573~1620) 초기에 장거정은 '변방의 관리들을 법대로 관리해야지 사사로운 감정으로 다스려서는 안된다'고 하면서, 유독 성량을 찬양하면서 여러 장수들 가운데서 선발하였고, 성량도 스스로 분발하였다", "그래서 요동인은 그를 찬양하면서 충직하고 용감하여 쓸 만한 인재이므로 후한 상을 내려야 한다고 하였다. 이득을 가지고 대우를 한다면 명사들도 자진하여 선발될 것이다"라는 기록이 전한다. 장거정이 이성량을 변방을 지키는 대장군으로 중용한 것은 인재를 등용할 때 이론적으로 독창성을 가졌을 뿐만 아니라 실제 기존의 틀을 혁파하고 규정을 혁신하여 본보기를 보여준 것이었다. 장거정의 개혁 의지나 관리를 정돈하고 군의 기강을 확립하여 변방을 공고히 하면서 침략을 막아내는 일련의 새로운 정치적 주장들은 이성량이 자신의 재능을 발휘할 수 있는 여건으로 작용하였던 셈이다.

호랑이 새끼는 아비를 닮는다고 하였듯이, 이성량의 큰 아들 이여송도 부친을 따라 이씨 가족을 이끈 차세대 인물이 되었다. 이여송은 자는 자무(子茂), 호는 앙성(仰城)으로, 명나라 요동 철령위 사람이다. 1549년(가정 28년)에 태어났는데, 어려서부터 날쌔고 총명하여 부친에게 무예를 배웠고, 16살 때부터는 부친을 따라 북적과 싸웠다. 그 뒤에도 그는 "매우 용감하고 아버지의 풍채를 지녀" 싸움을 잘한 탓에 여러 차례 전공을 세웠다. 1574년(만력 2년)에는 고륵채(古勒寨) 전투에서 왕고(王杲)에게 심한 타격을 가해 큰 공적을 세웠고, 다음해에는 부친의 직위를 계승하여 무진사(武進士)에서 도지휘동지(都指揮同知)가 제수되었으며 영원백의 직위를 받았다. 1577년 4월에 몽골의 토만부(土蠻部)는 다시 침입하여 하동(河東)과 연합하고는 소규모 기병대를 보내 서부를 약탈

3

4

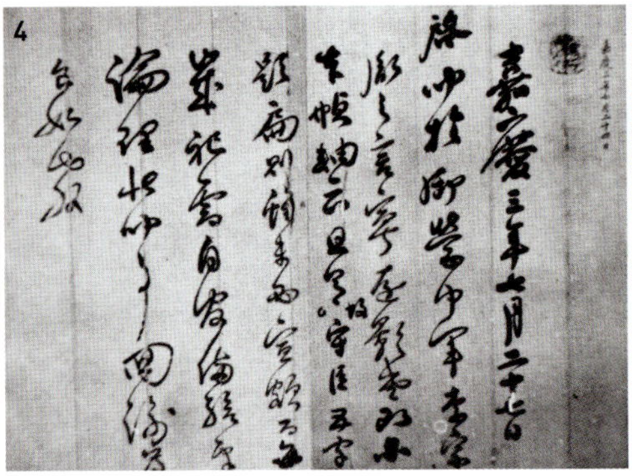

5

3 이성량 초상화 ⓒ요녕성 제공
4 「조선건영원백이성량영당사액관문(朝鮮建寧遠伯李成梁影堂賜額關文)」 ⓒ요녕성 제공
5 이성량, 「진국장군이군성림행장(鎭國將軍李君成林行狀)」 ⓒ요녕성 제공

하였다. 이여송은 아버지 이성량을 따라 이여백(李如柏), 이여계(李如桂), 이여오(李如梧) 등을 인솔하고 토만부 소굴을 습격하여 승리를 거두었다. 이 전공을 인정받아 황화진 수비(黃花鎭守備)로 승임되었다. 이듬해 12월에도 전공으로 밀운 유격(密雲遊擊, 지금의 북경 밀운)으로 제수되었고, 계료보정군문(薊遼保定軍門)의 우영 유격(右營遊擊)으로 승진하였다. 그 뒤 1579년에는 연속으로 전공을 세워 마수구 참장(馬水口參將)으로 옮겼고, 다음해 8월에는 황명으로 훈위(勛衛)에 제수되었다. 1581년에는 도독금사(都督金事)로 가봉(加封)되었고 부총병으로도 승임되었으며, 1583년에는 산서총병(山西總兵)으로 임명되었다. 이와 같이 이성량, 이여송 부자는 변방을 잘 지킨 공로로 황제의 신임을 받아 끊임없이 영전되었다. 부자는 모두 총병으로 위풍당당하게 요충지를 지키면서 탁월한 공훈을 세웠고 제법 큰 군대를 장악한 변방의 주요 관리로 활동하였다.

몽골 · 여진과 싸운 이성량

한족의 명나라 왕실이 몽골족의 원나라를 무너뜨렸다. 몽골의 각 부는 명나라 건립 이래 명나라와 지속적으로 다투었다. 북원(北元)의 잔여 세력은 명나라 변방을 위협하였고, 올량합삼위(兀良哈三衛) 등의 부락이 요동 변방을 습격하고 교란하였다. 문헌에 의하면 융경제와 만경제 때 변방을 침범한 횟수가 가장 많았던 것은 몽골의 올량합삼위 중의 찰합이부였다. 사망한 원나라 소왕자(小王子)의 후대(後代)는 엄답부(俺答部)의 군장(君長)이었다. 가정제 때 소왕자의 둘째 아들이 엄답부주(俺答部主)가 된 뒤 찰합이부를 이끈 토만은 하사품을 달라고 더욱 절박하게 나섰다. 담판을 통해서 일이 성사되지 못하자, 그들은 곧바로 위법 행위를 저질렀고 요동 변방을 침입하여 요동 지방 백성들의 일상적인 생산과 생활 활동을 교란시켰다. 그들은 때로는 독부(毒部)나 타안부(朵顔部)와 연합하여 큰 병력을 이끌고 요동 변경을 침범하기도 하였다. 이성량이 총병으로 나아가기 전에 전임 3명의 총병들은 모두 그들의 정예 기병대에 의해서 목숨을 잃었다.

기록을 보면, 이성량은 군사적 협동과 측면 호응을 통해서 올량합삼위와 첫

6

7

번째 교전을 치렀다. 1567년(융경 원년) 12월에 "북적이 변경으로 처음 넘어 왔을 때 군사들은 대체로 바라보고 있었다. 요동총병 왕치도(王治道)가 참장 왕기(王沂) 등을 인솔하여 응전하려고 하였는데, 북적은 북쪽으로 물러서 변경을 빠져 나가려다가 우리 쪽의 준비가 있는 것을 눈치 채고는 동쪽으로 방향을 바꾸어 갔다. 아군이 평산영(平山營)까지 쫓아가자, 선두는 계속 앞으로 나갔다. 산해관에 머물렀던 요동순무(遼東巡撫) 위학증(魏學曾)은 참장 이성량, 유격 낭득공(郎得功)에게 병사를 거느리고 치도와 회합하여 작전을 전개하도록 하였는데, 그 결과 북적은 의원구(義院口)로 달아났다"고 하였기 때문이다. 이것은 포위작전으로, 전투 규모는 상당히 컸다. 당시 참장으로 있던 이성량은 요동순무 위학증과 밀접히 협조하고 측면에서 호응한 끝에 승리를 거두었다.

1569년 정월에 이성량은 부총병으로 조배산(彫背山, 지금의 조병산 調兵山)에서 태녕부장(泰寧部長) 속파해(速巴亥)와 치열하게 싸웠고, 그해 4월에는 장파실(張擺失), 애실합(艾失哈) 등과 협하산성(夾河山城, 지금의 본계 일대)에서 격렬하게 싸웠다. 9월에도 복언올(卜言兀)과 금주에서 격전(激戰)하였는데, 이때 총병 왕치도가 전사하자 이성량은 요동총병관(遼東總兵官)를 대리(代理)하기도 하였다.

1571년(융경 5년)부터 1586년(만력 14년)까지 이성량은 몽골 세력과 16차례나 교전하였다. 이전의 네 차례 교전을 합치면 그가 몽골과 전투를 벌인 것은 무려 20차례나 된다. 1579년에 이성량은 태녕부장을 참수한 공으로 황제에게 태자태보영원백에 책봉되었다. 1586년 이후 몽골 세력은 심한 타격을 여러 차례 입어서, 비로소 침략 야심을 거두었다.

그러나 명나라 군사가 여진 부족과 마주한 작전 상황은 이와는 달랐다. 몽골 부락이 요동 중심지를 침입한 것은 주로 약탈을 위해서였지만, 여진 각 부는 약탈 외에 강한 부락이 약한 부락을 병탄하거나 도발하려고 하였다. 요동을 지키던 군사는 날로 강대해지는 여진 세력을 미리 막기 위해서 당연히 그들을 정벌하고 약화시켜야 하였다. 이에 따라 이성량은 요동 관병(官兵)을 거느리고 여진과도 전투를 전개하였다. 그것은 바로 건주부(建州部) 왕고에 대한 토벌이었다.

왕고는 건주 우위도지휘사(建州右衛都指揮使)였는데, 눈치가 빠르고 총명하였지만 포악하고 오만하였다. 그는 명나라와 가까웠던 여진 동족을 약탈하거나 살해하였을 뿐만 아니라 명나라 수위(守衛) 관원들을 빈번히 도발하여 부총병 이하, 하급 무관인 파총(把總) 이상의 장병 수 십명을 살해하였다. 특히 파총 한 명과 백여 세대는 복부를 도려내고 심장을 꺼내 죽이기도 하였다. 왕고 부락이 이처럼 날뛰자, 1574년(만력 2년)에 명나라는 그들의 공시(貢市)를 정지시켜 여진족의 생활을 궁핍에 빠지게 하였다. 왕고는 피동적인 상황을 달갑게 생각하지 않았으므로, 그 해 10월 중심 부락의 세력을 모으고 몽골 부락과 연합하여 요동 지역을 침입하고자 모색하였다. 이성량은 첩보를 입수한 뒤, 바로 군대를 동원하여 매복의 계략을 펴서 적을 공격하였다. 왕고는 군사 3천명을 인솔하고서 오미자충(五味子沖, 지금의 무순 지역)에 왔지만, 명나라 군사의 맹렬한 습격을 받아 간신히 주둔지인 고륵성(古勒城, 지금의 무순 신빈현 일대)으로 돌아갔다. 고륵성은 지형이 험한 자연적인 보루이기에, 왕고는 스스로 성이 견고하다고 여겼다. 하지만 고륵성은 이성량의 화공(火攻)을 견디지 못하였고, 때마침 불어온 바람의 영향으로 모두 불타 버리고 말았다. 왕고는 정세가 좋지 못하다는 것을 깨닫고는 기회를 노려 성 밖으로 빠져나와 도망쳤다. 이 전투에서는 여진인 1204명이 사살되었다. 그 뒤 왕고는 개원합달부(開原哈達部)에서 생포되

6 명나라 때 건립된 이성량 석패루(石牌樓) ⓒ요녕성 제공

7 철령 경내에 위치한 이성량 간화루(看花樓) 유적 ⓒ요녕성 제공

어 경성(京城)으로 압송되었으며, 결국 사지를 찢어 죽이는 책형(磔刑)을 받았다. 이로써 비교적 일찍 일어난 여진의 반역 세력은 전멸하였다.

이성량이 군인이 된 뒤 22년 동안 요동을 지키면서 직접 지휘한 전투 중에 사료에 기록된 '대전(大戰)'은 무려 50여 차례에 이른다. 그는 실제 전투 과정에서 배우고 운용하면서, 군사적 전략과 전술을 절정으로 이끌었다. 몽골을 타격하고 여진을 제어하여 요동 중심지의 안녕을 지켰고, 그 지방의 사회 생산력을 유지하였다. 이성량은 탁월한 군사적 재능으로 전장에서 싸우고 변방을 호위하여 명나라의 통치를 유지하면서 멸망 속도를 늦추었다.

이성량 부자의 군사 활동을 살펴보면, 군사 이론과 실천, 두 가지 중에 실천에 좀 더 편중되었다고 할 수 있다. 군사 이론에 대한 평가가 적고 군사 실천을 직접 행한 것이 많다는 것을 '실천형(實踐型)' 장군이라고 하는데, 군사적인 방어와 공격에서 공격을 더 중시하고, 공격적인 전략과 전술에서는 주로 전술적 공격에 중점을 두었기 때문이다. 이성량 부자는 용감하고 싸움을 잘하는 주관적인 성격과 '동제서회(東制西懷)'의 객관적인 전략을 동시에 구사하는 독특한 풍격(風格)을 가진 '진공형(進攻型)' 장군이었다.

왜적을 섬멸한 이여송

1587년(만력 16년)에 일본 관백 풍신수길(豊臣秀吉)은 분열 · 할거하였던 전국시대를 종결시키고 일본을 통일하여 군정 대권을 장악하였다. 그는 이어 조선을 점령하고 명나라를 빼앗아 동아시아를 제패할 야심을 실현하려고 모색하였다. 마침내 1592년 4월에 그는 군사 20만 명을 보내어 조선을 침입하였다. 왜적(倭敵)은 동래(東萊)에서 3개 노선으로 나뉘어 조선의 수도 한양을 향해 진격하였다. 동로는 가등청정(加藤清正), 서로는 흑전장정(黑田長政), 중로는 소서행장(小西行長)이 맡았다.

당시 조선은 효율적으로 방어를 하지 못하여 개전 2개월 만에 한양이 함락되고 두 왕자는 포로가 되었다. 전국이 거의 다 상실된 지경에 이르자, "사신들은 명나라에 지원을 요청하기 위해 밤낮없이 압록강을 넘어 다녔고" 조선 국왕 선조는 평양으로 피난한 뒤 사신을 명나라에 계속 파견하면서 지원을 요청하였다. 조선의 위급한 정세를 고려한 명나라 신종은 군대를 파견하여 조선을 지원하고 왜적을 제어하기로 하였다.

신종은 병부에 명령하여 요동진(遼東鎮)을 조선으로 출병하게 하고, 조선 군사에게 은 2만냥을 주면서 요동진의 예비금으로 은 20만 냥을 지불하도록 명령하였다. 선봉 사유(史儒)와 부총병 조승훈(祖承訓)은 앞뒤로 조선으로 갔지만, 지리를 잘 모르는데다가 적을 얕잡아본 탓에 평양에서의 첫 전투에서 참패를 당하여, 사유는 전사하고 조승훈은 귀국하였으며, 조선 선조는 의주로 피난하였다.

북경에 참패 소식이 전해지자 명나라 조야는 당황하였다. 8월에 신종은 병부 우시랑(兵部右侍郎) 송응창(宋應昌)을 왜적을 방어하는 경략사로 임명하였다. 10월에는 이여송을 동정제독(東征提督)으로 임명하여 계주(薊州), 요동, 보정(保定), 산동 지역의 군사 4만 8천명을 이끌고 동정을 하도록 하면서 바다를 지키는 왜총병관(倭總兵官)을 담당하도록 조처하였다. 자료에 의하면 이여송은 "용맹하고 싸움을 두려워하지 않는다. 어려서부터 부친을 따라 군사에 통달하여 천하의 명장이다. 영하(寧夏)…를 성공적으로 정복하였고…천하의 대총병(大總兵)으로 13총병들이 모두 여송의 명령을 따른다"고 기록되어 있다. 그의 동생인 좌군 이여백과 이여매(李如梅)도 "조선에서 발생한 매우 위중한 왜환(倭患)에 대처하기 위하여 여송을 계주, 요동, 보정, 산동 지역의 여러 군대를 인솔해서 약속한 일자에 동정하라고 조서를 내렸다. 동생 여백, 여매도 함께 군대를 거느리고 지원하러 갔다.…12월에…출정식을 하고 도강(渡江)하였다"고 하였듯이, 왜적을 방어하는 부총병으로 임명되어 조선을 지원하고 왜적을 격퇴하려고 함께 나섰다.

1593년 정월 4일에 이여송은 군사를 거느리고 조선으로 왔고, 6일에는 평양성 외곽에 도달하였다. 그날 밤에 왜적이 출동하여 이여백의 부대를 습격하였지만 오히려 격퇴되었다. 이여송은 명나라와 조선 군사를 지휘하여 평양을 포위하였다. 8일에 이여송은 공격을 명령하여 몸소 성 아래까지 가서 작전을 지휘하였다. 명군은 먼저 화포와 화전(火箭)으로 공격하고, 거센 바람을 이용

8 **이여송 초상화** ©요녕성 제공
9 **이여백 초상화** ©요녕성 제공

하여 왜적의 성채를 불태웠으며, 각 부의 장병들도 성을 공격하기 시작하였다. 왜적은 성벽 위에서 큰 돌 등의 무기로 명나라 군대에 반격을 가하였다. 명나라 군사들은 이여송의 지휘 아래 용감하게 싸웠는데, 당시 전투 상황에 대해서 "제독은 비겁하게 퇴각하는 자를 효수하여 진지 앞에서 장병들에게 보여주면서 '성 위에 먼저 오른 자에게는 은 5천냥을 포상한다'고 크게 외친 뒤, 좌협도지휘(左協都指揮) 장세작(張世爵)과 함께 칠성문(七星門)을 공격하였다. 문루를 이용하는 적을 공격하기가 어려워지자, 제독은 '대포로 공격하라'고 명령하였다. 문루는 대포 2발을 맞아 깨지고 넘어져 불타버렸다. 제독은 군대를 재정비하여 진입하였다"라고 기록되어 있다. 왜적들이 성 안의 각 성채들로 후퇴한 뒤 사력을 다해 저항하자, 명군은 성채를 하나씩 공격하면서 왜적과 치열한 시가전을 벌였다. 명군의 사상자들은 점점 많아졌고, 이여송은 자신이 탄 말이 적탄에 맞아 죽었지만, 여전히 용맹하게 장병들의 공격을 지휘하였다. 이여송은 조선 군사의 지원을 받아 하루 종일 왜적과 피흘리는 격전을 벌인 끝에 마침내 왜적을 섬멸하고는 평양성을 수복하였다. 이여송은 용감하게 싸웠고 능숙하게 지휘하였다.

명군은 평양 전역에서 대승을 거두었고, 왜적은 대동강을 건너 용산(龍山)으로 후퇴하였다. 승기를 타고 19일에 이여송과 이여백 부대는 개성을 수복하였다. 그 뒤에도 명군은 계속하여 황해, 경기, 강원 지역을 되찾았고, 왜적은 한양으로 후퇴하였다. 27일 이여송은 왕경을 공격할 노선을 정찰하기 위하여 하인과 함께 경기병(輕騎兵) 등 1천명만 데리고 한양에서 30리 정도 떨어진 벽제관(碧蹄館)으로 향하였다. 왜적들은 매복하여 이여송 일행을 공격하였고, 명군은 화기와 갑옷 등을 지니지 않았기에 맨손으로 왜적과 육박전을 벌일 수밖에 없었다. 이여송은 용맹하게 돌격하면서 몸소 맨 뒤에서 적을 막아 싸우며 지휘하였다. 동생 이여매가 군대를 이끌고 와서 여러 겹의 포위망을 뚫어준 덕분에 이여송과 명군은 수 백명의 사상자를 낸 채 빠져 나올 수 있었지만, 이여송은 이미 중상을 입은 상태였다. 명군은 "벽제 전투에서 아군은 많은 사상자가 생길 만큼 갑작스레 당하였지만 여송은 장병들을 잘 인솔하며 용감하게 싸웠다. 소수가 다수에 맞서 왜적의 두목을 사살하였고, 계속 왜적을 사살하려고 하였으

李提督 如松

10

나 왜적은 이미 패퇴하여 도망쳐 버렸다"고 하였듯이, 명군은 큰 패배를 당하였지만 왜적에게도 큰 타격을 안겨 주었다. 또한 벽제 전투에서 패배를 당한 뒤에 "어떤 사람이 그가 화친하는 바람에 나라가 치욕을 당하였다고 항상 공격하였지만 황제는 묻지도 않았다"고 할 정도로 신종은 이여송을 매우 신뢰하였다.

이렇듯이 평양과 개성을 연이어 수복한 명군은 한양의 외곽에 신속히 집결하여 다음 목표를 향해 진격을 준비하였다. 당시에는 왜적의 가등청정 부대도 한양에 도착하여 소서행장과 회합하였다. 3월에 이르러 이여송은 왜적의 후방 군수품을 차단하기 위해서 부총병 사대수(查大受)를 몰래 보내 왜적의 물자가 저장되어 있던 용산을 기습하여 군량 수 십만섬을 태워버렸다. 군량을 잃은 왜적은 더욱 빨리 패퇴하였다.

4월에 왜적은 다시 함안, 진주를 약탈하고는 전라도 지역으로 접근하였다. 이여송은 급히 이평호(李平胡)와 사대수에게 강원도 지역에 군사를 주둔하도록 하고, 조승훈과 이녕(李寧)에게는 함양에 머물도록 하며, 유(劉)아무개에게는 합천에 주둔하도록 하는 등 각각 맡은 지역을 지키도록 명령하였다. 왜적은 명군이 예상한대로 침입하였고, 명군 장군은 모두 승리를 거두었다. 4월 18일에는 황해, 평안, 경기, 강원 등이 연이어 수복되었고, 왜적은 명나라와 강화하고 두 왕자를 송환하면서 잔여 부대를 조선의 동남 바닷가쪽으로 철수시켰다. 동남의 일부 지역을 제외한 한강 이남의 천 여리에 이르는 조선 영토는 대부분 수복되었고 정세가 점차 안정되었다.

그 뒤 12월에 신종이 조선에서 철병하라고 명령하자 이여송은 귀국하면서 1만 여명의 군사만 조선에 남아 주둔하도록 조처하였다. 귀국 후에 그는 공적을 인정받아 신종에게 태자태보로 가봉(加封)되고 매년 녹봉으로 쌀 1천섬을 더 받았다.

10 〈평양성 전투(平壤城戰鬪)〉 병풍 중 조명 연합군이 왜군과 교전하는 장면
ⓒ고려대학교박물관

전쟁 속에서도 펼친 조선과의 교류

이여송은 지략이 뛰어나 능수능란하게 적을 제압하고 승리를 이끈 군사적인 천재였지만, 문학과 회화에서도 뛰어난 재능을 갖추었다. 이것은 그가 조선의 친구들과 교류하는 과정에서 확인할 수 있다.

이여송이 조선 영의정 류성룡(柳成龍)에게 증정한 이금(泥金) 부채는 현재 한국의 국보급 문화재로 지정되어 있다. 부채의 한쪽 면에는 「증조선영의정류성룡(贈朝鮮領議政柳成龍)」의 제목을 단 칠언율시가 적혀 있다. 이 시는 국보 제132호 『징비록(懲毖錄)』에도 수록되어 있다.

提兵星夜渡江干, 爲說三韓國未安

군대 이끌고 밤새 도강한 것은 삼한이 편안하지 못하기 때문이라네.

明主日懸旌節報, 微臣夜釋酒盃歡

밝으신 임금께서는 매일 전선의 소식 기다리는데

미약한 신하는 밤새워 술잔을 즐기네.

春來殺氣心猶壯, 此去妖氛骨已寒

살벌한 기운 도는 봄에도 마음은 오히려 장쾌하니

이번에는 요귀들 뼛속까지 서늘하리라.

談笑敢言非勝算, 夢中常憶跨征鞍

승산이 없다고 감히 말하겠는가 꿈속에서는 늘 출정의 안장만을 생각하네.

11

부채의 또 다른 면에는 이여송이 그린 대나무 그림이 있다. 이 부채의 글씨와 그림을 보면, 중국 동진 때의 서예 대가인 왕희지와 왕현지 부자의 영향을 받았고, 또한 명나라 초기의 '대각체(臺閣體)'와 많은 관련을 가지고 있음을 알 수 있다. 붓끝은 침착하고 과단성이 있으며 치졸은 소박하지만 '대각체'와 같이 경박하거나 정연한 것은 없는 편이다. 이것은 그가 무관이기에 관습에 구애받지 않았던 매우 귀한 특징이다. 그의 초서는 비교적 전문적이고 자연스러우며 표준적인데, 전통적인 서예 비첩으로 공을 들이지 않았다면 그렇게 쓰지 못하였을 것이다.

한편으로 다시 시를 음미하면, 시의 뜻 역시 매우 깊은 것을 알 수 있다. 그것은 한 장수가 국가를 위해서 온 힘을 다하고 충성을 다하면서 개인의 생사와 득실을 따지지 않았던 숭고한 정신이 담겨 있는 것이다. 임측서(林則徐)가 "국가의 이익을 위해서 생명도 바칠 것인데, 어찌 재화 앞에서 물러서 복 앞에 다가서겠는가"라고 한 것과 동공이곡(同工異曲)의 감정이다. 또한 칠언율시는 근체시로서는 가장 짓기 어려운데, 평측(平仄)과 운율, 함련(頷聯)과 경련(頸聯)은 대구(對句)가 짜임새가 있어야 하고 평측이 조화로워야 하기에, 여간한 실력을 갖지 못한 사람이면 짓기도 어렵다. 전반적으로 보면, 위의 시는 내용이나 서예 수준 등에서 구하기가 어려운 가작임이 분명하다.

한편 한국금석문연구회의 이씨 후인(李氏后人)이 소장한 「증우인시고수적

11 이여송, 「증조선영의정유성룡」
ⓒ요녕성 제공

(贈友人詩稿手迹)」이라는 이여송의 작품도 전한다. 이 작품은 행초서(行草書) 형식으로 썼으며, 역시 자작 칠언율시이다. 앞부분에는 시에 관한 서문이 적혀 있는데, "나는 수 천리를 무기를 들고 원정을 하고자 동쪽 압록강에 이르러 우리 사돈인 총병 동공(佟公)을 만났다. 조선의 한 낭중(韓郎中) 이 쓴 서예 작품을 발견하고는 그가 뛰어난 인재임을 알게 되었는데, 조선에 도착한 뒤에 낭중은 나에게 남아 있는 대문자의 서예 작품과 당시(唐詩)를 내주었다. 서체에는 힘이 실렸고 높고 낮음도 잘 어울린다. 시 한수를 읊어 보니 대단하다는 것을 알 수 있었다"고 하였다. 시의 내용은 다음과 같다.

營屯細柳大江濆, 露下驅馳爲爾君
가는 버드나무 있는 큰 강변에 군대를 주둔시키고,
이슬을 이고 내달린 것은 임금 위해서네.
草絕窮山飢萬馬, 煙寒三日餒三軍
풀 조차 없는 산에서 군마들은 굶고,
3일 동안 추운 한기에 대군들도 굶주렸네.
刀頭飮血心偏壯, 陣里看圖勢不分
창끝의 피를 핥으니 마음은 더 굳어지고,
진지에서 지도를 보니 정세는 분간할 수 없네.

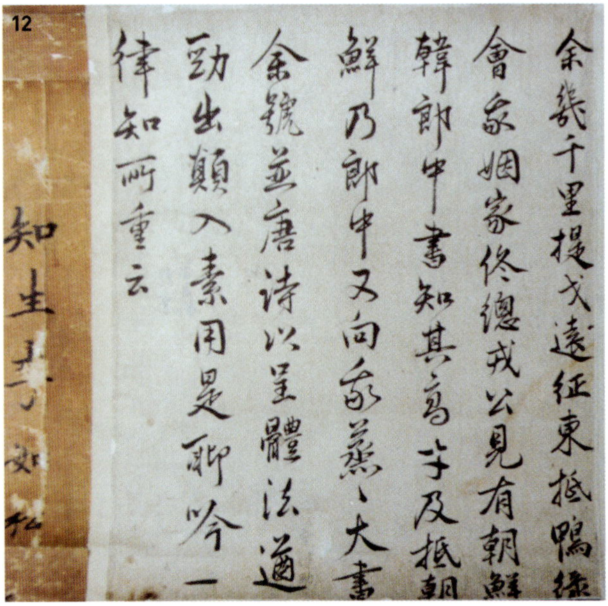

須促行糧千里饋, 一時鼓勇滅妖氛

군량을 멀리서 보내라고 독촉하였으니

순식간에 용기 내어 요기를 없애리라.

낙관으로 '앙성송제임진강상(仰城松題臨津江上)'이라고 쓴 이 작품은 부채에 쓴 「증조선영의정류성룡」과 비교하면, 붓끝은 많이 다르지만 왕희지와 왕헌지 부자의 노첩파(路帖派) 작품이라고 할 수 있다. 특히 조맹부(趙孟頫)의 결자(結字)와 글자를 쓰려는 용의(用意)를 볼 수도 있다. 붓 움직임은 물 흐르듯이 거침없이 자연스럽고 경쾌하면서도 침착함을 잃지 않았으며, 가로 세로는 모두 명확하다. 적들과 마주한 싸움터에서 이와 같이 온화하고 우아하며 과격하지 않으면서도 짜임새 있는 시문 작품을 썼다는 것은 위험 앞에서도 두려워하지 않으며 큰 일에 당황하지 않는 대장군 이여송의 풍모를 그대로 보여주는 것이다. 위의 두 작품으로 볼 때, 이여송은 서예나 시문 모두에서 일정한 경지에 도달하였다고 할 수 있다. 많은 여유 시간을 갖거나 우연히 쓴 것이 아닌 척하거나 문학을 즐겨 하는 체 하는 무리들의 작품과는 다르다. 그의 시는 소박하면서도 호방하고 흉금을 그대로 표현하였으며, 그의 서예는 단정하면서도 수려하고 문학적인 기운을 가득 담았다. 아쉽게도 알려진 그의 서예와 시문 작품이 적기 때문에, 명나라 말기 서예계와 시단에서 차지하고 있는 그의 지위를 평가하기는 어렵다. 그러나 이여송의 서예와 시문 작품은 당시의 무장 가운데서도 절대적으로 뛰어났으며, 문인들 중에서도 매우 품위가 있다고 할 수 있다. 더욱이 위의 두 작품은 한중 우호 관계의 실증이기도 하다.

12 이여송, 「증우인시고수적」
ⓒ요녕성 제공

이여송은 조선의 벗을 진심으로 대하였고, 조선도 자나깨나 이여송을 잊지 않았다. 조선 국왕 정조는 1756년(건륭 41년)에 즉위하여 25년 동안 재위하였다. 그는 다문박식하여 많은 저술을 남겼는데, 현재 전하는 『홍재전서(弘齋全書)』에는 이여송과 관련한 8편의 글이 실려 있다. 그것은 「제독이공사당기 무신(提督李公祠堂記 戊申)」, 「제독이공여송정불조지전 구제건사일치제문(提督李公如松定不祧之典 購第建祠日致祭文)」, 「제독이공여송묘치제문(提督李公如松廟致祭文)」, 「황명총병이여매치제문(皇明摠兵李如梅致祭文)」, 「이제독여송손원탁수병곤교(李提督如松孫源擢授兵閫敎)」, 「이제독사당유제문(李提督祠堂侑祭文)」, 「이제독후손희장창제일제직교(李提督後孫熙章唱第日除職敎)」, 「이제독생년월일(李提督生年月日)」 등이다.

위의 8편 중에 이여송과 관련된 것은 5편이고, 이여매는 3편, 이원과 이희장은 각각 1편 씩이다. 이 글은 요동과 조선에서 활동하던 이씨 가족의 경력을 기록하였을 뿐만 아니라 이씨 가족과 조선의 관계를 알아보는 데도 매우 중요한 자료로 알려져 있다.

이여송은 조선에 체류하던 동안에 조선 여인 금봉화(琴鳳花)와 혼인하였다. 그는 귀국할 때 금씨를 데리고 가려고 하였지만 금씨는 고향, 친족과 이별하는 것을 아쉬워하여 동행을 거절하였다. 이여송은 그 아쉬움이 사람의 정상적인 감정이라고 생각하고는 자신의 호신물인 보검을 임신하고 있던 금씨에 건네주고 못내 아쉬워하며 작별하였다. 뒤에 금씨는 셋째 아들을 낳았는데, 무씨(武氏)가 낳은 큰 아들 세충(世忠), 둘째 아들 성충(性忠)처럼 이름을 천충(天忠)이라고 지었다. 이천충은 뒤에 천근(天根)으로 이름을 바꾸고 자정대부(資政大夫) 병조판서까지 관직을 지냈다.

조선은 이여송과 이여매를 은인이자 신인(神人)으로 삼았을 뿐 아니라, 「황명총병이여매치제문」에 “후손이 동쪽으로 오면 세세대대 벼슬에 봉한다”고 한 것처럼, 그의 후손들에게도 은혜와 애정을 베풀었다.

현재 이천근과 그 후손들의 정황은 명확하지 않다. 하지만 『성주이씨대동보』에서 보면, 후손은 이미 십여 대를 이어 대부분 거제도에 계속 거주하고 있음을 알 수 있다. 이원은 그 후손 가운데 한 사람이었다. 「이제독사당유제문」에 “이름을 원(源)으로 하사한다”고 하였으므로, 이원의 이름은 조선 국왕이 하사한 것이다. 국왕이 이여송의 후손에게 ‘원’이라는 이름을 내린 것은 이원에게 근본을 간직하고 원천을 잊지 말라는 뜻을 담은 것으로, 선조 이여송의 업적과 공덕을 잘 간직하면서 동국에서 발휘하고 발전하도록 격려하려는 뜻도 담았다.

참고문헌

이택면, 『이성량 및 그의 가족』, 흑룡강인민출판사, 2003
이사군 편, 『이성량연구』, 요해출판사, 2011
이택면, 우경부, 이사군 편, 『이성량가족시문선편』, 요해출판사, 2016

조선과 명나라의
새로운 우호를 이끈

필보고
요녕대학

유홍훈 劉鴻訓

유홍훈

1565~1634

劉鴻訓

조선과 명나라의 새로운 우호를 이끈

유홍훈(劉鴻訓, 1565~1634)은 자는 묵승(默承), 호는 청악(靑岳)이다. 1613년(만력 41년)에 진사로 입사한 뒤 한림원 서길사(庶吉士)에 제수되었다가 얼마 지나지 않아서 편수(編修)로 승진하였다.

1620년(만력 48년)에 후금의 강력한 압박으로 조선은 후금과 강화 조약을 맺었다. 이 소식이 북경에 전해지자 명나라 조야는 당황에 빠졌다. 특히 신종과 광종이 연이어 서거하여 장례를 지낸 혼돈스러운 상황에서 태자 주유교(朱由校)가 즉위하여 명나라 희종이 되었다. 그는 조선과의 관계를 다시 건립하기 위해 1621년(천계 원년) 늦봄에 유홍훈을 정사로, 양도인(楊道寅)을 부사로 하여 요동을 거쳐 조선에 출사(出使)하도록 하였고, 태창(泰昌) · 천계(天啓) 두 조서를 반포하였다.

명나라는 1450년(경태 원년)부터 1633년(숭정 6년)까지 조선에 여러 차례 사절단을 보냈다. 사절단의 정사와 부사는 대부분 학식이 풍부하고도 문장 구상이 매우 빠른 문신들을 주로 선발하였다. 그들은 조선에 도착하여 문인들과 시문(詩文)을 주고받으면서 문장으로 벗을 사귀는데 힘썼다. 그들의 사명이 끝난 이듬해에 조선에서는 그 작품들을 모아 책을 엮고는 그 해의 간지를 붙여 『황화집(皇華集)』으로 출판하였다. 다만 1506년(정덕 원년)의 창화(唱和) 시문은 너무 적어서 모아 엮을 수 없었기에 1493년(홍치 6년)의 『임자황화집(壬子皇華集)』에 합하였다. 그리하여 24차례의 창화 모두를 23부의 『황화집』으로 냈다. 이것은 중국 외교사에서 성대한 일이었다.

1621년에 조선에 온 명나라 사절단을 영접한 조선의 정사는 이이첨(李爾瞻)이었고 부사는 이경전(李慶全)이었다. 유홍훈과 양도인, 이이첨과 이경전 4인

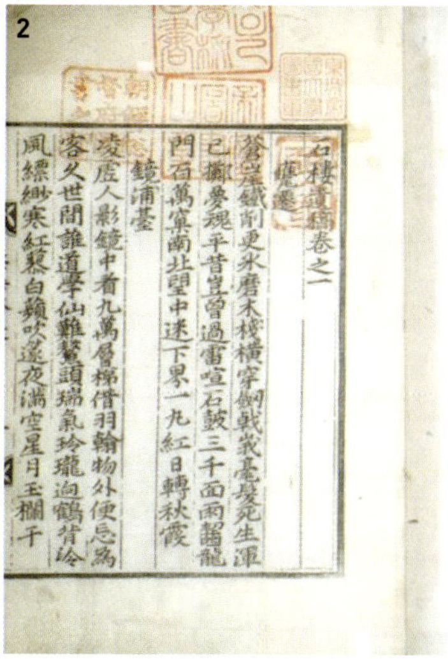

石樓遺稿卷之一

棧道

蒼崖鐵削更氷磨木棧橫穿劒戟叢毫髮晃生渾

己擲㬌魂乎昔豈曾過雷喧石鼓三千面雨留龍

門百萬寃幽北望中迷下界一九紅日轉秋霞

鏡浦臺

凌虛人影鏡中看九萬層梯借羽翰物外便忘爲

客久世間誰道學仙難鬢頭瑞氣玲瓏迴鶴背泠

風縹緲寒紅聚白蘋吹送夜滿空星月玉欄干

1 **유홍훈** ⓒ요녕성 제공

2 **이경전, 『석루유고(石樓遺稿)』** ⓒ한국학중앙연구원

은 그야말로 학식이 풍부하고 재능이 비범한 문인들로, 그들이 창화한 시문은 500편이나 되었는데 『황화집』에서도 으뜸가는 것이었다. 그러나 아쉽게도 이듬해 조선이 후금의 심한 타격을 받은 탓에 금방 인쇄된 『신유황화집(辛酉皇華集)』도 치명적인 타격에 받았고, 게다가 그 뒤에 이르러 양국 간에 발생한 또 다른 정치적 원인으로 말미암아 이 책은 조선에서 보이지 않게 되었다.

그 뒤 300여 년 동안 조선의 다른 『황화집』은 고스란히 보전되어 있지만, 유독 이 책은 전하지 않아서 주석이나 해석 연구에 관한 것도 전하지 않는다. 전해진 다른 기록들에서도 양국 간의 미묘한 정치 관계로 인해 유홍훈의 모습을 왜곡하거나 명나라 내부의 치열한 궁중 투쟁을 빌미로 유홍훈 사행을 폄훼하였는데, 특히 '탐묵(貪墨)'의 모습으로 훼손한 것이 현저하였다.

1992년에 한중 양국이 수교한 후, 한국 문사학자(文史學者)인 서울대 박태근(朴泰根) 선생이 한국에는 전하지 않는 300여 년 된 『신유황화집』을 중국에서 발견하고, 뒤이어 요녕대학 외국어학부의 학자와 필자를 초청하여, 이 작품에 대한 주석을 진행하였다. 덕분에 필자는 유홍훈의 노정에 대하여 깊은 이해를 얻게 되었다.

양국 학자들이 공동으로 주석한 『신유황화집』을 통해서 당시 조선과 명나라가 정국의 변화 속에서도 의연히 고수한 인연과 그것에 따라 열린 해상 우호의 길을 엿볼 수 있었다. 이 책은 이와 같은 독특한 가치를 가지고 있기에, 당시 조선과 명나라, 후금과의 역사를 연구하는 데 무엇으로도 대체할 수 없는 문헌적 가치를 가지고 있다고 하겠다.

『신유황화집』에 스며 있는 한중의 인연

달이 지고 해가 지면 인연이 시작되고 인연이 끝나기 마련이다. 2012년 봄에 필자는 우연한 기회에 『신유황화집』을 보았다. 이 만남으로 인해 필자는 방대하고 심오한 중화 문화에 대한 구체적인 인상과 함께 한중 우의에 대한 구체적이면서도 뚜렷한 인식을 갖게 되었다.

『신유황화집』은 특별한 배경을 기반으로 이루어진 한중 양국 문인들의 시문과 창화의 집대성이다. 특별하다는 것은 세 가지로 제시할 수 있다. 첫째, 당시 명나라와 조선은 모두 다사다난한 상황에 놓였다는 것이다. 만력 연간 말에 명나라는 안팎으로 궁지에 빠졌다. 관내에서는 이자성(李自成)의 봉기가 잇따라 폭풍처럼 일어났고 관외에서는 여진(女眞) 세력이 끊임없이 강대해 지면서 조정에 공공연히 대항하여 정세가 매우 긴박하였다. 둘째, 1592년에 일본이 조선에 대한 침략 전쟁을 일으키자, 조선 선조는 의주(義州)로 피난하였고 명나라에게 원군을 요청하였다. 명나라는 압록강을 건너 조선을 구원하도록 동북을 지키는 총병 이여송(李如松)을 파견하였다. 이여송은 평양 근처에서 일본군과 치열한 전투를 벌인 끝에 일본군을 철저히 격파하여 일본이 투항을 선포하고서 조선에서 물러나도록 하였고, 조선을 회복하게 하였다. 이 때 명나라에서는 두 황제가 서거하였다. 조선은 치열한 전쟁을 끝낸 뒤 명나라의 은덕을 고맙게 여겨 유홍훈 등 사절단을 각별히 존중하였다. 셋째, 유홍훈이 조선에 도착한 지 얼마 지나지 않아, 요양(遼陽)이 후금에 점령되어 귀로(歸路)가 차단된 탓에 명나라 사신 일행은 해상 통로를 개척하였다. 이듬해 후금은 조선이 명나라에 충실한 것을 트집 삼아 조선을 침략하였다. 명나라는 이미 어찌할 힘이 없었기에, 후금은 금방 인쇄된 『신유황화집』을 전부 불살라버렸다.

『신유황화집』에는 시문 479수, 단문(短文) 11편 등 모두 490편이 수록되었다. 편찬 과정과 주요한 인물에 대해서는「서문(序文)」에 명백히 적혀 있다. 그것을 정리하면 아래와 같다.

천계 원년 여름에 한림원 편수 유청악(劉靑岳, 유홍훈), 예부 도급사중(禮部都給事中) 순강양(笋江楊, 양도인)은 새 황제의 명령을 받고 태창 및 천계 두 황제의 2가지 등극 조서를 선포하러 왔다. 이것은 또 종래에 없었던 성대한 예식이었다. 반송사 이이첨은 서쪽에서 돌아와 정리 · 편집한『황화집』을 묶어 임금에게 올렸고, 임금은 그것을 받아 보고 치하를 하면서, '이 책을 명나라에도 넘겨주어야 할 것이다'라고 생각하고는 서국(書局)에서 인쇄할 것을 명령하였다. 나를 보고 "서문을 쓰라"고 명령하였는데, 나는 스스로 이 영예로운 사명을 완수할 수 있다고 느꼈다.

명나라에는 두 인물이 있는데, 그들은 조당(朝堂)에 나타나지 않으면 정전(正殿)에 나타났다. 직무는 금지 구역의 관직에 친근하였고, 관직은 언론으로 직간(直諫)하는 것으로 이름을 삼았다. 국내에 있을 때면 황제의 책략을 찬미하고 외국에 가면 황제의 현명함과 위대함을 선양하였다. 이것이 바로 두 선생의 직책이다. 하물며 그들은 재학(才學)도 있고 풍치도 있어서 선배들을 충분히 계승하였다. 우리나라에 온 뒤 예악의 절차대로 엄숙하고 공손히 진행하며 좌우앞뒤로 다 예의범절에 맞게 행사하여, 조선 군신들은 매우 큰 충격을 받아 그 반가운 심정은 마치 봉황새를 발견하는 것과도 같았다. 사명(使命)이 끝나고 귀국한 뒤에 우리는 고귀한 예복을 다시 감상하지 못하게 되었다. 조선 인사들은 아쉬워 바라보면서도 타고 간 말을 만류할 수 없었다. 우리 임금은 명나라 황제의 은덕을 보답하였지만 그 은덕은 한이 없어서 보답할 길이 없었다. 존귀한 사절을 만류하려고 하였지만 이미 떠나갔고 돌아보지도 않았다. 우리나라에서 있는 성의와 힘을 다하여 할 수 있는 것은『황화집』을 널리 선양 · 전파하여, 비록 유희와 일반 서화로 이루어진 영세하고 산만한 문자라도 세상에 오래 전하여 우리 조선 백성이 칭송하고 우러러 보는 대상으로 삼아야 하는 것이다. 이것이 바로 우리 임금이 그처럼 지성을 다해 힘쓴 까닭이다.

나는 스스로 다음과 같이 생각하였다. 두 선생이 변경을 떠날 때 이미 적의

3

4

동향을 알리는 경고가 있었고 귀국할 때는 요동 · 심양 지역이 이미 함락되어 도로가 차단되었다. 배를 타고 돌아갈 때 압록강이 아니고 청천강 수로로 갔다. 사절 표식을 단 배가 앞에서 인솔하고 바다 파도가 조용한 가운데 하신(河神)과 해신(海神)이 앞뒤를 수호해 주기에, 평지를 다니는 것처럼 넓은 바다를 건너 끝내 북경에 도착하였다. 우리는 또한 두 선생이 조정에 들어가 변경의 상황을 보고하고 조정의 위풍을 다시 떨쳐 변경 싸움터를 조용하고 편안하게 만들 것이라고 생각한다. 그렇다면 두 분의 위대한 공적은 후세에 보다 더 길이 빛날 것이다.

3 **누르하치 초상** ⓒ요녕성 제공
4 **유근 초상** ⓒ한국학중앙연구원

조선의 중신인 유근(柳根)이 왕명을 받고 쓴 「서문」에서, 그는 조선과 명 양국 간 우의 관계의 연원을 술회하였고, 유홍훈 일행이 조선에서 진행한 외교 활동의 과정을 요약하여 소개하였으며, 그들이 조선과 명 양국 관계에 힘쓴 걸출한 기여를 높이 평가하였다. 구절구절마다 중국 사람에 대한 돈독한 감정과 유홍훈에 대한 존경심이 스몄으므로, 이 글은 한중 관계사에서 중요한 글이라고 할 수 있다.

조선에서는 국가의 서국(書局)에서 정성을 다해 선택한 종이로 인쇄하고 널리 발행한 이 책을 곧바로 저마다 다투어 읽고 전파 · 칭송하였다. 유홍훈은 자신이 맡은 정치외교적 중요한 임무를 원만히 수행하였을 뿐만 아니라 문화 사절의 역할도 성과를 내어, 명과 조선 양국 간의 문화 교류를 한층 더 확대시켜 주었다.

유홍훈 사절단의 요녕 행적

1621년 늦봄에 유홍훈은 7품 문관이었지만 당시 명나라가 위기를 맞았기에 황명으로 '1품 장복(章服)을 하사' 받아 조복(朝服)을 입고 정사의 신분으로 조선으로 출사하였다. 그의 조선에 대한 첫 출사는 명나라와 조선의 관계를 거듭 새롭게 하는 중요한 책무였다.

『신유황화집』은 유홍훈과 양도인 일행이 성지(聖旨)를 받들고 북경을 떠나

5

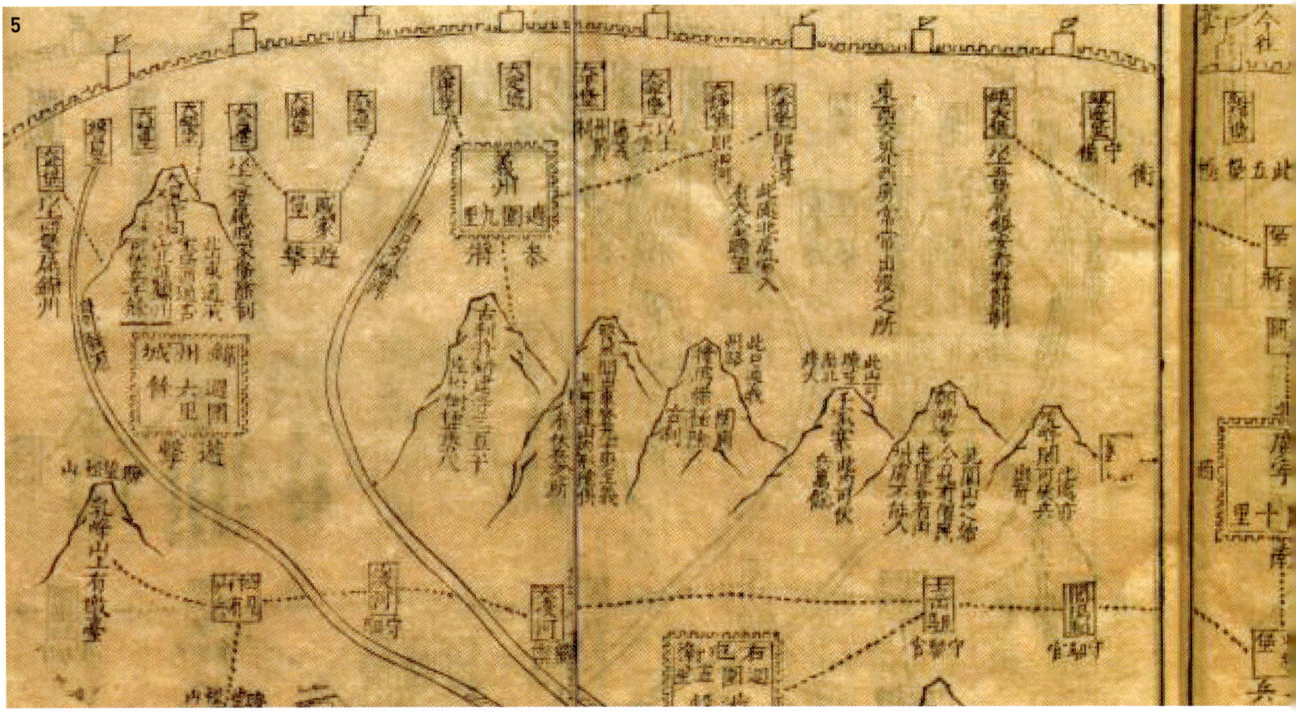

울퉁불퉁한 길에서 갖가지 고생을 다하면서 산해관, 흥성(興城), 북진(北鎭), 요양, 해성(海城), 안산(鞍山) 등지를 거쳐 단동(丹東)에 도착하여 압록강을 건너 조선 경내에 도달한 뒤 정열적인 환대를 받은 과정을 기록하였다.

몇 수의 시를 통해서 당시의 모습을 돌이켜 보자. 북경을 떠난 후 유홍훈이 쓴 첫 번째 시는 「신유이월봉사조선출도(辛酉二月奉使朝鮮出都)」로, "맑고 좋은 날에 조서를 받고 나는 기린 무늬 관복에 옥패를 달았네. 새 황제의 정삭(正朔)을 반포하려고 조선 개성(開城)으로 출발하고 나는 성지를 받아 일시에 자금성을 떠나 부여로 가네. 한 쌍의 인수(印綬)는 임금의 희열을 보여 주며 5월 귀환은 신하의 본분이라. 나는 송구스럽게도 종군(終軍)과 같은 제남 사람인데 어찌 노기(奴氣)가 전멸되도록 차마 하지 않겠는가"라고 읊었다.

유홍훈은 북경을 떠난 뒤 첫 번째 시를 지으면서 황명(皇命)을 받아 출사하는 기쁜 마음을 토로하고 황제의 영명함을 칭송하며 자신이 사명을 수행할 신심을 표현하였다. 5월에 사명을 완수하고 돌아올 날짜를 예측하였는데, 금방

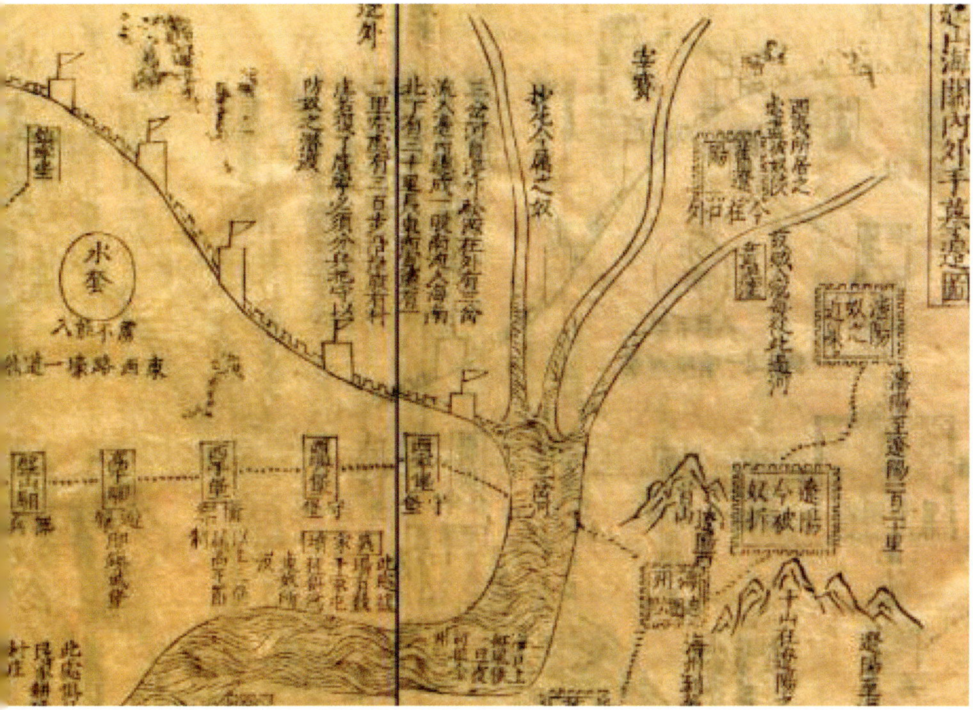

5 명나라와 후금이 마주한 정세도, 명나라 말 제작, 작자 미상
ⓒ요녕성 제공

북경을 떠나자 귀환할 생각을 하였고, 고향과 고국에 대한 연모의 심경을 완곡하게 전하였으며, 고대의 저명한 외교가 종군을 본보기로 자신을 격려하였다. 시에서 말한 개성은 고려 왕조의 수도였고, 오늘날의 개성은 판문점과 잇닿아 있는 북한의 유명 관광지이다.

유홍훈 일행은 단동에 도착하기 전에 소석문이라는 곳에서 명나라로 파견된 조선 사신을 만났다. 유홍훈이 쓴 「소석문봉조선사신(小石門逢朝鮮使臣)」이라는 시에서는 상봉과 관련하여 "흰 삿갓에 연록색의 봄 저고리 차림으로 질퍽거린 도로를 밟아 우리 차 앞에 나섰네. 비척(悲戚)한 표정에 완곡한 인사를 하였는데, 상냥한 모습은 중국 관원과도 같도다. 비가 내리는 중에 그는 무릎을 꿇고 할 큰 절을 말렸으니 그들은 예의범절에 얼마나 주도면밀하였던가. 선황(先皇)들의 서거를 슬퍼하여 온다고 말끝마다 은근하고 공손한 말투였네. 내가 떠날 때 그는 등을 양쪽을 대고 얼굴은 나를 향하였는데 내가 지나간 뒤에야 차에 올라 계속 나갔네. 노정에서 우연히 상대방을 만나 매우 깊은 정을 보이며

6 『만주실록』〈요양공격도〉
ⓒ요녕성 제공

7 『전료지(全遼誌)』〈명대요동총도(明代遼東總圖)〉에 표기된 유홍훈이 지난 요동의 여러 곳
ⓒ요녕성 제공

예절에 하도 밝아 소홀함이나 부족한 점이라곤 하나도 없구나"라고 언급하였다.

유홍훈은 명나라와 조선의 변경으로 가면서 봉성(鳳城)에 도착하기 전에 북경으로 향하는 조선 사신을 우연히 만났는데, 그들은 매우 공손하고 예절에 밝았다. 대화에서 조선 사신은 서거한 두 황제를 조문하려고 북경으로 간다고 하였다. 쌍방은 상호 존중하였기에, 유홍훈은 예의에 빈틈없는 조선 사신을 매우 높이 평가하면서 사신으로서의 풍모를 보였다.

압록강을 건너 조선 경내에 들어선 유홍훈은 「삼월십일도압록강(三月十日渡鴨綠江)」이라는 시를 지어 자기의 기분을 기록하였다. 그것은 "이 날에 배를 타고 바다를 향해 묻거늘, 이 사신이 갈 곳을 선경(先槎)이라 감히 말하겠는가. 강물이 도도히 흐르는 강변에 부두 3곳이 있지만 지리나 풍속을 보아 명백히 한 집안이구나. 강 위에서 탄 배에 설레는 물결은 대자리와도 같이 고우며 봄철 바람에 시들어지는 백양 개지가 날린다. 영접 나온 관리들이 모인 강변에 가득히 꽂힌 채색 깃발은 노을과도 같구나"라고 하였다.

압록강을 건널 때 쓴 이 시에는 명 조정의 정사로 시문에 대한 자부심과 사명감이 가득차 있다. 미련(尾聯)의 묘사를 통해서, 당시 명나라 사신에 대한 조선 백성들의 열렬한 환영 분위기와 함께 양국 간 우의 관계의 진지함과 돈독함을 명확히 나타냈다.

조선 원접사 이이첨은 칠언율시 1수로 창화하였다. 그것은 예의로 작성한 것이지만, 그의 높은 한학 수준과 뛰어난 시문 창작 예술을 보여 준다. 「차도압록강운(次渡鴨綠江韻)」이라는 시의 내용은 "바다와 같이 깊은 명 황제의 은혜는 끝없으며 기개가 비범한 사절은 미묘한 선박에 비치리. 오랜 역사를 이어받고 사명으로 삼으니 주나라 초기보다도 지극하네. 옥돌 장식 소함(小匣) 속의 기린무늬 수놓은 금서(錦書)를 내주며 옥새가 찍힌 국서(國書)에 수놓인 봉황새 꽃무늬가 있을 것이네. 이 둔한 이는 어찌하여 이와 같은 행운아가 되어 이와 같은 좋은 직책을 맡았을지 가장 높은 정열로 우리의 정성된 마음을 구현하리라"고 하였다.

이 시는 이이첨이 유홍훈과 창화한 첫 번째 시였다. 이 시의 5개 운은 유홍훈 시의 그것과 똑같으므로, 매우 높은 수준이 필요한 것이었다. 특히 유홍훈이

6

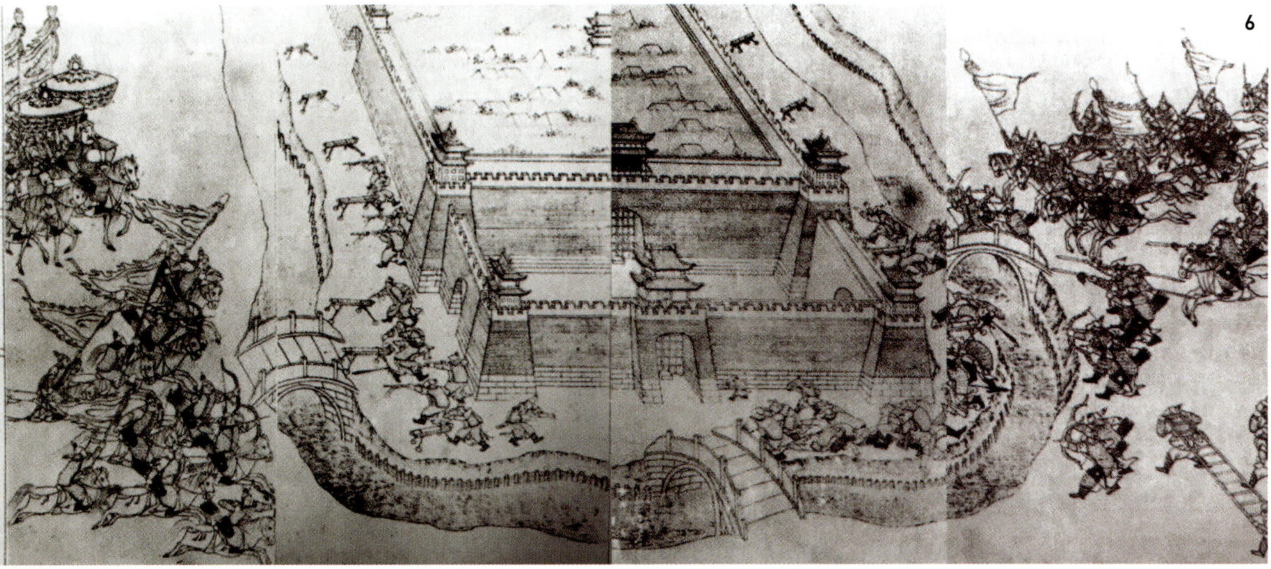

7

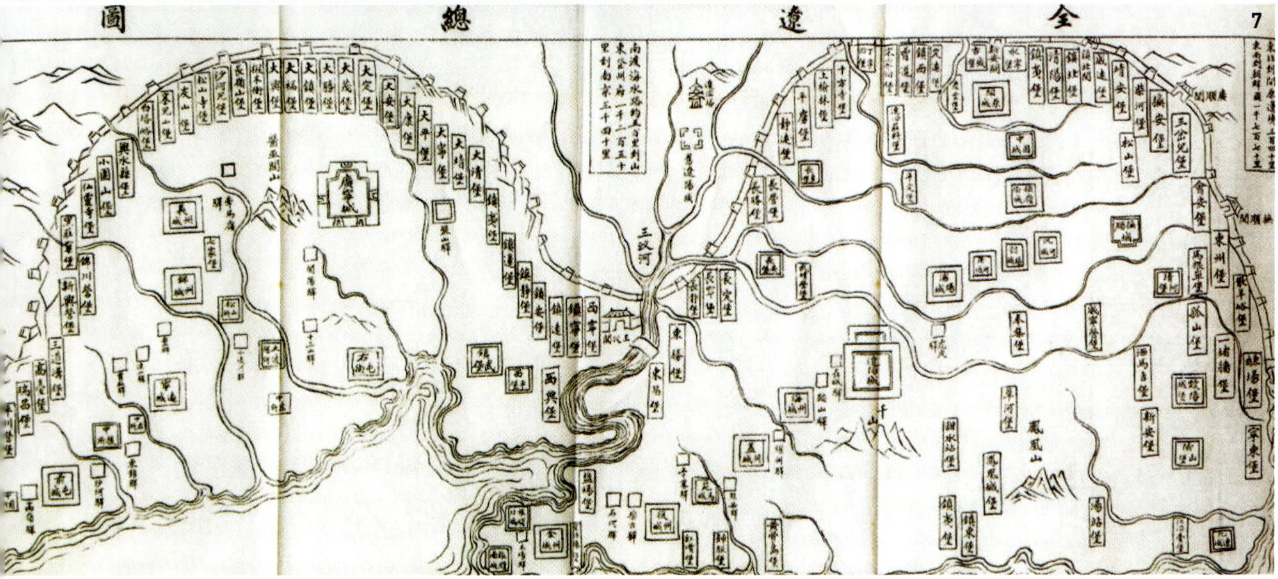

시를 마감하면서 마무리 부분을 많은 채색 깃발과 환영 대열로 꾸몄다면 이이첨은 정성을 다해 명나라 사신을 열렬히 영접하는 심정을 표현한 것이므로, 양자의 의미에 매우 알맞게 한 것이라고 할 수 있다.

명과 조선 우호의 새로운 체결

후금이 보다 강력한 압력을 가하면서 조선의 조야는 명나라와 정상적 외교관계를 수립하는데 크게 우려하였다. 조선은 "크고 작은 일은 모두 전례를 따른다"고 하여 여전히 이전의 예의대로 영접한다고 하였지만, 『조선영접천사도감도청의궤(朝鮮迎接天使都監都廳儀軌)』를 보면, 이번 영접에는 많은 부실, 감원(減員), 준비 부족, 무시, 불경(不敬) 등과 같은 말이 언급되어, 사람들에게 심각한 인상을 남겼다. "영접이 이전보다 못하다"고 명나라 사신이 말한 내용이 있고, 또한 『조선왕조실록』에도 명나라 사신이 "비할 바 없이 탐욕스럽다"고 한 말이 기록되어 있어, 당시 명나라와 조선의 관계가 조화롭지 않았음을 알 수 있다.

이것은 명나라의 외교 지위가 떨어져 있다는 것을 반영하는 것이고, 다른 한편으로는 조선 조정이 유홍훈을 비롯한 사절단에 대해 믿지도 않고 환영하지도 않았다는 것을 말해 준다. 유홍훈은 비록 관직은 낮지만 명나라 사신의 위엄을 버리지 않고 모든 행동을 격식대로 하면서 "예의에 공손하고 규칙대로 행사하기에 동국인은 감동되어 봉황새를 구경하는 듯하였다"고 알려져 있다. 『신유황화집』에 따르면, 유홍훈은 태학(太學)을 참관을 갈 때 태학생 몇 사람을 만나 서적과 종이를 주었는데, 태학생들이 글을 써서 사의를 표하였다고 하였다. 이 기록은 이전의 『황화집』에 없는 것이었다.

동시에 『황화집』 부전(附傳)에는 유홍훈이 "향락을 절제하고 법규대로 행사하였으며, 서민 차림으로도 격식을 갖추고서 시문이나 책을 읽었다. 사람마다 그들의 인의(人義)에 대해 찬양하였다"라고 쓰여 있다. 그는 비범한 외교적 풍모와 뛰어난 재간으로 조선 조정과 각계각층 인사들의 신임을 받았고, 그들이 명나라의 위안을 받고 명군과 협동하여 후금을 반격할 결심을 다지도록 하였다.

조선은 비록 여러 가지 면밀하지 못한 사항으로 인해 명나라 사절의 노여움을 사기도 하였지만, “사절에 필요한 일이라면 관반(館伴)과 영접사는 힘써 알선하여 미봉(彌縫)으로라도 하였다”고 하였다. 이처럼 명나라와 조선 인사들의 공동 노력으로, 4월 12일에 조서 반포식이 성대하게 치러졌다.

유홍훈이 쓴『개독기사(開讀紀事)』에는 조서를 낭독한 성대한 장면과 영접식이 기록되어 있는데, 극적인 서술이 있는가 하면 보다 더 서사시적인 장면도 묘사되어 있어 매우 역사적 가치가 있다. 이와 같은 귀중한 문자들을 통해 당시의 경사로운 장면과 함께 사람들이 분발한 정신 세계를 상상할 수 있다.

이이첨이 유홍훈과 함께 제시(題詩)를 차운(次韻)한 것도 마찬가지로 매우 미학적(美學的)이어서 사료적 가치를 가지고 있다. 시에서는 의식의 장엄하고 열렬한 장면 묘사를 토대로, 성대하고 뜻깊은 예식에서 유홍훈이 보여 준 풍모와 기질을 주로 칭송하였다. 그 가운데 두 마디를 거론할 수 있다. 두 대사(大使)는 종묘의 제기처럼 조정의 신물(神物)이 되고 기수(杞樹)나 재수(梓樹)처럼 대들보가 되며, 학식에서는 깊은 뜻을 탐구하여 새로운 견해를 내고 문학에서는 위험한 국면을 만회하여 아름다운 글을 써냈다. 훌륭한 명성은 우리 같은 관원들에게 마음 속으로 공경하게 하고 삼공고관들에게도 마음을 쏠리게 하였다라는 것이다. 유홍훈과 조선 관련 사신들의 공동 노력에 의해서 마침내 명나라와 조선 간의 갈등은 불식되었으므로, 유홍훈은 조선 측의 신임을 받고 외교적 사명을 원만히 수행하였다.

동북아에 영향을 준 사행길 개척

유홍훈 일행이 조선 경내에 들어와 서울에 도착하기 전에 이미 요양은 함락되었다. 육지의 사행길이 차단된 바람에 일행은 육로로 귀국하지 못한다는 소식을 접하였다. 유홍훈 등은 해로로 돌아갈 준비를 마련하고자 조선 국왕에게 선박을 만들어 줄 것을 문서로 요청하였다. 부사 양도인은 조선 원접사 이이첨에게 보낸 편지에서 “미안하지만 귀하가 조서를 속히 영접하면 좋겠다고 귀국의 국왕에게 상주할 것을 부탁한다. 그러면 우리 두 사신은 즉시 길을 다그쳐 왕경으로 향할 것이다. 먼저 이 중대한 일부터 처리하고 난 후에 사신을 호송하

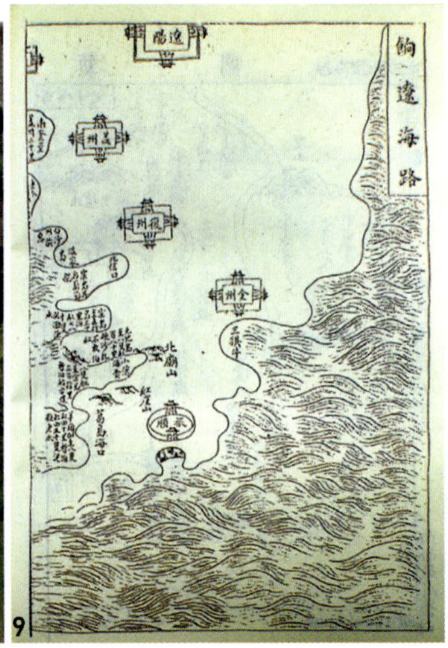

여 황제에게 보고할 것을 고려하고자 한다"고 하였기 때문이다.

홍무 연간(1368~1398) 말에 조선 사절단의 사행길을 육로로 변경한 뒤부터 명나라는 오랜 기간 동안 해금(海禁)을 실행하였던 탓에 통행을 허락한 기간은 매우 짧았다. 가정 연간(1522~1566) 말에 장기간의 기근을 완화시키기 위해서, 만력 연간(1573~1620)에 임진왜란으로 인해 조선에 군량을 수송하기 위해서 허락한 것이 있을 뿐이다. 따라서 명나라 사신이 갑자기 해로로 변경하려는 것은 명나라나 조선이나 매우 곤란한 일이었다.

다만 조선의 광해군은 이번의 사행길 변경이 해상 사행길을 재개할 기회가 된다고 생각하였다. 그 때까지 해로는 개통되지 않아 항로를 잘 몰랐고, 또한 엄격한 해금 때문에 조선도 어디로 도착해야 할 지 모르는 형편이었다. 그렇지만 유홍훈과 양도인을 동반한다면 명나라 사람들의 믿음을 비교적 쉽게 얻을 수 있기에, 광해군은 이번이 매우 중요한 기회라고 생각하고서 곧바로 최응허(崔應虛)를 사은사(謝恩使)로, 안경(安璥)을 서장관으로, 또한 권진기(權盡己)를 진위사(陳慰使)로, 유여항(柳汝恒)을 서장관으로 삼은 두 사절단을 구성하여 수행하도록 명령하였다.

1621년 5월 20일에 22척의 배로 구성된 유홍훈과 양도인 일행의 선단(船團)은 청천(淸川)에서 출발하여 등주(登州)로 향하였다. 귀국 도중에 전쟁으로 피

8 개성 선죽교 전경, 명나라 사절은 늘 선죽교 양쪽의 숙소에 투숙하였다. 유홍훈 일행도 이 다리를 지나 갔다. ⓒ요녕성 제공

9 〈향료해로(餉遼海路)〉의 여순 항구 ⓒ요녕성 제공

10 지금의 여순 항구 전경 ⓒ요녕성 제공

난한 많은 명나라 백성을 만난 유홍훈은 수행원의 권고에 불구하고 "연도에 피난민을 수습하여" "무게가 무거워 배가 파손"될 정도로 피난민을 구하였다. 6월 4일 밤에 명나라 사절들이 탄 배들은 여순구(旅順口)에서 재난을 만나 전부 침몰하였다. 동행한 조선 사절이 쓴 『가해조천록(駕海朝天錄)』에는 "모든 선박이 다 여기에 정박하였다. 밤 중에 거센 바람이 불어 비가 많이 내리고 파도가 거친 데다가 항구가 너무 좁아 배들이 서로 마주 부딪쳐 전부 침몰되어 죽은 자가 너무 많았다. 유사(劉使, 유홍훈)가 물 위에 떠 있다가 다행히 수영을 하던 사내에 의해 구원되어 알몸으로 해안에 올랐는데 온 몸이 흙투성이였다"고 하였다.

『만문로당(滿文老檔)』에도 이 해난에 관한 기록이 있어, 이들의 사행에 대해 후금이 많은 관심을 가졌음을 알 수 있다. "6월 7일에 니감(尼堪, 한족)의 한림원 급사중 관원들은 조선 국왕에게 의복을 보냈고 조선의 두 총병관과 한 시랑이 동반해 전송하였다. 돛배 22척이 바다에서 가는 도중에 순풍이 없어 금주(金州) 근처의 섬에 올랐다. 애탑(愛塔)이 30명을 데리고 다다랐을 때 관원들은 혼자 목선(木船)을 타고 갔기에 붙잡지 못하였고 배를 미처 타지 못한 조선인 52명, 니감인 90명을 생포하였다"고 하였다. 이름을 유흥조(劉興祚)라고 한 애탑은 후금 한(汗)인 누르하치가 아끼던 장군인데, 후금의 파견에 의해 금주를 방어하던 중에 소식을 받고 즉시 움직였다. 아마도 그는 유홍훈을 생포하였을 것

이다.

유홍훈은 이후에 시 한 수를 지어 여순구에서 배가 침몰되었을 때의 고통스런 심정을 표현하였다. 곧 "병은 심성에서 난 것이며 위독해서 심해진 것이라. 해외에서 누선(樓船)이 오던 중인데 한 사람은 살았고 아홉 사람은 죽었구나"라고 하였다. 유홍훈은 작은 배를 타고 바다에서 3일 밤낮을 떠다니다가 산동 등주 해변에 도착하였다. 위험을 벗어난 그는 즉시 광해군에게 "여순 일대를 항해하던 중에 이상한 바람에 부딪쳐 이 몹쓸 훈은 다행히 죽지 않았습니다. 그 불행은 하늘의 뜻이지 선원들이 힘을 쓰지 않은 것이 아닙니다.…귀국의 갖가지 호의들은 십 중의 구 이미 파도 속에 들어갔지만 현명한 덕성은 간직하고 영영 잊지 않을 것입니다"라고 편지를 보냈다. 이것은 해난이 선원들이 힘쓰지 않은 탓에 일어난 것이 아니라는 것과 답례 선물들이 없어졌다는 것을 해명하는 것이었다.

역사 자료에는 유홍훈의 탐욕에 관한 기록이 많지만, 위의 기록을 보면 사실은 그렇지 않은 듯하다. 그가 피난민을 수습하지 않았더라면 명나라 해역에 순조로이 도착하였을 것이고, 후금 군대에 생포될 위험도 없었을 것이며, 또한 조선 국왕의 답례 선물도 수장(水葬)하지 않았을 것이다. 그는 위험에서 벗어나자 명나라와 조선 간의 우호 관계를 수호하는 국가의 이익을 생각하였다. 이것은 탐욕자라면 하지 못할 일이다.

유홍훈은 위험과 우여곡절을 겪었지만 끝내 사명(使命)을 수행하였다. 『조선왕조실록』에 의하면, 유홍훈은 천계 원년 6월 16일에 등주에 상륙하였고 다른 조선 사신들도 6월 19일에 등주에 상륙하였다고 전한다. 6월 21일에 등주 병순도아문(兵巡道衙門)의 관원은 명령대로 표식을 들고 조선 사절이 탄 배에 올라 금지 물건을 검열하면서, 배를 몰고 온 외국인 가운데 금지령을 위반한 자들은 도적으로 취급할 것이라고 하였다. 그 과정에서 검열 관원은 조선 측 문서를 보고 감동하였고, 더욱이 유홍훈과 양도인 두 사신의 증명이 있어서 곧바로 문을 열어 안내하면서 예우를 다하였다. 며칠 지나지 않아 그들을 북경으로 전송하였다. 조선 사신도 사행 임무를 완수하였다.

국가가 위난을 당했을 때 유홍훈은 생명의 위험을 무릅쓰고 조선으로 출사

11

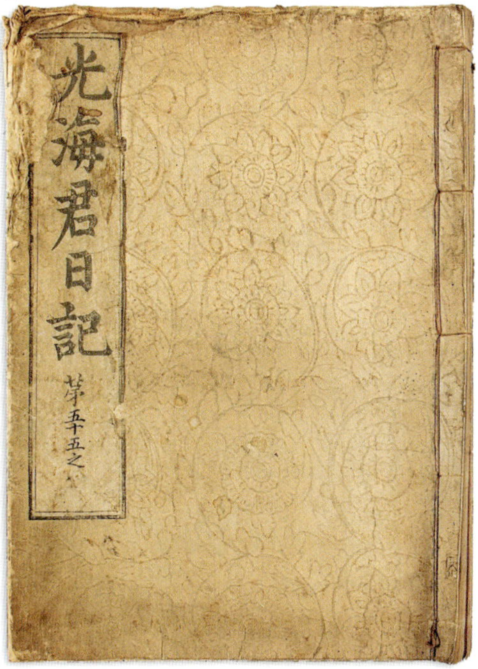

11 『광해군일기』에는 유홍훈에 대해서 '탐묵'이라고 기록하였지만, 『신유황화집』 등과 비교하면 지나친 부분이 있다. ⓒ서울대학교 규장각

12 유홍훈은 자신이 편찬한 『옥해찬(玉海纂)』에 당시 해난을 기록하였다. ⓒ요녕성 제공

12

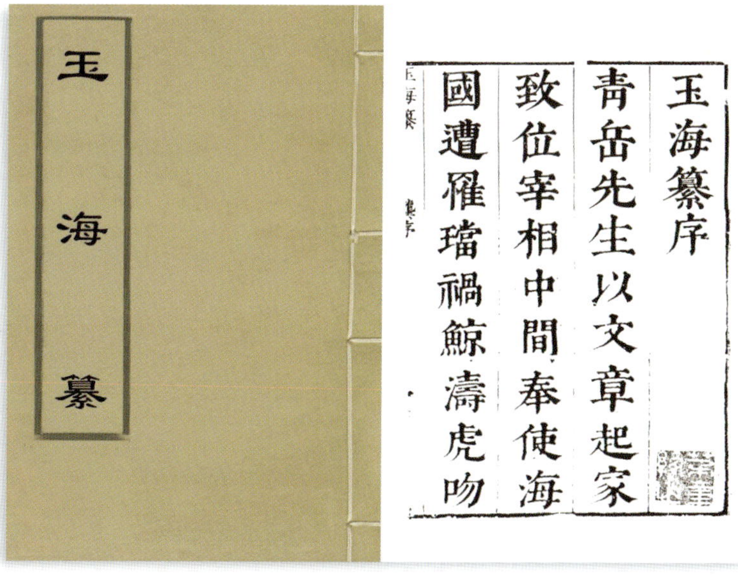

13

自鹿島西南距石城島五百里
自石城島南距長山島三百里
自長山島西距廣鹿島二百里
自廣鹿島西距三山島三百里
石城島
長山島

14

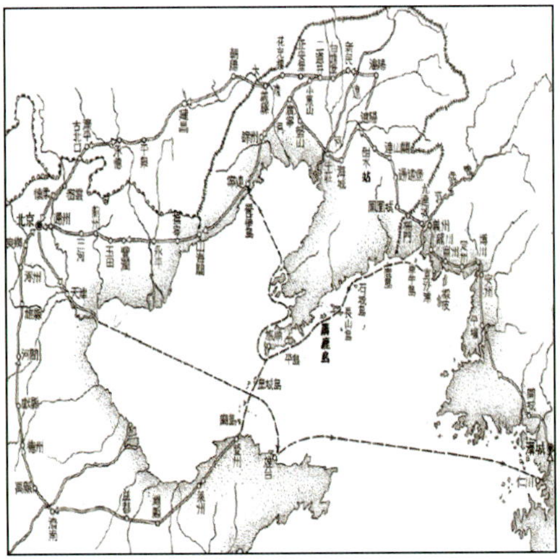

하여 해상 실크로드의 옛 항로를 개통하기 위해서 자기의 공헌을 다하여 한중 관계사에서 하나의 미담(美談)을 이루었다. 명나라는 그해 8월부터 "조선의 사행로를 변경시켜 해로로 등주에 도착하게 하고 경사(京師)로 직접 도착하도록 하라"고 하였다. 유홍훈이 귀국한 뒤 옛 항로는 다시 한중 양국의 연락 경로가 되었다.

13 예부터 여순 일대에서는 용오름과 같은 해난사고가 많이 발생하였다. 이 그림은 조선 연행사가 그린 것으로, 선단이 여순 부근 해역에서 용오름을 만난 장면이다.
ⓒ요녕성 제공

14 명나라의 조선 항해 노선 약도
ⓒ요녕성 제공

지금까지 전하는 우의의 인연

조선은 명나라와 교류한 184년 동안 24차례 사신 활동을 기록하였고 23권의 『황화집』을 엮었다. 하지만 유독 1621년 유홍훈이 조선에 출사한 외교 활동과 당시의 『황화집』은 사라져 버렸다.

『황화집』은 조선에서 편찬 · 인쇄한 것으로, 중국에 보전된 것은 매우 적어서, 이 방면의 완전한 자료를 보기는 힘들다. 이것은 위에서 언급한 병화 외에 당시 조선 국왕이었던 광해군의 역사적 지위와도 관계된다. 유홍훈이 귀국한 뒤 1623년(천계 3년) 4월에 조선에서는 "국인은 이혼(李琿)을 폐하고서 그의 조카 능양군(綾陽君) 이종(李倧)을 옹립하고 소경왕비(昭敬王妃)의 명을 받아 국가 사무를 처리하였다"고 하였다. 광해군은 등극 초기부터 왕족과 왕공 대신들의 인정을 받지 못하였다. 때문에 폐위된 뒤에는 역사에 제대로 서술되지 못하였다.

중국에서도 사정은 있었다. 유홍훈은 귀국한 뒤 모친이 세상을 떠났기에 거상(居喪)하였고, 대신 부사 양도인이 북경에 가서 복명(復命)하였다. 그후 숭정제 때 유홍훈은 예부상서, 동각대학사(東閣大學士)에 제수되고 뒤에 재상으로 취임하였다. 하지만 복잡한 정치 투쟁으로 유배되어 70세를 일기로 유배지에서 세상을 떠났다. 그렇기 때문에 『신유황화집』도 중국의 역사 자료에서 보이지 않는다.

박태근 선생은 한국에서는 없어진 『신유황화집』을 중국에서 발견하여 번역을 하고자 하였다. 이 책은 중국에서도 단지 두 판본으로만 전하기에 학자들이 찾아보기는 매우 어렵다. 그는 번역에 함께 참여할 중국 학자를 찾으려고 힘쓰다가 필자를 포함한 양국 4명 학자가 번역과 정리에 착수하였다. 그때에 필자는『신유황화집』전체 번역과 주석 · 비평을 맡고, 그 뒤에 박태근 선생이 출판하기로 약속하였는데, 중문과 한문의 두 판본으로 출판할 예정이었다. 하지만 불행하게도 2년 전에 박태근 선생이 갑자기 세상을 떠났다는 소식을 접하였다. 선생이 작성한 5만여 자의 원고, 조선 지명과 인명에 대한 주석들은 어디로 산실되었는지 몰라 출판을 기약할 수 없다.

『신유황화집』의 번역과 주석에는 책임감을 가진 한중 양국 여러 학자들의 심혈이 담겨 있다. 이 책은 잘못 알려진 두 나라 교류 과정의 실상을 담은 것으로, 앞으로 두 나라가 대를 이어 우의를 이어가는데 가장 좋은 증거라고 할 수 있다.

참고문헌

이이첨,『신유황화집』, 상해도서관 소장
김육불 편,『봉천통지』, 요심서사판, 1929–1935
북경대학 한국학연구센터,『한국학논문집』 제17집, 중산대학출판사, 2008
양우뢰,『연행과 중조문화관계』, 상해사서출판사, 2011
장사존,『유대 – 명청양대중조교통고』, 흑룡강인민출판사, 2012
곡영의 편,『산동해양무역및해양문화연구』, 산동인민출판사, 2014

조선 사신과 필담을 나눈

만천거사

장걸

요녕대학

장우령

張又齡

장우령

불명

張又齡

조선 사신과 필담을 나눈 만천거사

조선은 청나라와의 문화 교류를 꾸준히 진행하였다. 연행사는 문화 소통의 사명을 띠고 분주히 청나라를 왕래하였다. 특히 18세기 후반에 조선의 북학파 학자들은 연행사로 활동하면서 청나라 학자와 만나 중화 문화를 심도 있게 접하며 조선의 문명 진보를 이끌었다. 그들은 사행 기간 동안 보고 들었던 것을 일기(日記)에 상세히 적었는데, 그것은 오늘날 한중 양국 간에서 당시의 시대상과 양국의 우호 교류사를 연구하는 데 중요한 자료로 자리하고 있다.

당시 성경(盛京)이라고 불린 심양성은 청나라의 발원지이자 청나라가 중원을 제패한 뒤 배후 도시였으며, 조선의 사절들이 반드시 지나가야 할 주요 도시였다. 당시의 성경은 조선 사절에게 여러 가지 깊은 인상을 남겼다.

성경의 번화한 정경에 대한 묘사는 조선 사절의 일기 속에서 얼마든지 찾아볼 수 있다. 박지원(朴趾源, 1737~1805)은 요양(遼陽)에 대해서 "번화함과 화려함은 봉성의 10배나 된다"고 하였다가, 성경에 와서는 "만물의 번화함과 시가의 번성함이 요양의 10배구나"라고 탄식하였다. 채제공(蔡濟恭, 1720~1799)도 「성경행(盛京行)」이라는 시에서 "십자가 거리에 패루가 우뚝 솟아 있고, 많고 많은 가게들이 동서로 자리하였네. 높이 걸린 간판에서는 금빛이 나고, 비단과 구슬, 옥이 눈을 부시네. 하늘 땅은 갖가지 재화를 만들었고, 기묘한 색채는 밤낮 무지개와도 같구나"라고 읊었다. 홍석주(洪奭周, 1774~1842)는 "월국의 비단과 초국의 황금은 눈을 황홀하게 하고, 말발굽 소리와 차바퀴 소리는 온종일 떠들썩하네"라고 표현하였으며, 서장보(徐長輔, 1767~1830)도 "시장의 진품이 산같이 쌓여 금 간판과 맞닿고, 궁전 기와는 날듯이 옥난간 위에 솟아 있네"라고 읊었다. 김윤식(金允植, 1835~1922)도 「성경」이라는 시에서 "울타리가 옛 성

1 성경 궁궐도
ⓒ요녕성 제공

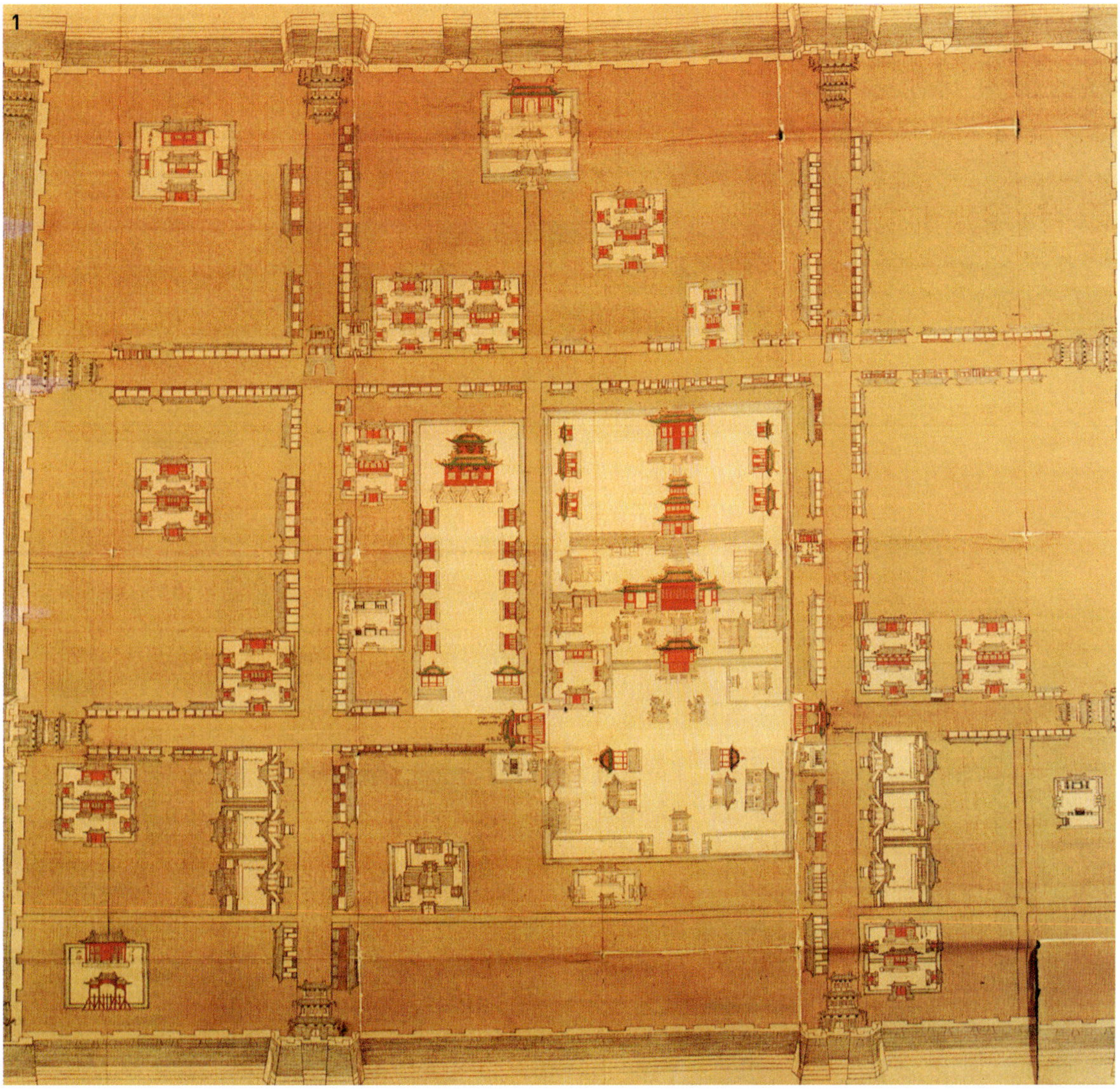

2

3

을 지키고, 집집의 금빛이 아침 햇빛을 비추네"라고 하였다.

조선 사절 중에는 당시에 널리 알려진 문인들도 있었다. 그들은 청나라의 정치 변화에 관심을 갖는 한편 청나라 문인들과 사귀는 것을 기쁨으로 여겼다. 1783년(건륭 48년)에 건륭제가 동쪽으로 순행하면서 조상의 묘에 제사를 지냈을 때, 조선에서는 좌의정 이복원(李福源, 1719~1792)을 정사로 삼아 성절(聖節) 및 심양 문안 사절단으로 파견하여 심양에서 어가를 맞도록 하였다. 이만수(李晩秀, 1752~1820, 자는 성중 成仲)는 이복원의 둘째 아들로, 진사에 급제하였지만 아직 관직을 받지 못하였기에 이복원을 수행하여 함께 심양에 갔다. 또한 이복원의 조카인 이전수(李田秀, 자는 군직 君稷)도 동행하였다. 처음으로 청나라에 들어간 이만수와 이전수는 심양의 '만천거사(萬泉居士)' 장유곤(張裕昆)과 필담으로 심도 있는 대화를 주고받으면서 뜻이 잘 맞고 허물이 없는 막역지교(莫逆之交)를 맺었다.

그동안 고증한 바에 따르면, 현전하는 청나라의 모든 공문과 동북 지방의 문헌 중에서 장유곤이라는 이름은 찾을 수 없다고 한다. 이만수 · 이전수와의 교유가 없거나 『입심기(入瀋記)』라는 글에 게재되어 전하지 않았다면, 건륭제 말기에 성경성에서 활동하였던 장유곤이라는 만족 영재의 존재는 알 수 없었을 것이다.

아래는 이만수가 쓴 「유곤진찬병서(裕昆眞讚并序)」의 일부이다.

만천옹(萬泉翁) 30살 때의 초상화를 보니 젊은 풍채가 준수하고 붙임성은 친절해 보인다. 그가 서화를 품평할 때는 양쪽에 꽃과 괴석이 놓여 있고, 좌우에는 반드시 명사와 제자, 고승과 도인도 있을 것이어서, 마치 난정(蘭亭)의 군현(群賢), 죽계(竹溪)의 육일(六逸)과도 같다. 또한 달 아래의 오동나무, 바람 결의 마름 연꽃, 학이 연기를 피하고 고기가 먹물을 삼키는 것과도 같을 것이니, 반드시 깊은 이치를 담은 현담(玄談)이 있고 풍아(風雅)를 안기는 아름다운 글귀도 있을 것이다. 유감스럽게도 동해(東海) 이성중(李成仲, 이만수)은 그 속에 있지 않아, 27년 뒤에야 비로소 공을 만나 집안에 들어가 보니, 비바람에 견디지 못한 시든 꽃과 늙은 버드나무가 있고 침대 머리에는 먼지가 덮인 몇 권의 책이 놓여 있었다. 평생의 친구들, 곧 반청원(潘淸遠)은 고통스럽게 시를 짓고 읊었다가 죽었고, 하영일(何寧一)은 산동에서 벼슬하였으며, 선작모(宣作謀)는 갑자기 빈관(賓館)으로 간 바람에, 홀로 정처없이 돌아다녔기에 세상에서는 다시 만천옹을 아는 사람이 없구나.

이만수는 당시 57세였던 장유곤을 '난정' 현인 중에 왕희지, '죽림'의 칠현 중에 원적(阮籍)으로 찬미하였다.

장유곤은 누구인가? 그의 이름은 장우령(張又齡)이다. 자는 유곤이고, 호는 만천거사이다. 조상은 청나라 초기에 한족 팔기(八旗)인 한군기(漢軍旗)에 편입되었는데, 아버지가 일찍 세상을 떠난 탓에 가정을 돌보기 위해서 학업을 포기하고 장사에 나섰다. 그 뒤 30살 때 이미 '서화를 품평한' 것으로 보아 부유한 생활을 영위하였던 것으로 보인다. 장유곤은 과거로 이름을 날리지도 않았고 벼슬을 하지도 않았으며 저술을 남기지도 않았으므로, 조선의 이만수 · 이전수와는 우연히 만났을 것이다.

2 왕의승, 〈성경면승도(盛京緬勝圖)〉, 청나라 때 사평 시가지의 번화한 정경
ⓒ요녕성 제공

3 왕의승, 〈성경면승도–봉루소하(盛京緬勝圖–鳳樓消夏)〉, 청나라 때 심양 고궁에서 문무백관이 여름나기를 하던 성대한 장면
ⓒ요녕성 제공

명사를 찾은 조선 사신

1783년(건륭 48년) 7월 30일에 조선 사절단의 정사 이복원은 총원 248명을 이끌고 성경성에서 약 60리 떨어진 십리하보(十里河堡)에서 숙박하였다. 사절단의 숙소 앞에는 관제묘(關帝廟)가 있었는데, 이전수는 "지나가던 관인이 만나러 온다는 말을 듣고 중형(仲兄)을 모시고 만나러" 갔다. 길을 지나가던 청나라 관원은 사씨(史氏)로 9품관이었다. 이전수는 대화를 나누면서 사씨 관원이 손에 들고 있던 부채 안의 풍경화 한 폭을 관심을 가지고 보았다. 그림에는 "물가에 전각이 있고, 전각 밖에는 작은 다리, 긴 강, 먼 산이 있는데, 어슴푸레하여 사랑스럽구나"라는 글이 적혀 있었고, 그림 옆에는 칠언절구의 제화시(題畫詩)가 아래와 같이 쓰여 있었다.

朝來空翠濕雲根	*아침 수목 푸른 빛이 구름 끝을 적시고*
幽徑無人破蘚痕	*오솔길에는 이끼 밟은 사람 없구나.*
縛個茅亭通水閣	*풀로 만든 정자는 수각과 통하고*
滿山紅葉未全髡	*만산의 단풍은 아직 지지 않았네.*

시의 뒷면에도 낙관으로 '모암오형출구불산작화운운 고향제사동서(慕庵五兄出九佛山作畫云云, 古薌弟查桐書)'라고 적혀 있었다.

이전수는 필담으로 "고향(古薌)은 호이고, 사동(查桐)은 이름인데, 사대수(查大受)의 뒤를 이어 역시 심양에 있고 모암(慕庵)은 산동 사람"이라는 것을 알게 되었다. 이전수가 보기에는 사동이 쓴 이 시는 내용과 서법(書法) 모두 우아하였다. 또한 마지막에 적은 '미전곤(未全髡)'이라는 세 글자는 특별히 깊은 뜻을 담았을 것으로 보였다. 그는 그것이 암암리에 청나라 삭발 제도를 반대하는 뜻이었을 가능성이 매우 크다고 생각하였다. 그리하여 형과 함께 "심양에 들어가는 첫 날에 우선 이 사람부터 만나 봅시다"라고 하였다. 그러나 사동은 요양에서 벼슬을 하였기에, 어가 영접은 불가능하였고 만날 수도 없었다. 이것을 알게 된 이만수와 이전수는 크게 실망하였다.

8월 21일에 이전수는 또 새로운 실마리를 얻었다. 해성(海城)에서 선씨(單

4 심양을 왕래하며 자취를 남긴 조선 사신의 행렬 ⓒ요녕성 제공

5 심양 지재문 옹성의 권문(券門) ⓒ요녕성 제공

氏) 생원 한 사람이 조선 사절단의 숙소에 찾아와 이전수에게 책 한 권을 주었다. 책 이름은 『매헌유초(梅軒遺草)』였는데, 『반매헌시집(潘梅軒詩集)』이라고도 하였으며, 성경 사람이 최근에 만들었지만 그 사람은 이미 죽었다고 하였다. 책을 살펴본 이전수는 작자의 이름은 반송죽(潘松竹)이었고, 자는 청원(淸遠), 호는 매헌이었으며, 30살에 죽었기에 책 이름을 '유초'라고 하였음을 알게 되었다. 책에는 백여 수의 시가 실렸는데, 시구가 아담하고 사랑스러웠다. 앞부분에는 선작모(宣作謀), 하광생(何廣生)이 쓴 서문이 실렸고, 마지막 부분에는 장우령(張又齡), 주금(週錦), 진곤(陳昆), 곽근(郭瑾) 등이 쓴 발문이 있었다. 서문과 발문에서 진곤과 곽근은 산해관 사람이고, 나머지 네 사람은 모두 심양 사람이라고 하였다. 이전수는 선씨 생원에게 네 사람에 대해서 보다 구체적인 내용을 알아보았다. 그 결과 장우령의 자는 유곤(裕昆)인데, 집 주소는 모르고 단지 주금의 집 주소만 안다는 내용을 들었다. 이전수와 선씨 생원은 다음 날 함께 주금을 찾아 방문하기로 약속하였다.

8월 22일 오후에 이전수는 약속한대로 선씨 생원과 함께 주금의 집을 찾아갔다. 주금은 지재문(地載門) 밖에 거주하였는데, 집에 찾아가자 직접 마중을 나왔고, 서로 인사한 뒤에는 마주앉아 찾아온 목적을 물었다. 이전수는 "우연히 선 선생을 만나 『매헌유초』를 보았는데, 선생이 그 책에 쓴 발문을 읽고는 문장이 좋아서 찾아 왔습니다"고 대답하였다. 이전수가 종이와 붓을 놓고 필담을 요청하자, 주금은 자신에게 물은 질문에 대해서 아주 마지못해 대답하였다. 그 뒤 이전수는 주금에게 장유곤을 만난 적이 있는지를 물었고, 주금은 그의 집을 가본 적은 없지만 집의 위치는 대략 안다고 하면서 두 사람에게 알려 주었다.

은거의 삶을 산 만천거사

8월 23일에 아침을 먹고서 이전수는 이만수와 함께 전날 주금이 알려준 대로 사절단 숙소를 나와 서쪽으로 갔다가 북쪽으로 다시 돌아 골목 왼쪽에 있는 광발호(廣發號) 전당포를 찾았다. 전당포 주인은 "전당포 정문에서 동쪽으로 가면 작은 다리 옆에 황토 담장이 있고, 그 안쪽에서 푸른 백양나무를 10번째 그

6 20세기 초반 심양 중가(中街) 전경 ⓒ요녕성 제공

7 만천하 강변 ⓒ요녕성 제공

루까지 세면 남향으로 열린 문이 있는데, 그곳이 바로 그의 집입니다. 장 선생은 생계를 꾸리기 위해서 늘 소동문(小東門) 안의 북가(北街)를 왕래하여 장춘호(長春號) 점포가 있는 마을에 가기 때문에 아마도 오늘도 집에는 없을 것입니다"라고 대답하였다. 주금은 장유곤이 상인이므로, 이전수에게 전당포에 가면 그의 집을 찾을 수 있다고 일러준 것이다.

전당포 주인의 말대로 이씨 형제는 장유곤의 집을 쉽게 찾았다. 이들은 집을 찾은 뒤 "문은 만천하(萬泉河)와 마주하고 있고 가옥은 10여 칸이 되는데, 비바람만 막을 정도여서 가난한 선비라는 것을 알 수 있었다"고 하였다. 장유곤의 집은 매우 일반적인 규모였던 셈이다. 뜰 안에 있는 노부인이 두 형제에게 주인이 안 계신다고 하자, 이전수는 종이와 붓을 달라고 하면서 명함을 남기고 "나중에 다시 오겠습니다"고 하였다. 노부인은 종이와 붓을 가지러 안으로 들어갔지만 바로 나오지 않았고, 잠시 후에 '백발이 성성하고 보통 체격에 시골 티가 심하게 나는' 남자가 걸어 나왔다. 이 광경은 장유곤이 이전수에게 준 첫 인상인데, 매우 평범한 모습이었다.

당시 57세였던 장유곤은 평소에 손님을 만나기 싫어하는 것처럼 보였기에 노부인은 조선 사신 일행에게 거짓말을 하였지만, 이전수가 명함을 남기겠다고 하자, 장유곤은 감동을 받아 만나러 나왔던 것이다. 이만수 형제는 왼쪽 방으로 안내받아 들어갔는데, "4면의 벽 아래에 놓인 고금의 서적 대부분은 서점에서는 볼 수 없는 것들이었다. 찻상도 크고 차 맛도 좋았으며, 깨끗하고 소탈하여 기분이 좋았다"고 하였듯이, 방 안은 온통 책 냄새와 깨끗한 분위기로 가득하였다. 이 때문에 장유곤에 대한 이전수의 인상은 점차 좋아졌다.

주인과 손님은 자리에 앉아 인사말로 몇 마디 나누었다. 그 뒤 이만수 형제는 한어(漢語)가 익숙하지 않다고 하면서, 장유곤에게 종이와 벼루를 내달라고 하면서 필담을 하였다. 이만수는 "저희는 동해의 소생(小生)인데, 처음으로 귀국에 와서 심양의 유명한 사람을 만나기를 원하였습니다.…어제 어떤 분이 『반매헌시집』을 보여 주었는데, 선생이 쓴 발문이 수록되었다고 하면서 매우 좋은 문장이라고 하였습니다. 다만 문장만 보고 글쓴이를 만나지 않으면 안된다고 생각하여 오늘 특별히 방문한 것입니다"라고 하였다. 그는 장유곤에게 방문 목적과 배경을 명확히 설명하였다.

장유곤은 종이에 적힌 글을 본 뒤, 연거푸 손사래를 치면서 당치도 않다면서 붓을 들고는 "저는 서민이고 명사가 아닙니다"라고 적었다. 장유곤이 자신을 '서민'이고, 장사하는 '시인(市人)'이라고 하였던 것을 이전수는 어렸을 때 학업을 중단하여 과거에 급제할 수 있는 정도의 공부를 못하였다고 이해하였다. 그런 다음 자신의 형은 진사이고 자신은 수재인 선비 집안 출신이므로, 부득불(不得不) 장유곤의 학식에 의심을 품으면서 떠보기 시작하였다.

이전수는 먼저 '서건학(徐乾學)'이라고 쓰고는 그 사람이 누구인지를 장유곤에게 물었다. 장유곤은 서건학의 세 글자 밑에 '건암(健庵)'이라고 써서 대답하였다. 건암은 곧 서건학의 자였다. 이전수가 다시 '주죽타(朱竹垞)'라고 쓰자, 장유곤은 그 밑에 '이존(彝尊)'이라고 썼다. 이존의 자 역시 주죽타였다. 이전수가 또 다시 '고녕인(顧寧人)'이라고 썼는데, 장유곤은 몇 자를 더 적어 '염무(炎武), 가장 다문박식하다'라고 썼다. 고염무의 자는 영인(寧人)으로, 그는 청나라 초기에 가장 저명한 학자였다. 두 사람은 여러 차례 필담을 주고받았고, 이전수는 점차 장유곤에 대해서 경의를 나타냈다.

장유곤은 이만수 형제가 자신의 학식을 살피는 것을 눈치 채고는 이야기를 주도하려고 "귀국의 허소번(許素樊)이라는 규수(閨秀)는 여덟 아홉살 때 벌써 시를 짓고 읊을 줄 안다고 하였는데 과연 그러합니까"라고 물었다. 이만수는 '소(素)'자 옆에 '경(景)'자를 쓰고는 "이것은 경(景)자를 잘못 쓴 것입니다. 어찌 그 사람을 아십니까"라고 물었다. 장유곤은 "저는 그 사람의 문집을 소장하고 있습니다"라고 대답하였다. 이만수 형제는 장유곤의 물음과 답변을 듣고는 장유곤이 보통 사람이 아니라는 것을 알게 되었다.

당시 조선은 중국을 '대중화(大中華)'라 부르면서 한편으로 조선을 '소중화(小中華)'라 하여 중국의 문물을 익히곤 하였다. 상인 출신의 장유곤이 어린 나이에 이미 시를 짓고 읊을 줄 아는 조선의 여성 시인을 알았을 뿐만 아니라 그의 문집까지 소장하고 있었으므로, 조선의 과거에 급제하거나 학문을 연마한 이만수 형제도 그 박식함에 감탄하였던 것이다. 이만수 형제는 더 이상 문단(文壇)과 관련한 질문을 하지 않고 장유곤과 진정한 뜻을 담은 문화 교류를 진전시켜 나갔다.

명사를 알아 본 이만수 형제

이전수는 장유곤의 책상 위에 주이존(朱彝尊)이 편찬한 『명시종(明詩綜)』 한 질이 놓인 것을 보았다. 그 책에는 '조선시(朝鮮詩)'가 수록되었는데, 그 가운데 자신의 7대조인 이정구(李廷龜)가 쓴 오언율시가 실렸고, 이정구의 이름 밑에는 '호는 율곡(栗谷)'이라는 주석이 달려 있었다. 이전수는 이 시를 이만수에게 알렸다. 이만수는 바로 붓을 들고는 "이 분은 저의 7대조인데, 호는 '월사(月沙)'라 하셨으므로, '율곡'이라고 한 것은 잘못된 것입니다. 하지만 율곡도 우리 동국의 유명한 성현으로, 성은 이씨(李씨)이고, 이름은 모(某)이므로, 아마도 성씨가 같기에 잘못 수록한 것 같습니다"라고 적었다. 장유곤은 이것을 보고는 이정구 이름 아래에 적힌 '월사'라는 두 글자로 주를 달면서 "귀하의 선조가 율곡과 같은 성씨인데 본적도 같습니까"라고 물었다. 이전수는 "아닙니다. 제 조상은 원래 중국인이었습니다. 곧 시조는 당나라 중랑장(中郎將)을 지냈는데, 소정방(蘇定芳)을 따라 백제를 평정하고 연안백(延安伯)으로 책봉되었으며, 자손들은 원적지에 있습니다"라고 답변하였다. 장유곤은 곧바로 "가히 대대로 공경(公卿)의 집안입니다", "이씨의 뿌리도 대단합니다"라고 두 문장을 써서 이만수 형제 집안과 중국 이씨와의 관계를 찬양하였다. 이연(李淵)이 당나라를 세웠고 그의 아들 이세민(李世民)도 중국 역사상 현명한 명군이기에 민간에서 "이씨가 뿌

리가 대단하다"고 말했기 때문이었다. 이어서 장유곤은 "귀국의 국왕은 철령(鐵嶺) 출신입니까"라고 물었다. 이전수는 "우리 임금은 본적이 완산(完山)이고 함흥에서 왕업을 이루셨는데, 철령이 함흥 주변이기에 잘못 이해되었던 것 같습니다"라고 필담으로 답하였다.

장유곤은 이만수 형제에게 현재 맡고 있는 관직을 물었고, 이만수는 자신은 진사이고, 동생은 수재라고 알려주었다. 그러자 장유곤은 조선의 과거 제도가 청나라보다 낫다고 하면서 "알고 보니 귀국에서는 논책(論策)으로 취사(取仕)하므로, 반드시 이전의 뜻이 아직 남아 있을 것입니다. 하지만 중국 사람은 팔고문(八股文)에 빠져 있기에 더 볼 것이 없습니다"라고 말하고는 크게 탄식하였다. 그러면서 그는 다시 붓을 들고는 "지금은 관료가 되기가 매우 어려워 학인(學人)이 직임을 맡으려면 30년을 기다려야 하며, 주관(州官)이나 현관(縣官)이 되기는 여전히 어렵습니다. 사림(詞林) 출신은 고결한 것 같지만 부유한 집에서 자라지 않았다면 그것 또한 되기 힘듭니다. 저는 퇴거하여 산림에 살면서 아들을 가르치는 것을 본업으로 삼아 스스로 즐겁게 여기는데, 어찌 명사(名士)의 허명(虛名)을 도모하면서 실제 상황과 맞지 않게 살겠습니까"라고 하였다.

장유곤이 말한 이 문장은 유용하다. 곧 장유곤은 자신이 과거에 응시하지 않은 이유를 이만수 형제에게 교묘하게 설명하였기 때문이다. 청나라 때 과거 고시는 팔고문이라고 하였는데, 고정된 격식이 요구되기에 응시자의 재능과 학식을 모두 나타내기 어려웠다. 따라서 장유곤은 그것을 하찮게 여겨 응시하지 않았다. 그밖에 행여 과거에 급제한다고 하더라도 직임을 받기는 매우 어려웠다. 30년을 기다린다 해도 주현관으로 나아가기 어려운 것이 당시의 실정이었다. '사림 출신'은 진사가 된 뒤에 한림원 서길사(庶吉士)나 시독(侍讀), 또는 편수(編修) 등 문직 관원을 역임한 사람들을 일컫는데, 이 사람들은 수입이 적어 가족을 먹여 살리기도 힘들었으므로, 집에 돈이 있는 자만이 인내심을 가지고 기다려 진급할 수 있었다. 이러한 이유로 장유곤은 장사를 선택하였고, 아들을 가르치며 은둔 생활을 영위하였다.

서로 필담을 과정에서 이전수는 장유곤에게 "선생에게는 좋은 시문이나 글(華稿)이 있을 터이니 좀 볼 수 있습니까"라고 제안하였다. 장유곤은 "수 년간 글쓰는 것을 등한시하여 남긴 것이 없으며, 설마 있다고 하더라도 웃음거리가 될 것 같아서 감히 보여 드리지 못한다"고 하였다. 이전수는 겸손해 하지 말라고 하면서, "시나 글은 비록 일언(一言)이나 반 구절만 보아도 전체를 알아볼 수 있으므로, 조금이라도 제시하여 후의를 베풀어주십시오"라고 권하였다. 장유곤은 "만약 있다면 첨삭(添削)을 부탁할 수 있는데 정말로 없다"면서 간절하게 거절하였다. 이전수는 포기하지 않고 정중히 붓을 들고는 "초면이지만 오래된 친구처럼 오늘 필담을 나누었으니, 시와 글을 조금이라도 보면 이 눈이 놀랄 것입니다"라고 적었다. 그는 한 수의 시라도 얻을 수 있다면 정말 만족할 수 있다고 하였지만, 장유곤은 "소년 시절에 배운 감단(邯鄲) 지방의 발걸음을 지금은 모두 잊었습니다"라고 대답한 다음, 이어서 '오처견(吾妻見)'이라는 세 글자를 써서 이전수에게 그 책을 본 적이 있는 지를 물었다. 이전수는 "이것은 일본의 역사서인데, 이름만 알고 책은 보지 못하였습니다"라고 필담하였다. 장유곤은 자기도 이 책을 본 적이 없는데, 다만 우전성(尤展成, 청나라 초기 문학가 우동 尤

8 장우령과 이만수 형제의 필담 장면, 현대화가 곽덕복 그림
ⓒ요녕성 제공

9 **장우령의 서예**
ⓒ요녕성 제공

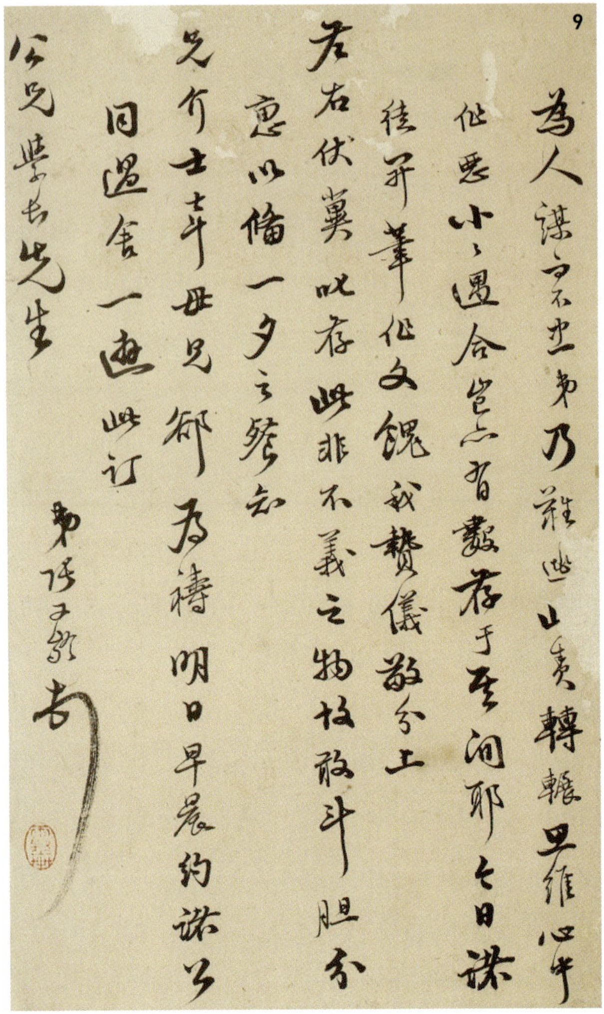

侗) 선생이 외국을 읊은 시에서 이 책을 인용한 것을 보았다고 하였다.

이만수 형제는 장유곤과 작별할 때, 이후 다시 만날 수 있는 조치를 취하였다. 곧 장유곤이 두 형제에게 "귀국에는 회화 명작과 서예 명필이 있다고 하는데, 한 두 장을 보여 줄 수 있겠습니까"라고 제안하자, 이전수는 "저희들이 가져온 것이 없지만 돌아가서 일행에게 물어 보고 있다면 꼭 보여드리겠습니다"고 하였다. 이전수가 장유곤에게 왕사정(王士禎)의 『향조필기(香祖筆記)』를 빌려달라고 하자, 장유곤은 흔쾌히 승락하였을 뿐만 아니라 스스로 『매헌유초』까지 함께 빌려 주었다. 그러면서 "이 문집은 아직 많은 부분을 교정하지 않아 착오가 많은데, 다행히 대필(大筆)을 만났으니 시정해주십시오"라고 썼다. 이전수는 사양하지 않고 기분 좋게 제안을 받아 들였다. 장유곤과 이만수 형제는 시간이 있으면 장유곤이 조선 사절단의 숙소에 와서 만나고 장유곤이 집에 없을 때는 조선 손님을 초청하여 광발호 점당포나 성 안의 장유호(張裕號), 또는 장춘호에서 이야기를 나누자고 약속하고 헤어졌다.

이전수는 장유곤의 집을 떠난 다음에 그 날 일기에 아래와 같이 썼다.

몇십 일째 이리저리 돌아다녔지만 한 사람도 보지 못하였다. 이 사람은 비록 마음에 들지 않고 또한 본인 스스로도 부족하다고 한다. 도시 사람의 풍채는 조금 밖에 없지만, 대화를 나누면서 번번히 기쁘게 하였으며, 특히 방 안의 도서는 안목을 트게 하였다. 오늘 중형(仲兄)과 함께 마주 보고 즐거웠다.

이전수가 장유곤의 학식을 '안목을 트게 하였다'라고 표현한 것은 절반의 정답이고, '비록 마음에 들지 않았다'라고 쓴 것은 완전한 착오이다. 그 뒤의 빈번한 왕래를 통해서 비로소 상인 장유곤의 학식이 과거에 급제한 사람이나 진사라는 명분을 가진 사람들보다 명사라는 것을 깨달았기 때문이다.

청과 조선 문인의 격의 없는 교유

장유곤의 자술(自述)에 의하면, 그는 집에서 장사를 돌보아 줄 사람이 없었기에 멀리 돌아다닐 수 없었다고 하면서, 평생 성경에 있었을 뿐 북경이나 심지어 천산(千山)조차도 가보지 못하였다고 하였다. 그가 받은 교육은 대체로 사숙(私塾)이었는데, 선생은 성씨가 영(英)이라고 하는 기인(旗人)으로, 그는 '임사로(林四老)'에게 배웠다. 임사로는 이름이 임본유(林本裕)로, 강희제와 옹정제 때 성경성 안에서 이름난 문인이었으며 『요재전집(遼載前集)』의 저자였다.

8월 26일에 이전수가 장유곤을 방문하러 가려고 할 때, 하늘이 도와 주지 않은 탓에 문을 나서기 전부터 비가 내리기 시작하였다. 그는 방 안에서 한참을 고민하면서 초조해 하였는데, 갑자기 장유곤이 내방한다는 말을 들었다. 그는 급히 나가서 장유곤을 맞고는 집 안으로 안내하며 인사를 나눈 다음에 필담을 시작하였다. 그는 먼저 "홀연히 찾아오시니, 너무 반갑습니다"라고 쓰고는 자신의 기쁜 마음을 나타냈다. 이어서 소동문 밖의 유극유(劉尅柔) 교관을 아는지, 그의 글 솜씨는 어떠한지 등을 물었다. 장유곤은 그 사람을 만난 적은 있고 그는 집에 약간의 서적을 소장하고 있다고 하면서 글 솜씨는 잘 모른다고 대답하였다. 이전수가 붓을 들고서 "지금 누가 가장 뛰어난 문장가입니까"라고 묻자, 장유곤은 "우매한 저는 집에만 있어서 누가 뛰어난 지는 확실히 몰라 감히 멋대로 대답하지 못합니다"라고 화답하였다. 이전수는 한 걸음 더 나아가 "중국에서는 주이존을 문학의 대가라고 하는데 과연 그렇습니까? 모서하(毛西河)의 박식함은 고대(古代) 학자들 못지 않다고 하지만, 논설은 송나라 유학과 상반되는데 당신은 어떻게 생각합니까"라고 물었다. 주이존과 모기령(毛奇齡, 모서하의 별명)이 세상을 떠난 지 얼마되지 않았으므로, 장유곤은 붓을 들고서 "건국 초기의 작자들 중에서 권위 있는 자로는 위숙자(魏叔子, 이름은 禧), 후방역(侯方域, 자는 朝宗), 시우산(施愚山, 이름은 潤章), 왕어양(王漁洋, 별호는 士禎), 왕둔옹(汪鈍翁, 이름은 琬)을 들 수 있습니다. 죽타(竹垞, 주이존의 호)는 저서가 많기는 하지만 실제 이 분들보다는 못합니다. 모서하는 주자(朱熹)를 헐뜯는 데 열중하였는데, 그것은 평생의 가장 큰 결점입니다"라고 썼다.

장유곤이 보았을 때, 주이존은 저서가 비록 많지만 필치는 위희(魏禧), 후조

10 『사고전서』ⓒ요녕성 제공

종(侯朝宗), 시윤장(施潤章), 왕사정과 왕완(汪琬) 등보다는 못하였다. 모기령은 박학다식하였지만 평생 주희를 공격하였기에 자신의 명성에 영향을 미쳤다. 장유곤은 다시 보충하여 "위와 후 두 사람의 문집은 금지령이 내려져 전해진 것이 없습니다"라고 썼다.

위희와 후조종은 청나라를 반대하는 투쟁에 나서 사상적으로 청나라의 통치를 인정하지 않았으며, 그것을 작품에도 표현하였다. 건륭제는 『사고전서(四庫全書)』를 편찬하면서 문자옥(文字獄)을 크게 일으켜 청나라를 반대하는 사상을 담은 서적을 전국적으로 몰수해서 소각하였기에, 장유곤은 두 사람의 문집은 현재 금지령을 해쳤다고 설명한 것이다.

건륭제 때 고증학이 크게 일어나면서 청 조정에서 추숭하였던 정주이학(程朱理學)은 학자들에게 냉대를 받았다. 이전수는 조선의 학자로 이러한 현상을 민감하게 보았다. 그 때문에 그는 장유곤에게 "우리 동국은 한결같이 주자학을 존숭하는데, 최근의 청나라 문집을 보니 풍자하거나 비난하는 논설이 간혹 나옵니다. 청나라 학자들은 육씨(陸氏)를 더 존중합니까"라고 질문하였고, 장유곤으로부터 '존주불존육(尊朱不尊陸)'이라는 다섯 글자의 답을 필담으로 받았다. 그 뜻은 대체로 정확한 편이다. 이전수는 다시 붓을 들고는 "근래에 서학(西學)이 대세인데 선생 역시 이렇게 말씀하십니까"라고 물었다. 장유곤은 "야소천주교(耶蘇天主教)입니다. 전서(全書)를 보지는 못하였지만 그 이치는 『중용(中庸)』, 『대학(大學)』과 같은 바가 있습니다"라고 대답하였다. 장유곤 역시 천주교 서적을 읽은 적이 있고 표방하는 이치도 유가 서적과 같음을 인식하였다. 그 날 이전수는 일기에 다음과 같이 느낌을 적었다.

이날 그 사람과의 토론은 표면적인 대화에 지나지 않아 그가 있는 그대로를 다 나타내지 않았다. 다만 몇 마디의 말로 자신의 정체를 드러냈는데, 늘그막에 낡은 집에서 세상을 보면서 감개가 많다는 것이었다. 고금의 서적도 널리 섭렵하였는데, 누가 심양성에 명사가 없다고 하겠는가.

9월 초사흘에 이만수 · 이전수 형제는 다시 장유곤을 방문하였다. 최근에 자주 방문한 탓에 서로는 이미 친숙하였다. 자연히 이전수는 이야기의 주제를 옛 사람의 시문에서 당시 청나라의 구체적 상황으로 바꾸었다.

장유곤은 건륭제 중반 무렵에 청나라가 천산(天山) 남북 지역을 통일하고 이리장군통할(伊犁將軍統轄)을 설치하는 등 "영토 2만여 리를 개척하였습니다"라고 말하였다. 이전수는 "만약 영토가 2만 리나 된다면 서역 제국을 모두 포함한 것인데, 그것은 혹 뜬소문일 것입니다"라고 말하면서 의심하였다. 장유곤은 "그것은 소문이 아니라 사실입니다. 안서부(安西府)를 설치하고서 많은 주와 현을 신설하였는데, 〈왕회도(王會圖)〉로 고증할 수 있습니다"라고 긍정적으로 답변하였다. 1773년(건륭 38년)부터 청나라는 천산북로(天山北路) 파리곤(巴里坤)에 진서부(鎮西府)를 설치하였고 오로목제(烏魯木齊)에 적화직예주(迪化直隷州)를 설치하였으며, 다른 곳에는 부강(阜康), 창길(昌吉), 수래(綏來), 의화(宜禾), 기대(奇臺) 등의 현을 나누어 설치하였다. 이러한 관서가 설치된 지 얼마 지나지 않았기에 조선 사람들이 잘 몰랐던 것이다. 하지만 멀리 동북쪽에 살고 있던 상인 장유곤은 만리 밖에 설치된 관서를 잘 알고 있다고 말하여, 조선 사절에게 청나라의 강대함을 선전하고 아울러 자신이 풍부한 지리적 지식을 갖추고 있음을 과시하려고 하였다.

대화의 분위기가 한창 무르익고 어느덧 식사 시간이 되었으므로, 장유곤은 "소박한 술상을 차리겠습니다"라고 하면서 이만수 형제를 대접하였다. 장유곤은 술을 몇 잔 마시자 입담이 더 늘어났다. 이전수는 장유곤의 기분이 매우 좋은 것을 보고는 내친김에 "우리나라는 궁핍하고 서적도 매우 적은데, 선생의 책상 위에 있는 『경의고(經義考)』와 『능엄경(楞嚴經)』을 볼 수 있는 은혜를 베풀어 주시면 그 답례로 몇 가지 토산품을 드리겠습니다. 서로 사이좋게 지내왔기에 부끄러움을 무릅쓰고 부탁하니 승낙해주십시오"라고 요청하였고, 장유곤은 흔쾌히 승낙하였다.

『경의고』와 『능엄경』 두 책을 볼 수 있게 된 이전수는 장유곤에게 다시 책 속의 내용을 물었다. 그는 붓을 들어 "'수능(首楞)'은 무슨 뜻입니까"라고 물었는데, 장유곤은 "부처는 32상인데 수상(首相)을 볼 수 없으므로, 최상의 의미를 넘지 못한다는 뜻입니다"라고 답하였다. 이전수는 또 "걸식은 무슨 도리를 말합니까"라고 써서 물었다. 장유곤은 "불서(佛書)와 시주 물품은 같은 뜻이므로, 베풀지 못할 것이 없습니다. 두 분께서 몇 책이 필요하다고 하니, 제가 어찌 베풀지 않을 수 있겠습니까"라고 익살스럽게 대답하였다. 세 사람은 크게 웃으면서 만남을 유쾌하게 끝냈다.

9월 11일에 조선 사절단의 정사 이복원은 안질(眼疾)이 재발하여 사절단 의원에게 침을 맞았으나 호전되지 않았다. 이만수 형제는 통주(通州)에서 만든 안약이 특효라는 소식을 듣고는 사절단 통사관(通事官)에게 시내에 가서 구해 오라고 시켰는데 구하지 못하였다. 사정이 급하게 되자, 이전수는 장유곤에게 도움을 요청하였다. 장유곤은 신속하게 저녁 식사 후에 통주 안약을 가져왔다. 그 약은 진품(眞品)이었는데, 이전수는 돌아와서 "세안(洗眼) 처방까지 알려 주었으므로, 그 자상함에 진실로 감동하였습니다"라고 심정을 적었다

이전수는 거듭 고마움을 표하면서 장유곤에게 집안 내력을 물었다. 장유곤은 붓을 들어 "선조는 산동 등주적(登州籍)으로, 명나라 말기에 경번(耿藩), 곧 경정충(耿精忠, 청나라 초기 번왕)을 따라 심양으로 와서 내무부 한군(內務府漢軍)에 편입되어 경작과 공부를 본업으로 삼았습니다.…아버님이 세상을 일찍 떠나셔서, 저는 고아가 되었는데, 어려서 배움의 기회를 잃고 가정이 빈곤하여 할 수 없이 장사를 하여 살림을 유지해 오고 있습니다. 지금은 다행히도 빈약하지만 가산을 소유하고 있어서 저승의 죄악을 피하고 있습니다"라고 썼다. 장유곤의 학식은 대체로 장사를 하면서 스스로 배웠던 결과였다.

이만수 형제는 장유곤의 학식에 더욱 탄복하였다. 이만수는 "선생은 불서, 의학 원리, 제자백가 등에 통달하지 않는 것이 없고 수학에도 깊은 지식이 갖추었으니, 참으로 온갖 사물에 능통한 통재(通才)입니다. 사주팔자인 자평(子平)

의 방법도 알 것 같으므로, 저의 하찮은 팔자를 좀 봐 줄 수 있는지요"라고 물었다. 장유곤은 그 말을 듣자마자 곧바로 "사주는 정미세, 신해월, 계묘일, 임술시"이라고 썼다. 이만수 형제는 그것을 보고 자신도 모르게 포복절도하였다.

그림 속 사람도 알아 본 두 나라 명인

상인 출신인 장유곤은 문화를 사랑하여 상업으로 번 자산을 서화의 소장에 쏟았다. 그 탓에 고대에 활동하였던 저명한 서화가의 작품을 구입하여 당시 성경에서는 보기 드문 수장가가 자리하였다.

8월 27일에 이만수 형제는 두 번째로 장유곤의 집을 방문하였다. 이전수는 장유곤에게 "가작필첩(佳品筆帖)이 있습니까"라고 물었고, 장유곤은 소장하고 있던 서예 진품의 일부를 보여 주었다. 그것은 「순화첩우군부자권(淳化帖右軍父子卷)」, 「현비탑(玄秘塔)」, 「동기창림황정경(董其昌臨黃庭經)」, 「송설첩(松雪帖)」 등인데, 모두 보통의 작품이 아니었으며, 특히 「현비탑」과 「동기창림황정경」은 매우 귀한 것이었다.

'현비탑'은 「현비탑비(玄秘塔碑)」로, 당나라의 이름난 서예가 유공권(柳公權, 778~865)이 쓴 작품이다. 유공권은 안진경(顔眞卿)과 함께 '안류(顔柳)'라고 불렸다. 그가 쓴 「현비탑비」는 「대달법사현비탑명(大達法師玄秘塔銘)」의 약칭으로, 비는 841년(회창 2년)에 건립되었는데, 배휴(裴休)가 쓴 비문에는 불교를 선양하는 내용과 함께 대달법사 단보(端甫)가 당시 황제로부터 총애와 우대 내용을 담았다. 필법은 굳세고 기개가 있어서 역대 서예가들의 추앙을 받은 작품이었다.

장유곤이 소장한 서예 작품을 감상하면서 이만수는 부러움을 감출 수 없었다. 그는 붓을 들고는 "'현비탑'은 최고의 작품으로 안공(顔公)의 명성에도 손색이 없는데 동태사(董太史, 董其昌)의 작품은 동국에 적지 않게 있지만 모조품이 너무 많습니다. 유독 이 비첩은 진나라 글씨의 진수를 담고 있기에 얻기가 매우 힘든 것입니다"라고 감탄하였다. 그는 당나라 서예가 유공권의 작품인 「현비탑비」를 안진경의 작품으로 오인하였던 것이다. 장유곤은 이만수가 무안할까 염

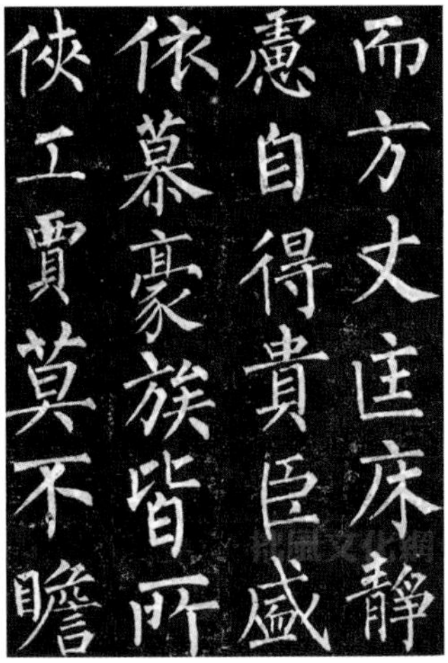

11 「현비탑첩(玄秘塔帖)」
ⓒ요녕성 제공

려하여 그의 잘못을 지적하지 않고 대신 화제를 바꾸고자 붓을 들어 "귀국에서는 누구의 글씨가 유행합니까"라고 물었다. 이전수는 필담으로 "우리나라에는 사인(士人) 이광사(李匡師)가 있는데, 필법은 수백년 동안에도 보기 드뭅니다. 이미 나이가 80이나 되었는데도 아직 종요(鐘繇), 왕희지(王羲之)에 가깝다고 평가되었지만 아쉽게도 지금은 세상을 떠났습니다"라고 대답하였다.

9월 8일에 이만수 형제와 조선 사절단 관원 유경명(柳景明)은 함께 장유곤의 집을 방문하였다. 유경명은 사절단 가운데 서예가였는데, 장유곤이 이전수를 통하여 그의 서예 작품을 얻을 수 있도록 자기 집을 방문해줄 것을 요청하였기 때문이다. 장유곤이 직접 안내하자, 일행은 집 주인이 정성을 다해 만남을 준비하였음을 알아챘다. 그들이 "동쪽과 서쪽의 벽에 여러 폭의 명인 서화가 걸려 있고 남쪽 벽에는 지금의 황제 친필이 걸려 있었다. 탁자, 벼루, 곤로, 공기들은 매우 깨끗하고 산뜻한 감을 주었다"라고 적었기 때문이다. 특히 집 주인의 책상 위에는 따로 고색이 창연한 향로 하나가 놓여 있었는데, '명조선덕연간(明朝宣德年間)'이라는 글자가 새겨져 있었다. 명인의 서화, 건륭제의 친필, 선덕연간의 향로를 볼 때, 장유곤이 소장하고 있는 작품은 매우 진귀하였다.

유경명은 이미 이만수 형제로부터 장유곤이 집에 많은 진품 서예 작품을 소장하고 있음을 들었기에, "미원장(米元章), 심석전(沈石田), 조설송(趙松雪), 구십주(仇十洲)의 서예도 보기를 원합니다"라고 하였다. 하지만 장유곤은 "심석전

12

의 것은 그림만 있고 조설송의 건은 모조품이 가장 많습니다"라고 대답하였다. 이어서 그는 심석전이 그린 그림 두 폭을 꺼내어 손님들에게 보여 주었는데, 한 폭은 〈담묵산수도(淡墨山水圖)〉였고, 다른 한 폭은 〈금현도(錦莧圖)〉였다.

이만수 형제와 유경명은 〈담묵산수도〉는 심석전의 진품일 뿐만 아니라 그가 그린 그림 중에 가작이라고 평가하였다. 하지만 심석전의 〈금현도〉에 대해서는 서로 의견을 달리하였다. 장유곤은 모조품일 수도 있다고 평가한 반면, 이전수는 설령 심석전의 원작이 아니라고 하더라도 이름 있는 작가가 모사한 것이므로, 결코 '보통 금현'은 아니라고 주장하였다.

심석전의 그림 두 폭을 살펴본 뒤에, 장유곤은 대재(戴梓)의 〈초부문경도(樵伕問經圖)〉도 내보였다. 대재는 청나라 때에 활동한 이름난 무기 제작 전문가였다. 그는 '위원장군(威遠將軍)'이라고 불린 화포를 제작하였는데, 강희제는 거란을 정벌할 때 이 화포를 사용하였다. 1691년(강희 13년)에 대재는 궁중 시위(侍衛)와 서양인이 공모하였다는 모함을 받아 관외(關外)로 유배된 뒤, 그림을 팔아 생계를 유지하였다. 대재가 유배자 신분이었기에, 이만수 형제는 장유곤으로부터 그의 이름을 처음 들었다. 이전수는 대(戴)는 자전거의 주인으로, 필법은 북종(北宗)과 유사하다는 인상을 받았다.

장유곤은 대재의 작품에 대한 손님의 반응이 그리 좋지 않은 것을 눈치 채고는 그들에게 다시 〈어옹도(漁翁圖)〉 한 폭을 보여 주었다. 이 그림은 보기 드문 '지두화(指頭畵)' 작품으로 '필치에 기세가 있고 고풍이 난다'는 평가를 받은 것이었다. 손님 세 명은 이 그림을 보고는 놀라고 기뻐하며 모든 눈길을 화면에 집중하였다. 그림 속에는 너덜너덜한 옷에 삼으로 만든 신을 신은 한 노인이 오른손에 생선 꾸러미를 들고 왼손에는 낚싯대를 쥐고 있으며 수염과 눈썹은 흔들릴 듯 말 듯하다. 노인에게는 산촌 어느 곳의 풍모가 담겨 있었다. 그림 위에는 '여산부문사의(閭山傅雯寫意)'라는 글자도 쓰여 있었다.

장유곤이 마지막으로 손님에게 보여준 그림은 횡폭의 그림이었다. 그림에는 약 30살 쯤 되어 보이는 한 사람이 있는데 용모는 청수(清秀)하고 오동나무 밑에서 책을 손에 쥐고 앉은 모습이었다. 앞에는 태호석(太湖石) 한 덩어리가 있고 여러 꽃이 송이송이 피어 있었다. 앞쪽의 홍색 난간 아래에는 연꽃이 활짝

12 만천거사 장우령 초상화, 현대화가 곽덕복 그림
ⓒ요녕성 제공

핀 연못이 있고 그 사이로 작은 물고기들이 놀고 있었다. 연꽃 속에는 한 소동(小童)이 벼루를 씻고 있으며 뒤쪽에 앉은 한 소동은 불을 붙여 차를 끓이고 있었다. 두루미 한 마리가 머리를 뒤로 돌려 깃털을 다듬고 있는데, 사람의 모습이 어슴푸레하게 보였다.

손님 세 사람은 그림을 감상하면서, 그림 안의 사람이 어디선가 본 적이 있는 것 같았다. 하지만 어디서 만났는지 생각이 나지 않았다. 그들이 의문을 던지자 장유곤은 크게 웃으며 "이것은 저의 30살 때 행락도(行樂圖)입니다"라고 하였다. 대답을 들은 손님들도 모두 같이 웃었다.

이만수 일행이 글씨와 그림을 감상하고 품평한 뒤에 장유곤은 이만수 형제에게 "몇 폭의 그림 가운데 두 분께서 가작 한 폭을 골라 시문을 붙여 가치를 올려주시면 어떻겠습니까"라고 요청하였다. 이만수는 바로 장유곤의 〈행락도〉에 시문을 써 주고 싶다고 하면서, 그들 사이의 우정을 토로하였다. 그것이 바로 이 글 맨 앞부분에서 소개한 「유곤진찬병서(裕昆眞贊並序)」이다. 200년 후에 심양 사람들은 이 글을 통해서 당시 만천거사의 풍모를 상상할 수 있었다.

조선 문인 이만수와 이전수는 심양의 '만천거사' 장유곤과 의기투합하여 마음을 통하였다. 그들은 짧은 기간 동안 국적과 신분, 언어 등 교류하는 데 놓인 장애를 허물고 허물없이 지내면서 서로를 지기와 지우로 생각하면서 19차례나 서로 방문하였다. 이로써 한중 두 나라 사이의 인문 교류의 왕래 기록을 세웠고 우호 교류의 아름다운 미담은 후세에 전하고 있다.

참고문헌

아계 외, 『성경통지』, 1779
조이손 외, 『청사고』, 중화서국, 1977
양백천 편, 『국보대관』, 상해문화출판사, 1990
임기중 편, 『연행록전집』, 동국대학교출판사, 2001

한중 우호 교류의
살아 있는 화석

장사존
안산사범대학

문씨가족

문씨 가족

1644(?)~현재

한중 우호 교류의 살아 있는 화석

단동(丹東)은 중국 요녕성의 남동부에 위치한 도시이다. 총면적이 19,176k㎡인 단동에는 한족, 만족, 몽고족, 회족, 조선족 등 22개 민족들이 살고 있는데, 전체 인구의 32%를 차지하는 소수 민족 가운데 만족은 1위를, 조선족은 4위를 차지하고 있다.

명나라 때 단동 일대에는 조선 사람들이 이미 와서 거주하기 시작하였다. 명나라 중기에 편찬된 『요동지(遼東誌)』에는 "요동 지역에 중국인은 17을 차지하고 고려인, 원주민, 귀순자, 여진, 미개인은 13을 차지한다"고 하였다. 만력 연간(1573~1620)에 편찬된 역사서 『주료석화(籌遼碩畫)』에도 "압록강 서쪽과 탕참보(湯站堡) 동쪽, 남북순강(南北順江) 일대에 요동인과 고려인이 함께 거주하고 있다"고 상세히 기록되어 있다. 청나라 초기에 조선으로부터 건너온 사람들 가운데 서씨, 문씨, 박씨, 김씨, 최씨 등은 단동에 속한 봉성(鳳城), 수암(岫岩) 등지에 거주하면서 만주 팔기(八旗)에 가입하는 등 오랜 기간 동안 공동체 생활을 영위하면서 만족과 한족 등 여러 민족들과 점차 어울려 왔다.

그들 가운데 문씨 가족은 한중 우호 교류에 적극적으로 기여한 대표적 집안이다. 『문가씨가보(文佳氏家譜)』에 따르면, 문씨 가족의 원래 거주지는 압록강에서 120리 떨어진 지금의 평안북도 옥상좌동(玉尚左洞)으로, 그곳에는 조상의 무덤이 있었다고 한다. 입향조(入鄕祖)인 문서(文瑞)는 30세 때인 청나라 순치 연간(1644~1661)에 황제의 은덕으로 청나라에 건너와 신만주(新滿洲) 도경(都京) 양백기(鑲白旗)에 등록되었고, 고시를 거쳐 역관(譯館)이 된 뒤에는 봉황성 수위아문(鳳凰城守尉衙門)에서 조선어 통사관으로 활동하는 등 봉황성 일대에서 집안의 번영을 일구었다.

『문가씨가보』에서 문서는 "성질이 온후하고 행실이 삼가고 순수하여" 옹정제로부터 정3품 통의대부로 추봉되어 "가문이 번창의 길로 들어서게 하였다"고 기록되었다. 문씨 가족은 처음에는 대보삼관묘(大堡三官廟)에 거주하였다가 이대자(二臺子)로 이주하였으며, 3세손 때부터는 봉황성 북산, 홍화령(紅花嶺), 당가구(唐家溝) 등지로 옮겨 살면서 여러 세대가 지난 뒤, 다시 성경(盛京), 북경 등지로 이주해 살았다. 특별한 인연을 가진 이 가족은 여러 세대에 걸쳐 한중 양국 간의 왕래를 소통하는 통역관으로 지냈다. 곧 번성한 이 가족은 수백년 동안에 걸쳐 진행된 한중 두 나라 우호 교류의 역사를 직접 목격하는 산 증인인 셈이다. 특히 그들이 보관하고 있는『문가씨가보』는 한중 우호의 오랜 역사를 증명한다고도 할 수 있다. 문씨 가족과 그 족보에 대한 사회 조사는 명나라와 청나라, 중화민국 시기 동북 지방 여러 민족 간의 관계사 연구에서 얻기 힘든 자료로 평가되고 있으며, 역사 기록의 불충분함을 보완해 주는 귀중한 자료로 자리하고 있다.

한중 우호 교류에 기여한 통역관

만주의 조선족은 언제부터 요녕성 일대나 단동 일대에 거주하였는가? 봉성의 문씨와 서씨 가족을 제외하고는 대부분 고증할 수 없다. 다만 문헌 기록을 중심으로 볼 때, 문씨 가족은 비교적 일찍 단동에 들어온 조선인으로 보인다.

문씨 가족이 조선에서 봉성에 정착한 시기와 그 상황은 앞에서 언급한 것처럼, 1925년에 다시 수정한『문가씨가보』에 명확히 기록되어 있다. 중화민국 시기에 편찬된『봉성현지(鳳城縣志)』에 의하면, "서상융(徐上戎)은 조선에서 왔다. 경도(京都) 양백기에 예속되어 봉황산 아래에 거주하면서 대대로 예부(禮部) 사역통관(四譯通官)으로 충당되었고, 청나라 세조를 따라 관내에 쳐들어간 공으로 경영총병(京營總兵)에 임명되었다. 뒤에 당시 반란자였던 장 역적을 평정하고 돌아와 병부 좌시랑(兵部左侍郞)으로 승진하고 일등자작(一等子爵)이 되었으며 광록대부를 받았다"고 하였다. 문헌들을 통해서 보았을 때, 문씨와 서씨는 모두 조선에서 왔고 청나라에서 통역관을 지냈으며 봉성에 정착하였지만, 문씨

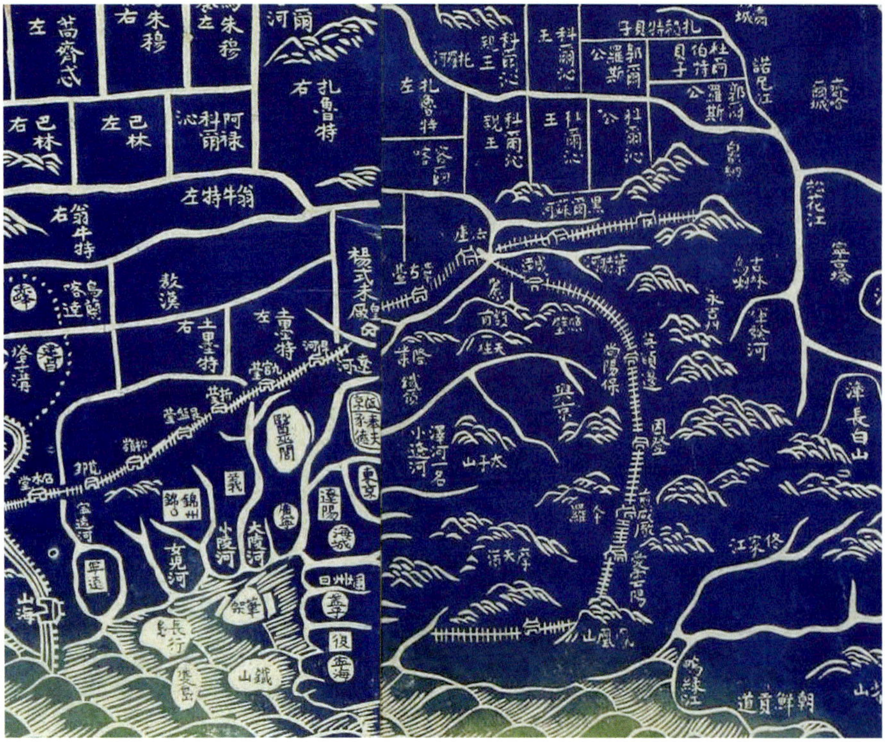

1

2

3

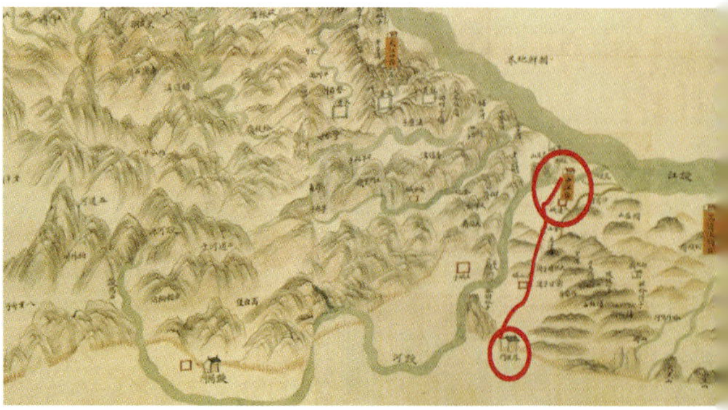

가족이 서씨 가족보다 늦게 왔음을 알 수 있다.

『문가씨가보』와 『봉성현지』에 기록된 서씨 가족, 그리고 그들의 후예들에 대한 서술과 현재 상황을 볼 때 명나라 말기와 청나라 초기에 요녕 일대에 이주해온 조선인과 그 이전에 요녕 일대에 이주해온 조선인은 대부분 만주팔기에 가입하였고 만족의 한 갈래로서 번영하고 발전하였다. 특히 수백년 동안 역사적 변천을 거쳐 오면서도 민족적 정서와 언어, 풍습 등을 대대손손 전해 내려와 오늘날까지 자기 민족의 특징을 보유하고 있다.

청나라 초기에 조정은 두만강과 압록강 이북 지역을 봉금(封禁)지역으로 정하고 조선이나 청나라 양국 백성들이 봉금지역 내에서 농사와 목축업, 어획, 사냥, 채벌(採伐), 채광(採礦) 등을 못하게 하였다. 특히 봉변문(鳳邊門, 봉성만족자치현 변문진), 애양변문(靉陽邊門, 봉성만족자치현 애양향) 이남 · 이동과 압록강 이북의 광활한 지역을 봉금지역으로 획정하고 봉금지역 내 삼도랑두(三道浪頭), 중강(中江), 홍석립자(紅石砬子) 등 여러 곳에 감시 초소를 설치하고는 매년 4월 1일부터 감시 초소에 10~13명의 관병을 파견해 순찰하도록 하였고 겨울에는 철수하였다.

조선 북부의 가난한 농부들이 생계를 유지하기 위해서 연강(沿江) 일대의 봉금지역에 몰래 들어오는 일은 자주 발생하였다. 청나라 초기에 조선 농부들은 '아침 경작, 저녁 회귀', '춘계 경작, 추계 회귀', '상황 긴박 시 일시 후퇴, 상황 종료 시 재회귀'라는 방식으로 연강 일대에서 개간 경작을 계속하였다. 장기간 동안 시행된 봉금 정책으로 인해 봉금지역에는 인가가 드물고 땅은 황폐해졌지만, '자연보호구'의 역할도 하여 무성한 삼림과 함께 산삼을 비롯한 진귀한 야생 약재들이 아무 제한 없이 자라기도 하였다.

봉성에 있는 『문가씨가보』는 300년 간 조선인이 중국 동북 지방 여러 곳으로 이주한 사실과 팔기인 호적에 입적한 내용을 담고 있다. 1925년 이전 문씨 가족의 분포 상황에 관한 서술은 300년 전에 조선족 조상이 조선에서 중국 동북 지방으로 이주한 일차적인 자료를 제공해 주고 있는 셈이다.

1 〈대청만년일통지리전도(大淸萬年一統地理全圖)〉 요녕 부분, 1767년
ⓒ요녕성 제공

2 봉황성 관문으로 들어오는 조선 사절단
ⓒ요녕성 제공

3 청나라 〈봉애이변문외도식(鳳瑷二邊門外圖式)〉
ⓒ요녕성 제공

4 봉황성 변문 유적 전경
ⓒ요녕성 제공
5 봉황성 수위 옛터 전경
ⓒ요녕성 제공

봉황성에 자리잡은 문씨 가족

당나라 이래 봉황성은 한국의 사절단이 중국으로 드나들 때 반드시 지나야 할 첫 관문이었다. 청나라는 봉황성의 남대문 옛 터에 책문을 설치하여 장경(章京) 1명과 기병(旗兵) 50명을 두었다. 장경의 임무는 사절의 신분을 확인하는 것이었는데, 2년에 한번 씩 교대하였다. 봉황성의 변문은 청나라 때에도 요동의 제1관문으로 기능하였다.

봉황성 변문은 한중 교류사의 특별한 산물이자, 독특한 지리 위치 때문에 요동 일대에서 조선과 관련된 특별한 의의를 지닌 문화적 산물이다. 명나라와 청나라 때 조선 사절은 이 문을 반드시 통과해야 하였으므로, '고려문(高麗門)'이라고 불리기도 하였다. 봉황성에서 남동쪽으로 2~3리 떨어진 곳에는 '일면산(一面山)'이라 불리는 심양-단동선 기차역이 있었는데, 1964년까지만 해도 이 역은 '고려문역'이라고 불리기도 하였다.

조선 연행사의 기록에 의하면, 청나라 초기에 조선 사절은 매번 북경으로 갈 때마다 봉황성 변문에 도착하였는데, 그 때에는 책문에서 북서쪽으로 20리 떨어진 봉황성 팔기 관청의 관원들이 반드시 나와서 조선 사절을 영접하곤 하였다. 어느 날 키가 중간 정도이고 너그럽고 관대한 느낌을 주는, 나이 약 30살 정도 되어 보이는 봉황성 관리 한 사람이 유달리 친절하게 조선 사절을 영접하였다. 청나라 통역관으로 활동하였던 그는『문가씨가보』에 문씨 시조로 기록된 문서였다. 문서는 조선 백성에서 청나라 백성이 되었기에 조선 사절을 영접하는데 알맞은 조건을 갖추었다. 조선 사절에 대한 그의 열정은 고향과 고국 사람에 대한 마음 속 친절한 감정의 일부분이 우러나온 것이었다.

청나라는 산해관 안쪽을 영역으로 삼은 뒤, 조선 통역관의 선발과 교육 제도를 독자적으로 실시하였다. 그것은 명나라와 조선 간의 왕래에서 조선이 1388년부터 '화자(火者, 환관)'를 보냈는데, 화자들이 점차 명나라의 출사 권한을 독점하였기 때문이다. 이러한 상황은 만력 연간에 벌어진 임진왜란 이후에 바뀌었다. 명나라는 사이관(四夷館)을 설립하였고, 60명의 통사가 18가지 외국어 통역을 맡았다.

청나라는 사이관을 접수한 뒤, 1644년(순치 원년)에 '이(夷)'자를 '역(譯)'자로

4

5

바꾸었다. 당시 정원은 56명이었는데, 유임된 관원은 임대유(林大有) 등 32명이었다. 하지만 실제 사역관의 결원은 절반에 달하였으므로, 다음해에 청나라 조정은 신입생 60명을 모집하였다. 통사관(通事官)은 중급 · 하급 관리이지만, 임용되려면 예부와 이부의 시험을 통과하여 선발되었다. 이처럼 통사관의 정원은 시기에 따라 변동이 있었고, 통사관 역시 다른 관원들과 마찬가지로 고과(考課)를 받아야 하였으며, 품계는 6품, 7품, 8품과 무품급(無品級)으로 나뉘었다.

1738년(건륭 3년)에 이르러 영송관(迎送官)은 외교 상황에 따라 선발되었다. 봉황성에도 영송관 3명이 배치되었고, 팔기의 기도위(騎都尉) 이하, 효기교(驍騎校) 이상의 관원들 중에서 만문(滿文)과 한문(漢文) 고시를 거친 자를 신중히 뽑아 채용하였다. 원래 6품인 효기교에서 보궐로 제수되었을 경우에는 5품을 수여하기도 하였다. 1771년에는 원래 있던 영송관 3명의 정원을 팔기의 고정 편제에서 삭감하였다. 대신 조선 사절이 북경을 가는 길에 봉황성을 경유하면, 봉황성수위(鳳凰城守尉)가 휘하의 수비 관원들 중에서 통사관과 송영관, 주객관(主客官) 각 1명씩을 선발하여 보내 구체적인 영송 사무를 맡도록 하였다. 그들은 영송이 끝나면 다시 원래의 근무지로 돌아갔다.

『통문관지(通文館志)』에 따르면, 봉황성에 상주하는 청나라 통사관은 만

6 문씨 조상 무덤 옛 사진
ⓒ요녕성 제공

6

족 · 한족 장군과 장경, 영송관, 필첩식(筆帖式), (주객사 主客司) 외랑(外郎), 세관(稅官), 독촉자라는 뜻의 발십고(拔什庫)를 비롯한 관원들, 그리고 수십 명 때로는 수백 명의 갑군(甲軍)을 인도하여 봉황성에서 10리 밖에 떨어진 유조변(柳條邊) 책문에서 사절단의 인원 수와 화물을 실은 마필 수를 확인하면서 휴대 금지 물품을 지닌 여부를 검사하였다. 조선 사절단이 봉황성과 북경 구간을 왕래하는 동안에 청나라는 통사관 1명과 사무를 도와줄 몇 명의 인원, 문서와 양곡을 책임지는 발십고, 10~20명에서 때로는 40~50명의 갑군을 파견하여 동행하도록 하기도 하였다.

문씨 가족의 입향조인 통사관 문서는 아마도 봉황성에서 거주하면서 장기간 근무하였고, 그 뒤 세상을 떠나 그곳에 묻혔을 듯하다. 『문가씨가보』에 의하면 "우리 선조 서공(瑞公)을 성 뒤의 북산에 모셨다"고 하였기 때문이다. 그의 무덤 면적은 아주 넓었는데, "이대자 홍화령에 배정된 제전지(祭田地)는 54무(1무=약667㎡)로, 여섯 무더기로 나뉘어졌으며, 초가집 3간, 채소밭 하나가 있다. 공의 오복당(五福堂) 무덤 앞에도 땅이 12무가 있었는데, 동쪽은 사씨(佘姓)네 풀밭, 서쪽은 마씨(馬家)네 무덤, 남쪽은 물 도랑, 북쪽은 영반(營盤)까지 이르렀다. 무덤 뒤 언덕 동쪽에도 땅이 18무인데, 동쪽은 유씨(劉家)네 무덤, 서쪽은 북산까지 이른다. 밭은 남으로 무덤 가장 자리, 북으로 서외자(西隈子)까지이다. 채소밭은 12무인데, 동쪽은 물 도랑, 서쪽은 무덤 가장 자리, 남쪽은 북산까지 이른다. 집터는 북쪽으로 유씨네 무덤까지이다. 서외자에 있는 산지대는

12무인데, 동쪽은 물 도랑, 서쪽은 서강(大崗), 남쪽은 유씨네 무덤, 북쪽은 서씨네 경계이다. 황강(黃崗) 동쪽의 산지대는 큰 덩어리로, 동쪽은 대장강(大長崗), 서쪽은 황강, 남쪽은 서씨네 경계, 북쪽은 대강까지이다"라고 하였다.

문서는 김씨, 나씨(羅氏), 박씨의 세 부인을 맞이하였고, 열십밀(噎什密), 보십밀(寶什密), 파십밀(波什密) 등 아들 셋을 낳았는데, 아들 때부터 가족 혈통이 흥성하기 시작하였다. 문서의 후예들은 신해혁명 전까지 여전히 봉성에서 통사관 벼슬을 세습하였기 때문이다. 오늘날 그의 후손들이 봉성 일대에 많은 문씨 마을을 이루고 있고, 동북 지방의 여러 곳과 북경에도 그의 후손들이 살고 있다. 다소 무리하게 추정한다면, 문서가 통사관이라는 특별한 관직을 지냈기에 북경, 심양 등지에 많은 인맥을 가지고 있었고, 후손들은 그것을 토대로 많은 곳으로 이주 · 정착할 수 있었다고 하겠다.

백년 후에 받은 청 황제의 추봉

문씨 가족의 시조인 문서의 출생과 사망은 족보에서 알아볼 수 없고, 또한 그가 중국으로 건너온 시기도 불명확하다. 그러나 『문가씨가보』에는 그가 통의대부로 책봉되었고, 관직이 정3품까지 이르렀다고 하였다. 이것은 틀림없이 문씨 가족의 커다란 영광이라고 할 수 있다.

1644년(순치 원년)에 청나라는 북경으로 천도하였다. 문서가 중국으로 온 것은 틀림없이 1644년 이후의 일일 것이다. 그가 '황제의 은혜로 중국에 왔을 때'가 '이립지년(而立之年)'이라고 한 30세 때였기 때문이다. 그는 생전에 6품 통사관으로 재직하였지만, 중국으로 온지 적어도 70년이 지난 1724년(옹정 2년)에 통의대부에 책봉되었다. 이 때는 문서의 나이가 이미 100살이 지났으므로, 통의대부는 죽은 뒤에 추서되었음이 분명하다.

그는 6품 통사관을 지냈는데, 무엇 때문에 세상을 떠난 지 수 십년 뒤에 후한 대우를 받았던 것일까? 이에 대해서는 두 가지로 해석할 수 있다.

첫째, 옹정제가 조선과 관계를 개선하려는 태도를 의식적으로 표명하기 위하여 시호를 추서하는 '선행'을 하였다는 것, 또는 문서의 생전 업적이 이때에 이르러 비로소 청나라 조정에 전달되어 옹정제가 선심(善心)을 가지고 시호를 추서하였다는 것이다. 그러나 전자의 가능성은 매우 낮다. 그것은 청나라가 조선과의 관계를 개선하기 위해서 이미 중국에서 여러 세대가 살았고 또한 벌써 고인으로 된 6품 관리를 대상으로 의사를 표명할 가능성은 결코 없기 때문이다. 후자의 가능성도 크지는 않다. 왜냐하면 변방의 작은 소도시에서 활동하였던 6품 통사관의 생전 업적을 알고 있는 사람이 드문 상황에서 세상을 떠난 지 몇 십년이 지난 후에 조정에 널리 전해져 황제가 감동하여 통의대부라는 시호를 추서할 가능성은 없었을 것이고 더욱이 그것을 고증할 수도 없기 때문이다.

둘째로, 문서의 후손 가운데 과거에 급제하거나 높은 벼슬을 한 사람이 조상을 빛내고 처자에게 복을 넘겨주었기에, 황제가 그의 선조를 추서한 것으로 해석해 볼 수 있다. 이러한 추정은 매우 가능성이 크고, 문씨 족보에서도 그 증거를 찾을 수 있다. 곧 족보에 의하면, 문서의 아들과 손자 2대 중에서 3세손 필기(弼奇)만 호위대부(護衛大夫)를 지냈을 뿐 이렇다 할 관직을 맡은 자는 따로 없었다. 그런데 4세손 정고태(精古太)가 국자감 제조(國子監祭酒)를 지냈고, 그의 큰 아들 음득포(音得布)와 둘째 아들 상서(祥瑞)가 모두 솔직대부(率直大夫)로 제수되었으며, 셋째 아들 헌서(獻瑞)는 상의대부(相議大夫)를 받았으며, 장손인 음득포의 큰 아들로 6세손인 주이항아(珠爾杭阿)도 봉직대부(奉直大夫)로 제수되었다. 문서의 4세손부터 6세손까지 3대는 문서의 후손들 가운데 명성과 영예를 크게 떨쳤다. 구체적으로 살펴보면, 정고태가 국자감 제조로 활동하였던 시기는 옹정제 때였다. 따라서 4세손 정고태가 조정의 명관(命官)으로 재직하였던 때, 곧 증손자가 조정의 중요한 직책에 있었기 때문에 문서가 추서를 받았다는 것이 보다 논리적인 추론이 될 수 있다.

이것과 관련하여 족보 속 표지에 초록된『조영비문(祖塋碑文)』에는 "성질이 온후하고 행실이 삼가고 순수하였으며, 가문이 번창의 길로 들어서게 하여 입관(入官)은 계속되고 있다. 지혜를 모아 후손들을 양성하고 큰 전식(典式)을 맞아 높은 관직에 오른 문서공은 황제의 은덕으로 통의대부를 하사받았다. 이 영광을 지닌 것은 실로 인간으로서 성대한 일이다"고 하였다. 다만 비문에서는 문서의 도덕과 품성만을 찬양하였고, 생전의 구체적인 공적은 언급하지 않았다.

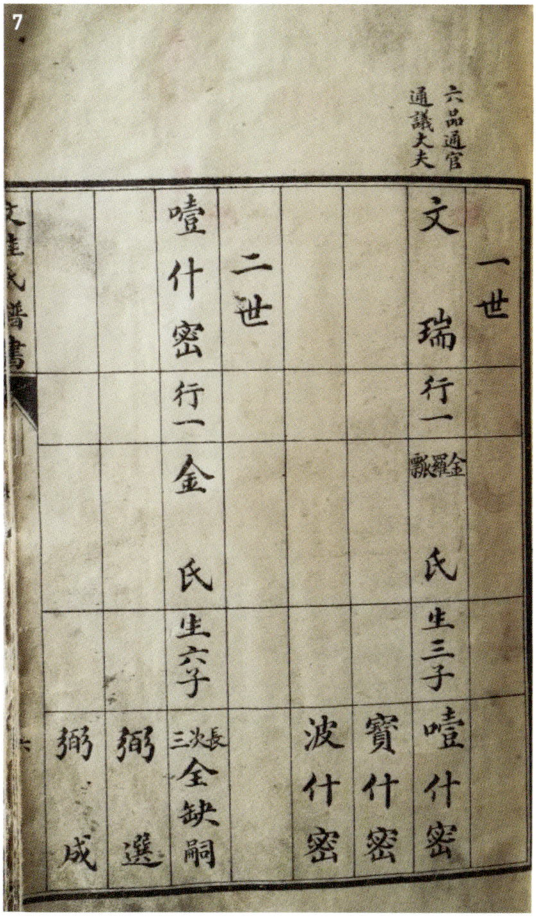
六品通官
通議大夫

一世	文瑞	行一	金羅鄕	氏	生三子	噎什密
						寶什密
						波什密
二世	噎什密	行一	金	氏	生六子	長全 次缺 三嗣
						獬選
						獬成

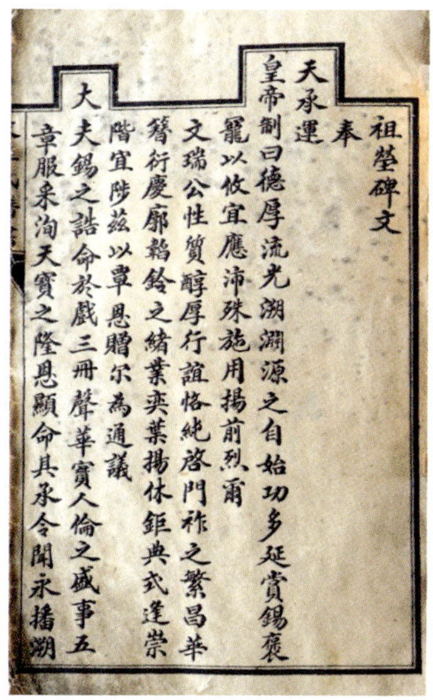
祖塋碑文

奉

天承運

皇帝制曰德厚流光溯淵源之自始功多延賞錫褒

寵以攸宜應沛殊施用揚前烈爾

文瑞公性質醇厚行誼恪純啟門祚之繁昌華

簪衍慶廓箕裘之緒業奕葉揚休鉅典式逢崇

階宜陟玆以覃恩贈爾爲通議

大夫錫之誥命於戲三冊聲華寶人倫之盛事五

章服采洵天寶之隆恩顯命具承令聞永播溯

7 『문가씨보서』의 문서와 그 아들
ⓒ요녕성 제공

8 『문가씨보서』「조영비문」
ⓒ요녕성 제공

문서가 통의대부로 추서된 것은 결국 후손들의 '입관이 계속된' 결과인 셈이다.

이와 같이 청나라에서 성대하게 표창(表彰)한 데에는 보다 더 깊은 모종의 고려가 있었을 것 같다. 그것은 당시에 점차 늘어가는 조선 사절단의 무역과 그것에 따라 심화되고 있던 탐오(貪汚)의 기풍과 무관하지 않을 것이다. 사행 무역은 종래 명나라나 청나라가 조선과 경제 교류를 하는 중요한 방식이었다. 조선 사신은 중국 경내에서 무역 활동을 주로 봉황성 변문이나 성경, 북경에서 하였다. 강희제 때 조선의 김창업(金昌業)이 쓴 『노가재연행일기(老稼齋燕行日記)』에는 변문의 "책문 안쪽에는 초가집들이 있다. 성을 수비하는 장군이 앉아 있는 집과 음식점, 민가가 한 10여 채 있는데 모두 풀로 덮여 있다. 책문 안에 산더미같이 쌓인 하얀 물품은 몇 리 밖에서도 보이는데, 그것은 모두 씨를 뽑은 목화로, 각지에서 사 들인 것이며 부피는 무려 10만 근 정도나 되니 참 장관이다"라고 하였다. 김창업의 눈에 보인 목화는 변문 무역의 주요 상품으로, 당시 이곳에서 무역은 매우 번창하였던 것으로 보인다.

1727년(옹정 5년)에 조선의 김응복(金應福)은 상주문에서 "심양과 책문에는 옛날에 장마당이 없었는데, 수십 년이 지나면서 법과 봉금이 풀려 사행 때마다 장사꾼들이 은을 지니고 들어가 서로 장사를 하였기에, 돌아올 때 단련사(團練使)의 인마(人馬)가 그 상품들을 날라다 주니, 폐단이 점점 많아지기 시작하였습니다. 처음에 조정에서는 장사꾼들이 잠입할 것을 우려하여 변방 관원으로

9 봉황성 옛 모습
ⓒ요녕성 제공
10 현재 봉황성 야경
ⓒ요녕성 제공

단련사를 파견하여, 검사를 하고 인솔해 돌아오는 것을 규정의 원래 목적으로 하였습니다. 그러나 오늘에 이르러 단련사가 오히려 그들의 대리인이 되고 장사꾼들의 수령으로 변해 버려…중국 화물이 운집하는 데 제한도 없습니다"라고 하였다. 책문의 변경 무역은 부단히 늘어서 청나라와 조선 양국 간의 기강은 점차 해이해졌으며, 뇌물을 주고 받는 것도 공공연해지면서 적폐가 많이 생겨 점차 관리하기도 어려워졌다.

『청실록』에 의하면, 1662년(순치 16년) 이전에 조정에서는 민간의 재물을 착취한 탐관오리에게 장물을 10량(兩)만 받아도 가산을 몰수하는 법을 만들어 엄벌하였다. 그러나 탐욕의 악폐를 금지시키지는 못하였다. 그리하여 1662년 3월 정묘일에 황제의 명령으로 형부에서는 탐오 풍조를 근절하고자 장물을 10량까지 받은 탐관은 재산 몰수는 면하지만 곤장형 40대를 맞고는 석북(席北, 지금의 흑룡강성 치치하얼 일대)지방으로 유배하고 동시에 다른 형벌로 바꾸지 못하도록 법제화하였다. 곤장형은 감면의 대상도 아니었다. 옹정제 때에는 성경 지역에서 헛된 명성을 팔고 다니거나 사사롭고 사소한 은혜를 주거나 투기와 사기를 하거나 이득에만 매달리거나 하는 풍조가 만연하였기에, 이를 엄히 단속하였다. 이처럼 갖가지 낡은 관습에 대하여 여러 차례 황명을 내렸지만, 그 풍조는 여전히 개선되지 못하였다.

예를 들면, 조선의 선물과 관련된 것도 있었다. 곧 조선의 선물을 달라고 하는 것도 폐습으로 인정되었다. 특산물을 달라는 풍조는 만연이 되면 버릇이 되고 상규(常規)와 관례가 되어 점차 평상사로 여겨질 것이기 때문이었다. 이러한 오랜 폐습은 1811년(가경 16년)에 이르러서야 비로소 성경장군아문(盛京將軍衙門)에서 발견하여 상례적으로 뇌물을 은으로 받은 자는 법대로 직책을 박탈하고 죄로 물어 다스리면서, 동시에 조선 국왕에게는 앞으로 사사로이 입출 상례의 선물을 증여하지 말 것과 이를 위반하면 주는 자와 받는 자를 동등하게 조사 확인해서 처벌할 것이라고 알렸다. 아울러 이 관습은 워낙 불법적인 것이므로, 이후에는 엄하게 금지할 것이라고 선포하기도 하였다.

이와 관련된 일은 연행사 홍대용(洪大容)의 『담헌연기(湛軒燕記)』에도 기록되었다. 1765년(건륭 30년)에 홍대용이 청나라로 사행하던 중에 당시 봉성의 아문제관(衙門諸官) 서종맹(徐宗孟)과 왕래하였을 때 이와 비슷한 불쾌한 일이 일어났다. 봉성 서씨도 문씨와 마찬가지로 선조들이 모두 조선에서 건너 왔고, 청나라 초기부터 내무부(內務府)에 들어가 대대로 통사관을 담당하였다. 하지만 그들은 늘 조선 사절들과 왕래하면서도 원한이 비교적 깊이 쌓였다. 김경선(金景善)이 1832년에 쓴 『연원직지(燕轅直指)』에 의하면 "책문 안을 출발하여 해가 뜬 뒤 몇 리 못 가서 마두(馬頭)가 어느 큰 뜨락을 가리키며 '이것이 서통관 종맹의 댁'이라고 하였다. 종맹의 선조는 동국인(東國人)이기에 약탈을 당하였지만 종맹은 탐욕이 끝이 없어 우리 사람의 피를 빨아 먹은 탓에 큰 부자가 되었고 북경에도 큰 저택이 있었다. 뒤에 그 일이 알려져 북경의 저택은 몰수를 당하였고 이곳의 집은 그대로 남아 있다"고 하였다.

문서와 서종맹 모두 조선의 사절단을 접촉하는 통사관이었지만, 서종맹은 '탐욕이 끝이 없어' 끝내 가산을 몰수당하였고, 문서는 '성질이 온후하고 행동이 삼가고 순수하여' 옹정제에게 포상을 받았다. 이처럼 봉황성의 두 통사관은 서로 운명을 달리했는데, 그 배경에는 청나라 조정에서 본보기를 삼아 악을 물리고 선을 권장하고자 하였던 심사숙고가 담겼는지도 모를 일이다.

문씨 가족의 '통사관' 대물림

중국의 조선족은 부모에게 효도하고 윗사람을 공경하는 것을 중요하게 여기며 항상 족보에 가족의 발전 과정을 기록한다. 『문가씨가보』는 바로 이러한 종법사상(宗法思想)을 잘 담고 있다. 족보의 서문에서 문씨의 자손들은 "고증해 보니 조정에는 첩(牒)이 있고 가정에는 족보가 있는데, 그 명칭은 비록 다르지만 사실은 같은 것이다. 첩은 한 조정의 중요한 준칙으로 황실 후손의 번영창성을 종합 정리한 것이고, 족보는 한 가족의 체계로 집안의 계열과 순차를 열거하는 것이니,…그것으로 본을 따지고 갈래를 밝힘으로써 후세의 자자손손으로 하여금 거슬러 올라가 선조의 이름과 사적을 고증하고, 그 아래로는 당시의 호적과 순차를 고찰할 수 있도록 하는 것으로, 가족의 가구가 비록 복잡하다고 해도 한데 모이면 난처할 것도 없어 족보는 열람자에게 충분한 도움을 주는 것이다"라고 족보 발간의 이유를 명확히 제시하였다.

『문가씨가보』를 편수하기 이전에도 문씨 가족에게는 족보가 있었다. 원래의 족보는 작은 마을이었던 수남촌(水南村)에 있었는데, 건륭 연간(1736~1795)에 홍수로 분실되었다. 그 후 100여 년간 문씨 후손의 일부에게 족보는 전하지 않았고, 일부는 갈래대로 족보를 편수하였다. 따라서 족보는 완전히 일치되지 못하였다.

『문가씨가보』는 1925년 5월에 다시 편수한 것이다. 『문가씨가보』를 다시 편수한 이유와 과정에 대해서는 족보 서문에 "옹정 2년(1724)에 황제의 은덕으로 통의대부에 추서되었고, 석비에 기록되었듯이 오늘날까지 이미 10대를 거쳐 2백여 년이 지났다. 하지만 족보를 보면 제각기 편수하고, 또한 이름과 자도 각각 지었기에 일치가 되지 못하고 있다. 지금은 중화민국으로 변화되고 팔기도 없어졌는데 가족을 고증할 족보가 없기에 동족끼리 모여 합의한 결과, 하루빨리 통일하여 편수하지 않는다면 동본을 이족으로 보게 되고 혈육을 길손으로 보게 될 것이라고 하였다. 합의에 의하여 이대자와 홍화령 두 계파가 공금으로 돈을 지출하고 공동으로 추천한 5인이 묘지 관리와 사무를 맡아 계파별과 세대별로 자세히 조사를 하고서 한 권의 책으로 편찬 · 인쇄하여 후세에게 전하면, 장유유서(長幼有序)를 알아 볼 수 있고 높고 낮음의 결례를 범하는 일이 없을

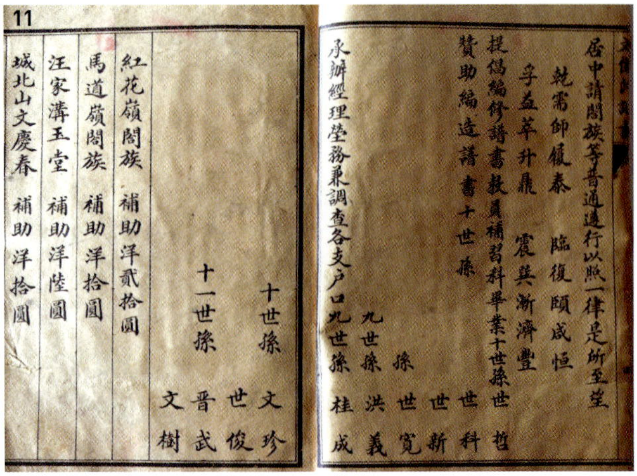
11

居中請閤族等普通遵行以照一律是所至望
乾需師屬泰 臨復頤咸恒
孚益萃升鼎 震巽漸濟豐
提倡編修譜書教員補習科畢業十世孫世哲
贊助編造譜書十世孫 世科
世新
孫 世寬
九世孫 洪義
承辦經理塋務兼調查各支戶口九世孫 桂成
十世孫 文珍
世俊
十一世孫 晋武
文樹
紅花嶺閤族 補助洋貳拾圓
馬道嶺閤族 補助洋拾圓
汪家溝玉堂 補助洋陸圓
城北山文慶春 補助洋拾圓

것이다"고 하였다.

서문의 끝 부분에는 문씨 후손의 '장유유서'를 위해 특별히 후손의 돌림자 20자를 선정하고는 "역괘(易卦)를 따라 20자를 왼쪽에 올리고 12세손부터 건(乾)자를 시작으로 다음 세대로 내려가면서 순차대로 배열하되 매 세대의 이름을 3자로 한다면 선정된 글자를 가운데 놓기로 한다. 온 가족이 다 같이 지키고 실행하여 일치가 되도록 간곡히 바란다"라고 설명과 가규(家規)를 덧붙였다. 선정된 20개 글자는 '건수사속진임복이성항부익췌승정진손석제풍(乾需師屬秦臨復頤成恒孚益萃昇鼎震巽浙濟豊)' 등이다. 또한 서문에는 두 명의 서명이 있는데 '교원보습과 졸업 세철', '북경 동성총포호동(東城總佈胡同) 육군중장 현임 총통부 시종부관 보항'이라고 하였다. 문세철(文世哲)은 9세 계영(桂榮)의 둘째 아들이자 그의 여섯째 숙부인 계량(桂亮)의 양조카로, 『문가씨가보』 편수의 발기인이며 족보 서문의 집필자이다. 문보항(文寶恒)은 9세 계무(桂茂)의 둘째 아들로, 이번원(理藩院) 원외랑(員外郎)인 회청(懷清)의 양조카인데 중화민국 시기에 문씨 후손 중에서 관직이 가장 높았다.

1925년에 다시 편수한 『문가씨가보』는 실제로 문씨 각 계파의 족보를 모아서 완성한 것이다. 문씨 시조인 문서에게는 아들 셋이 있었고, 큰 아들 열십밀은 아들 여섯을 두었는데, 큰 아들부터 셋째 아들에게는 후대가 없었다. 넷째 아들인 필선(弼選)은 봉성 북산에 세거하면서 문씨 본 뿌리의 후손이 되었

11 『문가씨가보』 편수자 명단과 기금 내역
ⓒ요녕성 제공

12 문가보 뒷산으로 옮긴 문씨 조상 무덤
ⓒ요녕성 제공

다. 다섯째 아들 필성(弼成)은 뒤에 당가구에 세거하여 한 갈래가 되었고, 여섯째 아들 필피(弼避)는 봉천으로 이주하여 또 다른 한 갈래가 되었다. 문서의 둘째 아들 보십밀은 후손이 없었던 반면, 셋째 아들 파십밀은 경도(京都)에서 6품 통사관을 지냈는데, 큰 아들 필달(弼達)은 홍화령에 세거하여 한 갈래가 되었고 둘째 아들 필통(弼通)은 이대자에 세거하여 또 한 갈래가 되었으며, 넷째 아들 필원(弼遠)의 후손은 북경에 세거하면서 또 다른 한 갈래가 되었다. 문서의 후손들은 북산의 직계 종가를 제외하고 점차 홍화령, 당가구, 봉천, 이대자, 북경 등지로 흩어져 살았다.

『문가씨가보』는 위와 같은 다섯 갈래로 나뉜 가족의 족보를 보존하고, 청나라 순치제부터 1925년까지 280여 년 동안에 걸친 문씨 후손 각 갈래 11세손의 형성과 번영의 변천 과정을 기록하였다. 『청조통지(淸朝通志)』 「씨족략(氏族略)」에서는 "문씨는 가산보(嘉山堡) 지방에 세거한다. 문서는 양백기 포의인(包衣人)인데 건국 초기에 왔고 8품 통사관을 지냈으며, 그의 손자 삼격(三格)은 두등호위(頭等護衛)를 맡았다"고 하였다. 여기서 언급한 '삼격'은 바로 3세 필기로, 그는 호위대부를 지냈다. 이러한 내용은 『문가씨가보』의 기록과 일치된다.

문씨 가족의 후손들 가운데 청나라 관료가 된 자는 34명인데, 그 중에 지부(知府) 이상은 23명, 6부의 시랑과 원외랑은 9명이며, 거의 대부분 문서의 셋째 아들인 파십밀의 후손들이다. 특히 북경에 세거한 파십밀의 넷째 아들인 필원

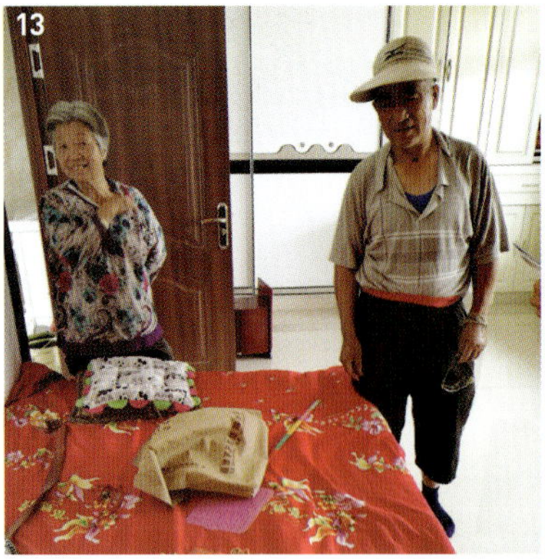

13

14

의 후손들 중에 관료 진출자가 많았다. 문씨 가족들 중에 처음으로 이름을 날려 조상을 빛낸 4세손 정고태와 그의 자손들 모두는 이 갈래에서 탄생하였다. 문씨 가족의 명성을 두 번째로 조야에 떨친 성림(成林)과 그의 자손들도 파십밀의 후손들이었다. 성림은 이대자의 갈래에 속하고 파십밀의 둘째 아들 필통의 후대이며 문서의 7세손이다. 그는 황제로부터 광록대부와 진위장군(振威將軍)으로 임명되었고 일품 화령정대(花翎頂戴) 관모를 쓸 수 있는 자격과 자금성에서 말을 타고 다닐 수 있는 상을 하사받았다. 또한 이부 좌시랑과 내무부 총관대신(總管大臣)에 제수되었고 죽은 후에는 태자소보(太子少保) 작위에 추서되었으며, 시랑의 전례대로 성읍을 하사받았다. 그야말로 관직이 높고 작위가 존귀하며 녹봉이 푸짐하고 명성이 혁혁하여 문씨 가족 중에서 벼슬이 제일 높았다.

문씨 후손이 역임하였던 관직 중에서 인원 수가 가장 많았던 것은 조선 통사관이었다. 『봉성현지』에는 "이대자는 성 안과 30리 거리에 있고 문가보(文家堡)는 5리, 문가대령(文家大嶺)은 20리 떨어져 있다", "문씨는 여러 곳에 살고 있는데, 가구가 번성하고 대대로 뛰어난 자가 태어나 청나라의 세습 통사관들도 있다"고 기록되어 있다. 『문가씨가보』에 의하면, 문서부터 9대까지 후손들 가운데 예부와 지방 관청에 취임한 6품 내지 8품 조선 통사관은 15명으로, 문서공의 2세손 파십밀, 6세손 곽승아(郭升阿)·아극돈아(阿剋敦阿)·달명아(達明阿), 7세손 덕록(德祿)·예화(豫和), 8세손 사경(思慶)·은혜(恩惠)·은보(恩保), 9세손 계분(桂芬) 등이며, 예부에서 관직을 맡거나 봉황성에서 관료로 생활한 자도 있었다. 문씨 가족 중에서 관료가 된 자는 총 인원의 47%에 달하였다.

이것은 비록 문서가 조선에서 중국으로 이주한 뒤, 팔기에 가입한 지 200여 년이 지났지만 그들 가족은 여전히 조선 언어와 문자를 계승하고 유지하였다는 사실을 말한다. 그것은 역사학자들이 중시할 가치가 충분하다는 것을 의미하기도 한다.

13 봉성 문성걸 노인과 문씨 족보
ⓒ요녕성 제공

14 한국 손님과 문성걸 노인
ⓒ요녕성 제공

2018년의 봉성 문가보

문가보 안에서 문씨는 흔한 성씨이다. 문성걸(文成杰) 노인은 이미 71세이지만 일찍이 1990년대에 한국과 일본 학자들이 자기 집을 방문하였던 사실을 아직도 기억하고 있다. 봉성시가 만족자치현으로 재편되었을 때, 그는『문가씨가보』를 증거로 제시하기도 하였다. 다만 그는 시대가 바뀌면서 문씨 조상의 비석과 무덤에 이미 큰 변화가 일어나고 있다고 지적하였다.

문서의 비석은 1724년에 건립되었는데, 119년이 지난 1843년(도광 23년)에 손상되었다가 2년 뒤 여름에 중수(重修)되었다. 이 일에 대하여 족보의 첫 페이지에는 "알고 보니 이 비는 옹정 2년에 황제의 은덕을 받아 건립되면서부터 오늘날까지 200여 년이 지났는데, 도광 23년 5월 갑자기 벼락을 맞고 부러져 손상되었다. 지금 4세손 달명아와 6세손 은경(恩慶)이 북경의 예부로부터 파견되어 조상의 무덤을 배알하면서 파손된 비를 보고 선조의 공덕이 소멸될 것을 우려하여 함께 논의한 결과, 각자 물자와 돈을 내어 재료를 갖추고 인력을 모아 다시 정비하기로 하였으니 차후의 증거가 될 것이다"고 하였다.

달명아는 바로 4대손 정고태의 손자이며 그의 둘째 아들인 5대손 상서(祥瑞)의 큰 아들이었는데, 당시 예부의 6부 통관을 지냈다. 은경은 정고태의 손자인 6대손 주이항아의 손자인데, 당시 7품 통관으로 재직하였다. 그들은 모두 문서의 셋째 아들인 파십밀의 직계 후손으로 북경에서 세거하였고, 공무의 기회를 이용하여 북경을 떠나 성묘하고 조상의 비를 중수하였다.

문성걸 노인에 의하면, 이 비는 이미 분실되었고, 최근 정부의 정책에 따라 무덤도 문가보 뒷산으로 옮겼다. 해마다 구정, 청명절, 중추절, 음력 10월 초하루에는 온 가족이 모여 성대한 제사를 지낸다. 특히 중추절을 전후하여 문성걸 일가는 무덤 주변의 풀과 잡물을 깨끗이 정리하고 북경 등지의 문씨 후대들이 제사나 성묘를 하러 오면 맞이하곤 한다.

문씨 후예들은 비록 만족으로 되었지만 조선족만 만나게 되면 매우 친절하게 대하고, 서로 익숙해지면 조상의 유래와 업적을 털어놓기도 한다. 이들은 조선의 풍습 몇 가지를 가지고 있기도 하였다. 그것은 장례를 치를 때, 남성 상주가 흰색 상의를 입고 허리에 삼베 줄을 매거나 여성은 머리카락을 흐트러뜨린 채 하얀 댕기를 맨다는 것이다. 또한 돌이나 제사를 지낼 때 놋 촛대에 촛불을 켜놓고 주발에 냉수를 담기도 하였다.

문씨 가족은 11대 동안 다섯 곳에서 살았다. 현재는 15대에 이르는데, 후손들은 기본적으로 봉성현 여러 곳에 분산해 살고 있지만, 나머지는 북경, 심양, 심지어 대만 등에도 살고 있다. 2018년 여름에 문씨 가족 15대 후손 중에서 2명이 외국어대학이나 종합대학 외국어학과에 입학하여, 이전처럼 번역이나 언어를 위주로 하는 업무에 종사할 것으로 보인다. 이 가족의 유전자는 다른 사람에게 여전히 감탄을 주고 있다.

『문가씨가보』가 점차 널리 알려짐에 따라, 한국에서 많은 학자와 유학생, 역사 애호가들이 봉성 문가보를 찾아 한중간의 교류 역사를 살펴보고 있다. 이제 문씨 가족은 양국의 외교 인사들이 공인하는 양국 우호 교류 역사의 '살아 있는 화석'이 되었다.

참고문헌

심국면 외, 『봉성현지』, 1921

정치협상회의연변조선족자치주위원회 문사자료연구위원회, 『연변문사자료』 제4집, 내부출판, 1985

본서적편집위원회, 『왕추한선생탄생 100주년기념 학술문집』, 중앙민족대학출판사, 2003

정굉 편, 『민족연구문집 – 국제학술교류권』, 중앙민족대학출판사, 2006

하효방 편, 『청대만족가보선집』, 요녕민족출판사, 2016

제2장

랴오닝은 서울로,

문화로 본 한국과 요녕성의 인연

서울은 랴오닝으로

전승에 담긴 인연

연행록의 요녕과 조선

그림으로 전하는 인연

〈봉사도〉에 담긴 한중 우호의 길

연행록의
요녕과 조선

장일규
동국대학교

연행록, 요녕과 조선을 담다

이전의 여러 왕조처럼, 조선은 건국 직후부터 중국에 꾸준히 사신을 보냈다. 사신은 '조천사(朝天使)'·'연행사(燕行使)'라고 하였는데, 명대의 사행을 조천사라고 불렀던 반면, 연행사는 청대의 사신을 일컬었다. 이들은 수개월 동안 사행에 나서며 여러 견문을 차분히 기록하였다. 다만 조천사들은 주로 기행시(紀行詩)를 작성하였던 반면, 연행사는 대체로 기행문(紀行文)을 남겼다. 연행사가 작성한 기행문은 '연행록'이나 '연행일기'로 불린다.

조선 사신은 대체로 연 3회, 총 1천 8백회 사행 길을 왕래하였다. 그들은 1374년(고려 공민왕 23년)부터 압록강을 건너 북경을 거친 다음 운하를 따라 남경에 이르는 육로를 이용하였지만, 1619년(조선 광해군 11년)에 후금의 누르하치가 요양을 점령한 뒤 1637년까지는 요동반도에서 묘도군도를 거쳐 산동반도에 이르는 해로를 사행 길로 삼았다. 명나라가 멸망한 다음인 1644년(인조 22년)부터는 다시 압록강을 건너 연경에 이르는 육로를 왕래하였다. 조선 사신은 육로와 해로를 오가면서 요녕 일대와 연경 일대에 이르는 모습을 연행록에 상세히 담았다.

현재 전하는 연행록 가운데 김창업(金昌業, 1658~1721)의 『노가재연행일기(老稼齋燕行日記)』, 홍대용(洪大容, 1731~1783)의 『담헌연기(湛軒燕記)』, 박지원(朴趾源, 1737~1805)의 『열하일기(熱河日記)』는 '조선 3대 연행록'이라고 평

1 김창업, 〈추강만박도(秋江晚泊圖)〉
ⓒ간송미술관

가되고 있다.

『노가재연행일기』는 김창업이 1713년(숙종 39년)에 쓴 기행문이다. 『노가재연행록(老稼齋燕行錄)』·『연행훈지록(燕行塤篪錄)』으로도 불리는데, 현재 9권 6책의 한문 필사본과 6권 6책의 한글 필사본이 전한다. 김창업은 동지사겸사은사의 정사(正使)로 연경으로 사행하는 형 김창집(金昌集)과 동행하면서, 1712년 11월 3일부터 1713년 3월 30일까지 총 146일 왕복 6,028리의 사행 일정을 일기 형식으로 담았다.

홍대용은 1765년(영조 41년) 11월부터 1766년 봄까지 삼절연공(三節年貢)겸사은사의 서장관인 작은 아버지 홍억(洪檍)을 수행하고서, 귀국 직후에 사행 과정을 6권 6책의 필사본 『담헌연기』로 엮었다. 글의 구성은 특별히 일기 형식이 아닌 자신이 관심을 가진 주제를 중심으로 이루어졌다.

『열하일기』는 1780년(정조 4년)에 박지원이 작성한 연행일기이다. 박지원은 청 건륭제의 만수절(萬壽節)을 축하하는 진하사겸사은사의 정사인 삼종형 박명원(朴明源)을 따라 연행 길에 올라 연경을 거쳐 열하에 이르렀던 일정을 수록하였다. 노정은 5월 25일부터 10월 27일까지 약 5개월 동안 진행되었는데, 다른 연행록과 달리 연경에서 열하를 오갔던 왕복 1천 4백여 리의 과정도 상세히 담았다. 특히 일기 형식의 연행록, 주제별 형식의 연행록 모두를 참고하여, 사행 길의 전 과정을 일기로 충실히 기록하면서도 자신의 인상을 담은 주제별 글도

2

함께 실었다.

조선 사신이 작성한 연행록은 현재 약 6백여 종이 전하는데, 대부분은 청나라를 다녀온 사신의 기록이다. 연행록에는 5백 명 안팎으로 이루어진 사절단의 구성과 활동뿐만 아니라 명 · 청과의 외교 관계, 요녕과 북경 일대 문물과 풍속 등이 그대로 담겼는데, 특별히 사행 길에서 만난 여러 사람들과의 교유 내용도 수록되었다. 그들은 대체로 연경 사람들이었지만, 조선과 가까운 요녕 일대의 사람도 적지 않았다.

요녕에서 조선의 흔적을 찾다

압록강에서 연경에 이르는 사행 길은 지난한 길이었다. 조선 사절단은 산을 넘고 강을 건너기도 하였지만, 김창업이 표현한 것처럼, 때로는 "언덕에 올라 바라보면, 지나온 1백 리의 굽고 곧은 길이 모두 눈 안에 들어올 정도"로 광활한 들판도 지나야 하였다. 그들은 "산이 없기 때문에 부는 횡풍(橫風)에 고생하였는데, 온화한 날씨 덕분에 고생하지 않았다"고 강조할 만큼 추위와도 싸우며 사행의 임무를 완수하고자 하였다.

김창업은 연경에서 돌아올 때 일행과 떨어져 의무려산(醫巫閭山) 청안사(淸安寺)와 관음사(觀音寺)를 방문하였다. 그는 이곳에서 1537년(중종 32년, 명 가정 16년)에 조선으로 사행하였던 공용경(龔用卿)이 청안사를 유람하면서 쓴 '벽

3

2 **천산** ⓒ요녕성 제공

3 **김홍도, 〈연행도(燕行圖)〉 조공** ⓒ숭실대 한국기독교박물관

류(碧流)'라는 석각을 확인하였고, 관음사 주변에 쓰러져 있던 비에서는 공용경과 오희맹(吳希孟)이 자신의 이름을 새긴 흔적을 발견하기도 하였다. 압록강에서 한양에 이르는 사행 길 역시 두 나라를 연결하는 주요한 통로였기에, 명·청 사절단의 흔적이 제법 남았다. 김창업은 개성의 박연폭포(朴淵瀑布) 하류에서 명 사신 허국(許國)이 사행 중에 쓴 '회란석(回瀾石)'이라는 글자를 찾았고, 평산(平山)의 옥류천(玉溜泉)에서도 주지번(朱之蕃), 유홍훈(柳鴻訓) 등이 쓴 '청천선탑(廳泉仙榻)', '옥유영천(玉乳靈泉)', '영암옥류(靈巖玉溜)' 등의 글씨를 보았다.

홍대용도 신광녕(新廣寧)을 떠나 소관음굴(小觀音窟)에 이르러 바위 집에 먹물 자국이 온전히 남은 조선 사람의 이름을 보고는 '옛 친구들을 만난 듯'한 감정을 느끼곤 하였다. 박지원 역시 소릉하(小凌河)를 건너기 전에 "예전에 사행이 다닐 때 이곳에 이르면, 비장(裨將)이 반드시 이 비석에다가 '모일 모시에 관(關)에서 나왔고 모일 모시에 이곳을 지난다'고 써 놓기도 하였다"고 하면서, 글씨가 남은 이유를 밝히기도 하였다.

조선 사신은 연행 길 곳곳의 공참(公站)에 있는 조선관(朝鮮館)에서 피로를 풀며 이전 사행의 흔적을 따라 새로운 자취를 남겼다. 자연히 조선 사신의 사행 길은 요녕 사람들에게는 큰 흥밋거리가 되었다. 아이들은 연행 중인 조선 사신을 보고는 '고려'라고 외치곤 하였고, 백성은 사신 행렬이 언제 어디를 지났는지도 훤히 알았다. 홍대용은 조선과 맞닿았던 요녕 사람들이 "입고 먹는 것을 오로지 조선에 의존하고 있기 때문에…우리나라 사정을 잘 알았다"고 강조하기도

4 **의무려산** ©요녕성 제공
5 **엄성, 홍대용 초상**

하였다.

요녕 사람들이 조선의 사정에 밝았던 것은 지금의 요녕성 일대에 조선 사람의 흔적이 곳곳에 남았기 때문이었다. 일화 하나를 살펴보기로 하자.

> *노파가 와서 "부모는 우리나라 사람으로 정축년에 포로가 되어 이곳에 온 다음에 자신을 낳았는데, 지금의 나이는 69세다"라고 하였다. "어머니는 본래 서울 장의동(藏義洞)에 살았고, 아버지는 광주산성(廣州山城) 사람이며, 남편은 영안도(永安道) 태생으로 오래전에 죽었다"고 하면서, "지금은 손녀 하나에 의지하여 사는데, 우리나라 방식으로 침채(沈菜)와 장을 만들어 그것을 팔아서 살아간다"고 하였다. 우리 말을 하는 것만 해도 귀한데 '장의동'이라는 글자는 더욱 신기하여 약과, 종이, 부채를 주었다. 노파는 이전의 사행 때도 때 마다 나타났다. …저녁밥에는 동치미가 나왔는데 우리 것과 맛이 같았다. 노파에게 산 것이다(『노가재연행일기』 권2, 임진년 12월 15일 갑자)*

김창업은 영원성(寧遠城)을 지나다가 노파를 만났다. 그녀는 원래 한양의 장의동에 살았던 조선 여인으로, 함경도 출신의 남편과 결혼하였다가 1637년에 영원성에 왔다. 69세의 나이였지만, 조선 사신의 사행마다 나타난 탓에 조선 사절단에게는 잘 알려졌다. 그녀는 이국에 온 조선 사람에게 동치미를 만들어 팔았는데, 동치미 맛은 조선의 그것과 다름이 없을 정도였다. 김창업은 '장의동'이라는 익숙한 지명을 듣고는 감동하여 조선에서 가져온 물건을 그녀에게 선물로 주었다.

김창업은 북경에서 통관(通官)을 하고 있는 문이선(文二先)의 아내를 봉성(鳳城)에서도 만났고, 황령자(黃嶺子)에 사는 조선인 후예 유중승(劉仲升)을 요동 북문에서도 만났다. 문이선은 김본(金本)의 아들이었는데, 김본은 조선 사람으로 통관(通官)이 되었기에 죽을 때 문이선에게 조선에서 가까운 봉성에 묻어 달라고도 하였다. 이렇듯 요녕성 일대에는 조선에서 온 사람들이 제법 모여 살았다. 이와 관련하여 또 다른 기록을 살펴보기로 하자.

4

5

① 고려보(高麗堡)는 풍윤현(豐潤縣) 서쪽 20리에 있다. 마을 앞에는 논이 있는데, 비록 매우 거칠고 조잡하였지만 우리나라 방식과 같았다. 관 안팎에서는 볼 수 없는 것이다. 대추를 섞어 놓은 좁쌀떡이 있는데 역시 우리나라 증편(蒸餠)과 같았다. 수십 년 전만 해도 보인(堡人)들이 우리 사행을 보면 극진히도 환영하여 술과 밥을 대접하면서 고려의 자손이라고 자칭하였는데, 최근에 이르러 역졸들이 술과 고기를 강제로 빼앗아 먹고 기구 같은 것을 속여서 취하기도 하여,…모두 성을 내며 말하기를, "고려의 조상은 있었지만 고려의 자손은 없다"고 한다(『담헌연기』「연로기략(沿路記略)」)

② 고려보에 이르렀는데, 집들이 모두 띠 이엉을 이은 탓에 쓸쓸하고 검소해 보인다. 묻지 않아도 고려보임을 알겠다. 이전의 정축년(1637)에 온 사람들이 마을 하나를 이루고 살았다.…다만 이곳만은 논벼를 심고, 그 떡이나 엿 같은 물건이 본국(本國)의 풍속을 많이 지녔다. 그리고 옛날에는 사신이 오면 하인들이 사 먹는 주식의 값을 받지 않는 일도 없지 않았고, 그 여인들도 내외하지 않았으며, 말이 고국 이야기에 미칠 때에는 눈물을 짓는 이도 많았다(『열하일기』「관내정사(關內程史)」 7월 28일 갑진)

유주(幽州) 풍윤현의 서쪽에는 '고려보'라고 불리는 마을이 자리하였다. 마을은 요녕에서는 흔히 볼 수 없는 초가로 이루어졌다. 1637년에 이곳으로 온 마을 사람들은 거칠고 조잡한 논에서 생산된 쌀로 엿을 만들어 먹거나 대추를 섞어 좁쌀떡을 만들어 먹었는데, 좁쌀떡은 조선의 증편과 매우 비슷하였다. 마을은 조선의 풍속을 많이 지녔기에, 마을 사람들은 조선의 이야기를 들으며 눈물을 짓곤 하였다. 그러나 점차 조선 사신 일행에게 시달리자 '고려 자손'이 아니라고 통탄하기도 하였다. 홍대용과 박지원은 사행 길에서 조선의 후예를 만나고는 그들의 어려움을 직접 기록하였다.

박지원은 사행 길에서 더 많은 후손을 만났다고 기록하였다. 조선수통관(朝鮮首通官) 오림포(烏林哺)의 아들인 호행통관(護行通官) 쌍림(雙林)을 만났고, 열하에 머물 때는 귀주안찰사(貴州按察使)로 근무 중인 조선 사람 기풍액(奇豐額)을 만났다고 하였다. 그는 중국 사람들이 보배롭게 여기는 '고려주(高麗珠)'

를 모자 끝에 단 기풍액의 모습을 특기(特記)하였다. 이처럼 요녕성 일대에 정착한 조선 사람은 일부가 관인으로 진출하기도 하였지만, 동치미를 담근 노파처럼, 일부는 조선의 감동(甘冬) 젓갈인 자색의 새우젓을 만들어 팔기도 하였는데, 새우젓은 대릉하 일대에서는 노상에서 팔 정도로 흔한 음식이었다.

요녕의 자연과 풍속을 비교하다

조선 사절단은 압록강을 건너 본격적으로 사행 길에 올랐다. 그들은 산과 강, 들판과 바다가 어우러진 요녕의 자연과 마주하였다. '수목이 빽빽하고 고개가 겹쳐 있는' 산길을 지나던 사절단 일행은 '아득히 넓은' 요동들에 감탄하였다. 김창업은 새벽에 떠난 사행 길에서 해가 돋는 것을 바라보면서 "햇살이 사방으로 퍼져 마치 바다처럼 일렁거렸다. 아마도 들이 넓어 그런 모양이다"라고 하여, 바다처럼 햇살이 막히지 않은 요동 들판의 크기에 놀랐다. 홍대용도 "요동에서 서쪽으로 3백 리를 가면 대륙이 바다처럼 한없이 넓어 해와 달이 들에서 떴다가 들에서 진다"라고 탄식을 내뱉었다. 박지원 역시 "대체로 해 돋는 광경은 천변만화(千變萬化)하여 사람마다 보는 것이 같지 않을 뿐만 아니라 반드시 바다에서 구경할 것만도 아니니다. 나는 요동 들판에서 날마다 해돋이를 보았는데 하늘이 개서 구름 없으면 해가 그리 크지 않아 보인다. 열흘을 두고 보아도 날마다 같지 않다"라고 요동 들판의 광대함을 표현하며, 하나의 산도 없이 하늘 끝과 땅 변두리가 맞닿은 요동 들판을 '한바탕 울어볼 만한 곳'이라고 묘사하였다.

요녕의 들판이 넓은 만큼 그곳의 산세도 두드러질 수밖에 없다. 김창업은 중후소(中後所)에서 전둔위(前屯衛)를 지나면서 비스듬히 뻗어 내린 토산 외에도 간혹 푸른 봉우리가 있는데, 수 십백리 멀리서도 보인다고 서술하였다. 박지원은 십삼산(十三山)을 산줄기가 뻗은 것도 없고 끊어진 곳도 없이 별안간 큰 벌판 가운데에 열세 무더기의 돌로 이루어진 봉우리가 날아와 앉은 것 같다고 묘사하고는 '마치 여름 하늘에 피어오르는 구름 봉우리와 같다'고 찬탄하였다.

요녕의 자연에 익숙해진 사절단 일행은 요녕의 지리를 조선의 그것과 비교

6

7

하였다. 김창업은 구련성(九連城)을 떠나 송골산(松鶻山)에 이르러 조선의 관악산보다 기이하고 수려하다고 비교하였고, 봉황산(鳳凰山)은 크기가 조선의 수락산만 하지만 깎아 세운 듯이 가파른 모습은 조선의 여느 산과 조금도 닮지 않았다고 서술하였다. 이어서 산해관 주변의 산봉우리와 산세를 조선 한양의 도봉산, 양양의 낙산(洛山), 통천의 총석(叢石) 등과 견주기도 하였다. 요녕 지세에 대한 그의 관심은 연경을 향할 때는 물론 귀국할 때도 이어져, 창려현(昌黎縣) 근처를 지나면서 기묘하고 장대하며 천 길의 낭떠러지를 이룬 산봉우리를 보고는 금강산 비로봉에 올라 구룡연(九龍淵)의 계곡을 바라보는 기분을 느꼈다고 토로하였고, 천산(千山)의 산세를 보고는 높이는 삼각산에 미치지 못하지만 이전에 이곳을 지났던 월사(月沙) 이정구(李廷龜, 1564~1635)가 말한 "삼각산과 도봉산을 합하면 이 산과 대등할 것이다"라는 말을 들어 비교하기도 하였다.

요녕 지리에 대한 감탄과 비교는 홍대용과 박지원에게도 계속 나타났다. 홍대용은 봉황산을 보고는 "관문 안팎 2천 리에 오직 창려의 문필봉(文筆峰)만이 그런대로 비교가 될 수 있을 뿐, 우리나라의 도봉 · 금강 · 청량 · 월출 등은 기묘하고 험준하기로는 이름이 났지만 봉황산만은 못하다"고 요녕의 산세를 예찬하였다. 박지원은 요녕 지세에 특별한 의미를 부여하기도 하였다. 아래의 기록에서 확인해보자.

봉황산을 바라보니, 전체가 돌로 깎아 세운 듯 평지에 우뚝 솟아 있다. 손바닥 위에 손가락을 세운 듯, 연꽃 봉오리가 반쯤 피어난 듯, 하늘가에 떠도는 여름 구름인 듯, 빼어난 산봉우리를 도끼로 자른 듯 형용하기는 어렵다. 다만 맑고 윤택한 기운이 모자라는 것이 흠이다. 내가 일찍이 우리 한양의 도봉산과 삼각산이 금강산보다 낫다고 한 일이 있다. …어떤 이는 "빛과 바람이 공중에 어려 있으니 왕기(旺氣)이다"라고 하였는데, 왕기는 곧 왕기(王氣)이다. 우리 한양은 실로 억만 년을 누릴 용이 서리고 범이 걸터앉은 형세이다. 그 신령스럽고 밝은 기운이야말로 당연히 범상한 산세와는 다를 수밖에 없다. 지금 봉황산 형세가 기이하고 뾰족하고 높고 빼어나서 도봉 · 삼각보다 지나침이 있지만, 어려 있는

6 요동 들판 전경 ⓒ요녕성 제공
7 산해관 노룡구 ⓒ요녕성 제공

빛깔은 한양의 여러 산에 미치지 못한다(『열하일기』「도강록(渡江錄)」 6월 27일 갑술).

박지원은 김창업이나 홍대용처럼, 봉황산을 조선의 도봉산, 삼각산, 금강산 등과 견주었다. 다만 수많은 봉우리로 이루어진 금강산은 도봉산이나 삼각산만 못한데, 그것은 도봉산과 삼각산이 바로 억만 년을 누릴 용과 범이 서려 있는 지세를 갖춘 한양에 자리하였기 때문이라고 강조하였다. 한양은 바로 왕기가 서린 곳이므로, 자연히 봉황산은 형세가 기묘하지만 한양의 여러 산에는 미칠 수 없었던 셈이다. 박지원은 요녕 지세를 이해하면서 은근히 조선 국왕의 '왕기'를 강조하였다.

조선 사신은 요녕의 자연에 감탄하면서도 조선의 지세를 부각하였다. 그것은 조선 문물에 대한 자부심을 강조하는 경향으로도 나타났다. 아래의 기록을 살펴보기로 하자.

'유박아(柔薄兒)'는 우리의 상화떡(霜花餅)처럼 밀가루로 만들었는데, 우리의 만두처럼 가장자리가 쭈글쭈글하다. 이것은 옛 만두로, 돼지고기와 마늘을 다져서 만들며 그곳의 떡 중에서 가장 맛이 있었다. 또한 밀가루로 둥근 빵을 만든 뒤에 돼지기름이나 양기름에 튀기면 우리나라의 강정처럼 가볍고 연하여 씹기도 쉽다. 진품은 설탕 가루에 버무려서 만들었다. 품질이 좋고 나쁜 차이는 있지만 가게에서 파는 것은 모두 이런 따위이며 흰떡은 보고자 해도 볼 수 없었다. 영원위(寧遠衛)나 풍윤현에는 모두 동치미가 있었는데, 우리의 동치미 맛과 비슷하였으며, 풍윤현의 것이 좀 더 나았다. 북경의 통관 집에서 만든 김치를 보니, 역시 우리나라의 방법을 모방한 것인데 그 맛이 꽤 좋았다. 이 밖에 갓김치, 배추김치는 가는 곳마다 있었는데 맛이 조금 짰지만 가끔 맛이 있는 것도 있었다. 또 갖가지 장아찌도 있었는데 맛은 좋지 않았다(『노가재연행일기』 권1, 「산천풍속총록(山川風俗總錄)」).

김창업은 사행 길에서 여러 음식을 보고는 조선 음식을 언급하였다. 곧 요

8 봉황산 ⓒ요녕성 제공

녕성의 '유박아', 기름에 튀긴 빵, 동치미, 김치, 장아찌 등을 만두, 떡, 동치미, 강정, 김치, 장아찌 등 조선의 음식과 비교하였다. '유박아', 빵, 동치미, 김치 등은 별미이지만, 장아찌는 그렇지 않다고 상세히 설명하였다. 이밖에도 그는 곶감, 백어(白魚), 눕지(重唇魚), 숭어, 두부 등도 조선의 그것과 견주었고, 특히 "우리나라의 콩장 · 약밥 · 전약(煎藥) 같은 것을 그들이 매우 좋아한다"라고 하면서, 양절(兩浙)의 사람들이 조선의 쌀밥을 먹어 보고는 기름지다고 예찬하였음을 강조하기도 하였다.

한편 김창업은 요녕성의 여러 사찰을 찾은 뒤, 청안사를 금강반암(金剛般菴)의 수락성전(水落聖殿)이나 도봉산 회룡사(回龍寺)와 비교하면서 넓고 큰 모습은 청안사가 뛰어나다고 기록하였다. 박지원도 삼강(三江)에 이르러 강물에 떠 있는 두 척의 배를 보고는 "모습은 우리나라 놀잇배와 비슷한데, 길이나 넓이는 그만 못하지만 제도는 퍽 튼튼하고도 치밀한 편이다"라고 평가하였고, 아골관(鴉鶻關)부터 가끔 마주한 마을의 높고 흰 패루(牌樓)를 거론하면서 청나라 사람들의 상례와 자신의 문상(問喪) 과정을 자세히 적기도 하였다.

조선의 미래를 꿈꾸다

조선과 명 · 청의 사신은 유학적 소양을 갖추고 문예에 뛰어난 당시 최고의 지식인이었다. 한편으로 그들은 국정의 현안을 다루는 주요 관인이기도 하였다. 자연히 사행 길에서 겪은 여러 경험은 외교는 물론 현실 문제를 극복할 수 있는 방안으로 충분히 활용될 수 있었고, 활용되어야 하였다. 조선 사신은 문헌이나 이야기를 통해서 명 · 청의 문물에 상당한 관심을 가졌으므로, 그것을 확인하고서 연행록에 상세히 기록하여야 하였다.

김창업은 중국의 축성 제도가 조선의 그것과 같음을 이미 알고 있었기에, 사행로 주변의 여러 군사 시설에 적지 않은 관심을 가졌다. 특히 요동 장성(長城)을 바라보고는 "성의 높이는 한 장(丈) 정도인데, 잡석(雜石)으로 쌓아 올린 것이 우리나라의 성과 꼭 같다. 다만 여장(女墻)은 벽돌로 쌓았으며, 절벽으로 험준한 곳에는 군데군데 성벽을 쌓지 않았고, 성 밖으로 산기슭이 높은 곳에는 모두 연대(煙臺)를 설치하였다. 조그마한 골짜기까지도 모두 보이도록 하여 적병(賊兵)이 은신하지 못하도록 하였으니, 설치가 참으로 장대하고도 치밀하다"라고 청나라 군사 시설을 구체적으로 묘사하였다.

한편으로 그는 사행 길에서 두 마리 소를 나란히 메어 밭을 가는 모습을 보고는, 밭갈이 기구는 조선 산촌에서 사용하는 것과 같다고 놀라면서, 당시에 산해관 밖에서는 여전히 예전 고려의 풍습이 남아 있는가라고 반문하였다. 또한 베틀(績車), 물레(紡車), 씨아(攪車), 북(梭) 등의 직조(織造) 기구도 살폈는데, 어떤 것은 조선의 그것과 비슷하지만 조금 더 큰 편이고, 어떤 것은 구조가 조선 것과는 다르지만 편리하고 힘이 덜 들게 만들었다고 자세히 묘사하였다. 아울러 노새 두 마리가 메밀을 갈아 가루로 만드는 모습에서는 기계가 편리하고 기묘하여 순식간에 제법 많은 가루를 만든다고 찬탄하기도 하였다. 그 밖에도 '우리나라 열 사람의 몫을 하는' 여러 공장을 살피고는 기계의 편리함을 강조하기도 하였다.

청나라 문물에 대한 조선 지식인의 관심은 홍대용과 박지원에게도 이어졌다. 홍대용은 꺾임이 직각에 맞춘 듯하고 곧음이 먹줄에 맞춘 듯하여 조금도 비뚤거나 기운 모습이 없는 풍윤현의 2층 누각을 사례로 삼아 벽돌로 쌓은 성벽

9
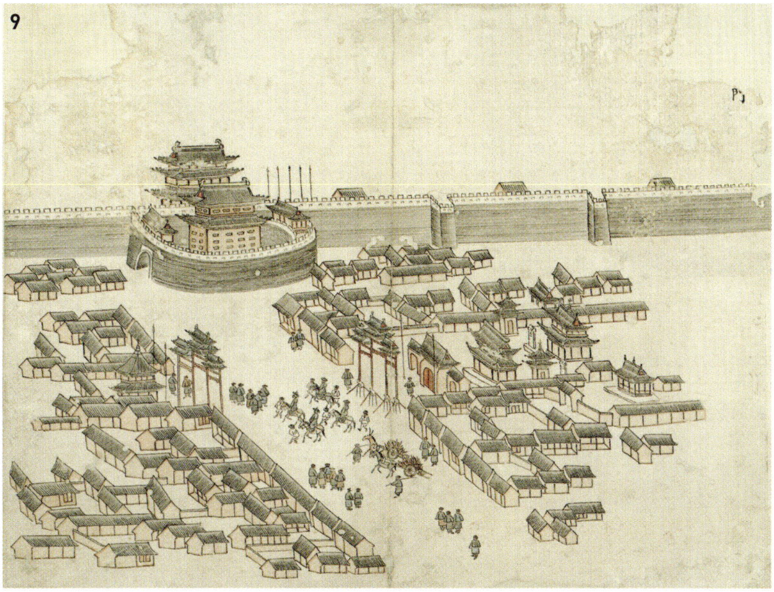

9 김홍도, 〈연행도(燕行圖)〉 조양문 ©숭실대 한국기독교박물관 소장

10 벽돌로 쌓은 중국 건물 ©요녕성 제공

11 중국 베틀 ©요녕성 제공

12 중국 벽돌 가마 ©요녕성 제공

10

11

12

13

의 견고함을 칭송하였다. 또한 우리나라 관모(冠帽) 대부분을 제작하는 모자 공장을 찾아 민첩하게 일하는 중국 사람들을 보고서 "비록 공장의 말단 기술자라고 하더라도 부지런하고 엄격하여 우물쭈물 넘기려고 하지 않으니, 참으로 따라갈 수 없는 일이다"라고 하면서 조선의 현실을 탄식하기도 하였다.

박지원 역시 김창업의 지적처럼, 바퀴 셋 달린 요차(搖車)에 대해서 발을 움직이는 공력은 아주 적으면서도 제법 많은 가루를 내는 편리함을 강조하였고, 홍대용의 지적처럼, 한 개의 네모진 틀로 만 개를 만들 수 있는 벽돌의 장점을 특기하였다. 그는 이에 더하여 무거운 돌을 깎아 축조한 조선 성곽, 진흙으로 만들어 일정하지 않은 조선 구들, 화력을 높이기 위해서 많은 소나무만을 소비하여 온 산을 벌거숭이로 만드는 조선 가마, 무거운 기와를 얹었지만 바람을 제대로 막지 못하는 조선 가옥 등을 거론하며, 나르기 쉽고 쌓기 쉬운 벽돌에 대한 찬탄을 감추지 않았다. 또한 궁벽한 두메 산골에서도 울긋불긋 그림을 아로 새긴 그릇을 사용하는데 비록 깨져도 버리지 않고 밖으로 쇠못을 쳐서 다시 쓰는 청나라 사람들의 모습을 거론하면서, 조선이 스스로 만들지 않고 요녕성의 공장에서 만든 털모자만을 사용한 탓에 해마다 10만 냥의 은을 낭비하고 있음을 심각하게 비판하였다. 이러한 단점과 폐단을 없애기 위해서 박지원은 다음과 같이 노력해야 한다고 주장하였다.

13 〈태평성시도(太平城市圖)〉, 조선 사회가 지향하는 이상 사회를 닮은 중국 성시의 모습으로 복식, 가옥 등은 중국풍이지만, 풍속과 기물은 조선의 것으로 묘사하였다.
ⓒ국립중앙박물관

① *물건을 파는 장사꾼들은 큰 소리로 싸구려를 부르기도 하지만, 푸른 천을 파는 이는 손에 든 작은 북을 흔들고, 머리를 깎는 이는 양철판을 두드렸으며, 기름 장수는 바리때를 치기도 하였다.…소리가 쉬지 않으므로 집 안에서 작은 아이들이 달려 나와 이들을 부르기도 하고, 큰 소리로 외치지 않아도 두드리는 소리만 들으면 파는 물건을 알기도 한다(『열하일기』「일신수필(馹汛隨筆)」 시사(市肆)).*

② *나라의 쓰임에 수레보다 더한 것이 없다.…우리나라에도 수레가 없지는 않지만, 바퀴가 온전히 둥글지 못하고 바퀴 자국이 틀에 들지 않으므로 수레가 없는 것과 같다. 사람들은 늘 "우리나라는 길이 험하여 수레를 쓸 수 없다"고 하는데, 이것은 무슨 말인가? 나라에서 수레를 쓰지 않으니까 길이 닦이지 않았을 뿐이다. 수레가 다니게 되면 길은 저절로 닦이게 될 것이니, 어찌 길의 좁음과 산길의 험준함을 걱정하겠는가?…중국에도 검각(劍閣)의 아홉 굽이 험한 잔도(棧道)와 태행(太行)과 양장(羊腸)의 위태로운 고개가 없지 않지만 역시 수레가 가지 못하는 곳은 없다.…그렇기에 중국은 재산이 풍족할 뿐만 아니라 한 곳에 지체되지 않고 골고루 유통(流通)되는 것은 모두 수레를 쓴 이익이다.…사방이 겨우 몇 천 리 밖에 안 되는 나라에 백성의 살림살이가 이렇게 가난한 것은 한 마디 말로 표현한다면 수레가 국내에 다니지 못하기 때문이다. 어떤 이가 "수레는 왜 다니지 못하는 것인가"라고 묻는다면, 역시 한 마디 말로 "사대부(士大夫)들의 허물이다"라고 대답해야 한다. 왜냐하면 그들은 평소에…윤인(輪人), 여인(輿人), 거인(車人), 주인(輈人) 등을 떠들어대지만 끝내 그것을 만드는 기술이나 움직이는 방법은 도무지 연구하지 않는다. 이것은 글만 읽었을 뿐이므로, 참된 학문에 무슨 이익됨이 있겠*

는가? 아아, 슬프도다.…나는 날마다 눈에 나타나는 놀랍고 반가운 것들을 수레 제도로 미루어 짐작할 수 있으며, 또한 어렴풋하게나마 몇천 년 모든 성인의 고심(苦心)을 알 수 있다.…뜻있는 이가 잘 연구하여 그 제도를 본받는다면 우리나라 백성들이 처한 가난병도 얼마쯤 고칠 수 있을 것이다(『열하일기』「일신수필」 거제(車制))

물건을 파는 자는 누구든지 소리만 듣고도 어떤 물건을 파는지 알 수 있을 정도로 쉬지 않고 외친다. 자연히 상업은 발전할 수 있었다. 박지원은 상업의 발전은 물화의 유통에 달렸다고 보면서, 수레 바퀴를 제대로 만들고 수레를 적극 이용하여야 한다고 주장하였다. 그는 수레 제도만 잘 정비해도 조선의 백성이 가난에서 벗어날 수 있다고 확신하였다. 그는 귀국하여 수레 제도를 전하고자 한다면서 중국의 수레 제도를 정리하여 『열하일기』에 상세히 기록하였다.

연행록, 한중 우호의 가교

연행록에는 당시 조선이 중국을 바라보는 모습이 담겼다. 다만 그 모습은 조선과 명, 조선과 청의 정치적 이해 관계에 따라 적지 않은 영향을 받았다.

김창업은 김상헌(金尙憲, 1570~1652)의 증손이었는데, 조선을 '소중화(小中華)'라고 부르면서 청나라 사람을 달자(㺚者)로 비유하기도 하였다. 그는 증조부의 영향을 받아 숭명사상(崇明思想)을 강조하면서 조선이 문화국임을 애써 자부하였다.

홍대용은 "만주 사람은 얼굴이 분을 바른 듯 희고 깨끗하고 아름답고 예쁜 사람이다"라고 표현하였다. 또한 그는 길가에서 능숙하게 말똥을 줍는 요녕성 사람을 보고는 농사에 힘을 기울이는 부지런함과 알뜰한 마음가짐을 언급하기도 하였다. 나아가 청나라의 양명학과 천주학을 다루면서 서양의 문물을 자세히 소개하였다.

박지원은 "요동들은 청나라가 반드시 지켜야 할 터전이므로, 천하의 병력을 기울여서라도 이곳을 지킨 뒤에야 천하가 편안할 수 있을 것이다"라고 요녕의 가치를 강조하였다. 아울러 청나라에 대한 조선 사람의 인식도 거론하였다. 아래의 기록을 살펴보기로 하자.

① *대개 천하를 위하여 일하는 자는 진실로 백성에게 이롭고 나라에 도움이 될 일이라면, 그 법이 비록 이적(夷狄)에게서 나온 것일지라도 거두어서 본받아야만 한다. 더욱이 삼대(三代) 이후의 성스럽고 현명한 제왕과 한 · 당 · 송 · 명 등 여러 나라가 본래 가졌던 고유한 원칙이야 더 말할 필요가 없다. 성인이 『춘추』를 지으실 때, 물론 중화를 높이고 이적을 물리치려고 하셨으나 그렇다고 이적이 중화를 어지럽힌다고 분개하여 중화의 훌륭한 문물제도마저 물리치셨다는 말은 듣지 못하였다. …중화의 전해오는 법을 모조리 배워서 먼저 우리의 유치한 습속부터 바꿔야 한다(『열하일기』「일신수필」 7월 15일 신묘).*

② *책문 밖에서 다시 책문 안을 바라보니, …어디를 보든지 시골티라고는 조금도 없다. …청나라의 동쪽 변두리도 오히려 이러한데, 앞으로 더욱 번화할 것을 생각하니, 갑자기 한풀 꺾여서 여기서 그만 발길을 돌릴까하는 생각이 들어 온 몸이 화끈해진다. 그 순간에 나는 "이는 시기하는 마음이다. 내가 본래 성미가 담박(淡泊)하여 남을 부러워하거나 시기하거나 하는 마음은 조금도 없었는데, 이제 한번 다른 나라에 발을 들여놓자, 그 만분의 일도 보지 못하고서 벌써 이러한 망녕된 마음이 일어남은 무슨 까닭인가"라고 깊이 반성하였다. 때마침 한 소경이 어깨에 비단 주머니를 걸치고 손으로 월금(月琴)을 뜯으며 지나간다. 나는 크게 깨닫고 "저 사람이야말로 평등안(平等眼)을 가진 사람이 아니겠는가"라고 생각하였다(『열하일기』「도강록」 6월 27일 갑술).*

중화의 문물 제도는 오랜 세월 동안 중국 고유의 원칙에 따라 형성되었다. 따라서 문물제도의 형성과 관련하여 굳이 이적의 여부를 구분할 필요가 없다. 오히려 그것을 구분하려는 마음은 '시기하는 마음'이다. 박지원은 보이지 않는 월금을 연주하며 태연히 걸어가는 소경처럼, '평등안'을 가지고 적극적으로 배워 조선의 현실을 개선해나가야 한다고 주장하였다.

14 〈요동지도(遼東地圖)〉,
성경을 중심으로 요동 일대를
그린 지도첩. 『성경지(盛京志)』를
베껴 그린 것으로 추정된다.
ⓒ국립중앙박물관

14

그는 심양에서 청나라 사람과 밤을 새워 나눈 필담의 내용도 소개하면서, "우리 고향 사람들도 더러는 반딧불을 주머니에 넣기도 하고 송곳으로 정강이를 찌르며 글을 공부하면서 아침에 나물 밥, 저녁엔 소금 찬으로 가난을 견디는 이가 많다.…가게를 내고 물건을 사고팔아 생활하는 것을 남들은 비록 하류로 치지만, 생각하기에 따라서는 나를 위하여 하늘이 한 개의 극락계(極樂界)를 열고 땅이 이러한 쾌활림(快活林)을 점지하는 것과 같다.…농사와 사환(仕宦)의 두 길에 비하여 그 괴롭고 즐거움이 어떻다고 할 수 있는가"라고 하여, 장사에 힘쓰는 청나라 사람의 말을 빌어 자신과 같은 지식인이나 농사를 짓는 이, 장사에 힘쓰는 이를 나누어 가늠할 필요가 없음도 애써 강조하였다. 오히려 그러한 구분보다는 '지성(至性)'으로 사람을 사귀는 청나라 사람의 태도가 더 중요하다고 칭송하였다.

조선 사신은 요녕성에서 중국을 처음 마주하였다. 사행 길에 오르기 전에 그들은 기록과 이야기를 통해서 중국을 그려보았지만, 요녕성에서 그들은 상상의 일부를 맞추기도 하고 고치기도 하였다. 그것은 박지원의 지적처럼, 현실 문제를 외면한 채 글에만 빠져 있었기 때문이다.

"세 닢을 주고 집을 사고 천 냥을 주고 이웃을 사며 좋은 이웃은 돈으로도 바꿀 수 없다"는 중국 속담처럼, 요녕성은 여전히 한중 두 나라 교류의 중요한 통로이다. 연행록의 필자들은 요녕성을 통해서 한중 두 나라의 과거를 확인하면서 미래를 꿈꾸었다. 한중 두 나라의 우호 교류를 확대하려면, 연행록 필자들이 토로했던 소회를 염두에 두면서 '법고창신(法古創新)'과 '지성(至性)'을 마음에 담아 한중 역사문화에서 요녕성의 위상을 이해하여야 한다.

참고문헌

김창업, 『노가재연행일기』
홍대용, 『담헌연기』
박지원, 『열하일기』
민족문화추진회 편, 『國譯燕行錄選集』 I ~ XI, 민족문화추진회, 1967
성균관대학교 동아학술원 대동문화연구원 · 복단대학 문사연구원 合編, 『韓國漢文燕行文獻選編』 1~30 복단대학출판사, 2011

무빈
중국중외관계사학회

〈봉사도〉에 담긴 한중 우호의 길

이름난 대신들이 배출되었던 청나라 강성 시기의 많은 대신들 중에서 아극돈(阿克敦)은 주목받을 만한 인물이다. 그는 만족 출신으로, 팔기(八旗)의 하나인 정람기(正藍旗) 소속이었는데, 가정 배경이 하나도 없었지만 문무 분야에서 상당한 성과를 이루었다. 25살 때 회시(會試)와 전시(殿試)를 거친 뒤 첨사부 첨사(詹事府詹事), 예부시랑, 한림원 장원학사(掌院學士), 광서순무(廣西巡撫), 형부상서, 도찰원 좌도어사(都察院左都御史) 등의 요직을 역임하였고, 옹정제 때는 종군(從軍)으로 서강(西疆)에 출정하였으며, 신장의 준갈이(准噶爾) 경계를 논의하여 정할 때에는 훌륭한 의견을 많이 제안하기도 하였다. 또한 실록, 회전(會典), 방략(方略), 『팔기통지(八旗通志)』, 『대청일통지(大清一統志)』 등 중요 공문서들에 대한 편집 · 수정 작업에서도 뛰어난 재능을 나타냈다.

한중 양국의 역사 기록에 의하면, 1645년(순치 2년)부터 1880년(광서 6년)까지 236년 동안 조선에 온 청나라 여러 사절단의 사행 횟수는 151회에 달하였다. 아극돈은 강희제 말기부터 옹정제 초기까지 8년 동안 양국 사이를 4차례나 왕복하였다. 이러한 횟수는 실로 보기 어려운 일이었으며, 한중 역사의 기록들에서도 보기 드문 일이었다. 아극돈은 '흠차(欽差)'의 사명을 원만히 수행하였을 뿐 아니라 조선의 향토 문화를 취재하여 『동유집(東遊集)』에 28편의 시문(詩文)을 담았으며(『덕음당집(德蔭堂集)』 권6 수록), 20폭으로 구성된 〈봉사도(奉使圖)〉를 제작하였다.

1 아극돈 초상화
ⓒ요녕성 제공

그것은 강희제 말기부터 양국 관계가 우여곡절의 상황에서 벗어나 지속적으로 발전하기 시작하여, 옹정제와 건륭제 때 들어서 새로운 관계가 정립되는 등 비교적 양호한 상태로 유지되었기 때문이다. 아극돈과 그의 주도 하에서 제작된『동유집』, 〈봉사도〉는 양국 간의 관계가 지속적으로 발전하였다는 것을 보여주는 산물이다.

청나라 때 조선과의 문화 교류 상황을 살펴보면, 그것은 주로 양국 사이를 오갔던 외교 사신들에 의해서 진행되었다. 양국 사신은 외교적 사명을 수행하는 동시에 문화 교류의 매개 역할도 하였다. 그들은 사행길에서 보고 들은 것과 문화 교류 내용을 시문, 수필, 소설 등 문학 작품과 회화, 서예 등 예술 작품으로 기록하여, 양국 간 문화 교류에 중대한 기여를 하였다. 아극돈의『동유집』, 〈봉사도〉는 청나라와 조선 간의 외교 예법과 예식이 점차 정규화하고, 왕래가 갈수록 빈번해지면서 우의가 부단히 심화되어 가고 있는 과정을 보여주는 것이어서, 역사적으로나 예술적으로나 큰 매력을 담고 있다.

2 강희제의 말년 모습
ⓒ요녕성 제공

3 열하 행궁 태의원 어선방 약재와 약구도(藥具圖)
ⓒ요녕성 제공

천리 길로 공청을 보낸 선의

1714년(강희 53년, 숙종 34년)에 조선 숙종은 심한 안질에 걸려 청나라에 '공청(空靑)'이라는 약을 구해 달라고 요청하였다. 공청은 간장의 열을 식히고 눈의 각막을 맑게 하여 혈액 순환을 좋게 하는 약재로 매우 얻기 어렵고 특이한 광석(礦石)이다.

강희제는 공청을 구해 달라고 요청한 일을 매우 중시하였다. 즉시 한림원 시독학사(侍讀學士) 아극돈과 난의위치의정(鑾儀衛治儀正) 상성매(張廷枚)에게 "조선 국왕 이순(李焞)은 차분하고 법을 잘 지켜 만민의 사랑을 받아 40여 년간이나 태평의 복을 누려 왔는데, 그동안 이러한 사람은 없었기에 짐은 많이 칭송하고 싶다. 예부의 주청을 열람해 보니 왕이 안질 때문에 공청을 구하러 왔다고 한다. 짐이 몹시 걱정이 되니 행재소의 너희들이 곧 공청을 가지고 가서 하사할 것을 명한다. 이것은 각별한 은덕이다. 여러 가지 예절을 고려해야 하지만, 너희들이 도착하면 국왕은 관례에 구애받지 말고 아무데서나 만날 수 있다는 황명(皇命)을 전달하라"고 조령(詔令)을 내렸다.

강희제 후기에 청과 조선 양국은 상호 왕래에서 새로운 국면을 열었다. 청나라는 국가의 통일을 완성하고 전국에 대한 통치를 공고히 하였다. 또한 명나라의 잔여 세력이 모두 소멸하여, 조선과 청나라 사이의 근본적 문제가 다 해결되었으므로, 청나라는 조선에 대한 통제도 늦추면서 회유책을 취하였다. 조선도 청나라에 대한 이전의 관념을 바꾸기 시작하여, 조공의 책무도 잘 이행하였으므로, 양국 관계는 점차 개선되었다.

당시 청나라는 정치가 안정되고 경제도 번영하면서 국력이 강성해져, 대국다운 이미지를 과시하기 위해서 '많이 주고 적게 받기'라는 이념으로 여러 일들을 하였다. 과거 조선에 대해서 가혹한 요구와 불신, 압제를 하였던 것을 바꾸고 우호 관계를 더욱 돈독히 하기 위해서 여러 회유책을 폈던 것이다. 은혜를 베풀기 위하여 조선에서 올 물품도 여러 차례 삭감해 주기도 하였다. 1711년에 백금 1천 냥, 홍표범 가죽 142장을 면제시켜 주었고, 1718년에는 조선에서 보내야 하였던 사은 방물을 다음에 보내도록 하기도 하였다.

강희제가 숙종이 요청한 약을 구입하는 것을 중요하게 여긴 이유는 양국 간

의약 분야의 교류가 유구한 역사를 가졌기 때문이었다. 조선시대에 중국과 조선 양국 간 의학 분야 인적 교류는 매우 빈번하였다. 명나라 홍무제 때 복건성 도사 양종진(楊宗眞)이 고려로 건너가 의료업에 종사하던 중 고려의 전의(典醫)로 임용되었다. 1407년(영락 5년) 9월 명나라에 파견된 조선 세자의 수행원 가운데에는 의사인 판전의감사(判典醫監事) 양홍달(楊弘達) 등이 포함되어 있었다. 1425년(홍희 원년) 7월 명나라 태의(太醫) 장본립(張本立)과 요동의생(遼東醫生) 하양(何讓)이 조선의 초청을 받고 세종의 병을 치료하기 위해서 어의들과 함께 치료 방안을 상의하고 또 처방을 전수하기도 하였다. 1427년(선덕 2년)에는 의사 왕현(王賢)이 또 다시 세종의 병을 치료하기 위하여 조선에 왔던 일도 있었다. 이와 같은 기록들은 일일이 다 헤아릴 수가 없을 정도이다. 청나라 때도 조선과의 의약 교류는 여전히 밀접하였다. 조선 경종은 어려서부터 체질이 약해 질환이 많았는데, 1722년에 강희제가 몸소 태의 여러 명을 조선으로 보내 경종의 질환을 진료하도록 하였다.

조선 숙종의 안질에 대해서 강희제는 친히 측근 대신들에게 황명을 내려 우호적인 사명을 속히 수행하도록 하였다. 그리하여 나이가 33살 밖에 안된 아극돈은 정사를 맡아 급히 첫 조선 사행을 시작하였다.

왕복 2개월이 걸린 약 배달

아극돈이 조선으로 출행하던 때는 마침 청나라가 강성해지기 시작한 시기였고, 청나라가 관내에 들어가기 전에 조선과 치렀던 두 차례의 전쟁으로 비교적 긴장하였던 양국 관계가 많이 개선된 시기였다. 강희제 말기에 이르러 양국은 안정된 관계의 궤도에 들어가, 조선은 '사대'와 '신사최공(臣事最恭)'의 예를 갖추었고, 청나라도 조선을 천자 제후 관계의 본보기로 여겨 많은 혜택을 주었다.

이때 강희제가 조선을 회유하려는 의도는 점점 뚜렷하게 나타났다. 1711년에 강희제는 조선의 세공(稅貢)을 감면시켜주는 동시에 지방 관리에게 조선 사절들을 위해 사행길을 따라 관사(館舍)를 보수하라고 명령하였는데, 이것은 '먼 곳에서 찾아오는 손님들에게 혜택을 베풀어 주자'는 의미였다. 1713년에 강희제는 조선 사절단 중 화살을 잘 쏘는 사람을 창춘원(暢春園)으로 불러 한번 쏘아 보도록 하였다. 연습 후에 청나라 통관은 몰래 조선 사절 김창업(金昌業)에게 "이러한 예는 지금까지 없었던 일로 조선에 대한 황제의 사랑"이라고 말하였다. 조선 사행단의 부사군관(副使軍官)인 최덕중(崔德中)은 "심양은 두 개의 산에 끼여 있는데, 동은 우리나라와 인접하고 서는 몽골하고 접경하며 남은 요하에 임하고 북은 융적과 접하고 있다. 만일 우리나라와 몽골과 친하지 않는다면 전혀 지킬 수 없는 곳이다. 그래서 청국 황제가 우리 동국을 우대하고 몽골과 인친 관계를 맺었다"고 분석하였다.

위와 같은 배경에서 보면, 숙종에게 공청을 하사한 것은 강희제의 '각별한 은덕'이며 비공식 외교 활동으로 말할 수 있다. 특히 젊은 아극돈을 선발해서 정사 자격으로 사행을 시킨 배후에도 강희제의 깊은 뜻이 담겨져 있었다고 하겠다.

아극돈은 1712년 한림원 편수(編修)에 임명되어 입사의 길에 들어서기 시작하였고, 다음해 10월에는 일강기거주관(日講起居注官), 그 다음해에 내정에 들어간 지 얼마 되지 않아 조선 출사의 정사로 임명되어 순조롭게 관료의 길이 열리기 시작하였다. 그의 운명이 급격히 변화된 것을 통하여, 그 가족의 변천을 살필 수 있음은 물론 나아가 청나라 조정이 만주인을 관리로 임용하는 시각이 바뀌고 있다는 것을 알 수 있다.

아극돈의 성씨는 장가(章佳)인데, 장백(長白)의 세가에 속하고 원 거주지는 장백산 악목혁색라(鄂穆赫索羅) 지방이다. 악목혁색라는 아목화소로(俄穆和蘇魯) 아막혜(俄漠惠)라고도 하며 동해여진와집(東海女眞窩集)의 속지로, 청나라 때 아극돈성(阿克敦城, 지금의 길림성 돈화시)에 위치하였다.

1677년 청나라 조정에서는 황명으로 장백산을 제사지내는 산으로 정하고 주변 1천여 리를 입산금지 구역으로 획정하였다. 고대 중국의 동악 태산, 서악 화산, 북악 항산, 중악 숭산, 남악 형산 등 오악(五岳)의 전례에 따라 장백산을 신(神)으로 숭상하였다. 영고탑 장군의 위임을 받아 파견된 관리가 매년 봄과 가을에 길림에 가서 망제(望祭)를 지내곤 하였다. 아극돈성은 입산금지 구역 내에 있었기 때문에 2백여 년간 거의 황무지로 되어 있었다. 청나라 황실은 이 땅이 발상지라고 여겨 보호를 실시하였던 것이다.

특히 주목할 것은 청나라 초기 악목혁색라 좌령(佐領)을 설치하였는데 주둔지는 아극돈성(또는 악다리성 鄂多里城, 악동성 鄂東城, 오동성 敖東城)이었다. 공교롭게도 성의 이름은 아극돈의 이름과 같았다. 이 말은 만주어로, 견고하다, 실하다, 보루라는 뜻을 지니고 있다. 전해오는 아극돈의 저서 『덕음당집』에는 '장백산 아극돈 저작'이라고 쓰였다.

장가씨의 시조 목도파(穆都巴)는 아들 다섯 형제를 데리고 원래 거주하던 합랍(哈拉)을 떠났는데, 이후 다섯 형제들의 후손들은 각각 번창하였다. 큰 아들 목곤합랍(穆昆哈拉)은 와이객십라이불(瓦爾喀什羅爾佛) 지역으로 이주하였다. 누르하치가 무력으로 세력을 키울 때 장가씨 일가족들은 잇따라 귀순하였다. 아극돈의 4세조 장가 · 호로호창길내(章佳 · 瑚魯瑚昌吉鼐)는 팔기에 가입하여 정람기에 들어갔다. 그뒤 호로호창길내의 후손들 중에는 중앙과 팔기에서 관직을 지낸 자들이 많았다. 아극돈의 부친 아사합(阿思哈)은 일찍이 3등 호위(護衛)가 되어 상당한 수준의 팔기 귀족이 되었다.

청나라가 관내에 들어간 초기, 팔기군의 전투력을 키우기 위해서 한동안 팔기 자제들에게 과거 시험에 참가하는 것을 제한하였다. 그 뒤 청나라의 통치가 점점 공고히 되자 팔기 자제들의 과거 응시를 허가하였고, 1687년에는 만족

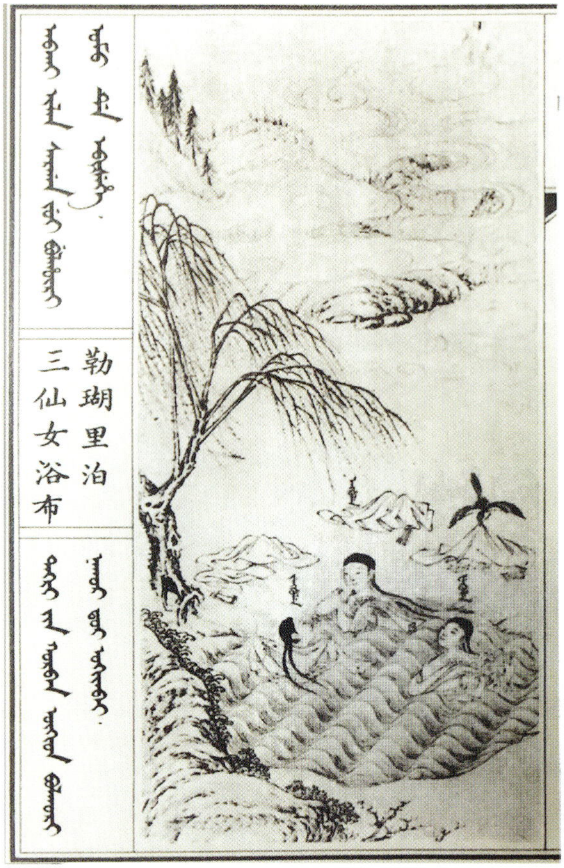

4

5

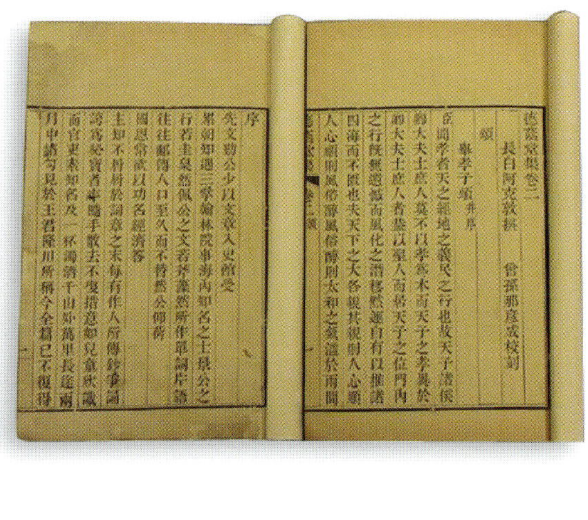

과 한족을 구분해서 고시하던 제도까지 폐지하고 팔기 자제와 한족이 함께 향시(鄕試)에 응시할 수 있게 하였다. 구체적인 채용 인원은 '만주인, 몽고인은 합격한 사람 10명을 채용하고, 한인에게는 5명을 삭감하고 5명을 채용한다'고 하였다. 이 숫자는 채용할 팔기군인 만주인 · 몽고인의 합격한 숫자가 한인 인원수의 2배로 된 것을 보여 준다. 이전과 같으면 시위와 하급 문관인 필첩식(筆帖式)은 팔기 자제, 특히 만주 기인(旗人)이 벼슬로 진급하는 주요한 경로였는데, 과거로 입사하는 것이 하나의 큰 흐름이 되었다.

우선 팔기의 만주 · 몽고 기인 자제들에게는 입사 후 문학을 숭상하거나 과거에 투신하는 기풍이 빠르게 형성되었다. 그 근본적인 이유는 그들이 부유한 생활 조건을 가지고 있으므로 과거에 응시할 물질적인 보장을 지니고 있었기 때문이다. 제일 먼저 과거에 응시를 하는 자는 많은 논밭을 소유한 '팔기장좌(八旗將佐)'의 자제였다. 아극돈의 부친 아사합은 3등 호위로 정5품 관원이었기에 당연히 자식을 응시시킬 조건을 갖추었다. 아극돈은 나이가 젊고 똑똑하며 책 읽기를 매우 좋아하는 데다가 심지어 가산을 다 팔아 서적을 사들여 집안에 장서가 매우 풍부할 정도였다.

다음으로 만주 · 몽고 팔기 자제가 과거에 응시하여 입사하는 것은 군공을 세우는 것보다 훨씬 더 쉬웠다. 청나라 초기의 대규모 전쟁이 종료되면서 일반 병사들은 군공을 세울 기회가 적어졌고, 특히 강희제 시기에 대만을 통일시킨 후 경제 회복과 발전 시기에 들어서 만주 · 몽고 팔기인들이 군공으로 입사하기가 과거에 비해 상당히 어렵게 되었다. 따라서 전쟁을 통하여 얻지 못하는 것은 오로지 시험장에서 보완할 수밖에 없었다.

그 다음으로, 청나라 조정에서는 만주 · 몽고 팔기 자제의 등용 인원수에 대해 우대 혜택을 주고 그 자제들에게는 적극적으로 응시하도록 격려하였다. 청나라 초기에 그 자제들에 대한 등용 인원수는 과거 고시가 여러 번 중단되면서 자주 변동되었지만, 후에는 대체로 '팔기 만주 · 몽고의 인원수는 60명, 늠생(廩生) 60명, 증생(增生) 60명이며 연간 2번씩'으로 고정되었다. 당시 동생(童生) 고시에 응시한 한족의 채용률이 약 50:1 정도밖에 안된 것을 보면, 팔기 자제의 동생 채용률은 이보다 훨씬 높았을 것이다.

4 『만주실록(滿洲實錄)』의 만주족 장백산 기원 전설
ⓒ요녕성 제공

5 『덕음당집(德蔭堂集)』
ⓒ요녕성 제공

마지막으로, 청나라 황제들은 만주 · 몽고 팔기 관원을 임용할 때 점점 과거 출신자들를 더 중시하였다. 만주 팔기인 중에서 옹정제가 신임하였던 악이태(鄂爾泰)와 건륭제가 중용하였던 아계(阿桂)는 모두 과거 고시 출신으로 수석 군기대신(軍機大臣)을 맡았다. 가경제 때 나언성(那彦成), 도광제 때 영화(英和)와 목창아(穆彰阿)는 모두 진사 출신이었다. 이것은 강희제 때 아극돈 등을 임용한 것을 보면 추측이 가능하다. 바로 아극돈이 일강기거주관으로 임명되던 그 달에 강희제는 대학사 등을 보고 "짐이 조선인이 쓴 글을 보니 훌륭한 것이 너무 적다. 그들은 중국의 지리 명칭을 묘사할 때 도로가 아주 험하다던가, 혹은 관애(關隘)나 혹은 잔도 따위만 언급하였다. 그러나 현재는 정비를 다해 놓았고 모두 큰 통로가 되었는데 어디 험한 곳이 있겠는가? 그것은 모두 기록에만 근거하고 자신이 직접 경험을 안 하였기에 사실대로 쓰지 않은 것이다. 조선국왕은 공손하고 예의에 바르며, 우리 조정에서 파견한 사신들도 본분을 바로 지키고 일체의 선물을 요구한 적도 없다. 명나라 때 사절을 한 사람만 그 나라에 보내도 걸핏하면 수만의 비용을 썼는데 어찌 먼 곳을 위로할 수가 있었겠는가"라고 말하였다.

이것은 강희제가 당시의 폐단을 이야기한 것이고, 또한 조선을 출사할 사절들이 어떻게 행동을 해야 하는가에 대한 원칙을 제시한 것이라고도 할 수 있다. 아극돈은 시강학사(侍講學士)로 승급된 후, 강희제 곁에서 시종을 한 지도 10여 년 되었기에 강희제의 의사를 이해하였을 것이고, 조선으로 출사하는 과정에도 황제의 의도를 구현할 줄 알았을 것이다. 그는 비교적 아름답고 감미로우며 기세 높은 글을 써내야 하는 한편으로 사행길을 빨리 다녀와야 하였기에, 바로 떠나야 한다는 것을 알아 차렸다.

아극돈이 조선에서 경사(京師)까지 3천 5백 리나 되는 여정을 2개월이라는 짧은 시간에 다녀왔다는 것은 천신만고를 겪었다고 말할 수 있는데, 그는 그 과정에서 사행길과 관련된 시문 6편을 남겼다. 무장세가(武將世家) 출신인 아극돈은 문관으로 입사하였지만 무장의 기풍을 잃어버리지 않았으므로, 조선으로 출사할 그의 문무를 겸비한 품성이 강희제의 마음에 들었다고 할 수 있다.

성대한 예절로 진행된 사행

아극돈의 네 번째 조선 출사는 청나라와 조선 두 나라가 매우 밀접하고 우의가 깊어진 시기에 이루어졌다. 그런데 조선에 출사하는 청나라 관원이 매우 많고 또 출사의 횟수가 제한된 상황에서 아극돈만이 네 차례나 조선으로 출사할 수 있었을까? 아극돈은 공청을 보내 주고 북경에서 단 3일만 쉬고 바로 두 번째로 조선의 한양을 향해 출사하였다. 다른 사람뿐만 아니라 당사자인 아극돈조차 쉽게 이해할 수 없는 일이었다.

조선의 『숙종실록』에 의하면, 아극돈 일행이 공청을 보낸 시기는 1717년 가을과 겨울 사이였다. 일행은 10월 19일에 압록강을 넘어 그 달 27일에 한양에 도착하여 공청을 받쳤다. 11월 5일에 한양을 출발하여 12일에 평양에 도착한 다음 압록강을 건너 북경에 도착하였다. 그러나 그해 12월 6일에 효황황태후(孝惠皇太后)가 경성(京城)에서 병으로 서거하였기에 강희제는 아극돈에게 다시 조선으로 출사하라고 명령하였다. 이와 관련하여 『조선왕조실록』에는 "청국 황태후가 서거하였다. 청은 사절로 아극돈, 장정매를 파견해 부고를 전하였다. 이것은 아극돈 등이 북경에 들어갔다가 3일 만에 다시 우리 동국으로 사행한 것이다"고 하였다.

아극돈이 다시 조선으로 사행을 하는데 대하여 조선 국왕은 '필연코 곡절이 있다'고 여겨, 영접자에게 그 원인을 "속히 알아 보라"고 명령하였다. 원접사 이건명(李健命)은 국왕에게 그 결과를 "청 황제는 아극돈이 조선을 왕복하는 동안 우리 실정을 잘 파악하였고 또 타인을 보내면 폐단이 생길까 봐 여전히 아극돈 등을 보낸 것입니다"라고 보고하였다. 그제야 조선 국왕은 마음을 놓았다. 아극돈 일행은 1718년 정월 4일에 한양에 들어가 부고 예식을 끝내고 다음해 정월 8일 귀국길에 올랐다.

조선에서 북경까지는 3천 5백여 리였는데, 아극돈은 연이어 두 차례나 출사하고 모두 2개월만에 귀국하였으므로 그 노정은 매번 1만 리 정도 되었다. 사행길에서 아극돈은 「제석(除夕)」이라는 시를 남겼는데, 그 중에는 "천산 바라보며 탁주 한잔 마셨더니, 2개월 만에 무려 만리 길을 다녔구나"라는 구절이 있다. 아극돈이 1718년 정월 3일 한양에 도착하였으니 1717년 섣달 그믐날은 당연히

6 청나라 성경, 길림, 흑룡강 장군 관할 구역 교통도
ⓒ요녕성 제공

7 〈아극돈과정도(阿克敦過庭圖)〉, 1718년, 망곡입소(莽鵠立所) 그림
ⓒ요녕성 제공

6

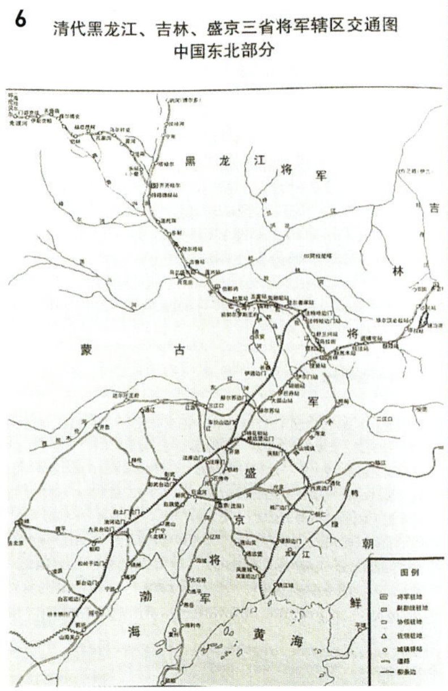

7

여행길에서 보냈을 것이다. 시간으로 따져볼 때 공청과 부고를 전달한 기간이 2개월이므로 '2개월 만에 만리길을 다녔다'라는 것도 사실에 맞는 말이다. 이 시문은 청나라와 조선 사이의 우호 친선 관계가 긴밀해지기 시작하였다는 증거인 셈이다.

1722년 4월에 아극돈은 세 번째로 조선에 출사하였다. 『청성조실록(淸聖祖實錄)』을 확인하면 아래와 같다.

4월 을묘삭 갑자(초10일). 황명으로 내각학사(內閣學士) 아극돈을 정사로, 2등 시위(侍衛) 불륜(佛倫)을 부사로 명하여 조선 국왕 이윤(李昀)의 남동생 이금(李昑)을 세제(世弟)로 책봉하기 위해 보내면서 조선 국왕 이윤에게 다음과 같이 조령(詔令)하였다. "짐은 부자 순위로 황위를 계승하였는데, 이것은 국가의 정상적인 절차다. 형제 순위로 계승하는 것은 임시적인 방도이다. 이제 국왕의 주청을 보니 오래된 병환으로 후대 계승이 어려워 친동생 연성군(延成君) 이금을 세제로 책봉할 것을 요청하였다. 그 심정과 언사가 매우 간절하여 짐은 요청을 간곡히 허락한다. 대신을 파견해 조명(詔命)을 받들고 이금을 조선 국왕의

세제로 책봉하고 동시에 비단과 화폐 등을 하사하도록 한다. 다만 왕은 동생 이금에게 충성은 인간의 도리이므로, 항상 충성심을 가지고 가족의 흥성에 힘쓰고 나라의 안녕을 보존하도록 당부하라. 만약 국왕이 운이 트이고 후사가 생긴다면 다시 주청하라"고 하였다.

조선의 『경종실록』에 의하면, 아극돈의 조선 출사에 "수행원이 75명이나 되었는데, 이는 전례에 없던 일이다"라고 하였다. 다시 말해서 아극돈의 3차 사행은 청나라에서 파견됐던 사절단들 중에 인원수가 가장 많았다.

1724년(옹정 2년) 12월에 청나라는 서거한 조선 경종을 사제(賜祭)하고 신왕 영조를 책봉하기 위하여 각라서로(覺羅舒魯)와 아극돈을 파견하였다. 이것은 아극돈이 네 번째로 조선에 출사한 것이다. 『청세종실록』에 다음과 같이 기록되어 있다.

12월 무자(19일), 산질대신(散秩大臣) 각라서로와 한림원 학사 아극돈을 파견해 서거한 조선 국왕 이윤을 사제하도록 하였고 시호는 각공(恪恭)이라 하였다. 조선 국왕의 세제 이금을 조선 국왕으로 책봉하였다. 조서 내용은 다음과 같다. "형님인 국왕 윤이 서거하여 짐은 몹시 슬퍼한다. 희순왕비(僖顺王妃) 김씨는 그대가 총명하고 친구와 잘 지내며 도량이 넓고 인자하며 항상 남다른 훌륭한 덕성을 가지고 있어 만민의 사랑을 받고 있으므로, 왕위 계승을 책봉해 달라고 요청하였다. 짐은 만민의 의사를 존중하여 그 요청을 허락한다. 금번 관원을 파견하여 조서를 받들고 그대를 조선 국왕으로 책봉하여 국정을 계승·관리할 것을 그대의 나라에 알리며, 그대의 아내 서씨를 국왕비로 책봉하고 내치를 보좌하도록 한다. 그리고 그대와 왕비에게 조서와 비단 등 선물을 하사한다. 그대는 항상 조정 사무에 참가하고 정성으로 왕위를 지키며 충순을 계승·발양하고 국가에 충성을 다하라"고 하였다.

조선 경종이 1724년 8월 25일에 서거하자, 조선 조정은 9월 1일에 부고 사절단을 구성하였는데, 사절단은 한 달이 지난 10월 6일에야 한양을 떠나 연경

8

9

으로 향하였다. 이어 옹정제는 12월 19일에 각라서로를 정사로, 아극돈을 부사로 하는 사절단을 파견하여 경종에게 사제하고 영조를 책봉하였다.

8 〈봉사도〉 일부
ⓒ요녕성 제공

9 〈봉사도〉 일부
ⓒ요녕성 제공

공청을 바쳤을 때부터 부고를 전달하였던 때까지, 그리고 다시 책봉하였던 때까지 네 차례나 조선에 출사한 것과 함께 아극돈의 관직도 부단히 앞을 향해 발전하였다. 그는 황명을 받아 조선 숙종의 약을 주고 돌아와서는 첨사가 되었고, 그 다음에는 내각학사로 발탁되었으며, 강희제의 명령을 받아 영조를 책봉한 뒤에는 병부시랑에 발탁되었으며, 제4차로 조선에 출사한 뒤에는 예부시랑 겸 병부시랑으로 자리를 옮겼다.

이처럼 짧은 몇 년 동안에 아극돈의 관직은 부단히 상승하였을 뿐만 아니라 양국 외교계에서도 높은 명성을 얻게 되었다. 왕창(王昶)이 쓴 「태자태보협판대학사형부상서문근공아극돈행장(太子太保協辦大學士刑部尙書文勤公阿克敦行狀)」에 의하면 "공은 용모가 당당하고 준수하며 차림이 엄하고 단정하면서 진퇴에서 융통성이 있고 예의에 밝았으므로, 외국인이나 대신들이나 서민들이나 모두 공을 사랑하면서 존경한다"고 하였다.

〈봉사도〉에 담긴 두 나라의 우정

아극돈은 한중 교류의 우호 사절로 그 이름은 영원히 한중 교류 역사에 아로 새겨질 것이다. 특히 중요한 것은 그가 제작한 〈봉사도〉가 18세기 전반 조선의 정치 · 경제 · 군사 · 사회 풍속 · 희극 문화, 그리고 한중 문화 교류, 청나라 초기의 시문 · 회화 · 서예 예술 등을 연구하는 데 매우 보기 드문 귀중한 자료가 된다는 것이다.

현재 파악된 자료에 의하면, 아극돈이 주도하여 편집한 〈봉사도〉는 지금까지 발견된 중국 사신이 조선 출사에 관한 내용을 묘사한 단 하나밖에 없는 도록으로 알려져 있다. 다만 도록의 제작 과정에 관한 자료가 부족한 탓에 남아 있는 사료에서 부분적인 실마리를 찾아 낼 수밖에 없다.

1724년에 아극돈이 네 번째로 조선에 출사할 때, 조선 화공에게 명세표를 주고 명제화(命題畵)를 얻은 적이 있다. 이 명세표에는 산수도, 방외도(方外圖),

승려도사도, 하천 선박, 산천임목(山川林木), 경작도, 논밭과 소와 개, 남녀소아(男女小兒), 옥사화목(屋舍花木), 문인 의복 등의 내용들이 들어 있었다. 명세표를 볼 때, 그 모든 것은 나중에 작성된 〈봉사도〉와 직접적 관계가 있다.

특히 아극돈이 조선 화공에게 "반드시 이름난 화가가 그린 것으로 달라"고 한 것으로 볼 때, 당시에 그는 이미 귀국 후에 〈봉사도〉를 그리기 위한 준비를 하였던 것이라고 할 수 있다. 따라서 다음과 같은 결론을 얻을 수 있다. 아극돈은 총기획자이자 화폭별 장면의 설계자이다. 곧 그는 조선으로 출사할 때 계획적으로 〈봉사도〉의 각 폭별로 시를 지어 붙이기로 하고 조선 화공들에게서 조선과 관련된 일련의 회화 자료를 얻었다.

1725년 6월, 곧 네 번째로 조선에 출사한 이듬해에 아극돈은 〈봉사도〉를 장정(裝幀)하여 화첩으로 만들었다. 〈봉사도〉는 아극돈과 조선 화공들, 그리고 청나라 사절단의 화공 정여(鄭璵)에 의해 공동으로 완성된 작품으로, 한중 문화교류에서 조금도 거짓이 없는 결정체이자 진귀한 보배이다.

아극돈의 아들 아계가 기록한 내용에 의하면, 부친이 "작품이 나오기만 하면 모두가 앞을 다투어 베기고 읊기도 하였으며, 보배라고 칭찬만 받은 것이라면 곧 모두 나누어 주고 더는 염두에 두지 않았다"(『덕음당집』「서문(序文)」)라고 하였다. 강희, 옹정, 건륭 세 황제 때 문학계의 지도자인 아극돈의 시문 작품은 많았는데, 그는 늘 즉시 나누어 주다가 왜 조선행의 시문에 대해서는 그처럼 귀중히 여기고 또 시문 28편에다가 화폭을 배합해서 20폭짜리의 〈봉사도〉 두루마리 그림 대작(大作)을 제작했을까?

관련 사료를 근거로 다음과 같이 네 가지 이유를 추정할 수 있다. 첫째, 청나라 통치가 안정되어 가는 상황에서 아극돈이 "문장 덕분에 사관(史館)에 진출하고 조정으로부터 지우(知遇)를 받고 있다"는 인연으로 네 차례나 조선을 출사한 것은 확실히 보통 경력과 다른 것이다. 아극돈의 아들 아계는 『덕음당집』「서문」에서 "시문은 선공(先公)이 중요하게 여기는 것도 아니었지만, 벼슬하기 전과 후, 경력의 험준하거나 평탄한 것을 충군애국으로 명성과 취지를 연마하는 것과 비교해 보면 그 줄거리를 알아 볼 수 있다"고 언급하였다.

또한 아극돈은 조상의 가르침 하에 중외의 경계도 없고 변방이라는 정서

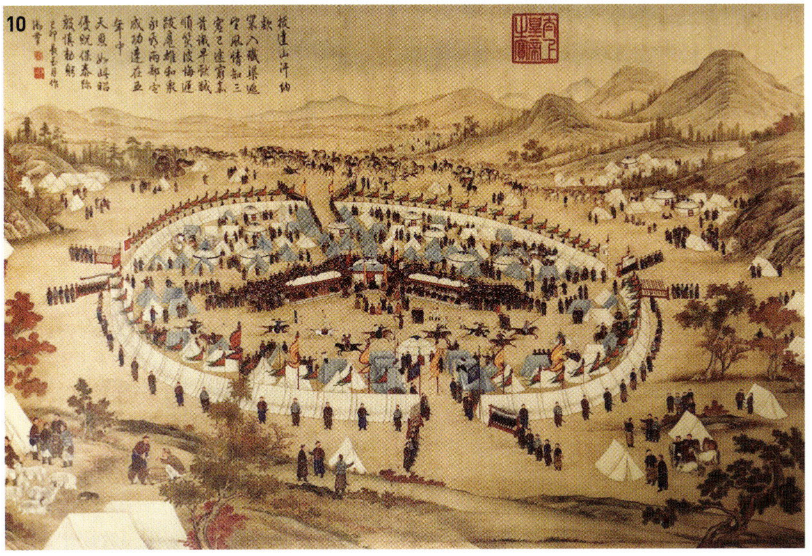

10 청군 출정과 사냥용 천막을 그린 〈평정서성참도(平定西城站圖)〉
ⓒ요녕성 제공

의 영향도 적게 받았다. 그는 첫 사행 시 「쾌재정(快哉亭)」에 "오늘날 중외의 분계가 없지만 예부터 흥망의 개변(改變)은 있었다"고 하였고, 「만숙의주(晚宿義州)」에서는 "요동 산악을 다녀보니 옛것이 지금도 이어지누나. 조선의 중요한 도시 하나 천험(天險)을 껴 있네.…성조의 은덕은 끝이 없고, 해의 곁에서 은혜가 파도에 들리라"라는 시구들을 썼다.

둘째, 청 황제의 특사로 만주 관원 아극돈은 요동이라는 용흥(龍興)의 땅을 지나 조선에 출사하였으므로, 당연히 이 산천에 특별한 친근감을 느끼는 동시에 보통과 다른 개인적인 체험이 형성되었다.

아극돈은 초기 출사 때 봉황산(鳳凰山)에서 "봉황산에서 말 타고 동으로 향하니, 야외 숙박은 내지와 완연히 다르구나. 천으로 친 막사가 겨우 햇빛을 가리고, 풀로 만든 가옥이 바람을 막지 못하네"라는 시를 지었다. 아극돈이 출사할 때 쓴 첫 번째 시에서 "봉황주(鳳凰州)에서의 1박은 조선인이 풀을 베어 집을 치고, 그 앞에 천막을 쳤다"고 스스로 주석도 하였다. 뿐만 아니라 그의 시문과 배합한 회화의 전체를 보면 출사할 때의 고생에 대해 하나도 감추지 않고 줄곧 분발하여 앞을 향하는 기세를 가지고 있었다.

〈봉사도〉를 보면, 만주족 고유의 거주 방식을 알아볼 수 있다. 만주족 뜨락은 늘 나무 울타리가 쳐져 있는데, 이것은 선대인들이 산림지역에 거주하던 관습을 이어받아 잡목으로 울타리를 만들어 영지가 형성되었기 때문이다. 조상들로부터 물려받은 제도로 청군은 대규모로 출정하거나 사냥을 할 때 대개 이와 같은 방식으로 천막을 설치하였다.

아극돈은 조선을 왕복하는 여정을 통하여 '풍물이 매일 아침 새로워지는' 것을 보고 '백성들의 환호 소리가 끝없다'는 것을 체득하였다. 이러한 느낌은 그가 조선의 산천 인문을 좀 더 깊이 이해하도록 하였고, "여기 와 보니 내 어찌 떠나겠는가. 저녁 바람에 장시(長詩)를 읊고 지나간다"라는 시구를 남겼으며, 특히 돈독한 우정을 형성하였다. 같은 시에서 표명한 것과 같이 "아이들은 낯이 익어 기쁘고, 관리들은 평소에 알고 있다"라고 하였는데, 바로 이와 같은 깊은 감정을 가지고 있었기에 〈봉사도〉를 제작할 수 있었다.

셋째, 조선 출사와 관련된 아극돈의 시에서는 감정과 사의(寫意)에 더 치중한 면이 있지만 그가 주도하여 제작한 〈봉사도〉는 산천과 그림의 뜻을 서술하는 동시에 양국 간 왕래에 관한 예절과 제도를 더 많이 치중해서 묘사하였다. 건륭제 때 청과 조선 양국 사절들의 사행과 관련하여 조선 국왕의 만주족에 대한 좋지 않은 감정은 많은 변화를 가져왔는데, 곧 '화이차별(華夷差別)'은 '화이일체(華夷一體)'로 변화되었다. 이때부터 양국의 왕래가 정상적인 궤도에 들어섰다. 이렇듯 〈봉사도〉에 그려진 궁정 내외의 예절과 의식에 대한 묘사는 문헌기록의 부족함을 보완해 주었다.

〈봉사도〉와 명나라의 『조선도감도청영접천사의궤(朝鮮都監都廳迎接天使儀軌)』를 비교해 보면, 조선에서 사신을 영접하는 기본 예절과 의식은 대체로 다음과 같다.

〈과강도(過江圖)〉에는 깃발 2폭과 분홍색 꼭지의 살구빛 비단 양산 2개가 있고 청나라 사절 수행원들과 조선의 영접 관원들이 양쪽에 서 있으며, 별도로 그린 선박 위에는 혼자 앉은 아극돈의 주변에 홍색 술에 용무늬의 삼각형 남색 장폭 기치가 바람에 날리고 있다. 강 건너에는 가지각색의 깃발이 날리고, 조선은 이미 흠차 임시휴게소와 호피가마를 준비시키고서 관원들이 대열을 지어 영접하고 있는 것이 그려져 있다. 이것은 양국의 친근한 관계를 말해준다.

『조선도감도청영접천사의궤』에는 강 위에서 처음 만날 때의 예물 명세가 적혀 있는데 "천사와 영접사가 강에서 처음 만날 때 정사, 부사에 대한 예물 명세는 각각 표피 1장, 인삼 5근, 화석(花席) 5장에 연(連) 6, 후유지(厚油紙) 2건, 면주(綿紬) 5필, 서연(書硯) 1면, 백면지(白綿紙) 10권, 황모필(黃毛筆) 20대, 유연묵(油煙墨) 10개, 우롱(雨籠) 3개, 백첩선(白貼扇) 10개"라고 적혀 있다.

그 뒤 여정 중에는 의주, 평양, 개성 등지에서 영접 연회과 선물이 있었다. 그것과 호응하는 〈봉사도〉에는 각종 색깔로 큰 산, 명천(名川), 고적, 산간마을, 화목 등을 묘사하였고, 또한 여러 예절과 의식에 대한 서술도 더하였다. 시문이 그림으로 해석되었으며, 자연히 그림이 시문에 의해 이루어진 아름다운 지경에 도달하였다. 한양으로 들어섰을 때 일련의 예절과 의식 절차는 더 고조되었다. 아극돈은 조선으로 출사할 때마다 성대한 영접을 받곤 하였다. 그가 마지막으로 출사할 때 조선에서 건넬 선물을 둘러싸고 "기미(21일) 영접도감당상(迎接都監堂上) 신사철(申思喆) 등이 '부칙(副敕) 아극돈이 정유년(1717)에 공청을 들고 왔을 때는 전례에 따라 은 4천 냥을 주었고, 무술년(1718)과 임인년(1722)에 다시 왔을 때는 정유년의 전례대로 주었는데, 이번에는 전례대로 주면 안 될 것이다'라고 말하였다. 임금은 '이미 전례가 되어 있는데 이번에 갑자기 변경하여 만일 그들이 화를 낸다면 국가가 망신을 당할 수도 있으므로, 차라리 시초에 주는 것이 더 좋을 것이라고 하여 주면 된다'고 말하였다"고 하였다.

〈회정도(回程圖)〉에서 아극돈은 전별 예식을 상세히 묘사하였는데, 청나라 사절이 배를 타고 강을 건너 귀국할 때 원접사, 관반(館伴) 등을 비롯한 조선 관원들이 절하며 작별하고 강 건너 편에서는 청나라 지방관들이 가마를 놓고 영접하는 모습이었다. 그림에 "장거리 여행길에 비바람이 길손 얼굴 휩쓸고, 말 타고 만중산(萬重山)을 넘었다. 마주보니 정성스런 마음 알리고 압록강변에서 작별하고 헤어지는구나"라는 시를 써 넣었다.

넷째, 강희제와 옹정제 2대에 걸쳐 조선과의 관계가 날로 밀접해져, 양국 간의 우호 관계도 점차 돈독해졌다. 이에 아극돈은 〈봉사도〉의 중요성을 더욱 느끼게 되었다. 1752년(건륭 17년), 곧 〈봉사도〉가 화첩으로 완성된 지 27년 뒤에 이미 태자소보(太子少保), 좌도어사(左都御史), 보군통령(步軍統領)을 지냈

11

路入朝鮮第一
程萬山殘照帶
邊城林盤饗客
多雜識風雨還
深故國情
古渡依城郭寒
江空復明近通
滄海瀾遠出白
山清浪疊激風
起光搖淺碧生
湯勞天塹圖今
日少邊情
克敦

風雨長途動客顏馬蹄行過萬
重山相看卻有殷勤意鴨綠江
邊送別還
克敦

11 〈봉사도〉의 〈과강도〉
ⓒ요녕성 제공
12 〈봉사도〉의 〈회정도〉
ⓒ요녕성 제공
13 〈만국래조도〉
ⓒ요녕성 제공

13

던 아극돈은 여전히 문학계와 정치계의 인사들에게 '옛 도면을 보여주면서' '이름난 공경'들과 '여러 영재'들에게 시문을 구하였다.

그 시문들은 대체로 아극돈이 네 차례 조선에 출사한 공적, 아극돈의 시와 〈봉사도〉를 찬양한 것인데, 아극돈은 그것들을 화첩에 부기(附記)하였다. 그의 조선 사행 시를 읽고서 왕주(王澍)는 "무릉 지방의 어부가 꽃동산으로 들어간 것과 같은 심정"이라고 하였고, 심덕잠(沈德潛)은 "사색에서 시가 나고 색깔로 그림이 그려진다. 수차례의 출사 경력에서 원대한 모략이 생겼구나"라고 하였으며, 유통훈(劉統勛)은 "장관이었던 여행을 그림 속에 재현하고 초탈한 정서로 먼 새외를 회고하도다"라고 읊었으며, 진세훈(陳世勛)은 "화폭마다 경력을 묘사한 것이며 풍속과 경치가 눈앞에 있는 듯하다"라고 하였다. 전유성(錢維城)은 "서정을 그리지 않고 동행만 그리니 세인이 그 미묘함을 모를 것이다"고 하였고, 개복(介福)은 "경력을 그려 면담하는 정을 보이고 등잔 밑에서 교담(交談)하는 모습이 생생하는구나"라고 하였으며, 추일계(鄒一桂)는 "봉사도를 능란하게 만들었으며 사행 기록에 잘 배합하는구나"라고 하였다.

위에서 열거한 찬미 시구들에서 아극돈의 〈봉사도〉가 매우 진귀한 가치를 가지고 있다는 것과 『동유기(東游記)』에 올린 그의 28수 시구가 〈봉사도〉로 변천된 과정을 보여 주고 있다.

마지막으로 언급할 것은 아극돈의 〈봉사도〉는 그의 생전에 오로지 친필 원고만 있었고 출판은 이루어지지 않았다는 것이다. 아극돈이 세상을 떠난 지 얼마 지나지 않은 1756년에 청나라는 〈만국래조도(滿國來朝圖)〉(1761) 등 대형 그림을 제작하였다. 또한 궁정 화가들은 건륭제의 분부에 따라 조선을 비롯한 주변국들이 신년이나 만수절에 청나라에 조하(朝賀)하거나 칭송할 때 계속해서 화폭을 제작하였고, '사이빈복 만국래조(四夷賓服 萬國來朝)'라는 번창한 광경을 지나치게 과시하였다.

건륭 성세에 '만국조하'식 화풍의 영향으로 말미암아, 진실된 사료를 기초로 제작된 〈봉사도〉의 운명에 여러 사람들은 "이리저리 흩어져 몇 번이나 유실되었다가 겨우 잔존되었다"고 탄식하였다. 다행스럽게도 100여 년 후에 이 친필 원고는 아극돈의 5세 손자에 의해 되찾아진 뒤, 9세 손녀에 의해서 대물림으로 소장되어 오다가, 최근에 중국민족도서관 장서로 소장되어 한중 우호의 중요한 증거로 자리를 잡았다.

결국 〈봉사도〉는 청나라의 시문 · 회화 · 서예 예술이 한데 집대성된 작품으로, 구하고 싶어도 구할 수 없는 빛나고 진귀한 예술적 진품이며, 청나라와 조선의 관계사, 조선의 사회 문화 · 정치 · 외교 예의 · 민속 · 민간 상황 등을 연구하는 데 매우 중요한 사료집이자 한중 우호의 상징이라고 할 수 있다.

참고문헌

아극돈, 『덕음당집』, 1815
계선림, 『동방문화집성』(조선, 한국, 몽고 문화편), 곤륜출판사, 2001
주성여, 왕천유 편, 『명청논총』 2, 자금성출판사, 2001
정굉 편, 『민족연구문집 국제학술교류권』, 중앙민족대학출판사, 2006
장걸, 『한국사료3종 및 성경만족연구』, 요녕민족출판사, 2009
서개, 『연명원청사논고』, 요녕민족출판사, 2014

作者介绍

中国

武斌

全国中外关系史学会副会长

南开大学哲学系毕业

曾任辽宁省民间艺术家协会主席，辽宁社会科学院副院长，辽宁省文联副主席，沈阳故宫博物院院长，沈阳市文史馆副馆长

–

主要著书及论文

《丝绸之路全史》(二卷)、《中华文化海外传播史》(三卷)、《现代中国人一一从过去走向未来》《中国文化史概说》、《中医与中国文化》、《二十世纪中国时尚史》等，另有随笔集《望湖书屋纪事》《漫步在哲学家小路》等

李泽绵

铁岭市李成梁研究会副会长

铁岭县文化体育广播电视局剧目工作室主任，中国戏剧文学学会会员，中国谱牒学研究会会员，辽宁省作家协会会员，铁岭师范专科学校客座研究员

–

主要著书及论文

《铁岭历史纪年》、《李成梁及其家族》、《李成梁研究》、《李成梁家族诗文选编》、《铁岭文化研究》丛书、《辽宁地域文化通览·铁岭卷》、《大明将军》、《楼兰遗梦》等

张杰

辽宁大学历史文化教授

辽宁大学历史系硕士，中国人民大学历史学博士

研究生导师，辽宁大学清史研究所所长，辽宁大学学术带头人，国家教育部“211工程”辽宁大学“东北边疆与民族子课题”首席专家

主要著书及论文

《满蒙联姻》、《清高宗·乾隆帝·弘历》、《辽河流域宗教文化》、《清代科举家族》、《清代东北边疆的满族》、《满族要论》、《韩国史料三种与盛京满族研究》(辽宁民族出版社2009年)《清朝三百年史》等

张士尊

鞍山师范大学教授

历史学博士

吉林师范大学东北史地研究中心教授，辽宁大学、辽宁师范大学硕士生导师

–

主要著书及论文

《明代辽东边疆研究》、《明代辽东牌坊考释》、《清代乾隆年间奉天民人口数探究》、《元末明初中朝交通路线考》、《清末辽河航运与东北经济一体化的进程》、《东北地方史教学与研究探析》、《明代辽东东部山区海岛开发考略》、《明朝与朝鲜交通路线变化考》等

毕宝魁

辽宁大学中文系教授

辽宁大学中文系文学硕士

中国唐代文学学会理事，中国韩愈研究会理事，中国王维学会副会长，沈阳文史馆研究员，中国传记文学会理事

–

主要著书及论文

《中国古代文化史知识》、《奸谋·奸行·奸祸》、《东北古代文学概览》、《移祚兵枭——朱温》、《新注花间集》、《官场倾陷》、《王维传》、《李商隐传》、《李清照》、《唐宫娇女——太平公主》、《中国历代士人生活掠影》、《唐诗三百首译注评》、《宋词三百首译注评》等

韩国

朴用万

韩国学中央研究院责任研究员

毕业于忠北大学国语国文学科

在韩国学中央研究院韩国学大学院取得了文学博士学位

–

主要著书及论文

《朝鲜国王的一生》(合著，石枕出版社，2011)等十几篇著书

《李承休的宾王录的特点和文化层面的形象化》等47篇论文

李桂炯

国民大学特任教授

亲日反民族行为真相纠明委员会专门委员

大韩民国历史博物馆建立推进团专门研究员

–

主要著书及论文

《数字朝鲜研究，殖民地朝鲜人民的生活》(历史空间，2014)

《韩国近代史》(清河，2018)等多篇著书与论文

林映吉

成均馆大学大同文化研究院研究员

毕业于成均馆大学汉文学科

在成均馆大学取得了东亚学科文学博士学位

–

主要著书及论文

《19世纪前半期燕行录的特点与朝·清文化交流的趋势》(博士学位论文)

《清朝文人黄爵滋与朝鲜文人之间的友谊》等多篇论文

《择里志精译版》(humannist，2018)等合著四篇

张日圭

现东国大学校研究教授

国民大学校国史学科毕业

国民大学校国史学科文学硕博

新罗史学会副会长，孤云学会会长，社团法人东北亚崔致远研究会理事长，亚洲海洋史学会研究理事

–

主要著书及论文

《崔致远的社会思想研究》、《张保皋大使的活动和当时的文化史研究》1，2，《通过金石文研究新罗史》、《日帝强占期言论的新罗形象歪曲》等二十几篇著书论文五十余篇

崔溶澈

现高丽大学校中文系教授

韩国红楼梦研究会会长

高丽大学中文系毕业

台湾大学文化博士

中国古典文学及明清小说专业，历任高丽大学中国学研究所所长，民族文化研究院院长

–

主要著书及论文

《金鳌神化的版本》、《剪灯新话三从译注》、《红楼梦的传播和翻译》、《红楼梦完译》

필자소개

*가나다순

한국

박용만(朴用萬)

현재 한국학중앙연구원 책임연구원

충북대학교 국어국문학과 졸업

한국학중앙연구원 한국학대학원 문학박사

–

주요 저서 및 논문

『조선의 왕으로 살아가기』(공저, 돌베개, 2011) 등 저역서 10여 종

「이승휴(李承休)의 빈왕록(賓王錄)의 특징과 문학적 형상화」 등 논문 47편

이계형(李桂炯)

현재 국민대학교 특임교수

국민대학교 국사학과 졸업

국민대학교 국사학과 문학박사

친일반민족행위진상규명위원회 전문위원,

대한민국역사박물관 건립추진단 전문연구원 역임

–

주요 저서 및 논문

『숫자조선연구, 식민지 조선인의 삶』(2014, 역사공간)

『한국근대사』(청하, 2018) 등 저서와 논문 다수

임영길(林映吉)

현재 성균관대학교 대동문화연구원 연구원

성균관대학교 한문학과 졸업

성균관대학교 동아시아학과 문학박사

–

주요 저서 및 논문

『19세기 前半 燕行錄의 특성과 朝·淸 文化交流의 양상』

「淸 문인 黃爵滋와 朝鮮 문인의 교유」 외 논문 다수

『완역 정본 택리지』(휴머니스트, 2018) 외 공역서 4권

장일규(張日圭)

현재 동국대학교 연구교수

국민대학교 국사학과 졸업

국민대학교 국사학과 문학박사

신라사학회 부회장, 고운학회 회장, 아세아해양사학회 연구이사

사단법인 동북아최치원연구회 이사장

–

주요 저서 및 논문

『최치원의 사회사상 연구』, 『장보고 대사의 활동과 그 시대에 관한 문화사적 연구1 · 2』, 『금석문을 통한 신라사 연구』 등

저 · 역서 20여 종, 논문 60여 편

최용철(崔溶澈)

현재 고려대학교 중어중문학과 교수

한국홍루몽연구회 회장

고려대학교 중어중문학과 졸업

대만(臺灣)대학 문학박사

고려대학교 중국학연구소 소장, 민족문화연구원 원장,

한국중국소설학회 회장, 동방문학비교연구회 회장 역임

–

주요 저서 및 논문

『금오신화의 판본』, 『전등신화 삼종 역주』, 『홍루몽의 전파와 번역』, 『홍루몽 완역』 등 다수

중국

무빈(武斌)

현재 요녕성 문화예술계연합회 부주석
요녕성 민간예술가협회 주석
전국중외관계사학회 부회장
천진 남개대학(天津南開大學) 철학학부 졸업
요녕성 사회과학원 부원장, 심양고궁박물원 원장,
심양시문사(文史)관 관장 역임

–

주요 저서 및 논문

『실크로드전사』, 『중화문화해외전파사』(3권), 『중국문화사개설』 등

이택면(李澤綿)

현재 철령시(鐵嶺市) 이성량연구회 부회장
철령현(鐵嶺縣) 드라마제작실 주임
중국희곡문학학회 회원
요녕성작가협회 회원

–

주요 저서 및 논문

『철령역사기년』, 『이성량 및 그 가족』, 『이성량연구』,
『요녕지역문화통람』 철령권 등

장걸(張杰)

현재 요녕대학 역사문화학 교수
요녕대학 청사(淸史)연구소 소장

–

주요 저서 및 논문

『만몽(滿蒙)통혼』, 『한국사료3종 및 성경만족 연구』, 『만족요론』 등

장사존(張士尊)

현재 안산사범대학 교수
역사학 박사
길림사범대학 동북역사지리연구센터 교수
요녕대학 석사연구생 지도교수

–

주요 저서 및 논문

『명대요동(明代遼東)변강연구』, 『원말명초(元末明初)중조교통로선고』, 『명조(明朝)와 조선교통로선변화고』 등

필보괴(畢寶魁)

현재 요녕대학 중문학부 교수
중국 당대(唐代)문학학회 이사
요녕성 당대(唐代)문학연구회 비서장

–

주요 저서 및 논문

『중국고대문화사지식』, 『동북고대문학개람』,
『중국역대사인(士人)생활스냅』 등

《中韩缘史》辽宁篇
后记

漫漫燕行路，半部东亚史。从远古至当代，中国与韩国两国友好交往的历史，如同这条长达数千公里的燕行路一样，饱含着加深两国友情的愿景、增进民间友谊的厚望，绵长而深固。

回望数百年来明清两朝与朝鲜王朝的友好交往，辽宁境内是使者们的经行之地，拥有着独特的历史景深，在这里展开了两国友好交往的历史长卷，书写了大量真情互动的感人故事。对于这段历史的整理与再现，能够唤醒中韩两国民众对这段往事的认知，激活两国人民友好交往、相扶相济的历史基因，更好地续写两国友好的生动故事，巩固两国人缘相亲、文缘相通，千百年来形成的深厚友谊。

2018年6月，受韩国富民文化社、韩中文化友好协会负托，辽宁省外事侨务办公室主持编撰了《中韩缘史(辽宁篇)》一书的中文部分文稿。为完成好这部寄托辽宁与韩国友谊的书籍，中方编委会在辽宁省外事侨务办公室主任应中元先生的主持下，在辽宁省外办、辽宁省中韩友好协会的大力协助下，邀请了辽宁省重要的历史文化学者、画家、摄影师等多名专家人士倾心参与，历时五个月，共同制作完成了这部《中韩缘史(辽宁篇)》的中文部分。

这部分书稿站在书写历史、承启未来的视角，重点关注了与辽宁相关的、助力两国友好的人士，记述他们的人生行迹与历史贡献，通过他们的人生华彩、作品精华，去反刍燕行经历的历史意义与作用。同时配以珍贵图片，表述发生在燕行古道、这条中韩“丝绸之路”上的精彩故事，剪裁出辽宁省与韩国历史友好交往的闪光片断，希望它能成为促进辽宁省与韩国经贸、旅游和文化交流的一个推手。

这部分书稿的编撰和出版得到了主办、协办单位的大力支持，得到了辽宁省、抚顺市、辽阳市、丹东市、锦州市、铁岭市等地相关单位在人力、物力、资料方面的鼎力帮助，也得到了韩方学者的无私援手，在此表示衷心感谢！同时，也对为本书付出辛苦的中方专家、学者、画家、编辑人员及所有参与人员表示真诚的谢意!

此书内容涉及面广，工作浩繁，成书的时间相对短暂，虽经多次的研讨和修改，仍难免有疏漏和不足，还望热心读者给予指正。

《中韩缘史》辽宁省篇

辽宁省 编辑委员会

中韩缘史 辽宁篇
한중연사 요녕성편

从辽宁到首尔，从首尔到辽宁
랴오닝은 서울로, 서울은 랴오닝으로

편집인 (사)한중문화우호협회, 요녕성중한우호협회
기획 취환, 장일규, 양금열, 김영서, 왕다웨이, 홍신, 曲金洋、傅淞岩、付淞巍、姜洪仁
주소 (사)한중문화우호협회 서울특별시 영등포구 당산로41길 11 SK V1 Center E1012호
전화 02-335-1288
팩스 02-332-8060

인쇄일 2019년 1월 10일
발행일 2019년 1월 20일
발행인 정민영
발행 부민문화사
주소 서울시 용산구 청파로73길 89
등록 1955년 1월 12일 제 1955-000001호
전화 02-714-0521
팩스 02-715-0521

ISBN 978-89-385-0303-9 93910